于松明 著

知微见著

——新闻实践的观察与思考

中国广播影视出版社

图书在版编目（CIP）数据

知微见著：新闻实践的观察与思考 / 于松明著. --
北京 :中国广播影视出版社, 2019.11
ISBN 978-7-5043-8355-6

Ⅰ. ①知… Ⅱ. ①于… Ⅲ. ①新闻工作－研究 Ⅳ.
①G21

中国版本图书馆CIP数据核字(2019)第243295号

知微见著：新闻实践的观察与思考
于松明　著

责任编辑　任逸超　刘　洋
装帧设计　文人雅士

出版发行　中国广播影视出版社
电　　话　010-86093580　010-86093583
社　　址　北京市西城区真武庙二条 9 号
邮　　编　100045
网　　址　www.crtp.com.cn
电子信箱　crtp8@sina.com

经　　销　全国各地新华书店
印　　刷　廊坊市海涛印刷有限公司

开　　本　710 毫米 ×1000 毫米　1/16
字　　数　393（千）字
印　　张　26
版　　次　2019 年 11 月第 1 版　2019 年 11 月第 1 次印刷

书　　号　ISBN 978-7-5043-8355-6
定　　价　96.00 元

自　序

岁月倏忽，一晃工作30多年。在这30多年里，我基本上只做了一件事，就是在新闻圈里打转转。前20多年，在报社、电视台当编辑记者，后10余年在一所大学教新闻采写编，实际上一直从事的就是新闻实务和新闻教学工作。长年累月的工作体验告诉我，无论是新闻实务还是新闻教育都应算作实践性、思考性很强的工作，要做好都非易事。

做记者，除了需要采写评摄编等基本技能，还需要有扎实的理论素养、较高的政策水平、正确的政治导向、实事求是的基本原则、强烈的大局意识和高度的责任担当；教新闻，除了要进行知识的集纳、理论的梳理、经验的总结，更需要将理论与实践、教学与践习紧密结合，努力做到知行合一，完成授业解惑、传道树人之本分。这里面，每一项工作要做好，都需要不停实践，不断琢磨，反复思考，需要探寻一定技巧、方法和规律。诚如老子所说“去去去中知，行行行里觉”，意思就是在去的过程中我们才能获知，在行的过程里我们才能觉醒；或者理解为，从过去的总结经验，在现实中探索规律，只有经历过的东西才会知道怎么去做，才可以指引我们少走弯路。

我在新闻业界经过了二十世纪八九十年代和二十一世纪前六年，见证了媒体的急剧变化和飞速发展：媒体由少到多，从以报纸广播为主到电视、网络齐头并进，直至今天的自媒体融媒体遍及天下；亲历了技术的不断更新和科技的日新月异。报纸由黑白为主、偶尔套色到彩色为主；排版由人工铅字拼版到电脑激光照排；印刷由平板机印刷到轮转机高速印刷；电视摄像由摄录分开变为摄录一体机，由模拟到标清再到高清直至超高清；后期编辑则由线性到非线性；记者采访由口问笔记的边问边听边记方式为主，到现在的以同期摄录甚至直播为主；目睹了编采人员由从企事业单位选调、大中专毕业生分配、少量从社会招考、编制内人员为主转变为以社会公开招聘、合同聘用制用人形式为主，人员骤增，学历提升，但人文情怀、新闻业务等素质整体变化不大甚至有所下降的现实困惑。

每个行业都有自身特点，新闻传媒业愈加特殊。于是有一些人尤其是学界的少数同行很看轻这个行业，总以为新闻无学，人人可做。其实不然。梁衡先生曾说："新闻肯定有学问，这个问题不容置疑。主要是外行人看不懂，不知道新闻的学问在哪里，干脆就说新闻无学。"我深以为然。他还说："新闻有学，学在有无中。它什么都是，又什么都不是。它是各种学科和行业的综合体，是这种综合到一定程度、一定火候，定位到一个最佳点的表现。"实际上，早在100年前（1919年）徐宝璜先生就出版了中国第一本新闻理论著作《新闻学》，形成了自己的基本理论和思想；因《新闻采访方法论》而获"吴玉章奖"的艾丰先生，则在这本书中第一次把新闻采访和哲学名词方法论联结起来，建立了自己的体系，打破了新闻无学的说法。平日里艾丰先生最忌讳的也是别人把记者称为"笔杆子"。他认为"笔杆子"是没有头脑的，别人怎么说，自己就怎么记，所以他把他的新闻作品集命名为《思考的笔》，希望大家要做也做一支"思考的笔"。

我们置身于一个崭新的全媒体时代，相对传统新闻而言，新新闻在传播手段、工作要求、业务原则、技术基础与运作策略上都呈现出新的维度。但新闻的实质并没有什么改变，新闻依旧需要职业记者的发现和挖掘，需要职业编辑的加工和编排，需要通过媒体传播到受众，其公信力依然需要专业组织机构来背书。新的传播形态不仅需要从业者从学理角度认知新闻本体属性，更需要从实践层面总结现代新闻传播的实务操作方法，完成新闻传播工作。

我一直认为，新闻工作是一项实践性很强的工作，也是需要不断思考的工作。无论是新闻业务抑或是新闻教育的提升、研究都应该植根于新闻实践的基础之上，离开了新闻实践、离开了真实社会的研究，无论多么美妙都无异于无根之木、无源之水，看似缤纷，实不中用。须知，中国传统思想从来都是讲知行合一，不能行就等于不知，“知”是实践之知。

当前，社会正在遭遇不确定性、模糊性、复杂性和多变性，传播也在发生大变革、大转型、大融合，传统媒体急剧变革，新兴媒体异军突起，媒体融合向纵深推进的全媒体时代已经到来。媒体融合背景下，新闻传播行业对人才的需求也已转向为对跨学科、跨专业的公共传播人才和具备多种传播技能的全媒体复合型人才的需要。传媒人才需求多元复杂，新式传媒教育范式亟待构建，新的传播载体和方法方兴未艾。这些，都需要我们实践再实践，思考再思考。

目录

第一章　传媒的责任

一位新闻界的前辈曾经说过："我觉得记者的责任感是最根本的。对党的事业的责任感，对人民群众的感情，这是记者最主要的两条。采访写作的技巧倒是其次的。有了这两条，就能不顾自己的得失，忠于职守。"因此，新闻工作者应该把新闻工作作为一项神圣的事业，唯有如此，才能出于公心，写出有分量、高质量的新闻作品。

记者的职业使命和思想作风

江泽民同志1996年在视察《人民日报》社时，曾要求广大新闻工作者在新的历史时期仍然要坚持发扬党的新闻工作的优良作风，包括敬业的作风，实事求是的作风，严谨细致的作风，以及勇于创新的作风。[1]笔者以为，这些作风的坚持与发扬离不开过硬的思想作风。很难想象，一个没有高尚的思想道德情操和高度事业心、责任感的记者能够“铁肩担道义，妙手著文章”。

一位新闻界前辈曾经说过：“我觉得记者的责任感是最根本的。对党的事业的责任感，对人民群众的感情，这是记者最主要的两条。采访写作的技巧倒还是其次的。有了这两条，就能不顾自己的得失，忠于职守。”因此，新闻工作者应该把新闻工作作为一项神圣的事业，唯有如此，才能出于公心，写出有分量、高质量的新闻作品。江苏省首届“戈公振新闻奖”获得者，《镇江日报》记者贾又敏，十几年来坚持用手中的笔为党的事业、人民的利益勤奋耕耘，与其他同志一道，自1994年以来在镇江市掀起了10多次社会公益活动，并结合救助病残弃儿活动，撰写了《送温暖，献爱心，帮助病残弃儿回归社会》的系列报道，在社会上引起强烈反响，被中国残联评为“全国唯一的好新闻”一等奖。贾又敏之所以能够长年累月地用自己手中的笔为党和人民分忧解愁，而且取得了如此成就，应该说是缘于他具有过硬的思想作风和强烈的事业心，能够始终牢记自己的神圣使命，尽可能地达到“无我的境界”。

同时，新闻工作者又必须具有不畏艰难，不计个人得失的牺牲精神。往往是越艰难困苦的地方越是有好的素材。在某种情况下，新闻不仅仅是用“汗”写出来的，有时还是用“血”写出来的。而这离不开过硬的思想作风。全国百佳新闻工作者、《新华日报》记者于惠通为了亲临现场采访新闻，记录历史，历经许多艰难困苦，遭受无端谩骂、殴打不说，有一次甚至差点丢掉了性命。对此，他毫不畏惧，依然义无反顾地用手中的照相机真实地记录着生活。他之所以能够如此执着，就像他自己所说的：“记者是神圣的职业。老百姓对记者寄予了很大希望，把记者看作是正义的化身。”因此，在工作中，于惠通对记者的神圣使命确实已经达到了虔诚的地步。

著名记者范长江也曾说过：“记者本亦视生命如草芥之人，惟总觉得必须保持生命到完全将观察所得报告给读者为止，始不负此一行。”他不仅是这样说的，而且身体力行。其作品《中国的西北角》《塞上行》等都是他只身入险地，冒着生命危险写成的。

可是，随着市场经济大潮的冲击，现在有不少记者缺少远大的理想和过硬的思想作风，怕吃苦，怕流汗，贪图舒适享受。出门要小汽车接送，吃饭要好酒好菜招待；有的人视招待规格或送纪念品的多少来决定发稿篇幅或版面位置；有的人光想在城市里转，机关里转，效益好的企业里转，不愿意到条件差的农村和偏远的地方去采访；还有的人光把眼睛盯着会议，盯着庆典剪彩活动，采访走马观花，浮光掠影。因而，写出来的东西苍白无力，脱离群众，缺乏生活气息。

因此，笔者认为，端正采访作风，首先要端正思想作风。培养记者高度的事业心和责任感，以此带动和促进良好的文风，用新鲜活泼的语言写出富有新意的新闻作品，奉献给时代，奉献给人民。

注释

［1］江泽民：《在视察人民日报社时的讲话》，1996年9月27日《人民日报》第1版。

原载《煤炭新闻界》1998年第3期

要勇于维护企业和职工利益

——谈企业报记者开展批评报道及舆论监督

发挥报纸的舆论监督功能，批评社会上和工作中的不良现象、丑恶行为，正是党报的职责所在、力量所在，因为它对“错误的东西起到及时的制止、纠正作用”，有利于社会主义各项事业健康发展。

在报纸上开展批评是件难事，企业报尤其如此。但事实告诉我们，只要企业报的记者能够主持正义，出于公心，实事求是，同样可以用自己手中的笔开展批评，进而可以通过舆论监督，增强企业报在职工群众中的威信，扩大企业报在社会上的影响；反过来，亦能更好地宣传企业，服务企业。在此，笔者结合自己的实际体会，谈谈这方面的认识。

煤矿大都远离市区，处在城乡接合部和农村之中，敏感而复杂的矿乡关系一直是困扰煤矿安全生产的不安定因素之一；煤矿又是一块“大肥肉”，许多人想啃它，想从它身上捞一把。在这种情况下，企业报的记者就应该为维护企业正常的生产秩序和合法权益，充分用好自己手中的笔。

一次，笔者到董庄煤矿采访，得知一乡办小煤矿为抢夺煤炭资源而违反国家规定，越界开采这个矿的井下资源，并已造成矿上工业广场大面积塌陷，地面厂房、铁路、高压输电线路等严重受损，危及这个矿的安全生产。为此事，矿、局、省煤炭总公司已多次向政府有关部门反映，但始终没有结果。鉴于此，笔者决定将这件事报道出去，以引起有关部门的重视。经过现场勘查、座谈调查、查阅文件资料，笔者采写了《乡办杜楼矿抢夺资源越界开采，国营董庄矿危在旦夕面临停产》的稿件，发表在《徐州矿工报》上之后，《徐州日报》《江苏工人报》也相继做了报道。由于稿件用事实说话，客观实在，引起了地方政府的重视，责成有关部门对此事进行了处理，从而维护了企业的合法权益。

还有一次，笔者和几名通讯员一起到淮阴矿务局胡庄煤矿采访，途经这个局的前王煤矿时，看到许多当地农民手拿铁锹、爪钩子、铁簸箕及扫帚等工具在矿门口或路的两旁等待，见到拉煤的汽车出来便蜂拥而上，拦住汽车抢扒煤炭，而货主由于人少，势单力薄，无法阻止他们抢扒。当我们下午采访回来的时候，仍见矿门口及路的两旁站着三三两两手拿扒炭工具的农民，在等待“猎物”的出现。新闻记者的责任感，促使我在这里停了下来，找到矿上负责人询问事情的缘由。负责人介绍说，哄抢煤炭的现象在这里由来已久，扒煤人是当地农民，是“地头蛇”，矿上不敢惹。买煤的多是外地业务人员，人手少顾不过来，弄不好还要挨打。负责运煤的又是当地农村运输队，矿上、买主都管不了，如请别人运输或自己运输，他们绝不会答应。他还说，现在煤炭比较紧俏，转手就能赚大钱，因此，附近村民干这种事的很多。有的时候，一天被抢扒的煤炭就达四五十吨，听说有一家人一天竟扒了6吨多。

笔者感到抢扒煤炭，严重影响矿上的正常工作，侵害了国家、集体的利益，肥了一些贪占便宜、无视法纪的人。此风不刹，不利于矿上的安全生产，也不利于经济建设。于是，第二天，笔者请了一名摄影通讯员一起再次来到这里。为了不给矿上添麻烦，我们连招呼也没打，就到矿附近的楼房上抓拍了有数十人参与的，拦截汽车、抢扒煤炭的一组镜头，当他们发现我们的时候，竟然对着镜头笑，可见其麻木程度。在征得矿上同意的前提下，我们选择了一组共5幅照片，每幅照片配以说明及记者的评论，以《哄抢煤炭实景录——应该引起我们什么样的思考》为题，在《徐州矿工报》予以披露。这组报道，在社会上产生了强烈反响。徐州市公安局专门就此下发了《严禁哄抢盗扒煤炭的通告》，依法制订了七条具体规定。铜山县人民政府也就此发出文件，要求所属乡村干部增强法制观念，加强对村民遵纪守法意识的教育，切实维护国家、集体利益不受侵犯，为企业生产经营创造良好的外部环境。该矿所在地的大黄山乡政府也积极采取措施，通过广播、会议等，反复宣传市公安局通告、县人民政府文件精神，并对哄抢煤炭者进行批评教育，对严重的给予了处罚。因扒抢煤炭这种现象很有普遍性，不仅在徐州产生了较大影响，《中国煤炭报》《新华日报》《江苏工人报》也对此作了报道，有力地遏制了哄抢煤炭的不法行为，充分显示出舆论监督的强大力量。

煤矿像个小社会，除了安全生产、经营管理以外，还承受着许多应由政府部门来承担的事务，但往往自身力量不济，许多问题无力解决。企业报应该为企业、为职工群众的利益积极呼吁，把问题的真实情况、来龙去脉客观地反映出来，引起社会的关注，促使问题的解决。

徐州矿务局卧牛矿区环境污染十分严重，造成该地区的生态失去平衡，呼吸道发病率极高，癌症患者多达六七十人，死亡率占90%以上；矿校学生患咽炎、肺炎的比例也逐年增高。对此，群众怨声载道，自发组织人员走访市环保局、市总工会，信访上级领导达数十次。矿领导更是心急如焚，多次打报告，反映问题，请求地方帮助消除矿区周围污染源，但效果甚微。笔者决心把这一情况公开反映一下，通过舆论监督促使问题解决。

笔者先后采访了矿井领导、医院负责人、工人群众、学校教师及中小学生，到矿周围生产厂家进行察看。于是，《浓烟龙腾，居民天天受罪；异味熏鼻，矿工日日遭殃，卧牛人疾呼：环境污染俺受不了啦》的新闻稿很快出现在《徐州矿工报》上。消息引起市环保部门和市领导的高度重视。分管城建、环保工作的副市长马上带领铜山县县长、市环保局副局长及铜山县城建、环保和卧牛矿所在地夹河乡的负责同志到卧牛地区现场办公，处理环境污染问题，并当场制订了“卧牛地区污染厂家分期治理目标”，限期进行整改；市人大、矿区人大也组织人大代表到这一地区进行环境污染及治理状况视察，有力地促进了问题的解决。对此，《徐州矿工报》又作了及时报道。这件事，使《徐州矿工报》在社会上的影响更加扩大。事后，省电视台、《中国环境报》、市电台及电视台都对此事作了报道，更促进了工作。此稿在全国省、市煤炭好新闻评比中均获奖。这充分说明，企业报只要实事求是、反映问题，同样能够引起政府的重视，促使问题的解决。

在市场经济的新形势下，企业内部一些人无视法纪，利欲熏心，侵犯职工合法权益的事件时有发生，有的利用手中的职权，克扣、截留工人的工资、奖金，中饱私囊，严重损害了工人的利益。对此，企业报应该为矿工兄弟伸张正义，揭露少数干部的丑恶行为。

一次，报社编辑部收到洪泽县九里山煤矿以“协议工”名义寄来的读者来信，反映这个矿采掘工区的某些干部利用职权，每月都或多或少地截留工人工资、奖金，用于大吃大喝，随意挥霍。笔者便立即深入到这个矿的工区、班组、工人宿舍调查了解情况，发现问题比较严重。有的一次截留金额竟达千元。截留下来的钱基本上都让他们吃喝掉了，也有的干部把钱装入了自己的腰包。矿领导对此也是睁只眼闭只眼，有时还参与吃喝。久而久之，吃喝风在该矿十分盛行，矿上的招待费也高得吓人。情况调查清楚后，笔者采写了《有令不行，有禁不止　九里山矿某些干部在工资账上做文章　弄虚作假，多做钱款，留作挥霍，中饱私囊》的调查附记连同记者来信的排版小样一起送这个矿的主要负责人过目，在听取他的意见后，发表在《徐州矿工报》上。稿件见报后，在这个矿乃至全省煤炭系统引起很大反响，许多单位以此为鉴，自查自纠本单位存在的问题。由于来信及调查附记事实确凿，这个矿的领导和当事人也都表示虚心接受批评，改正错误。由于这封记者来信及调查附记提出的问题比较典型，也有普遍性，受到社会的广泛好评，除获江苏省、全国煤炭系统好新闻一等奖外，还被江苏省好新闻评委会推荐参加全国好新闻评比。

由此可见，开展批评报道，进行新闻舆论监督，企业党报同样也能担起这一重任。企业报在积极宣传党的基本路线、方针和政策，宣传企业深化改革、经济建设取得的丰硕成果的同时，也要反映企业和职工群众的呼声、愿望和要求，抨击消极、腐败、丑恶的东西，为企业的“两个文明建设”、为维护广大职工群众的合法权益鼓与呼。

原载《煤炭新闻界》1997年第2期

舆论监督乃党心民心所向

江泽民同志在党的十五大报告中指出，反对腐败是关系党和国家生死存亡的严重政治斗争。如果腐败得不到有效惩治，党就会丧失人民群众的信任和支持。在整个改革开放过程中都要反对腐败，警钟长鸣。他还指出，要把党内监督、法律监督、群众监督结合起来，发挥舆论监督的作用。[1]可以说，党的十五大的召开，为进一步加强党风廉政建设，深入开展反腐败斗争创造了更为有利的条件，也提出了更高的要求。报纸、电台、电视台作为覆盖面广的宣传舆论工具和大众传播媒介，历来受到党和国家的高度重视，在当前大力加强党风廉政建设和反腐败斗争中承担着十分重要的任务。中央纪委、监察部在今年初召开的新闻工作座谈会上也明确指出，要进一步发挥新闻媒体在党风廉政建设和反腐败斗争中的作用，加大反腐败新闻宣传力度，在全社会造成反腐倡廉的舆论环境，促进党风廉政建设和反腐败斗争健康发展。

目前，我们正面临改革攻坚的考验，面临着发展社会主义市场经济的艰巨任务，同时党内、政府内也确实存在着某些腐败现象，社会上也存有许多邪恶现象和不正之风，人民对此感到不满，表示忧虑，要求改变。通过新闻舆论工具加强舆论监督，应该说是解决上述问题的途径之一，这也是现实的呼唤。早在1989年11月，江泽民同志在《关于党的新闻工作的几个问题》的讲话中就指出：要积极发挥新闻舆论的监督作用，扶正祛邪，弘扬正气。各级党委要支持、鼓励新闻界开展正确的舆论监督。[2]他在1996年9月视察人民日报社时又强调，要对消极腐败现象进行批评和揭露，发挥舆论监督的作用。[3]李鹏同志在今年初考察中央电视台时，到《焦点访谈》栏目组看望采编人员，对他们的工作给予了充分肯定，并做了“褒扬先进，批评落后，伸张正义”的题词。[4]

党的十五大以来，全国许多地方高度重视新闻舆论监督工作，并提出了加大新闻舆论监督力度的要求。河北省委、省政府制定出台了《加强和完善舆论监督的意见》；中共广西壮族自治区党委也要求“各级纪检、监察机关要努力创造条件，为开展新闻舆论工作提供方便，支持正确曝光，依法保护新闻舆论报道。”进入今年以来，不少地方的新闻媒体已经明显加大了舆论监督工作的实施力度，使舆论监督工作声势空前。如湖南省邵阳市建立了新闻舆论监督机构，即新闻“110”——“866”台。“866”是“邵阳市866舆论监督台”的简称，是邵阳市市委、市政府为优化投资环境而设立的新闻舆论监督机构。“866”台不同于市内任何一家新闻机构，直接由市委、市政府主管，其记者可在市内“两报一台”发通稿，其正常采访不受一些权力单位的制约和影响；除公开曝光外，还可编发《866内参》。“866”台的开通，在邵阳市引起强烈反响。半年时间里，就接到各种投诉180多起，在市党政领导的大力支持下，许多非法事件的投诉得到了及时处理。

广东省副省长王岐山在一次接受记者采访中延请传媒监管经济。他说，传媒可以很好地用在经济的监管上，我们有这么大一支传媒队伍，但没有很好地用在经济的监管上。他认为，发育、建立市场有个秩序建设问题，在这个秩序的建设上，传媒能发挥很大作用。建设部原副部长周干峙也指出，建设工作中杜绝重大浪费必须从决策做起。舆论对决策的失误曝光、批评得不够。早说话，早帮助，就能避免一些失误。不栽刺，光栽花，只会延缓问题的解决。

综上所述，我们可以清楚地看到，反腐败需要舆论监督，民主与法制的完善需要舆论监督，发展市场经济同样需要舆论监督。舆论监督，是党心所向，也是民心所向。

那么，新闻单位和新闻工作者如何有效地实施舆论监督呢？笔者认为，首先，新闻工作者必须树立高度的政治责任感和工作责任感。江泽民同志曾经说过：“舆论导向正确，是党和人民之福；舆论导向错误，是党和人民之祸。”[5]因此，新闻工作者在享有国家赋予的权利的同时，更要注意增强自己的政治责任感和历史使命感，同党中央保持高度一致，以对人民负责的态度来行使舆论监督权。其次，要树立法制观念，增强法律意识。在我国，没有任何超越法律之上的组织和个人，新闻记者当然也不能例外。因此，新闻单位和新闻工作者在实施舆论监督的时候，切不可自以为是，要自觉遵守法律，在法律的约束之下开展舆论监督工作。第三，新闻工作者要有正义感、有良知，要出于公心，主持公道，积极为党和人民的利益实施舆论监督；要有无私无畏的勇气和胆量，不怕困难，排除干扰，勇于监督。第四，新闻工作者要加强思想道德和作风建设，在开展舆论监督的时候，一定要坚持实事求是，不道听途说，不捕风捉影，不添枝加叶，坚决维护新闻的真实性。同时要深入第一线采访，开展调查研究，尽力掌握第一手材料，使报道真实准确，万无一失。

当然，党和政府尽管现在已经为新闻单位和广大新闻工作者开展舆论监督创造了有利条件，人民群众也会积极支持舆论监督，但应该看到，真正开展起舆论监督还会遇到许多困难，甚至是受到阻挠、干扰，抑或是打击报复。但实施舆论监督是党和人民赋予广大新闻工作者的神圣使命，新闻单位和广大新闻工作者担负起这一神圣的历史使命责无旁贷。

注释

［1］江泽民：《高举邓小平理论伟大旗帜，把建设有中国特色社会主义事业全面推向21世纪》，1997年9月13日《人民日报》。

［2］《十三大以来重要文献选编》中册，人民出版社1991年10月第1版。

［3］江泽民：《在视察人民日报社时的讲话》，1996年9月27日《人民日报》第1版。

［4］李鹏：1997年12月29日视察中央电视台《焦点访谈》时题词，1997年12月29日中央电视台《新闻联播》。

［5］江泽民：《在视察人民日报社时的讲话》，1996年9月27日《人民日报》第1版。

原载《煤炭新闻界》1999第4期

读者信谁的

最近，笔者在看第四届城运会的报道中，发现一些不同的媒体对同一事件的报道大相径庭，让读者如入云雾，不知谁的报道真实、准确，让读者该信谁的?

如马家军运动员及原弟子尹丽丽在参加女子万米决赛的报道中，马俊仁在赛场上到底指导没指导她们，《扬子晚报》和《服务导报》的说法就截然不同。9月15日《扬子晚报》第9版上刊登的《马俊仁西安亮相“学乖”了，众弟子不声不响拿冠军》一文中写道：下午是男女万米决赛，老马周围更是里三层外三层围了无数记者，老马依然沉着脸，抽烟、看表，旁若无人。女子比赛开始，5名弟子一直在中间不急不慢地跑，每跑过来，老马还是含蓄地点点头。直到还剩最后两圈了，老马才用右手很隐蔽地摆了两下，尹丽丽、李季、刘敏等队员看到信号便突然加速。最后200米，马俊仁有力地挥了一下手，代表西安队出战的尹丽丽加速狂奔，将沈阳队的孙英杰甩在身后轻松夺冠，自始至终老马没有像从前那样吼一声。而9月15日《服务导报》第8版上《“马家军”头炮没打响》文中则写道：与以往不同的是，此次万米决赛，坐在看台上的马俊仁并未像以往那样冲着队员大吼大叫。尹丽丽也坦陈，比赛中她也根本没有看到马指导。对此马俊仁解释说：“我现在已经不是教练了，不能瞎指挥。”

更有趣的是，同一家报纸，同一个记者前后写的两篇文章，对马俊仁的描述竟也不一样。9月17日《服务导报》第8版《马家军还有戏吗？》一文中有这样一段话：“有趣的是，这次城运会，马俊仁还是像以往一样，坐在看台上，不时发出‘吼’声，并用手势指挥队员作战。但万米赛后尹丽丽接受记者采访时表示，比赛时没有看到坐在看台上的马导，也没听到他的吼声。当马俊仁这种用了多年的指挥方式变成一种形式或摆设时，不得不怀疑马俊仁是不是在‘演戏’”。这位记者在15日的报道中说“马俊仁并未像以往那样冲着队员大喊大叫”，时隔一天，又说“马俊仁还是像以往一样，坐在看台上，不时发出‘吼’声并用手势指挥队员作战”，实在让人费解。

从上面的引文中可以看到，9月15日两家报纸上的文章均写到了马俊仁没有像以往那样冲着队员大吼大叫，但《扬子晚报》详细描述了马俊仁指挥尹丽丽等队员的过程，9月15日和17日的《服务导报》却说尹丽丽“根本没有看到马指导”。看到这样的文章，细心的读者不能不产生疑问。

同样是采访国家田径管理中心副主任尚修堂谈2000年悉尼奥运会的有关问题，以及对马家军队员的看法，《扬子晚报》和《服务导报》的报道也是相差甚远。9月16日的《扬子晚报》第9版《参赛奥运不能没有“马家军”》一文中是这样写的：昨天，田管中心副主任尚修堂在记者的再三追问下终于露出口风，低迷不振的中国田径在悉尼奥运会上还是要把女子中长跑项目作为重点突破口之一，奥运会不能没有马家军。而9月17日的《服务导报》则说，据尚修堂透露，田管中心将于下月的全国田径锦标赛期间召开备战2000年奥运会的会议，届时各个项目将拿出备战方案。但尚修堂称，女子中长跑仅仅是其中的一项。很显然，女子中长跑并不是田管中心最重要的一颗“棋子”；对马俊仁，田管中心也并不抱太大希望。

类似这样的报道还有不少。大家知道，真实性是新闻的生命。新闻报道的时间、地点、人物、事件、原因、过程、结果，以及人物的思想、语言、行为、事实数据和各种描写，都必须与客观实际相符合，来不得半点虚假和“合理想象”，而准确性又是真实性中的基本要义。那么，上述报道为什么会出现同一件事情而有两种截然相反的说法呢？笔者认为，可能有以下几种原因：一是记者采访不深入、不到位，或者是道听途说，没有亲自采访当事人，或者是采访了当事人，但不是同时采访，当事人说法前后不一致，造成两家媒体的报道不一致。二是记者粗心大意，不细致，在观察人物的行为时发生偏差，写出来的东西自然不会一样。三是记者有一定的倾向性，主观色彩较浓，在写稿中难免不流露出来，造成稿件一定程度上的失真。

新闻真实性是新闻工作者的共同要求，准确地反映客观事物的本来面目是新闻工作者的基本职责。由于种种原因，媒体没能真实地把事件客观公正的报道出来，或者出现不同的媒体对同一事件的报道发生了“打架”现象，其后果不仅是使读者产生了困惑，更重要的是对媒体的真实性或者其他方面产生了怀疑，降低了对媒体的信任度，并进而影响到宣传效果。所以，记者在采写报道时一定要用事实说话，做到“准确！准确！准确！”（美国著名报人普利策语）为此，就需要记者不断加强理论修养，努力提高业务能力，深入实际进行采访，这样就会写出比较客观、准确的报道，也不至于让读者在报纸上看到同一件事两样说法的情况出现。

原载《报林求索》1999年第6期

电视记者也要有内参意识

不少新闻工作者都有过这样一种经历：辛辛苦苦采访后写出来的东西，送到编辑部有时却发不出来。造成这种结果的原因往往不是稿件质量问题，而有相当一部分是编辑部出于当时政治、经济、社会稳定等方面的考虑，认为事情不宜公开报道，要记者暂缓发表或改发内参。

什么是内参呢？内参是不宜公开发表，而有重要参考价值的新闻报道。内参可以帮助各级领导、党政部门正确了解各方面的实际情况及各种反映，做出正确判断和决策，解决工作中的实际问题。

内参是我国社会主义新闻事业的一大特色。它的特殊作用是公开报道无法替代的。在市场经济新形势下，内参的作用更加重要，如基层在执行上级决策中出现的一些新情况、新问题，群众中出现的一些情绪、意见，少数单位和人员中发生的贪赃枉法、渎职弄权、腐败现象等不宜公开报道的均可通过内参反映给上级领导和有关部门。因此，采写内参不仅可为而且大有可为。

电视记者在采访中扛着摄像机辛辛苦苦采访了一天，回来编辑后或由于政策上把握不准，或因为领导出于其他考虑而使报道无法播出，那么，电视记者的功夫不就白搭了吗？特别是一些有较大价值的新闻放弃了岂不可惜？反映问题，揭露矛盾，采写内参不只是报社记者的专利，电视台记者也应在内参这块园地里耕耘。

那么，是什么原因造成电视记者不写内参呢？应该承认，目前电视从业者（尤其是企业台和市县台一些记者）的思想素质、新闻敏感、业务水平与同级其他媒体人员相比还是有一些差距的。电视记者涉足的场面，接触的人员，掌握的信息，不比其他媒体的记者少，但是缺乏写内参的意识。

怎样才能写好内参呢？第一，记者要有较高的政治素质、理论水平和把握大局的能力，要敢于坚持原则，勇于揭露矛盾和问题。第二，要实事求是，如实反映情况，不夸大不缩小，不歪曲事实真相。对反映的问题要经过深入调查，哪怕是一个细节、一个数字都要反复核实，确保准确无误。第三，要坚持一分为二的观点，既反映反面的情况，也反映正面的情况。对工作中一些新的经验和做法，或者记者在采访过程中产生的新见解、新看法，由于不成熟，可先写成内参，供有关领导和部门参考。

原载《煤炭新闻界》1999年第3期

重新编改　有违真实

身在其中，方知其妙。原来电视好新闻评比参评节目还可以大作手脚，甚至与播出时的节目有很大的不同，甚或是大相径庭的，对此笔者已耳闻目睹。

每年的春天，上年度各级各类好新闻评比接踵而至，不少电视台的一些编采人员也开始日夜忙碌起来，加班加点加工过去播出或未曾播出过的节目，要么同期声重编，要么解说词重配，要么画面重换，要么特技现加。总之，这段时间剪辑机房里分外拥挤，加班者有时是通宵达旦。经过临时突击，与播出时面目不同的一条条参评作品完成了。这种拿经过反复修改过的作品参加评比的做法妥当与否，有几点想法不妨说出来请教同仁。

笔者认为，经过修改加工的参评节目，已不是本来意义上的东西了。移花接木，容易弄虚作假。有的同行说，有些参评节目，哪怕是一分钟的新闻，有时从解说配音，结构安排，画面运用都是重来的，甚至有的就是现做的节目，根本就没播出过。这是电视的“优势”，也是电视的弱点，此其一。

拿修改过的节目参加好新闻评比，有违新闻真实性原则。电视节目，尤其是画面，是可以以此处代彼处的。时间也是字幕打什么就是什么。反正是参加评比的，评委不可能身临其境，观众又多已遗忘，这就给节目改头换面重新制作带来了蒙着假象的真实，此其二。

不少基层电视台在每年好新闻评比前都要请上级电视台或有关协会的一些领导、专家到本单位观看参评节目，提出修改意见。这些同志既当教练员又当裁判员，在节目评比时难免有失公允，同时也为节目重新加工制作起了推波助澜的作用，此其三。

笔者认为，电视好新闻评比，原始播出带应该作为一个原则来规定，重新换过画面，或者重新配音、编辑过同期声的节目已违背新闻真实性的原则。因此，对节目是否播出过，如何判断，应该由电视界尽早定出“游戏规则”，这也应是打假的一项任务。

原载《南方电视学刊》2000年第1期

关于电视剧插播广告的议论

看几分钟《还珠格格》，再看几分钟广告，《还珠格格》第二部在全国各地一开播，播放时段的插播广告就显得超乎寻常的拥挤，惹得观众议论纷纷。

据笔者对某市有线电视台一晚上播放两集《还珠格格》第二部（以下简称“格格”续集）广告情况的统计，不包括口播加字幕的57家特约播出单位名单，总共播放广告147条（次）。以该台播出的“格格”第41集、42集为例，广告具体情况是：特约播出单位名单后便是16条广告，节目开始后字幕广告也开始在屏幕上滚动，笔者计算了一下，第41集电视剧在剧情关键处一共中断4次，分别插入广告21条（含有奖问答题一道），17条、16条和13条，第42集同样中断节目4次，分别插播广告11条、4条、10条、9条，第41集和42集之间共插播30条，时间长达20分钟以上。由于广告如此之猛之多，两集80多分钟的电视节目，居然要观众150分钟的时间才能看完。

这种大量插播电视广告的做法效果到底如何？据某市零点调查咨询有限公司进行的关于“格格”续集插播广告收视情况百人调查显示，收视观众在遇到插播广告时，绝大多数会换频道，等广告播完了再看（占80%以上）；也有人“暂时不看，去做别的事”（占12.3%）；只有极少数人耐着性子等着，怕换频道错过了节目，但也只是随便看，并不在意广告内容（占6.7%）。对“格格”续集广告是多是少的问答，百分之百的受众认为广告实在太多，让人难以招架。有的观众说，看“格格”时，他的小孩都形成了惯性，一到广告就换台，广告完了再接着看。不少观众反映，剧情被插播广告弄得七零八落，真让人烦透了。有的观众还抱怨说，我们每年交钱是看电视的还是看广告的？电视台这种不顾观众心理和感受的做法，是对我们合法权益的侵犯，最终也会影响电视的收视率，对商家来说广告效果也不会好。

对在电视剧中随意插播大量广告的做法，中国矿业大学工商管理学院广告学教授胡琼认为，目前，我国的电视广告效率还处在相当低的水平，尤其是地方电视台更是如此。这里面存在的主要问题是广告节目的“粗”“滥”“乱”和商家投入广告的盲目性。在这种情况下，商家的电视广告投入约有三分之二是白费的。消费者在感到自己的合法权益受到侵害后，就会对商家的广告产生逆反心理，以至出现拒买广告中的一些产品的做法。同时，也会对电视台这种不顾观众感受的做法产生反感，影响收视率。

徐州师范大学广告研究所教授阎志强在评论这种现象时认为，在国外，自从60年代兴起“消费主权至上论”以后，电视广告泛滥的状况就得到了遏制，经营者也只有在充分尊重消费者合法权益的基础上才能获得利益。至于国内，像“格格”续集这样频繁在电视节目中插播广告的做法国家不是没有明文规定，而是大部分电视台受利益驱动，千方百计拉广告；有的商家也不顾观众的逆反心理，硬往热门电视剧中挤广告。实际上，任何事物超过适当的量和规模，会使其效果递减甚至产生负效应。

如何避免上述状况呢？胡、阎两位教授认为，首先要加强管理，减少广告时间和数量，提高质量，使其规范化，合理化。同时，通过提高从业人员素质，使媒体和商家真正树立消费者至上的观念。其次，要建立专门机构，对收视率和广告效果进行科学评估，减少商家广告投入的盲目性。

徐州市大众律师事务所一律师认为，从原则上讲，任何电视台在电视剧中随意插播广告的行为都对观众整体上是一种侵权行为。同时，这种随意插播广告的行为还违反了广播电影电视部1997年2月下发的《关于进一步加强广播电视广告宣传管理的通知》的精神。

这位律师还指出，观众每年交钱收看有线电视节目，从这个角度来说，有线电视台与观众是商家和消费者之间的关系，有线电视台随意插播广告的做法也违反了《消费者权益保护法》的有关规定。另据报道，河南省一电视观众就因当地一家电视台在不合理的广告时段和规定的时段插播广告，而与这家电视台打起了官司。由此可见，电视台随意中断节目，插播广告不能肆意妄为，还需悠着点。

原载《中国广播电视学刊》2000年第3期

传媒的责任

——兼议地市电视台亟须加强科普宣传工作

一、反思现实，增强意识，科普宣传任重道远

近年来，我国的科普宣传工作有了一些起色。也取得了一定的成绩，可以说新闻媒介功不可没。但是，还应该看到，我们的科普宣传与群众的需要，与党和人民的要求仍有相当大的距离，特别是在普及科学方法，宣扬科学态度和弘扬科学精神方面的宣传更是十分薄弱，以致一些伪科学、反科学，甚至封建迷信的东西在某些地方很有市场。宣扬伪科学、传播有神论的作品、节目随处可见，并且不断蔓延，严重腐蚀着一些人的灵魂。对此，应该说不少新闻媒体（包括地市电视台）也负有一定的舆论导向责任。这里试举几例：

（1）43届世乒赛后期，一家电视台的记者采访我国某乒乓球名将："有人说你爱人是福星，只要她在场，你打球准赢，是吗？"答："是这样。也挺怪，不管我看见没看见，只要她来了，我打球就有劲，准赢。那天，我和金泽洙对阵，她没来我就输了。"问："现在许多人身上带有小吉祥物，你有吗？"答："有。""什么东西？""一个小佛爷。每逢比赛我都带在身边。"

（2）五六年前，某报曾发表了一篇在抗洪抢险报道中表现出色的一位女记者被洪水卷走后获救的报道，其中津津有味地描写了这位女记者被洪水困在一棵树上，与一条黑蛇相遇时的情景：这位女记者自思难逃蛇口，但那蛇不但没咬她，还向她安慰似的点点头。接着，作者又写下了"若干年以前，这位记者的父亲曾救过一条蛇，而且也是一条黑蛇"的文字。

（3）前几年，不少媒体对“另一个世界”炒得也很厉害。“另一个世界”是什么样？据称，那里“有天空，也有星光，有朋友，也有欢乐”。当然，“有的很苦闷很孤独，成日游荡，百无聊赖”。作者为证明它的“真实性”，还煞有介事地说，这些“信息”不是臆造的，而是国外一家科研单位经过多年探索和测试，不断收回的反馈。虽然他们有的死了一年，有的死了三年，有的死了五年，但多数都能按时与科研单位保持独特的联系。

还有以前新闻界爆炒过的一些假新闻，看标题即知有违常理，如《屠夫使尽招数肥猪百杀不死》《兰溪老翁嗜喝墨汁》等报道，离奇古怪，明显有悖科学常识。但许多传媒却对此津津乐道大肆渲染，令人颇为迷惑。

诸如此类的报道屡见不鲜，说明我们的一些传媒在舆论导向上，在科普宣传上确实缺乏冷静的思考和科学的精神。实事求是是我们党的思想路线，坚持实事求是，帮助受众理解科学的求实精神，是新闻工作者的神圣使命。对某些人们目前无法解释的现象进行适当的报道本无可非议。但是，对这些现象进行报道有一个以什么观点指导，以什么方式存疑的问题。一些传媒对某些自然现象或作无意的、不准确的描摹渲染，或作有意的、闪烁其词的暗示，有时甚至故意为其加上一些有迷信色彩的玄奥就明显有违科学原则了。在长达10多年的“水变油”闹剧中，一些传媒同样是大搞公关宣传或欺骗宣传，很少有真正的科学宣传活动。本来一个并不复杂的科学问题，经媒体的宣传，把许多善良而轻信的老百姓骗了，甚至把科技界的一些人也骗了，假的似乎成了真的。李洪志及其“法轮大法”以及反科学的歪理邪说欺人惑世的事实，也暴露出了我们传媒界的某些问题和科普宣传力度不够。正如江泽民总书记《在纪念中国共产党成立七十八周年座谈会上的讲话》中指出的：“思想政治工作的实践说明，我们的阵地如果无产阶级思想不去占领，非无产阶级思想就必然会去占领”。[1]

其实，早在50年前，毛泽东同志就提醒过我们：“要老百姓不敬神，就要有科学的发展和普及。科学不发展，不普及，敬神在他们是完全需要的。”“有了科学知识，迷信自然就可以打破，没有这一着，他还是要迷信的”。所以在市场经济新形势下，大力普及科学知识，传播科学精神，倡导科学方法，坚持用科学开启人们的心智，使科学的理念和精神深入人心，使崇尚科学成为全社会的自觉行动，从根本上铲除迷信和伪科学赖以存在的社会基础，新闻舆论单位及其工作者任重而道远。

二、对标找差，提高认识，地市电视台亟须加大科普宣传力度

人民日报评论员曾发表文章指出，营造文明的科学的社会环境，需要做多方面的工作。其中首要一环是抓好意识形态部门的工作。文化、教育、新闻、出版等意识形态的重要思想阵地我们不去占领，反马克思主义、非马克思主义、愚昧迷信的东西就要去占领。实践证明，文化、教育、新闻、出版等战线，对于营造文明科学的社会环境，负有重要的政治责任。实际上，这些年来我们的科普宣传工作也在不断加强和改进，电视、报纸等媒体增加了不少科普内容。如中央和一些省电视台相继开办了“科技博览”“走进科学”“科技大视野”“东芝动物乐园”“立体空间”“人与自然”“午间科技快递”“人口与家庭”等等栏目，这些科普栏目在很多家庭都成了必看节目。报纸、杂志开辟科普专栏，加大科技宣传力度，也渐成时尚。如常见的一些栏目“科技广场”“科技文摘”“科技与生活”“科普知识”“科技纵横”等。1999年7月1日，国家科技部以“政府行为”运作全国第一家科普网站“中国科普网”（http：www.kepu.gov.cn）也正式开通。但多年来，我们的科普宣传还是浅层次的，正如中国科协主席周光召院士曾指出的，以往的科普工作，我们比较侧重于普及科学知识……相比之下，在普及科学方法、宣扬科学态度和弘扬科学精神方面则比较薄弱。

即便如此，目前许多地市级电视台都鲜有或没有类似上述的科普宣传栏目，其科普宣传意识及业务素质不要说与省以上电视台相比，就是与地市其他媒体（报纸、电台）相比也是有一定距离的，有的台不要说自办科普节目，就连资料性科普节目也没有。全国二三千家电视台，占一定比例的地市电视台在科普宣传上如此单薄，甚至是一片空白，难道不应该引起我们的警醒和重视吗？这里以笔者曾供职过的一家报纸为例，找找我们地

市级电视台在科普宣传上的不足。

笔者原来所在的这家报纸，1979年5月1日复刊以后，就办有每周一期的“科普副刊”，平时他们坚持在稿件的取舍上掌握一条原则，即凡是有违科学求实精神的稿件一律不用。如1997年初，“克隆”技术名噪一时，成为许多新闻媒体报道的热点。由于科学家们对此众说纷纭，致使人们莫衷一是，该报没有抢先介入，人云亦云，而是在议论“克隆”现象稍稍降温以后，约请有关专家撰写《争论声中说“克隆”》的文章，对克隆技术作了客观的合乎实际的介绍和分析。该报在普及科技知识的同时，还注重帮助读者理解和掌握科学的思维方法，坚持由浅入深，先易后难，循序渐进，力争让读者在耳濡目染中学到科技知识。再者就是帮助读者理解科学与人类息息相关的道理，使其树立科学的发展观，崇尚科学，抵制迷信愚昧。这几年，“科普副刊”围绕江苏省“科普宣传周”定下了主题“公众理解科学”“科学在我身边”“提高国民素质，迎接21世纪”等积极开展征文活动，加大“科技与人类”问题的宣传力度，均收到较好效果。

仅从上述事例就可以看出地市级电视台在科普宣传上与其他媒体的距离，也说明电视从业人员的科普意识、科学精神、业务水平亟待加强和提高。只有这样，才能担负起“以科学的理论武装人，以正确的舆论引导人，以高尚的精神塑造人，以优秀的作品鼓舞人”的历史重任，才能做一名真正的科学知识的传播者和社会主义精神文明的建设者。

三、讲究方法，注重实效，切实搞好科普宣传报道

江泽民同志在全国科学技术大会上讲话时指出，要“通过各种新闻舆论工具和其他有效形式，促进社会主义精神文明建设，用科学战胜封建迷信和愚昧落后。”[2]对新闻工作者来说，这是一项十分艰巨繁重的任务。近年来，新闻界时常出现一些宣扬伪科学、封建迷信的作品，其中有的就是由于记者不懂科学常识或者没有按照科学规律办事所致，自己本身信神信鬼，怎么也不能做好科普宣传工作。因此，地市电视台要搞好科普宣传工作，就要求编辑记者首先要树立科学的世界观。新闻工作者不信科

学，要想搞好科普宣传无异于是痴人说梦。所以，无论在什么情况下，新闻记者都要讲究科学，即事实的科学和观点的科学，不能为了个人某种喜好而有意无意地宣扬不科学的东西。同时要认真学习马克思主义的唯物论和无神论，坚持正确的世界观、人生观、价值观，自觉运用科学知识、科学精神、科学方法和科学思维，提高识别和抵制各种唯心主义思潮和骗术的能力，认认真真搞好科普宣传工作。

第二，地市电视台及其从业人员要认识到科普宣传工作不是一朝一夕就能完成的，需要树立长远的观念；还要认识到目前大多数受众的科学素养还处于较低的层次。因此，要结合自身实际，有针对性地开展科普宣传工作，加大科学精神、科学方法、科技创新的宣传力度，帮助受众提高辨别是非的能力，引导大家建立科学、文明、健康的生活方式，努力形成学科学、用科学、爱科学、讲科学的社会风气。

第三，地市电视台要加强领导，高度重视科普宣传工作，要设法尽快改变目前科普人员缺乏，科普栏目薄弱甚至空白的局面，要根据本台的实际情况设定相关栏目，选调业务骨干建立或充实科普宣传队伍。同时，还要借鉴学习其他媒体的成功经验，努力办出既有自己特色又有较高质量的科普节目，为科学普及工作做出自己应有的贡献。

注释

［1］［2］江泽民：《在全国科学技术大会上的讲话》，1995年5月27日《人民日报》第1版。

原载《科学新闻》学术专刊2001年第49期

电视节目：请不要忘记“少儿不宜”

打开电视机，许多频道、许多栏目五彩缤纷的节目便会扑面而来：电视连续剧、综艺晚会、娱乐节目、各类广告……可谓热热闹闹，让人眼花缭乱。然而，在这热闹的同时，人们不禁要为这些节目中的许多“少儿不宜”感到担心。因为在今天，电视已成为少年儿童最亲密的“伙伴”，从他们的幼年起就与电视结下了不解之缘。电视节目的优劣、品位的高低在他们的成长过程中有着十分重要的影响。但是，目前荧屏上出现的大量镜头着实让人忧虑，不能不引起我们的关注。

许多节目中都存在或多或少的令人作呕的插科打诨和不雅举动，过多过滥的床上戏都给青少年健康成长带来了不良影响。有的电视剧不管剧情需要与否，都有男女热吻的场面出现，还有的男女一见面不是拥抱就是脱衣，让一些处于青春萌动期的青少年心慌意乱。

电视剧如此，综艺节目中的“少儿不宜”也是屡见不鲜。譬如，某电视台开办的一个综艺节目中，几个孩子登台竞相角逐“孩子王”大奖。一个天真活泼的小女孩上台后先是大念一通广告词，什么“XX酒”“XX饮料”“XX胶囊以内养外”，接着便是“XX卫生巾给我最体贴的关怀”。这时主持人马上抢过话筒，观众以为她会教导孩子几句，谁知她却喜笑颜开，拍拍小女孩的头，连连说：“聪明，聪明。再来一个！”另一个自称节目内容健康向上的《快乐XXX》，主持人在一所幼儿园里也是饶有兴趣地问孩子们：“什么叫老公”“什么叫老婆”“你想找谁做你的男朋友”等话题。当得到孩子们的回答后，这位女主持人脸上露出了满意的微笑，并喜滋滋地告诉男孩子“要长得更强壮，更敢于英雄救美，这样才会赢得女孩子的喜欢。”等，不一而足。再如，某台一档“真情系列”

节目中，女主持人对男女嘉宾说："反正你们是假情侣，不抱白不抱，多抱一会吧。"某省台"XX情人"之类的节目也是让几位妙龄女郎上台和男主角谈情说爱，搂搂抱抱。

眼下，很多电视综艺节目为了取悦观众，极尽调侃，不惜大抖嘉宾隐私，甚至以主持人、嘉宾出丑为乐，将"大众化"变为"庸俗化"，夸大了人们对这一类内容的需求，而最终走向了低级趣味。

再拿电视广告来说吧，也是越拍越离奇，许多内容已经背离了正常的审美观点。最近，某电视台播放的相机胶卷广告，一开始几个镜头还算不错，但到最后，一名男子溜冰溜到一漂亮女子面前时，突然滑倒并跪到她的脚下，抓拍了这名女子下半身的镜头立马锁定，给人以不太健康的感觉。还有，某电视广告，也是故弄玄虚，一名女子问道："你想知道清嘴的味道吗？"旁边立即发出几名男子"嗯嗯"的声音，这名女子便一下子坐在沙发里，说道："你们想到哪里去了，我说的是清嘴含片"。"清嘴""亲嘴"发音十分相似。现在，这句广告语已成了某些中小学生的口头禅。还有一个酒类的广告，借用某电影的情节，四个"老婆"都等着"大少"来自己房中，可是红灯笼没有挂在她们的门旁，在她们失望的神情中，点灯老头宣布："大少今天喝XX马！"，那四个"老婆"期待的神情特定镜头很让人恶心。一家电视台播放的饮料广告中，三个少年一边跳舞一边对着地上的摄像机镜头狂喊"XX"饮料的名称，其穿着与西方电视电影中常见的街头不良少年没什么两样。其中两个少年还戴着墨镜，从装饰到舞姿都给人一种不健康的感觉。据笔者"六一"期间对某台黄金时间段播放的电视广告统计，发现孩子充任主角或是针对少儿消费者的广告就占了半数以上。

电视对人们的举止、行为有着潜移默化的影响，尤其是对辨别能力较差的少年儿童。在激烈的市场竞争中，电视节目向更具有刺激性、吸引性方向发展是必然趋势，但是制作、播出单位也不能趋利忘义，忘记自己的社会责任。对此，有关专家指出，现代家庭大多以独生子女为中心，因而出版商、玩具商、电视制作部门不同程度地将盈利的视角瞄准"小皇帝小公主们"。为了提高收视率，电视台采取各种方式吸引观众，这本身无可厚非，但问题是这其中太多的“少儿不宜”很容易对孩子产生不良影响，对他们的健康成长十分不利。

当然，我们应该清醒地看到，改革开放以来，我国电视事业的发展总体上是健康向上的，成就也是巨大的。但现实中存在的一些问题特别是关于青少年健康成长的“少儿不宜”问题确实应该引起我们足够的重视并积极加以改进。江泽民总书记说过“只有加强综合治理，多管齐下，形成一种有利于青少年学生身心健康发展的社会环境，年轻一代才能茁壮成长起来。”[1]少年儿童是我们的希望和未来，为了他们的健康成长，为了我们的千秋大业，每一个电视新闻工作者都应有强烈的社会责任感，给孩子们以正确的引导、以真善美的教益，为青少年的健康成长营造有利的文化环境。应努力提高节目质量，增加文化含量，加大少年儿童优秀电视节目的创作生产力度，为他们提供丰富多彩健康有益的节目。总之，我们必须确立这样一个信念：任何电视节目，千万都不要忘记“少儿不宜”。

注释

[1] 江泽民：《关于教育问题的讲话》，《国务院公报》，2000年第13号。

原载《中国电视》2002年第10期

“徐宝宝事件”：网络舆论监督的得与失

2009年11月5日，一个帖子发在了南京西祠胡同社区“零距离”版，帖子称由于值班医生没有尽责，五个月大、患右眼眶蜂窝组织炎的婴儿徐宝宝在11月3日入住南京市儿童医院十几个小时后即死亡，并指出这家医院医生工作期间上网玩游戏，不顾病人家属一再请求，直至婴儿医治无效死亡。此帖一出，立刻在网上引起热议，致使“徐宝宝事件”在论坛里迅速“发酵”，成为南京最受关注的公共事件。11月7日，南京市儿童医院医务处对这一事件作了答复，简要介绍了事件经过和与家属的沟通情况，否认医生失职一说。11月9日，《人民日报》在第12版用了近两千字的篇幅刊发了关于“徐宝宝事件”的报道，南京市儿童医院的说法与之前依然相同。中央媒体的介入和院方的不认账，又一次让网络民意沸腾，最后促使第三方调查组成立，真相被一一还原。

其实，在“徐宝宝事件”发生一始，网络媒体就承担了急先锋的角色，它率先为公众打开了知情权的大门，使公众在第一时间知道了这样一件令人发指的事情，并逐步了解了事件的全部真相。

一、网络给予了公众话语权

2009年11月4日，“徐宝宝事件”在南京儿童医院发生后，当地媒体并未对此事进行报道，据西祠胡同社区“零距离”版版主周桂华说，家属是在联系了南京各大媒体没有结果后才到论坛发帖的。由此事件才在网络这个大平台上蔓延开去，许多网民积极发帖、跟帖、回复，有的是想了解事件的来龙去脉，有的质疑医院不承认失职的答复，有的指责医生的不负责任，有的安慰患儿的父母……院方公布的第一次调查结果疑窦重重，受到了社会公众的广泛质疑。公众以自己的方式证实自己的存在，体现着对社会生活的关注，行使自我言说的权利，而网络为公众自由表达提供了一个很好的话语空间，人们在一个共享的空间中聚集在一起，作为平等的参与者面对面地交谈、发表意见。

网络媒体对“徐宝宝事件”的发展来说就是这样一个公共领域，为公众提供自由、公共的话语交流平台，公众可以随心所欲地发表自己的见解，发泄自己的不满，表达自己的支持。有些网站还进行民意调查测验，了解受众对这一事件的看法态度，使得民意的表达更加畅达。

网络媒体淡化了“把关人”的角色，使每一个网民都有做传播者和受众两种身份的机会，由于“把关人”的缺失使这些没有经过过滤的网络民意信息反馈更加真实，从而真正地实现监督权。当千千万万个网民共同关注“徐宝宝事件”，一起指责儿童医院的不负责任，一起怀疑相关部门首次的调查结果，一起呼吁还原事件的真相，一起期待公平公开的调查实施的时候，一股强大的公众舆论的监督力量在无形中给了相关部门巨大的压力，于是第三方调查组成立了。这是在舆论的巨大压力下，政府部门成立由社会各界人士组成的第三方调查组，对“徐宝宝事件”进行第二次调查。此次调查推翻了第一次的调查结果，真相终于在舆论的期待声中浮出水面。在“徐宝宝事件”中，网络媒体营造的公共话语空间所产生的舆论号召力和舆论监督力，已远远超过了任何一种传统媒体。

由于网络媒体让公众获得了直接行使舆论监督的权利，成了监督力量的主体，从而使得网络媒体的舆论监督更加具有时效性，更加公开和透明，更加具有参与性，让监督的力度更加强大更加广泛。都说网络是“高度的放大器”“快速的传播器”，它随着时代的发展应运而生，也为时代发展所利用，相信在网络的聚光灯下，公众行使舆论监督的权利将更加全面和真实，社会的发展也会因为有了公众的监督而加快脚步、更加和谐。

二、网络舆论监督中的不足

网络是近年来继报纸、广播、电视三大主流媒体之后兴起的第四媒体，虽然借助科学技术不断进步，网络媒体在迅速发展壮大，舆论监督也日益发挥着重要作用，但网络舆论的监督技术尚未成熟，其中存在着很多缺点和不足。

信息失真。“徐宝宝事件”发生之初，人们谈及此事就会简而言之是儿童医院医生上网“偷菜”导致徐宝宝耽误治疗死亡。这是因为徐宝宝的父母在网上发帖称值班医生毛晓珺只顾上网“偷菜”不愿替宝宝看病。然而，过了一个星期后才由调查组的电脑专家使毛晓珺医生“沉冤得雪”，原来他玩的不是“偷菜”，而是围棋。就在“徐宝宝事件”刚要淡出公众视线的时候，又有网友爆料，毛晓珺因不堪舆论压力自杀了，可事实上人家“毛医生”活得好好的。许多时候，网络上“三人成虎”的言论屡见不鲜，谎言重复了一千遍就不知不觉成了真理。建立在失真了的网络信息的舆论监督，没有了监督的基础只能说是儿戏，不但丝毫没有监督的力量，对今后的舆论监督效力也带来了严重的副作用。

话语权失衡。一般来说，导致话语权失衡，影响网络舆论监督效力的原因主要有两个：一是情绪化言论；二是商业炒作。“徐宝宝事件”中的当事人毛晓珺因其不负责任的行为和其所属医院提供不实调查报告的包庇行为，在网络上都受到了关于医德的质疑和指责，甚至是谩骂。如果偏激或者极端的情绪化观点占据了上风，那么原本为了维护和谐的舆论监督就成了非正常的舆论暴力，可能对他人甚至是整个社会造成伤害。“徐宝宝事件”中，公众在质疑毛晓珺的医德、指责医院的包庇时，也不知不觉地加大了医患之间信任的鸿沟，加重了社会的信任危机，影响了社会发展的稳定性。

舆论监督失范。纵观网络热门事件，那些事件中的主角基本上都被“热情”的网民人肉过了，自然“徐宝宝事件”中的失职医生毛晓珺也不例外。有些网民往往披着正义的面纱，对那些应该受到法律制裁的人肆意地搜索攻击，这种缺乏理性的行为逐渐演变成了一些人的“暴政”。这样的舆论监督无疑失去了原有的意义，甚至牵扯到了许多法律问题，也会在一定程度上破坏舆论监督的用意。

三、网络舆论监督亟待完善

舆论监督是党和政府大力倡导的，网络媒体为之提供了宽阔的平台。但与其他传统媒体相比，网络媒体属新兴媒体。因此，建立在网络媒体基础上的舆论监督显得不够成熟，无论是技术层面还是操作层面都还处于初级阶段，需要进一步发展和完善。

网络舆论监督主体的自律包括两个部分：一是网民自律的道德素养，二是网络服务商的行业自律。网络上的信息铺天盖地，常常让人眼花缭乱。网民应该具备对于各种信息的分辨能力，以冷静和理性的态度对此进行分析思考，让虚假的信息和偏激的舆论消失在萌芽状态。同时，网络服务商要加强行业自律，遵守职业道德，不发布和传播虚假有害的言论和信息，以净化网络舆论环境，维护社会稳定。

网络媒体在进行舆论监督过程中，可能会造成监督失实、侵犯他人隐私、干预司法独立、影响社会稳定等不良后果。其重要的原因之一就是没有相关的法律规章制度来规范制约网络媒体的舆论监督行为。因此，制定关于舆论监督的法律法规，让监督行为有法可依势在必行。

在公共事件发生后，政府部门不能任由事态发展变化，而应积极、主动调查了解事件真相，并以最快的速度公布于众，不要等网络舆论已经形成很大影响了才被动出面解释。在“徐宝宝事件”中，南京市卫生局网络发言人在南京网络发言人论坛上主动向公众公布了“徐宝宝事件”调查结果后，受到网友好评。

网络媒体的舆论监督与传统媒体相比，优势已经逐步得到体现。“徐宝宝事件”在南京儿童医院发生之初，宝宝的家属曾联系当地其他媒体，但是媒体没有在第一时间介入。而网络本身的开放性和参与性给了“徐宝宝事件”得以广泛传播的机会，也使网络得到了首先开始参与舆论监督的机会，继而引发了传统媒体的及时跟进。

虽然网络媒体进行舆论监督的优势不断显现，但并不能因此说网络可以取代传统媒体对公共事件、国家事务行使舆论监督权。相反，舆论监督欲发挥最大限度的威力还必须使网络媒体与传统媒体合作。“徐宝宝事件”后期，正是有了传统媒体密切关注，才将公众引导到更具建设性的思考方向。将网络媒体与传统媒体结合起来，优势互补，才能推动舆论监督健康、长远地发展。

原载《网络传播》2010年第4期

娱乐新闻，是娱乐还是新闻
——从娱乐新闻报道看媒介人的素养提升

《南方都市报》2014年9月28日报道：十二年后的谢霆锋，在爱的原野上，已经策马追上了王菲。王菲和谢霆锋复合，与此同时，张柏芝却因肠胃炎入院，在医院输液，白色被单上，一只枯瘦的手。听说锋菲复合，张柏芝哭得非常伤心。言语之间，有无限情义。而王菲和谢霆锋却走出了这个丛林，与他们有关的新闻里，看不到“为情所困”“闻言痛哭”，王菲的几次婚恋，都泰然终结。有家媒体做的“锋菲恋”专题，题目叫《王菲和谢霆锋，从女高男低到并驾齐驱》。《华夏时报》同日则报道，风行工作室卓伟继跟拍文章的婚外恋在圈内引起巨大反响后，他们用4天时间跟踪拍摄“锋菲旧情复燃”照，曝光了他们80个小时的私密生活细节。人民网9月28日也发电文称：有网友27日早上在北京机场巧遇王菲，低头滑手机的模样被拍下，引发外界联想她正与谢霆锋热线。王菲、谢霆锋复合，占据着不少媒体的头条位置。似乎只要是“天后”王菲的新闻，总能让人们津津乐道，即使是王菲的个人资料、成名道路、情史婚史都被翻了个底朝天。

其实，稍加留意就可发现，翻开报纸、打开电视，无论是微博还是微信好友圈，自9月20日以来都被“锋菲旧情复燃”这条信息占据着重要位置，成为各方媒体津津乐道的新闻。《华夏时报》甚至认为谢霆锋、王菲复合是娱乐圈的一次ST重组。从“锋芝婚变”到“董洁潘粤明婚战”再到“王菲李亚鹏离婚”，以及“文马案”、高晓松离婚，再到锋菲复合等等，近年来娱乐圈闹出的离婚事件真的不在少数，每个事件都是闹得满城风雨。在其发生的过程中，应该说媒体充当了重要的推手作用。娱乐新闻作为新闻传播的内容之一，正常的报道和传播是必要的，但是在传播过程中使得娱乐新闻变为低俗化、媚俗化的东西，与媒体人的职业道德和素养密切相关。

一、娱乐新闻及其新闻价值

（一）娱乐新闻的定义

娱乐新闻，是媒体为了满足受众的休闲娱乐需要而采编的新闻报道，属于软新闻，在内容上强调日常性和娱乐性，减少了严肃新闻的比例；在表现形式上，强调故事性和情节性，凸显煽情、刺激的方面。但是在实际生活中，娱乐新闻却只关注那些明星的各种生活动态，例如明星的绯闻、言论、服饰、婚变等等所谓的“八卦”消息。[1]

（二）娱乐新闻的新闻价值

娱乐新闻具有以下几点新闻价值：（1）提供娱乐。传播并不都是单纯的以报道客观事实为目的的，它还要满足受众的精神娱乐需求。随着人们的需求越来越大众化和通俗化，受众渴望更多刺激和消遣的内容。娱乐新闻所报道的内容恰恰满足了受众的这种心理需求。（2）市场化背景下的消费逻辑。媒体的发展是建立在经济发展与变革的基础之上的，经济的全球化和商业化使得媒体不可避免地进行商业化操作从而获得生存和发展，而娱乐新闻则具有很强的经济效应，能够提高媒体的收视率或发行量。（3）满足大众对明星人物的好奇心理。在这个缺少英雄的大众文化时代，明星注定是全社会关注的对象。对于出现在大屏幕上光彩亮丽的明星，大众总是希望看到他们鲜为人知的一面，希望了解他们光环背后的故事。娱乐新闻的诞生正是基于对这种心理的满足。

二、当前娱乐新闻内容的庸俗化

（一）娱乐新闻庸俗化的表现

娱乐新闻强调的是故事性、情节性，在报道的过程中适度加入了人情味因素，强调事件煽情、刺激的方面，表现出消遣、通俗的品质，它的产生和发展是一个必然结果。随着社会和经济的发展，物质文化生活水平的不断提高，人们不再单单满足于追求温饱问题，而是更多地需要休闲文化。受众日益增长的需求决定了它成为众多媒体在激烈的竞争中脱颖而出的制胜法宝。

但随着经济和社会的飞速发展，娱乐新闻已然成为新闻领域中别具一格的内容，达到了前所未有的繁荣状态，无论是老人还是小孩，都能在茶余饭后拿几件娱乐圈的事情讲得津津有味。目前的娱乐新闻所体现出的庸俗化和媚俗化，使得受众在听到娱乐新闻的字眼时就会不由自主地想到娱乐圈各个明星的绯闻，看到娱乐记者就会冠之以“狗仔队”，娱乐新闻在观众观念中不再具备新闻的本来属性，媒介人的形象也大打折扣，[2]媒介公信力在逐渐降低。

娱乐新闻庸俗化主要表现在：

1. 娱乐新闻变明星新闻

娱乐圈始终是娱乐新闻的中坚力量，是媒体争相报道的对象，作为娱乐圈中心的明星们，自然而然也就成为娱乐新闻报道的重中之重，只要是和明星能沾上边的任何细节都会是媒体争相报道的对象。娱乐新闻不再是报道一些能够供百姓消遣娱乐的内容，而是专注于明星的新闻，更可以说是专注于明星隐私和丑闻的新闻。拿“王菲李亚鹏离婚”事件来说，本身只是二人缘分已尽的离婚，但是娱乐媒体在报道事件的同时硬是挖出二人各自的恋爱史，还将其曾经的男女朋友做成关系图来博取受众的眼球。这些大肆地宣扬俨然已经偏离了娱乐新闻原本的意义，纯粹是明星新闻专用。

2. 假新闻大行其道

世界上自从有了新闻后，假新闻就像是幽灵般无处不在，而娱乐圈更是假新闻的重灾区。今天哪些明星被传出婚变、明天哪个明星又成了小三等等，这些假新闻在娱乐圈已经成为家常便饭，几乎每几天就会有一条假新闻爆出。比如被“文马案”牵涉的明星就不在少数，孙俪邓超、白百合陈羽凡等“被离婚”，都是媒体为了找些看点和噱头来吸引受众的眼球。

媒体的捕风捉影无疑为假新闻的肆虐提供了很好的平台。

3. 窥探个人隐私

娱乐新闻中最夸张的报道内容就是关于明星各种绯闻的报道，这样在报道过程中就很容易产生一个问题，即过分地对绯闻的追求会不可避免地侵犯到明星的隐私。如对“锋菲旧情复燃”的报道就是记者利用4天时间跟踪拍摄的结果。这些“娱记”无处不在的跟踪行为应该说是侵犯了明星的隐私。

4. 情色新闻泛滥

2004年宁波市一都市报上刊登了一篇名为《布莱尼与男女上演“春色秀”》的报道，公然使用了一幅男女相叠于地上的猥琐照片。自此之后，类似的新闻蜂拥不断，以性和色相为卖点，大肆刊登偷拍、裸照等照片，以此来吸引受众。无论是报纸、电视还是网络，有关明星的“走光照”或“裸照艳照”似乎已经成为家常便饭。这类带有颜色的不良新闻，无疑会对社会造成不好的影响。

（二）庸俗化产生的原因

1. 特定的社会文化背景促成变相娱乐新闻的发展

经济的进步、社会的发展、竞争的激烈等都会造成人们生活压力的增大，面对巨大的压力，人们需要一个突破口去宣泄和释放，渴求一种轻松娱乐的方式来缓解压力。那些轻松幽默、耸人听闻的离奇事件和刺激情节正好为人们提供了一个可以放松自己的契机和场所。随着这种需求的不断增加，过去普通的娱乐新闻已经不能满足人们的猎奇心理，当大家都持有这种心理状态时，整个社会环境就演变成一个为变相的娱乐新闻提供发展和生存的场所。在这种社会文化的大环境下，娱乐新闻渐渐脱离了原本提供娱乐和消遣的目的，成为迎合社会环境需求的低俗化和媚俗化的东西。

2. 迎合现代社会部分受众的需要

现代社会生活节奏的加快使得人们的精神高度紧张、心理负担加重，普通新闻的娱乐功能已经不能帮助人们排解烦闷，这也就加剧了人们渴望通过娱乐新闻来宣泄情感和缓解心理压力的迫切性。与其他新闻相比，娱乐新闻的报道形式与手段更加通俗，更能被受众所接受，因为它只需要受众享受消遣的过程，而不用像其他新闻一样需要消耗体力和脑力去消化。轻松活泼的语言和有趣幽默的报道风格所营造出的轻松的氛围，为受众提供了情绪宣泄的出口，使受众缓解了心理压力。受众对娱乐的这种需求，成了娱乐新闻受欢迎的重要原因。

3. 经济利益的不断驱动

自从新闻媒体走向市场，实现自负盈亏的商业化运作后，面对市场竞争的日益激烈，大多数传媒都必须依靠自己的实力在市场中站稳脚跟，寻求自我发展的道路。市场决定了谁能赢得更多的受众，谁就能够获得更多的经济效益。为了能够拥有较大的市场，获得更高的经济利益，过去的运作方式已经不能够满足媒体谋求较大利益。因此，一些媒体就将目光盯向了那些“擦边球”，只要能抓住市场，什么道义、责任都统统抛向一边。受众喜欢什么，他们就提供什么，受众想看明星的隐私，他们就费尽心思去挖别人的隐私。舍弃了媒体本身应该肩负的社会责任，专注于一些无关紧要的绯闻，使得低俗化和媚俗化浸染了整个娱乐新闻。媒体这么做，归根结底皆为“名利”二字。

三、娱乐新闻报道中媒介人素养问题探讨

随着娱乐新闻不断充斥着绯闻、暴力、色情等内容，娱乐记者在受众心目中的形象也大打折扣，其中有很大一部分原因是来自于娱乐记者本身素养的缺失。

（一）娱乐新闻报道中媒介人素养缺失的表现

1. 热衷于娱乐炒作，缺乏有效信息

娱乐新闻虽然为受众提供了娱乐，但它仍然是具有新闻属性的，在报道过程中应该先新闻，后娱乐。但是当前很多娱乐新闻却遭到了质疑，有的甚至已经成了“炒作”“绯闻”的代名词。娱乐新闻也变成了“娱乐圈

的新闻”，媒介人在报道内容的选择上，都是关于娱乐圈明星的婚恋、情变、绯闻、丑闻等能够吸引受众眼球，成为受众茶余饭后谈资的内容。媒介人在对娱乐事件的报道上，将重心全都放在了这些更容易吸引受众眼球的内容上，最终造成受众只是对这件事情的表面现象好奇和关注，而对其他重要信息则不太感兴趣。

2. 报道内容庸俗，侵蚀主流文化

现在的娱乐新闻报道许多都是“明星取代了模范，美女挤走了学者，绯闻顶替了事实，娱乐覆盖了文化，低俗代替了端庄”。在媒介人的笔下，受众眼中光鲜亮丽的明星们成了“奢侈、炫富、小三、情感生活混乱”的形象，娱乐圈已然是大染缸，一提起娱乐圈大家纷纷想到的便是“一夜成名、一脱成名、潜规则”等。这些都使得娱乐新闻原本应该存在的正面功能不复存在，反而走向了另一种极端方向。娱乐记者在报道过程中，善于运用各种醒目的大标题和大图片来吸引受众，引导受众去关注所谓流行文化，他们颠倒是非、模糊荣辱的做法也正在排挤着健康且积极向上的主流文化。媒体对明星丑闻、绯闻的炒作和过度关注，在无形中向受众传达着一些有悖于伦理道德的负面信息，再加上明星本身的高关注度，很容易助长社会不良风气。

3. 偏离舆论导向，误导受众观念

在娱乐新闻的受众群中，显然青少年是最庞大的群体。他们正处于人生发展的关键时期，人生观、世界观和价值观还处于逐步形成阶段，在迅速接收信息的同时并不能及时准确地去甄别这些信息，很容易产生“跟风心理”，认为流行的就是好的，他们在对娱乐信息的接受上缺少一种正确的辨别能力，更容易被负面信息所浸染。媒介为了获取更多的经济利益，过度报道一些暴力、色情、虚假的信息来吸引受众，不但偏离了正常的积极向上的舆论导向，还对青少年的健康成长造成了不良影响。

（二）媒介人责任意识缺失的原因

娱乐新闻本身的产生和传播是无可厚非的，但是媒体在现实中将这些新闻无限放大，运用各种鲜明的图片或者标题将明星的私生活等提供给受众时，已经在无形中引导了受众的新闻选择。正是在这种风气的促使下，有些新闻从业人员经常做出一些不顾职业精神、伦理道德的事情。从“沉默的螺旋”理论角度来解释，当娱乐新闻不再是那些健康积极向上的信息，整个社会已然让这些负面的报道方式占据主体时，另一方积极正面的呼声就会逐渐减小，从而使得负面的气焰越来越高涨，正面的气势越来越降低，渐渐地就造成了一种“螺旋状上升”的状态，社会上必然形成低俗化、媚俗化的风气。

1. 对经济利益的过分追求

娱乐新闻从通俗化演变成庸俗化的一个重要原因就是新闻行业内部激烈的竞争导致媒介对经济利益的过分追求。在娱乐媒体的思维定式中，受众就是市场，谁能抢占更多的受众，谁就能占据更多的市场，同时也就能够获得更丰厚的经济利益。在不断的竞争过程中，媒体逐渐发现那些刺激、血腥、色情等低俗化的内容更能够吸引受众的眼球，炒作这些新闻，也就意味着他们能够在竞争中获胜，能够获得更多的经济利益。究其根本，对巨大经济利益的追求，是媒体在行业内部竞争的主要推动力量。要想在层出不穷的媒体中立于不败之地，就需要想方设法挖掘出一些新鲜劲爆的独家新闻，这也就形成了现在的媒介人素养低下的一个原因。

2. “受众即市场”的思维定式

在传播学中，把受众看作是大众传播的市场，是一种很普遍的受众观。从麦奎尔的观点来看，如果从市场的角度来考虑，那么受众就是一个集合体，这个集合体可以反映出媒体和信息所指向的内容，同时也是一个特定的社会经济的侧面像。但是，我们不得不注意的一点是，虽然“受众即市场”的观点能够反映出传播活动的某些特性，但也存在许多不完善的地方。麦奎尔早前提出这个理论很容易产生一个误区，就是将收视率和发行量作为判定成功与否的唯一标准，而把公益性和社会效益的标准放在了次要位置。在媒体不断丰富的今天，面对激烈的竞争，各个媒体为了生存下去，在竞争中能够脱颖而出，就会越来越多地注重经济效益，忽略了他们传播的内容会带来怎样的社会影响。因此，对经济利益的过分追求，以及对“受众即市场”理念的偏激理解，使得现在的媒体逐渐放弃了一个媒介人应该具备的社会责任，造成现如今娱乐新闻低俗化的现象。

3. “把关人”责任意识缺失

库尔特·卢因在传播学中提出了“把关人”的概念。他认为，在群体传播的过程中，需要存在一些“把关人”，只有符合群体规范或者符合把关人价值标准的内容才能进入传播渠道。很明显，选取新闻素材就构成了一个取舍的过程，而大众传媒在其中则扮演着一个“关口”的角色，所有来自于社会的新闻素材都需要经过媒介人的紧密把关才能传播给受众。从根本上来看，把关人其实是一种社会责任。大众媒体要想在社会中生存，就必须肩负起对整个社会的责任。但是，现在不少媒体由于对经济利益的过分追求而忽略了社会效益，这正是社会责任意识缺失的体现。

作为一名娱乐记者，采访谁，提出怎样的问题，采用怎样的素材，按理说应该是取决于事实本身，但是现在一些媒介人为了追求经济利益，就算是同一件新闻事实本身，也会被撰写出不同的版本，报道的内容已经完全取决于媒介人的态度，最后到达受众的自然也就成了那些被他们篡改过的、添油加醋，甚至是胡编乱造的内容。

（三）娱乐新闻报道中媒介人应担负的责任

大众传媒既然是一种社会公器，传播者就必须站在受众的立场，为受众做出全面、客观、公正的报道。[3]虽然娱乐新闻反映的是媒体的娱乐功能，但是媒介在报道过程中应该清醒地认识到自己肩负着怎样的社会责任。

1. 协调社会的责任

在现实社会中，传媒充当着人们相互沟通的重要工具。娱乐新闻本身在社会新闻中就属于关注度较高的种类，无论是农民还是城市居民或多或少都会将注意力放在上面。因此，媒体对娱乐新闻报道的正确与否，直接关系到社会中不同人群的接受程度。[4]例如，经常在娱乐版面可以看到有关炫富、明星奢侈生活的细节描写等报道，这些很可能会扩大不同群体之间的心理差距，甚至会引起社会底层的“仇富”心理，带来社会的动荡和不安。

2. 引导舆论的责任

所谓舆论引导，就是指新闻媒介通过对不同舆论的反映，扩大自己认为正确的舆论的影响，抑制自己认为错误的舆论的影响，促使舆论朝着新闻媒体所希望的方向发展，形成比较统一的社会舆论，来引导人们的认识和行为向正确的方向发展。

虽说娱乐新闻是为受众提供娱乐和消遣的，但它仍然具备舆论导向性。如果在娱乐新闻的报道过程中，一味地去追求娱乐性，将报道的目的放在如何快速有效地吸引受众的眼球上，过分地突出内容的刺激感和新鲜感，久而久之就将受众的思维和视野局限在了这样的定式之下，使得受众一想到娱乐新闻就会想到“炒作、色情、暴力、炫富”等字眼。在受众群中，特别是青少年这样一个特殊的群体，他们本身就是娱乐新闻的主要接受者，媒体报道娱乐新闻向他们提供娱乐的同时，也在无形中向他们灌输和宣扬了一种世界观、人生观和价值观。因此，媒体应该肩负起舆论正确导向的社会责任。

3. 构建环境的责任

20世纪20年代，美国著名新闻工作者李普曼在他的《自由与新闻》（1920）、《舆论学》（1922）等论著中提出了现代人“与客观信息的隔绝”的问题。他认为，现代社会越来越巨大化和复杂化，人们由于实际活动范围、精力和注意力有限，不可能和与他们有关的整个外部环境及众多的事物都保持经常性接触，在超出自己亲身感知以外的事物，人们只能通过各种“新闻供给机构”去了解。这样，人的行为已经不再是对客观环境及其变化的反应，而成了对新闻机构提示的某种“拟态环境”的反应。大众传播形成的信息环境（拟态环境），不仅制约了人的认知和行为，而且通过制约人的认知和行为来对客观的现实环境产生影响。许许多多的“拟态事件”，包括语言、观念、价值、生活或行为方式等，最初并不见得具有代表性或普遍性，但一旦进入大众传播渠道，很快就会演化为社会流行现象，变成随处可见的社会现象。

应该说，受众对娱乐事件的知晓基本都是来自于媒体的报道。媒体通过报纸、电视、网络等媒介来传播信息，形成了一个“拟态环境”，在这个环境里，媒体的报道直接影响到受众对事件的看法和意见。如果媒体提供的新闻都是些肤浅庸俗、无聊媚俗的，那么受众接受的也都是这些内容，不能够引导受众深层次的思考。例如，自从李天一事件、药家鑫案、“我爸是李刚”案件发生后，媒体似乎都将目光聚焦到了“富二代”“官二代”“星二代”这些人群身上，只要出现一些有悖于常理的案件，媒体报道的重点不是在案件的发生过程、原因、结果、背后的意义等上，而是大肆宣扬事件主角的身份，引导受众也将关注点放在了那些“富二代”“星二代”身上，渐渐地给受众造成一种思维定式：“富二代”“官二代”“星二代”等都不是好人，他们的任何行为在受众眼里都会是一种负面的行为，甚至产生“仇视”心理。媒体为了追求自我的利益，将自己的主观意识加在了客观发生的事件上，制约和影响了受众的认知和行为。因此，媒体应该担负起构建良好环境的重任。

四、娱乐新闻报道现存问题的解决对策

如今的娱乐新闻已经不再是为人们提供娱乐和消遣那么单纯，更多地被冠上了庸俗的标签。一些媒介人不顾新闻法规与道德，为了追求经济利益，做出一些有悖于自己身份的事情，以至于娱乐圈在大众眼中不再光鲜，娱乐媒介人形象也大打折扣。面对这些亟待解决的问题，笔者认为，必须从以下几方面着手：

（一）提高媒介人自身素养

1. 当好内容选择“把关人”

传媒的责任就是要对整个社会负责、对生活在社会中的所有受众负责。这就要求媒介人在新闻内容的选择上严守“把关人”的职责，追求客观公正真实的报道。

媒介人本身要知道自己处于一个怎样的位置，充当着怎样的角色。作为娱乐新闻的“把关人”，媒介人必须树立起准确的定位意识，知道自己肩负着怎样的责任，如何形成一个良性的报道环境。

2. 坚持传播主流文化

无论娱乐新闻传播的内容和手段有怎样的变化，其本质都是无法改变的。作为新闻的一种，它的前提必须是以客观真实为基础。随着社会的不断发展和进步，客观公正、积极向上的主流化娱乐新闻才是娱乐媒体对自身发展的更高要求。因此，媒介人在传播信息时要选择健康有益、轻松活泼的文化内容，用先进积极的文化产品满足受众对娱乐的需求，并且能够引领受众正面的思想。

3. 恪守良好的职业道德

娱乐新闻记者，应该具有过硬的职业操守。在选择新闻时要注重新闻的真实性，在报道过程中要追求客观公正。一名优秀的娱乐新闻记者，要为明星和受众提供一个能够及时、真实交流的平台，在为受众提供消遣阅读的同时策划出一些有深度有意义的新闻来奉献给受众。[5]

面对纷繁复杂的娱乐圈，记者要始终保持理智，不忘自己的身份，不忘自己应承担的责任。面对一些明星的炒作行为，要有专业的辨别能力，坚决予以抵制，坚决不做传播。同时，娱乐记者除了要明确知道与娱乐传播有关的法规政策之外，还要对其他的法律常识和知识有所了解，以防在新闻报道中越过法律的界限。

（二）建立严格的娱乐媒体行业规范

1. 确立正确的娱乐新闻传播方向

有学者提出，在娱乐新闻的传播报道方向上，应该注意题材的选择和对报道内容的组织，应该从人文的角度在娱乐新闻中体现理解人、关心人、体贴人的内容，找准品位和趣味的结合点。[6]因此，在传播意识上，娱乐新闻报道要集中体现为受众服务，为受众提供理性的、积极正面的信息评价；在报道内容上，选择积极向上的内容，报道明星新闻时应该以拉近明星与受众距离为己任，而不是专注于明星的私生活和绯闻等负面消息。

2. 建立标准体系和严格的监管制度

要形成一套行之有效的标准体系和严格的监管制度，要求每位新闻从业者树立正确的价值观，把好传播度，形成良好的传播风气。对那些热衷于报道明星八卦新闻的记者轻者予以批评教育，重者给予处分，造成不良影响的予以调离新闻行业。

（三）发挥外界机构的监管作用

1. 国家机构的法制化管理

俗话说“没有规矩，不成方圆”，当媒体的行业规范并不能够约束媒介人的时候，就需要法律来发挥强制性的作用。随着我国娱乐事业的迅猛发展，娱乐新闻报道已经成为新闻事业中不可或缺的一部分，应该受到国家新闻管理部门的高度重视。对于娱乐新闻中出现的一系列失当行为，相关部门应该出台相对应的惩处法律法规，做出有效地整治。

2. 建立相关的约束机制

娱乐新闻在其传播过程中，受害者除了受众之外，有的被报道者（多为明星）也深受其害。因此，他们可以联合起来，成立自己行业内部的正当保护团体。在这个团体中，既可以防止明星被外界谣言所伤害，也可以抵制内部明星进行自我炒作而制造假新闻的一系列行为。这种组织的存在，不仅可以形成自我保护，还可以对娱乐媒体形成监督。

3. 发挥公众的监督作用

在信息的传播过程中，公众也并不是单纯地全部接收，虽然好奇心促使他们希望看到关于明星的一些绯闻和隐私等带有刺激性的内容，但受众本身的文化程度及其经验经历也决定了他们仍然会对那些不良信息做出反应。公众作为社会的主体部分，其形成的监督力量对媒体的行为有着强大的制约力和影响力。所以，媒体应该积极收集公众的意见和建议，吸取可取之处进行自我检讨和批评，使自己的报道更加规范，更好地满足受众的需求。

注释

[1] 王超：《娱乐新闻报道与媒体的社会责任》[J].《中外企业家》，2011(4)。

[2] 田华，何纯：《娱乐新闻中的媒体责任边缘化及其纠正》[J].《新闻界》，2007(5)。

[3] [4] 叶红梅：《娱乐新闻："八卦"与社会责任感的平衡》[J].《新闻知识》，2009(6)。

[5] 朱朝华：《娱乐新闻低俗化现象的成因、影响及其应对措施》[J].《理论与改革》，2006(6)。

[6] 王逸涛：《浅论娱乐新闻传播中的人文关照》[J].《传媒观察》，2004(4)。

原载《新闻爱好者》2015年第1期（与潘洁合作）

第二章　不做电视的“矮子”

由于历史原因，电视新闻队伍尤其是市县台人员的业务素质与其他媒体（报纸、电台）人员相比还有一定距离。这不仅影响到新闻宣传质量，也使社会上特别是其他媒体的一些同志对电视记者的素质颇有微词。然而，激烈的媒体竞争，提高舆论引导水平的强烈呼唤，都迫切需要改变相当一部分电视记者拿不动笔的状况。诚如中央电视台新闻评论部负责人孙玉胜所说的：“电视记者只靠别人送上材料，就草草拼成电视解说词的时代应该结束了。这样的电视人注定不会采访、制作出好的节目。”“出色的编辑、记者、主持人，必须具有一定的写作能力；否则，他将是一个电视的‘矮子’”。

地方电视台要重视新闻评论工作

报纸、广播、电视作为现代社会的大众传媒，其功能就是传递信息，宣传党的路线、方针、政策，服务受众，以引导社会舆论。而这些往往是通过新闻体裁中的重要形式之一的评论来实现的。

新闻评论具有明事理，辨曲直，伸张正义，鞭挞丑恶，引导舆论之重要作用。正因如此，评论被称作是新闻传媒的旗帜和灵魂，是编辑部的代言人。因而，任何新闻媒体都不能没有自己的言论。

然而，客观事实远非如此。近几年来，有些传媒尤其是一些地方台播发的电视新闻中，几乎见不到自己的言论，偶尔有些，质量也不太高，难以起到新闻传播中的“重磅炮弹”作用。究其原因，大致有如下两个方面：

一是电视从业人员中，普遍存在着重新闻、轻评论的倾向。一些编辑记者认为，新闻来得快，见效快，因而常常把主要精力放在寻找新闻线索，挖掘新闻素材，用心拍摄节目上，而对写作评论则缺乏兴趣。其实，这是一种偏颇。西方新闻学中有这样一句话，叫作“一篇好评论，值十篇新闻”。评论写得越好，影响越大，联系群众的面也越广。我国新闻史上也不乏评论大家，像邹韬奋、邓拓等革命前辈，在革命战争年代曾写下了大量的新闻言论，为中华民族的解放做出了积极贡献。在解放战争时期，毛泽东写的《论人民民主专政》《别了，司徒雷登》《唯心历史观的破产》等名篇，更是一般新闻评论所无法比拟的。近几年来，中央电视台开设的《焦点访谈》《新闻调查》等栏目均是有一定深度的评论性栏目，受到广大观众的好评。由此可以看出，地方电视台的记者重视和加强新闻评论写作不仅必要，而且应该下大力气写好。

二是一些同志在写作新闻评论方面还存在一些思想障碍。如有的电视新闻记者认为，评论要求高，写起来难以把握分寸，有一种畏难情绪；有的同志认为写评论是领导的事，与自己关系不大；也有的认为，评论抽象、枯燥、干巴巴的，观众不爱听。其实这些想法都是不对的，在写作评论中可能遇到的困难，通过我们自己的努力，也都是可以克服的。

那么，怎样才能写好电视评论呢？笔者认为：

首先，新闻评论不同于其他新闻作品，它要求作者应具有一定的政治理论水平，能透过事物的现象把握其本质。为此，电视记者必须学习马列主义、毛泽东思想和邓小平理论，必须讲政治、顾大局，深入了解党和国家的大政方针及地方党政机关的重要决策。这样，才能写出理论联系实际，对实际工作具有指导性的新闻评论，也才能正确地引导舆论。

其次，电视记者要有强烈的事业心和责任感，经常深入实际，及时了解和反映群众所思、所想、所关心的问题。

第三，新闻评论形式多样，内容丰富，涉及方方面面，因此电视记者必须博闻强记，积累知识，努力提高自己的知识文化水平，让自己撰写的评论更具针对性、说服力。

第四，电视记者一定要加强党性锻炼，把握好评论的正确导向，使电视新闻评论为我们正在进行的伟大事业服务。

原载《电视研究》1997年第10期

努力提高广播电视报的质量

随着我国广播电视事业的不断发展，为广播电视事业服务，对其宣传具有延伸、补充和引导作用的广播电视报也如雨后春笋得到迅速发展，全国由80年代初的30多家骤增到目前的200多家。但除了一些省级电视报和少部分地市级电视报办得比较正规，有一定特色和个性外，大部分都显得质量不高、功能单调，与广播电视事业蒸蒸日上的发展态势很不相称。

目前，我国的广播电视报大部分为4开8版，部分为12版或16版，均为周报。其发行量较高，一般都在四五万份以上，相当一部分在十几万份或二三十万份，甚至更多。广告也大都火爆，经济收入可观。刊登的内容主要是电视节目表、电视剧情介绍、人物介绍或其他有关知识。不少广播电视报给人总的感觉是品位不高，对广播电视宣传进行拾遗补阙、延伸深化、舆论引导的作用没有充分发挥。概括起来，主要存有以下几个方面的问题。

一是弘扬正气，宣传精品，加强正确舆论导向的力度不够。在宣传广播电视精品、弘扬广播影视界正气，倡导精神文明，宣传新道德新风尚，批评不良倾向、不正之风方面明显不足；而报道影视界一些演员高消费、隐私方面显得津津有味。至于宣传广播电视界艰苦奋斗、勤奋工作、无私奉献的典型，以及鼓动人们树立正确的世界观、人生观、价值观等方面的报道更是少见。

二是缺乏特色，没有个性。据了解，相当一部分广播电视报，只是靠几个人剪剪摘摘、糊糊贴贴办报纸。许多报纸上登的稿件，要么是《中国电视报》的翻版，要么是北京广电部信息中心的通稿，要么是散见于各晚报、文化影视类报刊上的文章，或是多家电视报你转我的，我转你的，转来转去，时过境迁，隔了三月五月，在甲报看过的稿子又在乙报看到。

三是内容杂乱，质量不高。一些办报人员认为，广播电视报是以刊登电视节目为主的，不一定要像党报那样，注重宣传、教育、正确的舆论导向，因而往往放松对报纸高质量高品位的追求，缺乏正确严谨的办报思路，认为政治上不出问题，内容杂乱些无妨。于是，一些离奇古怪、捕风捉影的东西时常见诸报端。有些文章格调低下，迎合了少数人的猎奇心理、低级趣味。

四是标题制作、版面编排比较粗糙。许多电视报的标题让读者费解。有的比较笼统，词不达意；有的语法不通，缺乏推敲；有的题文不符，概括欠妥；有的肩题、主题、副题不分。版面内容中心不明确，划版随意性大，也不太准确；有的版面线条、花边、底纹的运用随心所欲，版面设计缺乏统一性和美感。有的文章行文不规范，转行混乱，看起来很不方便。还有的把通栏广告放在头版的报头之上，很不严肃。

五是标点使用不规范，文字差错较多。出于多方面的原因，许多电视报上的文章错别字较多，语法不通、逻辑混乱的现象比较普遍；至于标点符号的差错那就更加突出。有些文章上下缺少连贯，文理不通。

江泽民同志去年初在接见解放军报社师以上干部讲话中突出了“一定要讲政治”的精神；在视察人民日报社时又强调舆论工作是党和国家前途命运所系的工作；宣传思想工作部门和单位，要把最好的东西奉献给人民。这对于广播电视报同样具有重大的指导意义。广播电影电视部部长孙家正同志也要求广播影视报刊必须认真贯彻党的方针政策，坚持正确舆论导向，配合电台、电视台和电影部门形成综合优势。因此，广播电视报应该紧紧围绕社会主义两个文明建设，结合自身特点，突出地方特色，满腔热情地宣传我国优秀的广播电视节目，为精品的创作生产热情地鼓与呼；并旗帜鲜明地批评、鞭挞广播影视界的不正之风，抵制劣品，推动精品，把广播电视报办得图文并茂，精彩纷呈。具体说来，当前应从以下几个方面加以改进和提高。

首先，广播电视报各主管单位和领导要提高认识，切实重视和加强报纸工作，真正把广播电视报当作广播电视事业的重要组成部分；要从机构设置、人员配备上给予重视，充实一些政策水平高、业务能力强的同志；要像抓广播电视宣传一样抓广播电视报的宣传，真正使其起到广播电视宣传的延伸、补充和深化作用，起到重要的舆论引导作用；要按照新闻规律指导办报，充分发挥它应有的功能，为社会主义经济建设和精神文明建设服务，为广播电视事业发展服务，为广大群众收听收看广播电视节目服务。

其次，办报人员要有政治意识、大局意识，加强自身修养，努力钻研业务，提高政治水平、业务素质，适应新形势的需要；要具有事业心、责任感，爱岗敬业，热爱报纸工作，甘做无名英雄；要树立精品意识，开阔思路，扩大视野，精采精选精编稿件，努力提高办报水平，提高报纸质量和品位。

第三，增强忧患意识和竞争意识。目前电视报发行量较大，只是缘于“一枝独秀”，并不是因为报纸办得如何优秀。随着改革的不断深入，各种传媒间的竞争将会愈加激烈；加之电视频道逐步增多，群众选择电视节目的余地越来越大，未必天天都得看电视报。因此，电视报从业人员应居安思危，确立竞争意识，下功夫改变目前报纸状况。

在报社内部要形成一种刻苦学习、钻研业务的风气，提高报纸从业人员的业务水平。无论是稿件采写、标题制作，还是版面形式都应狠下功夫；同时还要加强文字把关，尽量减少差错，把报纸办得既有独特风格，又丰富多彩；既质量优、品位高，又老少咸宜，喜闻乐见，实现经济效益、社会效益双丰收。

原载《新闻通讯》（现《传媒观察》）1997年第7期

请拿起你手中的笔

——向市县电视台记者进一言

近几年电视事业突飞猛进，蓬勃发展。但是，由于它历史短，从业人员年龄相对较轻，整体队伍尤其是市县台人员的业务素质与其他媒体（报纸、电台）人员相比还有一定距离。这不仅影响到新闻宣传质量，也使社会上特别是其他媒体的一些同志对电视记者的素质颇有微词。这里，仅就市县电视记者的写稿问题作点浅显的分析。

前不久，笔者看了一篇文章，开头是说某先生到一家新闻单位谋职，与负责人有一段对话。负责人问："会写稿吗？"某先生回答："不会。"负责人说："那么，你就去当摄影记者吧。"实际上，这种情况在市县级电视台也不鲜见，电视记者不会写稿的大有人在。有的电视记者在采访中只负责拍图像，稿子要么让通讯员写，要么向被采访者索要文字材料，回来整理整理，有的干脆等报纸出来后照着报纸抄。有一个女记者对我说她已经七八年没有写稿了。我问她都干了些啥，她说："采访时拿拿话筒，回来剪剪带子，就这么过来了。"这怎么能行！不常写稿就不想写稿，不想写稿就得不到锻炼和提高，时间长了就不会写稿，形成了恶性循环。然而，激烈的媒体竞争，提高舆论引导水平的强烈呼唤，都迫切地需要改变相当一部分电视记者拿不动笔的状况。这正如中央电视台新闻评论部负责人孙玉胜所说的："电视记者只靠别人送上材料，就草草拼成电视解说词的时代应该结束了。这样的电视人注定不会采访、制作出好的节目。""出色的编辑、记者、主持人，必须具有一定的写作能力；否则，他将是一个电视的'矮子'"。因此，为了不做电视"矮子"，电视记者，请拿起你手中的笔。

一、相当一部分电视记者为什么拿不动笔

（一）基础薄弱

众所周知，在我国，电视事业的历史只有40年，市县级电视台大规模发展只是近十几年和近几年的事，从业人员构成相对复杂。市县台初建时，许多记者都是由其他工作改行而来的。近年来虽然增加了一些大中专生，但真正受过专业学习和训练的不多，理论素养、文字水平还比较薄弱。而文字训练又非一日之功，需长期积累沉淀才行。

（二）存在着重画面、轻文字的倾向

有的记者认为，电视是视听媒介，以视为主，只要把画面拍好了，文字无所谓。几十秒、分把钟的新闻，解说词能要多少，几十个字、上百个字就打发了，标点符号、文字规范不规范并不重要，因而不重视文字的训练。结果，观众在看电视时，经常能听到句子不通顺和不知所云的新闻，从字幕上也能看到不少错别字。

（三）怕麻烦，图省事

一般来说，电视记者在采拍中只注重拍画面，而不大重视深入采访，有时未去采访就让人家先准备好文字材料，尤其是会议报道，台上台下拍拍，拿个讲话稿改改，就是一条新闻。有的人甚至是依照当地报纸发表过的新闻，按图索骥，到实地拍摄一些画面，然后剪剪拼拼就行了，既方便又省事。还有的记者干脆让通讯员写好稿子，贴上画面完事。这样做，电视记者不仅养成了依赖、懒惰思想，也直接影响了自己业务水平的提高。

二、电视记者拿笔的必要性

江泽民同志曾经说过，“新闻工作，无论是编辑、采访，都需要有业务能力，特别是要有很好的文字修养”。[1]这语重心长的话语并不仅仅是对报纸、电台记者而言的，对电视新闻工作者也同样适用。电视与报纸、电台一样担负着宣传党的路线、方针、政策的任务，也同样面临着坚持正确舆论导向，提高舆论引导水平的问题。因此，“要在打好思想政治

和业务根底上，老老实实地下一番真功夫、苦功夫”[2]，练就一手过硬的文字功夫，更好地完成自己担负的宣传任务。

其次，电视是声像语言，电视记者在不断探索用视觉语言表达新闻主题的同时，也必须注重文字语言的训练。因为一条电视新闻，单是画面或单是解说，提供的信息都是不完整的，只有把两者结合起来，互为补充，融为一体，才能更准确、更完整地表达主题，使电视的优势发挥出来；另一方面，对于电视记者来说，如果在画面的拍摄和运用上已经达到一定水平，而连一般的解说词都不会写或者说写不好的话，那么，是否可以这样认为，他是一个业务上“不健全”“不称职”的记者，抑或称为“瘸腿将军”。因此，为了完善自己，电视记者也应该拿起手中的笔来。

第三，电视记者拿起手中的笔，也是改变自身形象的需要。长期以来，由于电视记者动笔少，人们往往有一种印象，电视记者似乎只会扛个摄像机“推拉摇移”拍画面，其他的则不行。这确实影响了整体电视队伍的形象。因此，电视记者应有紧迫感和危机感，不能把媒体的某种优势视为自己的优势。否则，那就错了。在充满竞争的时代，没有一手绝活是难以长久立足的。因此，电视记者拿起手中的笔，不仅是改变自身形象的需要，更是提高竞争力的需要。

第四，自己不动手写稿，用人家现成的材料或发表的稿件，还可能引发其他问题。笔者就曾看到过东北一家报社的记者，状告电视记者用其发表过的新闻稿件为题材和解说词，制作出电视节目并获奖的报道。结果是电视记者败诉，并被取消了获奖资格。可见，电视记者拿起手中的笔，努力成为“双枪将”已刻不容缓。

三、电视记者怎样才能拿起手中的笔

首先要端正思想。电视记者应克服那种重画面、轻文字的倾向，提高对文字功夫重要性的认识，树立摄像、写稿齐头并进、共同提高的思想，努力打牢基础，过好写稿关。

其次是勤学苦练。一些文字基础较差的同志要克服畏难情绪，不要以为写作稿件高不可攀，应加强学习，多读书、多看报、多思考，提高写稿的兴趣，勤写多练，坚持下去必有所获。

再者，就是要有吃苦精神，克服依赖心理和怕麻烦的思想。采访中尽量多问、多听、多记，逐渐养成自己写稿的习惯。还要努力掌握与自己业务相关的知识，丰富自己的头脑。可以这样说，只要功夫深，电视记者拿起自己的笔不仅能够办得到，就是“下笔如有神”也是可以达到的。

注释

[1][2]江泽民：《在视察人民日报社时的讲话》，1996年9月27日《人民日报》第1版。

原载《电视研究》1998年第3期

注重提问技巧

——市县电视台记者不容忽视的问题

采访是新闻工作者为新闻报道而进行的访问、观察、调查等方面的一种业务活动，它是现代新闻传播的首要环节，是新闻传播活动成败的关键，而向被采访者提问又是其中重要的一环。因此，有人说，一个好的记者首先应该是一个好的提问者。美国著名记者鲍勃·福尔斯曼更认为，不善于进行访问的人绝不是一个好记者。然而，由于种种原因，目前市县电视台中的不少记者在采访中往往不太讲究提问技巧，要么是提问笼统，让被采访人不好回答；要么是提问不得要领，游离于新闻主题之外；要么是提问欠妥当，造成被采访人十分尴尬。这里试举几例——

（1）邓小平同志逝世，举国悲恸。某记者上街头采访，一群人痛哭流涕。记者问：你们家里办丧事的时候，你有这么伤心吗？

（2）一介绍三株口服液厂家促销的场面，记者问：你买这个药，治什么病的？

（3）演员沈丹萍到某市演出，电视台女记者前去采访，问：你在国外住了这么长时间，感到国外好吗？问得沈丹萍不知答“好”还是答“不好”。接着她又问：你在国内住一段时间后，还出去吗？问得沈丹萍直发愣。

像第一个例子，问题就提得很不得体，不仅显得提问者对被采访者的不尊重，更显得记者缺乏起码的修养。第二个例子，在介绍三株口服液的节目里再问治什么病不仅多余，更重要的是买药者患什么病纯粹是个人的事，没有必要在媒体面前曝光。再者，他买药也可能不是他自己吃，而是替别人买的，你提这样的问题他就不好直接回答，甚至对你产生反感。第三个例子也是让被采访者不好回答，“好”与“不好”不是三言两语能够涵盖得了的。至于“出去不出去”又纯粹是沈丹萍个人的问题，一般没有必要让观众知道，何况她已经加入了那个国家的国籍。提这样的问题，显得记者浅薄，更激不起对方的谈话兴趣。

上述情况为什么会出现呢？说到底还是记者的业务素质问题。这些年来，市县电视台纷纷上马，急于自办节目，一些编辑记者不能沉下心来学习新闻理论，又缺乏采访经验，在实际工作中难免出现临阵怯场或提问不知从何处下手或不着边际甚至不管妥当与否乱问的情况。这说明，市县电视台采访人员加强采访基本功训练势在必行。因为电视人真正的功夫在电视外。

笔者的一位朋友，在一家企业报当体育记者，由于平时十分注重研究采访业务，提问时经常出奇制胜，让其他同行自叹弗如，也屡屡有别人意想不到的收获。有一年，全国足球甲A联赛在徐州市举行，当地多家新闻单位的记者早早到场采访解放军队主教练贾秀全。但他们提出的问题或是比较单调或是老调重弹，因而受到贾秀全的冷遇，并以“正在训练不便接受采访”为由把他们搪塞了过去。而笔者的这位朋友却另辟蹊径，采取了明显与他们不同的提问方式，而一举成功。

他首先向贾秀全递上名片，然后说道：“贾指导，欢迎你率解放军队来徐州比赛。徐州是一座有着光荣传统的“双拥城”，在这里曾打过著名的淮海战役。相信星期天的比赛，徐州球迷一定会不遗余力地为子弟兵呐喊助威！”几句话一说，贾秀全很受感动。见此情景，他便抓紧时间提问：“你从9岁开始踢球，从中青队、国家队，到后来在马来西亚皇家警察队、日本大阪钢巴队效力，23年的足球生涯带给你最大的乐趣、收获是什么？”“你在昆明春训期间，施拉普那先生曾力邀你重返国家队，你婉言拒绝是出于什么考虑？”“在解放军队青黄不接的关键时刻，你为什么会应允出任主教练？”“你是否感到肩上的压力很重？”……贾秀全略作思考，终于打开了话匣子，愉快地接受了采访。

一个个提问，准确、具体、恰到好处，表现了记者对贾秀全的理解、关心和尊重，这就使得采访犹如朋友间的随意交谈，不必设防，不需夸张，尽可娓娓道来。可以说这是一次成功的采访。

还有一次，这位记者电话采访中国女篮将要卸任的主教练李亚光。李亚光因刚辞去中国女篮主教练职务，外界众说纷纭，他在北京国家体委训练局已经多次谢绝记者采访。这位记者经过深思熟虑，决心寻找李亚光开口的突破口。当他拨通李亚光的电话时，李亚光刚刚做过嗓子息肉切除手术，便以“有事要外出且不宜讲话”为由进行婉拒。这位记者毫不气馁，而是以“李指导，您执教国家女篮三年，战绩卓著，江苏球迷感谢您为中国篮球事业做出的不懈努力。在您离任的时候，能否对自己三年的执教历程做一个公开的评价”为题来打动他。此时，李亚光似乎一下子激起了“火”，便不顾自己嗓子刚刚动完手术，就在电话中大声说：“我认为这三年来我对得起祖国，对得起人民，我问心无愧！”话题一拉开，李亚光又向他介绍了中国女篮的其他一些情况。于是，《我问心无愧——电话采访中国女篮主教练李亚光》一文便顺理成章地完成了。

由此看来，采访中的提问确实很有学问，不是随随便便、马马虎虎就能完成的，其中的窍门还真不少。笔者认为，首先要注意以下几个方面的问题：一是记者要加强理论学习，提高对采访提问重要性的认识，平时多思考多研究，注意积累，打牢基础。只要有了扎实的思想、文化、知识水平和灵活的提问技巧，就能做到以不变应万变，圆满完成采访任务。二是要端正采访态度，提问时持平视姿态，做到不卑不亢。对上不盲目崇拜，对下不居高孤傲，以平等的态度、礼貌的举止赢得被采访者的信任和配合。三是提问要详细具体，不能过于笼统，尽可能地做到让人易于回答；要选择重要的、关键性的问题发问，避免那些庸俗或涉及个人隐私的尴尬话题。四是要不断总结经验，吸取采访教训，学习借鉴别人的提问方法和技巧以完善自己，为圆满完成采访任务打下良好的基础。

原载《江苏荧屏》1999年第3期

当前外宣工作的几点看法

如何贯彻落实江泽民同志在全国对外宣传工作会议上的讲话精神，切实搞好对外宣传工作？笔者认为应该注意解决好以下几个问题。

一、形势严峻　任重道远

众所周知，由于历史的原因，东西方文化的差异，以及国际上一些人士“冷战”思维的隔阂，外国受众对中国的了解不仅不够全面，甚至有不少误解。而在国际政治、经济、安全形势发生重大而深刻变化的情况下，各国都在采取多种办法来扩大自己的影响。尤其是美国等西方国家凭借其实力和技术优势，垄断国际传媒市场，建立不公正、不合理的国际传播秩序。比如美国公众对中国缺乏全面了解甚至产生一些误解，即与这种不公正的传播有关。这正如《今日美国报》的创始人阿尔·纽哈思在他的专栏文章中所说的，有很多传播是“根本不符合事实，或说不公正。”

美籍华人赵浩生教授也曾感慨地说，他在美国住了50年，很少见到大的新闻传媒机构对中国友好的舆论；而对中国的攻击很多又都是没有真凭实据的，他们总是利用有成见的评论家发表谬论，使美国公众甚至大多数国会议员、州议员也不了解中国，更少直接听到中国的声音。

其实，外界何止是受众对中国的事情“了解得太少”，就连外国的传媒对中国的新闻业也缺乏了解，甚至存有误解。如，去年10月末，在亚太地区媒体研究会上，许多外国代表提出“中国的媒体是否只能说政府的好话？”就此我国代表特别介绍了朱镕基总理10月7日视察中央电视台《焦点访谈》节目时鼓励传媒发挥舆论监督作用的情况。会上，不少人表示，这是他们“没有想到的”。美国的代表也说，过去，他们以为中国的报纸只登赞扬政府的文章，不敢批评政府官员，现在看来不是这样（《国际新闻界》1999年第一期）。由此可见，我们当前对外宣传所面临的不仅是宣传内容的挑战，还面临着媒体自身功能宣传的任务，形势严峻，任重道远。

二、量体裁衣　有的放矢

俗话说“到什么山唱什么歌”“看菜吃饭，量体裁衣”。全世界200多个国家，民族、文化、社会背景都不相同，我们在对外宣传中就要注意研究这些不同的背景，才能做到有的放矢。一位外国朋友曾建议说，中国从事对外报道的新闻工作者都应在自己的写字台上放一个标语牌，上面写着：“外国人不是中国人”。这个建议很值得我们思考。

对外宣传一方面需要了解境外受众的心理状态和所处的社会、政治、经济、文化环境；另一方面还需要跟上不断发展的国际形势，关注全球的热点问题，研究与受众有密切关系的其他问题，以便使我们的对外宣传尽可能地适合外国受众的需要。其次，需要针对不同国家、地区、区域的具体情况，历史背景、生活习惯、观念心态、社会民俗风情的差异等进行研究，有针对性地采写制作节目。

范敬宜同志曾经说过：“不了解不熟知国内外情况，仅以风土人情、市政建设为外宣中心，怎能把握外国人的脉搏，使外宣工作高出一筹？”（范敬宜《总编辑手记》）因此，外宣工作一定要打破常规，找准贴近点，增强可信性、可亲性。《人民日报》海外版近年来开办的海外儿童“学中文”栏目和“中国孩子在海外”征文活动，都是以孩子为切入口的。这不但使报纸和海外读者拉近了感情上的距离，而且扩大了报纸在海外华人社会的影响，收到了事半功倍的效果。再如，1996年8月19日的《人民日报》海外版，把美国华侨吴卓潮先生的来信刊在头条位置。信中高度评价了山东省一农村党支部书记王廷江的先进事迹。王廷江的事迹在国内引起反响不足为奇，但是能在国外华侨中产生这样好的效果就很值得我们思考了。它给了我们一条启示：对外宣传报道一定要注重针对性，要研究海外读者、听众、观众的口味，要多登多播海外受众感兴趣、容易接受的内容。

三、调整思路 开辟新径

在新形势下，让外界及时、正确了解中国的最好办法就是要进一步加强我们新闻报道的准确性、透明度和时效性。比如去年美国总统克林顿访华时，中国对两次重要活动进行现场电视直播，得到了国内外的广泛好评。再如，今年伊始，中央电视台与台湾无线卫星台（TVBS）联合录制了海峡两岸卫星双向访谈节目——《99两岸暨亚洲经济展望》，在两岸连线并实况播出。首场访谈的话题是两岸百姓都很关心的经济、民生问题。据称其效果也十分理想。节目播出后，一些地方政府和企业界、文艺界的人士纷纷提出要参与跨海对话，并设想通过卫星双向访谈来举办研讨会或招商会，把两岸合作引向深入。

与此同时，对外宣传报道还要注意运用外国人的言论，通过他们的口反映我们方方面面取得的进步和成就，比我们自己说更显得可信有力。如，去年美国总统克林顿访华期间及其前后，美国许多重要媒体都对中国作了一些比较客观的介绍，像美国《国际先驱论坛报》的文章在论述中国的发展和进步时说：“你很难在世界上找到任何一个能在过去20年中使人权状况和经济条件有如此巨大改善的国家”，“不要用老眼光看中国”，“中国取得了巨大的成就”，“中国是负责任的大国，在国际上的作用日益重要”。这些言论有利于改变美国公众、特别是美国舆论对中国的旧印象。再如，克林顿访华时率领的庞大代表团中仅记者就有数百人，他们从各种角度了解活生生的中国，通过他们的报道使美国舆论看到了确实存在着一个发生了历史性变化的新中国。这无疑对改变西方国家对中国的看法起到了积极的作用。

四、重视外宣 培养队伍

一是要充分重视外宣工作，深刻认识外宣工作的重大意义。外宣工作无小事。它是一项政策性、政治性都很强的工作，我们应引起高度重视，加强领导，加大投入，为更加有效地开展外宣工作创造有利条件。

二是要树立强烈的外宣意识。即树立坚定的政治意识、国家意识和大局意识，服从和服务于党和国家的工作大局以及我国的整体对外战略，并将这种意识体现在具体的事实中，体现在具体的作品和节目中。

三是要树立精品意识，不断提高对外宣传作品、节目的采写制作水平。为此，要狠抓责任制落实，选好题材，进行精心地策划、采写和制作。

四是要抓好外宣队伍建设，培养一批高素质的外宣人才。积极发现和培养外宣人才的同时，还应把一些精兵强将集中到外宣队伍中来，努力提高有关人员的外宣本领，以便更好地开展对外宣传工作。

原载《对外宣传参考》1999年第8期

不应有的疏忽

我在读2000年3月25日《中国青年报》刊登的《发现问题不捂不盖一封信引发一汽10万人大讨论》的消息时，从头到尾看了两遍，怎么也没有从内文中找到“10万人大讨论”的字样。不用说“10万人”的具体数字，就连一汽有多少人也没有交代。那么标题中是根据什么标出“引发一汽10万人大讨论”的呢？

1999年9月10日《中国青年报》B2版上刊登的《储蓄大老虎：征你的税　分你的流　征收利息税是劫富济贫吗》一段中开头写道：“1999年5月份，景气中心对北京、上海、广州、成都、武汉、西安6城市的1200余位城市户口居民进行了储蓄调查……”稿子在分析开征利息税后，市民对投资选择情况时却写道：“分城市看，广州、北京宁愿储蓄，广州、成都宁愿消费，成都、西安宁愿投资”，显然行文中“北京，西安”出现一次，而“广州、成都”各出现两次，且选择内容自相矛盾，漏掉了“上海、武汉”两座城市。

1999年9月8日的该报第4版《不靠名气只靠实力　世乒赛团体赛肯定用新人》的消息中，也有这样的疏忽。如消息开头说：“国家乒乓球（漏掉了‘队’）总教练蔡振华今天在宝鸡表示，新人辈出是我们制胜的法宝，中国将选派新秀参加明年2月在马来西亚举行的世乒赛团体赛。”而后面又莫名其妙地写道：“蔡振华说，中国队在第45届世乒赛中，一举囊括全部7项冠军，但成绩只能代表过去，我们必须居安思危。”实际上是2000年2月才在马来西亚举行男女团体赛，取得了5个单项冠军，哪来的“一举囊括全部7项冠军”？

原载《新闻三昧》2000年第8期

民生新闻如何摆脱乱象

从一开始，人们对民生新闻的质疑就没有停止过。原因主要有：

节目内容琐碎。电视民生新闻一开始觉得新鲜，少了习以为常的“硬”新闻，多了有趣的“软”新闻。但时间长了，观众就会感到，节目里充斥着琐碎而又没有多少价值的信息，心生厌烦。

报道缺失厚重。表现为题材狭窄重复，小题大做，或一味短平快，使节目缺少深度。某地电视台在春节期间经济生活频道播出的民生新闻里，短短的半个小时，连续报道了三条自来水管被冻坏的新闻和四条交通事故。有的民生新闻将本可以几十秒钟就解决的新闻价值并不高的新闻，做成了几分钟的长新闻。春节期间，长途客车超载，容易造成事故，而一些民生新闻却仅仅报道超载情况，对它可能带来的隐患及解决的对策缺乏分析、建议。

部分节目低级庸俗。一些民生新闻热衷于凶杀、抢劫、婚外情、“一夜情”等的报道。

同质化现象严重。民生新闻理应站在民生的角度、普通民众的立场看世界，其核心价值是对普通民众的关注、关心、关怀、关爱，反映民心，传递民声。与这种核心价值紧密相连的，是平视的、平等的、平易近人的表述方式。

怎样使民生新闻摆脱“乱象”呢？

首先，以受众为中心，打造栏目的服务特色。把为观众提供优质服务，作为打造电视栏目的出发点。民生新闻应该努力关注老百姓的衣食住行，反映老百姓的喜怒哀乐，包括房屋拆迁、交通治安、气象状况、菜篮子工程、求医问药、物价浮动、消费维权、人才招聘和下岗再就业等关系到民众生存的问题，为民众生活提供参照标准和行动坐标。在报道中，还应有传承文化道德理念，实现审美享受和休闲消费的责任，使民生新闻不断丰富内涵，拓展空间，提升品质。

其次，不能把收视率、短期经济利益作为民生新闻的唯一追求。有的民生新闻栏目确实具有比较高的收视率，也带来了一定的广告收入，但往往不会长久。如果把观众的简单注意力和由此带来的短期经济利益作为民生新闻唯一的价值追求的话，那么民生新闻会走上与民生精神相悖的道路。北京电视台“纸馅包子”事件即是例子。电视台为了追求收视率，常常会导致新闻选题、新闻内容、新闻质量把关不严，使各类低俗新闻得以播出。应把握好报喜和报忧、反映和引导、定向聚焦（即追踪具有舆论韧性的社会问题）和散点透视（即捕捉突发性的热点问题）的关系，不断提高民生新闻的品质、格调和水平。

第三，打造栏目个性色彩。一是思维方式的创新。在变“趋同思维”为“求异思维”上下功夫，不然很难脱离模仿的窠臼。为避免内容雷同和琐碎，可以从民生角度关注社会政治经济形势、民主法制建设，解读国家政策，反映百姓对政府的意见和建议，引导民众参政议政，关心国家和社会的发展，维护和实现社会公平，不断扩大报道空间，将时政新闻、经济新闻、科教新闻等民生化，实现由“小民生”到“大民生”的自我超越。二是经营理念的创新。在市场化运作和规模经营上做文章，讲求好看和有用，占领本土市场，赢得广大平民受众为传播效益目标。

原载《视听界》2007年第6期

财经新闻报道简约化浅析
——以海峡都市报为例

近年来，粮油、猪肉价格跌宕起伏，股市、基金变幻莫测，房市、车市热闹喧嚣，大小财经事件接二连三，无不影响着百姓的衣食住行、理财投资。人们迫切地想在海量的信息中，得到适合自身需要的投资资讯与各类市场信息，渴望尽可能地透过纷繁复杂的财经事件，把握风云变幻的财经态势。然而，由于大量的财经新闻充满着过多的专业词汇、呆板的数据、枯燥的理论，使一般受众只能是雾里看花，不知所云。财经新闻报道急需改变现状，已成为广大受众的强烈呼唤。通过最“简约化”的方式，把最前沿最新鲜的东西写出来，把最有趣的东西传达给读者，充分展现财经新闻服务群众，便成为《海峡都市报》多年来不懈的追求。

一、什么是财经新闻报道

1. 财经新闻

财经在《现代汉语词典》中解释为：财政、经济的合称。财经新闻，是指有关经济活动、经济现象、经济决策的最新事实和情况的报道。

2. 新闻报道简约化

新闻报道简约化，并不是新闻形式上的简化，也不是压缩字数而对深度报道的排斥。这里的简约化新闻，是在遵循新闻的基本规律上做新闻，还原新闻本来面目，坚持“大的做深，小的做透”的原则，用简捷明了的写法，解构纷繁复杂的财经事件；用简单直接的方式，捕捉鲜活的市场新闻。

3. 财经新闻简约化的必要性

20世纪30年代，《华尔街日报》财经报道充斥各种统计数字，因专业性强而“曲高和寡”，发行量不断下降。1943年，总编辑基尔格尔对《华尔街日报》的写作风格进行彻底修正，强调财经事件用讲故事的形式进行报道，使《华尔街日报》变得简约通俗，逐步发展壮大。

改革开放以来，我国经济迅猛发展，群众生活水平不断提高，存款、股票、国债、保险等财经事务与群众生活日益密切，油盐酱醋、股市行情、楼市车市，风云际会都在影响着百姓的衣食住行，财经新闻报道故作高深，艰涩难懂的状况必须得到有效改观。财经新闻报道走简单化之路，深入浅出，通俗易懂，这是受众的需要，也是媒体的需要。

二、财经新闻报道简约化特点简析

近年来，《海峡都市报》为了满足读者对财经新闻的需求，专门开设了财经版块，包括每天财经综合版块、今日关注本地版块、财经要闻版块，以及每周五的财经投资版块。还对原有的“逛市场”栏目进行了扩充改版，要求记者深入市场一线，诉说市场新闻，力求做到报道通俗易懂，不给读者阅读理解留下“暗礁”，改变了财经报道“外行看不懂，内行不屑看”的局面，为财经新闻与普通读者之间搭起了沟通的桥梁，在众多的财经新闻报道中独树一帜。

1. 用通俗易懂的词汇吸引读者

财经新闻报道难以大众化的最大困难就在于其专业性要求高，难以避免专业化的词汇，读者需要一定的知识层次和一定的财经素养，而这些恰恰是普通读者所缺乏的。因此，媒体、记者必须降低姿态，主动向受众传播“财经知识”，在报道中尽量使用通俗易懂的词汇代替专业词汇，比如用一些特殊名词、俗语、特别口语等加以表达。如《海峡都市报》在一篇介绍宠物婚介网的新闻中，拟的标题是“给狗狗当‘月老’的80后”，生动有趣，一目了然；在另一篇《福建出口品牌境外频招抢注》文章中，副标题则为“‘金字招牌’拱手让人，严重者可能丧失抢注国内市场”，标题语言新颖、独特。

众所周知，财经新闻报道是一个比较严肃的话题，但新闻必须面对百姓。为了贴近读者，《海峡都市报》财经报道在使用各种专业术语的同时，还经常采用生动的俗语和形象的比喻。有一篇报道福州钢材价格波动的新闻，其主标题为“榕钢价上演‘过山车’”，这样的标题使读者一眼就能清楚地了解钢价走势；在报道白领人士争相索取商家免费试用品的文章中，标题是这样写的：“都市白领争当‘小白鼠’”，标题富有新意，生动有趣。

《海峡都市报》认为，对一些题材比较重大、百姓又非常关注的财经工作或财经政策，记者不能原封不动地把法规政策摆出来给读者看，只做政府的传声筒，而必须通过通俗易懂的语言采用解释性报道的形式来满足读者的求知求新欲望。并注意交代政策发布的原因、影响、趋势，特别是对普通市民生活带来的影响，把原本复杂、枯燥的政策发布处理成既简单又具有强烈服务性的报道，吸引读者阅读。

2. 使用当地方言增强人文色彩

在财经新闻报道中，除了用词要尽量通俗易懂，有时还可以使用当地方言以拉进与读者的距离。《海峡都市报》在财经新闻报道中，经常用到的“依姆”“依伯”这两个词，就是当地方言福州话的翻版，分别用来代表伯父、伯母、大叔、大婶的词汇。在以下这篇《银行卡诈骗出现新花样》里，记者就使用了当地方言“黄依伯”。

银行卡诈骗出现新花样

本报讯　继短信诈骗后，银行卡诈骗又出现新形式。记者从银行方面了解到，骗子往往自称是电信系统的人，打电话通知说去年多收了电话费，并强调会把钱打到你提供的银行卡上，留下联系电话，只要你查询到卡上资金未增加，并回电话给对方，你就可能被骗。

日前，一位福州市民黄依伯就接到了这样的电话，他当时不加思考就按对方的要求操作了，之后，查询余额时发现账户上不但没有增加退还款，反而少了6000多元。

……

3. 以讲故事手法解构复杂财经事件

一般情况下，财经新闻深度报道无非三种：政策解读、走势判断、问题分析。这些都要求记者在专业化水准和通俗化表达上做到两全其美。记者必须具备一定的专业知识，善于运用现代经济学的观点和思维方式观察、分析、评价经济活动；同时又由于受众知识结构的差异，报道必须通俗易懂。《海峡都市报》运用故事化写法解释政策发布是比较常见的方式。这里试举例，用以说明。

我国明年二季度或加息

本报讯　随着全球经济的逐渐好转，各大经济体央行何时执行"退出策略"已经成为市场关注的焦点。本周澳大利亚、美联储、欧洲和英国央行陆续议息，金融市场将仔细揣摩各大央行发表的政策声明，寻找宽松货币周期何时开始结束的线索。美联储最终还是选择了维持0%～0.25%基准利率区间不变，澳大利亚却再度加息。

留学澳洲成本增加

本周三，澳洲央行再度给市场一个震惊，无征兆宣布升息25个基点至3.5%，这也是澳大利亚在过去一个月内的第二次加息。澳洲央行10月6日将基准利率上调25个基点，成为20国集团成员第一家升息的央行，打开了全球加息大门。随后以色列、挪威央行掀起了加息热潮。央行加息说明一些国家已经开始看好本国经济复苏，并且着手抑制通胀。

澳洲加息已经影响到福州市民的生活，澳元今年以来不断升值，澳元对人民币汇率从金融危机时期的最低点4.3元，一路涨到如今的6.2元附近。昨日，在银行查看外汇牌价的陈先生就告诉记者，由于儿子在澳大利亚留学，现在兑换1万元澳元，需要花费人民币6.2万元，而半年前只需要

4万多元，成本一下子涨了四成。据悉，美国、英国、加拿大、澳大利亚等历来是福建人留学的选择热点。相比其他国家，到澳大利亚留学更容易申请，澳大利亚成为这两年最热门留学国。

不过对于已经在澳洲就业的福建人来说，澳元升值却是利好，他们在那赚的钱因此可以兑换到更多人民币。

……

上面这篇文章导语部分先介绍了当前全球经济形势，接着报道澳大利亚银行的举动。文章主体部分通过介绍澳大利亚银行新政策出台对福州市民实际生活的影响，使读者了解了这项政策给自己带来的具体变化，文章最后报道我国对澳大利亚银行再度加息可能采取的对策。通过将财经政策用讲故事方式阐述，使读者清楚了解政策发布背景原因、影响结果，给原本枯燥的财经政策新闻增加了厚度与深度。

4. 以人为中心报道财经新闻

国外一些媒体，非常注重运用戏剧化的手法围绕人与人性采写财经新闻，比如《财富》《福布斯》等，《福布斯》的文章中充满了统计数字，但是它总能够聚焦人与人性。《海峡都市报》在报道“经济复苏龙头闽企忙招工”事件中，就通过采访企业总经理、人事部部长、海峡人才市场负责人等，巧妙地穿插了许多背景资料，对招工忽冷忽热反反复复这一具有戏剧性的现象进行详细分析，透视了市场经济的不断变化。文章有一段写道：

福耀玻璃是总部在福清的省内龙头企业，林小姐供职于福耀玻璃的人事部。她说，由于企业订单增多，她最近两个月都非常忙，福清浮法玻璃项目需要招聘近100名一线生产工人，人事行政部的员工除了找人才市场，甚至托培养方找人。如果有人说外地有福耀需要的工人，还会往外跑，她上个月就去了一趟宁波，“财茂集团董事长周训财透露，为了招工，他们还增加了福利待遇，比如给工人宿舍安装空调、热水器”。

文章以企业中个人的亲身经历告诉人们经济危机给企业和个人带来的变化。随着经济逐渐复苏，他们犹如“春江水暖鸭先知”，在第一时间感受到经济回暖。文章从个人入手，使读者在阅读个人经历中感受经济波折。一个企业，一个企业家之所以成功或者失败，除了他的专业知识以外，一定有着丰富的人生经历以及复杂的政治、社会、文化因素。从人物的角度来报道财经新闻，把写人与写企业共同融于财经新闻中，让读者读财经新闻不再单纯读数字，而是感觉在与人对话，在轻松的氛围中接受财经报道传达的财经信息，高层次的读者能读出财经故事背后的深层次内涵，获得大量未知的信息，而较低层次的读者则将财经故事作为一种消遣。这样，能使各个层次的读者各取所需，各得其所。

眼下是个财富时代。财经新闻中人物报道是不可缺少的。对这类人物成长过程的报道，很容易吸引读者，启人智慧。福州有许多著名的企业家，其中不乏在全国有影响的人物，《海峡都市报》给予了较大关注，如关于利郎的报道就是这样。该篇文章的标题为“他们造就了上百个千万富翁”，副标题为“利郎香港上市，创始人王氏三兄弟身价暴增10倍至20多亿元”。文章主体部分向读者介绍了王良星从电焊工到服装业大亨艰辛的创业过程，读来令人感佩。

5. 采用系列报道探讨社会热点

系列报道是财经新闻中常见的一种报道方法，通过系列报道可以提炼当前社会热点。系列报道是指围绕同一主题，把相互的典型人物、典型事物组合起来联为一体进行报道的方法。它通常把一个大主题分解为若干个小主题，分别从不同的侧面去表现大主题。系列报道中的各个单篇报道的体裁一致，篇幅长短、写作风格基本相同，发稿的时间相对集中。对于社会上一些热点问题，如果只用一篇报道去阐释，由于篇幅、版面导致的字数限制，常常不能交代清楚。而采用系列报道方法报道某一社会现象或值得注意的社会问题，不仅可以详细探讨背景、过程、影响，使读者深层次了解事件，而且还可以在一段时间内形成舆论强势，造成良好的传播效果。

2009年11月份，福州金饰价逼近每克320元，黄金价格持续走高，从2003年不到100元/克，到2006年4月1日首次200元/克，再到疯涨至300多元。随着金价逐步走高，福州不少市民加入炒金行业，虽然金价不断涨高，但是仍有不少市民以巨亏收场。著名经济学家郎咸平放言，黄金是最差的投资品。广大市民急需一个权威媒体，通过公正、准确的报道，为他们指点迷津。《海峡都市报》策划了“千金时代”系列报道，为广大投资者提供准确资讯，引导市民理性投资，提高了财经新闻公信力，取得良好传播效果。

譬如“千金时代”系列报道中的开篇文章“金价涨催火榕旧金回收，专家提醒，谨防金店老板借‘高价回收’坑人”中，记者从社会角度拓展财经新闻的深度和广度，从社会变化中提炼内涵。记者调查发现目前随着金价上涨催火的金店以旧换新现象，可能隐藏着一些猫腻，提醒市民小心金店通过“高价回收”坑人。在系列报道的第二篇“地下炒金杠杆最高达400倍，榕地下炒金以高杠杆揽客；正规渠道最多放大10倍”中写道：“地下炒金虽然杠杆高，但是风险也大，众多地下炒金客多以巨亏收场”，提醒广大市民小心谨慎投资。同时系列报道中还增加了相关内容的链接，介绍了黄金交易品种、最近黄金走势，预测将来黄金行情等等。通过这组系列报道，使广大读者不仅可以了解许多关于黄金投资类的知识，而且对那些投资黄金的市民朋友们提供了准确可信的投资资讯以及各种投资风险的分析，引导市民们理性投资。

6. 报道选题注重本土化

一般市民对于其他地方发生的事件往往关注度不高，但对于发生在本地的新闻则可能津津乐道。一项政策的发布、一个信息的更新、一个富豪的诞生，只要与本地有关，读者大都会关注。因此，媒体和记者在进行财经新闻报道时就应该注重选择与本地关联度较高的财经事件作为选题。《海峡都市报》一篇关于美元汇率的动态新闻报道，便将远在千里的美联储消息处理成简简单单的、关系到福建普通市民身上的事儿，读者很容易接受。文章开头是这样写的：

本报讯 昨日福州王先生一上班就发现“纸黄金”涨了，自己的炒金资产每克多了2元。浏览汇市信息才得知美联储维持低利率不变。

美国的一举一动牵动着全球经济，尤其是金融危机后全世界都在盯着美国经济的“脸色”。美国联邦储备委员会在美国时间12日宣布，为促进经济稳定复苏，决定继续维持联邦基金利率在0至0.25的水平不变。这意味着美国逼近“零利率”的时代已维持了近8个月。

文章通过报道本地市民王先生突然发现自己的“纸黄金”涨了，接着简析“纸黄金”突然涨的原因，然后切入正题，文章主体部分则在解析美联储维持低利率的原因、影响以及未来走势，为投资者提供了简单明了的资讯。

《海峡都市报》坚持把捕捉本土市场信息作为常规武器，以吸引读者。每天都有财经要闻版、财经新闻综合版、本地关注版3个版面的经济新闻模块。其新闻理念是新闻性与服务性的整合，特点是加强本土市场信息的搜索，强化经济版面的张力。整体是以记者逛市场的方式，及时捕捉市场动态资讯，为市民衣食住行提供快速便捷服务，有时还简要解释其背景、分析未来走势等。“海都说市场”栏目，鼓励记者深入市场，用一种略带主观的方式诉说市场新闻，改变市场新闻的冷冰冰面孔。例如，财经新闻综合版报道“俄罗斯将采购部分闽货”“榕城商家掘金夜间消费”“近期赴波兰务工风险大”“香港酒店价格同比降三成”“去中石化加油有机会获奖”等服务性较强的资讯都深受读者欢迎。

海峡都市报每周还推出经济服务周刊，包括投资理财周刊、房产周刊、汽车周刊、海峡消费周刊。这类财经报道更像是生活报道，告诉市民本市的最新房产讯息、最新车市动态、最时尚最实惠最前沿的消费热点等，旅游、饮食、购物内容样样俱全。这种通俗化的财经新闻，尤其是一些本地性强的“软财经”丰富了报纸阅读面，吸引了越来越多的读者和众多广告商。

三、财经新闻报道简约化的不足

财经新闻简约化不意味着简单化，如果过分追求简单化，将可能降低财经新闻的权威性。财经新闻报道首先需要为人们提供准确、可信、专业的资讯信息和投资分析。如果财经新闻内容过于偏重软新闻，减少严肃新闻、数字、图表的比例，将会降低新闻的准确与权威。某些不负责任的记者为了挖掘内幕消息，不探究新闻来源，道听途说，将情节曲折、事件震撼当成新闻价值的首选，追求新闻轰动效果，在这种情况下，势必大大影响财经新闻的可信度，严重损害媒体形象，还有可能误导投资者、消费者，影响经济秩序稳定。

总之，财经新闻报道无论如何都应本着服务于读者的需求，客观、真实的报道财经事实和数据。在此基础上，采取通俗易懂简约化的方式对事实和数据进行科学严谨的分析，提出负责任的趋势判断和选择建议，帮助人们树立正确的消费观、理财观，为促进经济健康稳定发展、提高人民生活水平做出应有贡献。

原载《新闻知识》2010年第2期（与郑晓燕合作）

新媒体格局下传统媒体提高舆论引导力策略研究

一直以来，传统媒体依托其软件和硬件上的绝对优势，收集和筛选各种信息，以平衡、中立、可信的形式呈递给受众，这条信息传播的路径几乎是一条不受任何外界干扰的单行道。这些年来，互联网的发展改变了这一切——传统媒体对新闻生产的垄断地位被打破，公众开始进入自己生产内容的时代。新兴媒体就像正余弦波一样密集地向传统媒体发出攻击，一种新的媒体格局在悄然生成，而这种新格局正在给传统媒体的传播方式和传播内容带来一系列的变化。那么，在新媒体格局下传统媒体怎样才能提高舆论引导力？

一、基于事实，追问价值，增强信息的透明度和传播力

通过网络渠道信息发布快捷、传播范围广，但是在互联网双刃剑的另一面，网络催生的信息，只能带来总量的几何式倍增，而有价值的信息却往往湮没在海量的信息之中，整个社会信息化环境趋于“碎片化”。信息碎片化传播的模式使很多媒体或者个人传播信息的真实性大大降低，往往使受众了解不到整个事件，而只能了解局部甚或是一家之言。在片面追求依靠热点、爆点提高点击率、转发率的短视目的下，网络信息从根本上忽略了整个信息客观、真实全面的基本属性。而传统媒体引导舆论的第一步，即是认真调查求证，通过专业媒体机构的公信力，使网民和社会公众了解真相，并据此做出准确评判，以保证网络舆论和相关社会舆论的正确走向。

今年4月雅安发生地震以来，不实报道频频在网络上掀起轩然大波。“军车坠崖”“灾民地震期间大吃大喝”等不实信息正是借助碎片化信息

时代的平台散布开来。随即，传统媒体派驻专职记者予以跟进，立足于事实，传递最新灾情事态，将真实背景通过传统媒体平台进行及时发布，使得信息愈加公开透明，信息内容更趋理性。实际情况是事发当天13时30分，13集团军某团租用地方吊车对前一天翻入河中的运输车实施作业，于16时30分将其吊至平板车并组织加固运返营区。这一过程被人拍摄、剪裁制作成虚假新闻后上传互联网。传统媒体及时跟进，用事实对这一事件进行了分析报道，还原了真相。

对于网络热点事件，传统媒体不能回避，也不能以“调查核对”为借口延误报道时效。相反，主流媒体应该密切监控网络舆情，对有可能发酵为社会热点的问题第一时间介入调查，第一时间发布事实，努力以正面声音引导热点话题。[1]

由于很多时候受众对网络热点事件也会心存疑虑，但没有时间、精力、渠道去亲自进行调查，如果主流媒体能够在第一时间发现网络热点，针对受众的疑虑展开严密的调查，并及时向外界公布自己的调查结果，无疑会帮助他们了解真相，并以此为依据做出评判。从近年来诸多网络热点事件的形成过程来看，很多都是经过主流媒体播报之后才迅速升温，引起全社会广泛关注并参与讨论。从这个意义上说，主流媒体在推动网络热点形成方面发挥着重要作用，因而有必要承担起引导网络舆论的责任。另外一个层面，作为舆论引导的主力军，主流媒体也应发挥公信力强、权威性高的优势，引导网民正确地看待和分析热点事件，理性表达自身的诉求。

二、尊重受众习惯，从他者视角调整传播策略

传播语态决定传播效果。只有用人们听得懂、愿意听的传播话语来表达传播内容，才能收到好的传播效果。新闻舆论引导工作说到底是一项阐释党的路线方针政策，反映群众意见和呼声，解疑释惑，沟通民意，积极引导社会热点，及时化解社会矛盾，实现政府与群众之间良性互动的工作。因此，主流媒体必须实现从“受众观”向“用户观”的转变，进一步加强新闻宣传的贴近性，顺应信息获取碎片化、个性化的趋势，将大众化的新闻播报和个性化的资讯服务有机结合起来，站在群众视角，将“引

导”和“说服”用受众乐于接受的方式呈递，从而杜绝传统媒体在舆论引导过程中存在“到而不达”的现象。

从线性传播的角度来看，媒体是信息的搜集、制作、传递的始发站，受众是接收信息并对信息做出反馈的信宿。大众传播的传播者总是直接或者间接地向受众传递自己的传播意图，并有意无意地把受众接受信息的情况作为传播是否成功的参照。因此，明确以受众为传播过程的中心地位，考虑受众的需要并加以满足，尊重受众收视习惯和情感需求，“从他者化”视角研究传播策略应是新闻专业主义精神的回归。[2]

从汶川到雅安，不同的报道策略，见证着国内传统媒体的成长方向。汶川地震后，大量传统媒体从业者涌入灾区。断垣残壁的画面，细腻得让人流泪的文字，失去亲人后绝望的号啕，传统媒体将各自的传播优势发挥到极致。虽然传递了坚强和乐观，但是在受众看来，媒体过于煽情的引导方式是令人难以接受的。

在雅安地震中，传统媒体也以一种自省的方式回归专业主义精神。在天灾人祸面前，将受众最需要了解的，如人员伤亡情况、房屋毁坏情况、灾民生活情况、救灾情况以及急需什么救援物资、哪里需要什么帮助等灾区的具体情况第一时间进行报道，尽力摒弃浮躁与煽情，用专业精神收敛伤痛展示和苦痛消费，真正让灾区同胞建立信心，燃起战胜困难的希望，起到正面的舆论导向作用。

同时，为了更好地引导舆论，传统媒体也要常变常新，改变传统媒体“一招鲜吃遍天”的生存之道。如前不久江苏广电集团不仅对电视节目的内容、形式加以变动，还对一些王牌节目播出的时间做出较大调整，都是为了满足观众的需要，实现传播效果的最大化。

三、注重首音效应，建立事件发生地传播首音机制

网络的诞生使传播的维度和向度不断扩大，新媒体虽说有时效上的优势，但传播的信息零散，不系统，加上信息海量，鱼龙混杂，甚至真假难辨，因此其信息的真实性和权威性就大打折扣。主流媒体如能在第一时间赶赴第一现场，通过直播报道、即时播报，发布权威信息，将会起到稳定

人心、引领舆论的作用。

“3. 14”西藏打砸抢事件发生后，中央电视台四套率先在国内播出关于该事件的纪录片，发出首音，及时把真相告诉群众，以避免网络上一些不实声音的广泛传播。而由于西藏本地媒体当时处于“失语”状态，不仅使得西藏本地媒体丧失了报道先机，也容易让中央媒体随后报道的内容有“辩解”之意和信息“加工”的嫌疑。“5. 12”汶川大地震发生后，以四川为主的本土媒体的报道，尤其是第一时间参与报道的状态可以从观念上给外界营造一个客观、公正、透明的信息传播环境，从而有利于把握舆论引导的话语权。

英国危机公关专家杰斯特曾提出著名的危机沟通“三T”原则：第一，以我为主提供情况（tell your own tale）；第二，提供全部情况（tell it all）；第三，尽快提供情况（tell it fast）。第三条为事件发生地媒体发声的必要性和可信性提供了理论支撑。实践也同时证明，本地媒体可以充分利用在消息传播中所处的信息源地位，发布及时信息，避免出现在危机爆发初期时因为事件发生地媒体集体失语，而将报道主导权拱手让出的不利局面。

2011年7月23日20点34分，北京南至福州D301次列车与杭州至福州南D3115次列车发生追尾事故，造成40人死亡，192人受伤。事故发生后，国家和省市广播电视媒体迅速介入，发布权威信息，直播现场救援。从信息发布的时间来看，广播发布时间是20点55分，比依靠网络的微博发布（20点38分）慢了17分钟，但是这中间广播电台在接到四位听众打来的电话后，积极向消防部门证实信息的可信度，之后迅速投入特别直播，不到一小时，就从事故现场发回了连线报道。温州交通广播成为最早播出“7·23”动车事故的当地媒体，在权威信息源和主流价值观等传播方面捷足先登。

四、媒体联动，强强联手，主动进行议程设置

《经济日报》社策划部陈学慧副主任表示，媒体的生态环境决定了仅靠一家媒体很难起到立竿见影的作用，媒体联动越来越重要。人民日报社

新闻研究中心副主任夏珺认为，在日趋复杂的舆论生态环境下，话语权的争夺不仅是首发权的争夺，更是解释权的争夺。新的舆论格局下，主流媒体要主动设置议题，精心策划，使之成为公众议论的热点，并有效引导社会舆论，疏导公众情绪，发挥主流媒体解读、解释、解惑的作用，做到敢说话、早说话、会说话。

今年3月15日，中央电视台曝光了苹果公司在中国大陆的售后服务霸道政策，以及对中国消费者的差别对待。在此之后，苹果并未表现出对中国消费者应有的诚意举动，之后国内多家权威媒体对苹果的傲慢以及售后服务“中外双重标准”等问题先后密集发声。从3月25日到3月27日，《人民日报》连续刊发针对苹果售后服务的三篇质疑文章，接下来《环球时报》《光明日报》等百家主流平面媒体都对此进行转载和报道，南方的《广州日报》也称苹果为“漏汁苹果”，苹果因而陷入进入中国以来最大的舆论危机之中。

在这一案例中，央视首先发声，并及时调控舆论报道的重点、节奏和力度，各主流媒体积极配合，形成舆论引导合力，最终使苹果公司正式致歉并提出整改措施，维护了中国消费者的权益。为此，中央电视台副台长魏地春介绍了这一案例的详细过程，指出此次主流媒体之间团结合作，形成强大舆论声势，对推动相关问题的解决发挥了重要作用，彰显出主流媒体的公信力、影响力，也为舆论引导提供了成功经验。

五、围绕一个事件，构建多元表达主体

新形势下，时效性不再是传统媒体独有的优势。长远来看，在信息数量剧增的情况下，验证一条新闻的真实性，挖掘新闻背后的故事，分析一个事件的潜在影响，这些传统媒体一直引以为傲的“有质量的报道”开始具有了更重要的价值。传统媒体要在注重舆论宣传时效性的同时，更加注重舆论引导的有效性，既要先声夺人、准确报道，更要明辨是非、深度解析。要积极发挥主流媒体的公信力、权威性优势，加强思想深刻、内涵丰富的深度报道，加强主流媒体“意见领袖”的培养和塑造，不仅要实现新闻事实的引导，更要着力实现价值观念和思维方式的引导。

“敢说”“会说”一直是主流媒体在引导舆论时的追求。所谓“敢说”，就是敢于亮明观点，敢于提出判断；所谓“会说”就是指要选择一个好时机，用公众能够接受和认可的方式引导。

“草根”一说引入社会学领域，就被赋予了“基层民众”的内涵。互联网时代的草根民众显示出了前所未有的力量。2010年8月，浙江卫视对新闻节目进行了全新改版，并借助“基层民众”的力量推出了新闻评论节目《新闻深一度》。这档全国首创的电视和网络视讯实时互动的新闻深度评论节目，每天都会对当前最热门的新闻事件，进行深入调查、深度报道，并以专家点评、媒体快评、网民酷评的形式进行多层次评说，不仅改变了传统电视评论刻板的评论方式，而且让公众从被动的接收信息到主动参与互动，从评论的单一化到多元化，使电视新闻更具开放性、互动性、参与性和可看性。[3]

传统媒体是舆论引导的中流砥柱，承担着引导舆论、凝聚人心的重任，并影响着政府决策、群众情绪和社会舆论。因此依托先进的科技手段，打造基于信息公开透明、专业自律有序、政治清明廉洁所锻造的公信力将是中国传统媒体充分发挥舆论引导力最具行之有效的前提保证，这是具有无限成长因素的传播理念和生存方式，也是新闻媒体实现多重综合效益最大化的契合点。

注释

[1] 刘丽琴，李俊：《让沉没的真相浮出水面》，《中国记者》，2011（7）。

[2] 陈华明：《从2009年世界媒体峰会看中国如何提升国际舆论引导力》，《西南民族大学学报》，2009（12）。

[3] 谢佳沥：《让草根参与到电视新闻评论中来——浙江卫视〈新闻深一度〉节目解读》，《新闻实践》，2011（1）。

原载《声屏世界》2013年第6期（与潘洁合作）

第三章　用事实诠释新闻

从2008年开始，中央电视台对新闻专题类节目进行了大规模改版，《今日观察》《朝闻天下》和《新闻1+1》等新节目应运而生。这些属于深度报道范畴的新闻专题评论类栏目，不仅报道各种事件，更力求通过对事件的挖掘分析，触及事件本质，以满足大众的知情权。媒体在电视上对观众讲得越多越深入，表现得越开放，观众的知情权获得的就越多。

引导消费 服务百姓

——徐州电视台《消费调查》栏目评介

在以经济发展为中心的社会中，各种社会现象几乎都与经济相关，而随着社会经济的不断发展，人们对电视经济节目的需求会越来越多，要求也越来越高。要想把节目办得引人入胜，就必须从老百姓的视角切入经济活动与经济现象，尤其是从与百姓生活密切相连、息息相关的问题入手，才能使节目有吸引力和生命力。徐州电视台《消费调查》栏目紧紧抓住百姓关心的热点、难点、焦点问题和直接关系到人们切身利益的问题进行深刻调查，深入挖掘，设法当好群众“生活的顾问，消费的向导”，拉近节目与百姓间的距离。具体来说，主要表现在以下几个方面。

一、关注百姓生活，倾心搞好服务

在《消费调查》100多期节目中，期期内容都紧紧扣住消费者的衣、食、住、行、用展开调查，既传递各种信息，又当好消费向导，同时还帮助他们科学生活，可以说内容涉及方方面面。比如《鲜豆腐卫生状况令人担忧》《关于买房的调查》《保暖内衣保不保暖》，等等。

通过对上述问题的调查，使人们学到了许多新的生活知识和消费常识，纠正了许多方面的消费误区，也为树立正确的消费观念起到了积极的作用。

二、加强舆论监督，维护群众权益

在生活消费领域，假冒伪劣产品防不胜防，坑蒙欺诈现象屡见不鲜，广大普通消费者苦不堪言、怨声载道，各种矛盾连绵不断，成为人们日常生活中的热点、难点问题之一。《消费调查》栏目抓住这些与普通百姓生活息息相关的问题深入剖析，坚持揭露不法经营者坑害消费者的行为，切实维护消费者的合法权益。

同时，《消费调查》栏目实施舆论监督不是简单地停留在揭露问题这一层面上，而是进行深入细致地调查采访，请有关专家、执法人员和法律工作者共同分析原因，寻找对策，积极配合工商、质检、卫生、城管、园林等部门进行严厉查处，并进行追踪报道，及时向广大消费者反馈情况。如，反映的市场销售的某些鲜豆腐作坊使用脏水、劣质大豆，蒸锅上苍蝇横飞，卫生状况极差的问题后，出现了许多市民不敢买豆腐吃的状况。工商、卫生部门及时介入，积极查处。许多肮脏的豆腐加工点很快被取缔了。为了让市民能够吃上放心豆腐，徐州市工商局经过多方努力，综合协调，又在市区的云龙、泉山、鼓楼三个区分别建立了具有较大规模的鲜豆腐集中加工点，使市民吃上了新鲜卫生的豆腐。《消费调查》对此也作了《追访放心豆腐》的报道，受到群众称赞，认为《消费调查》为他们做了一件大好事。

三、精心策划选题，制作力求完美

面对十分广泛的消费话题，从大到购房买车，小到针头线脑，尽可能撷取大多数普通百姓关注和想知道的话题，并选择最佳的报道角度，使每一期节目都能有卖点，是该栏目的一大特点。此外，《消费调查》还十分重视节目的摄像和制作。调查类节目因其固有的特性而往往受到多方限制，为了使节目真实可信、具有说服力；《消费调查》栏目组的记者在摄像的过程中，大量的现场镜头采用的是长镜头和跟拍手段，不仅对现场镜头作了客观的记录，更体现了强烈的现场真实感；不仅让观众对事件的细节过程看得真真切切，也使画面的信息量得到较大的丰富。与此同时，强化后期制作，除了注重画面的流畅和内容连续性，该栏目还把解说词、同期声全部打上字幕，做到了声音、画面、字幕三结合，方便了观众收看。

随着我国加入世贸组织，消费者更会面临着各种各样的消费诱惑，可供选择的空间也会越来越大，无论是物质消费还是精神文化消费都面临着新的课题。如何正确引导消费，维护消费者的合法权益，行使舆论监督职能，经济生活类节目的视野可更远些，挖掘面可更宽些，聚焦点可更实些。引导消费，服务百姓，《消费调查》大有可为。

原载《中华新闻报》2002年11月9日第3版

故事化：是对文化知识的去蔽还是遮蔽？
——央视《探索·发现》的话语模式解析

央视《探索·发现》栏目正在以一种非常的速度扩展着影响与魅力，常常会被冠以“创新”“突破”等字眼引发热烈的争论，也引起一些纪录片研究者的关注。客观上说，在素以现场性、具象性、参与性为传播特征的电视媒体上，《探索·发现》在内容定位上并不占有天时、地利、人和。在一个唯大众口味是从的传媒市场上，“在未知领域努力探索，在已知领域重新发现”这一传播目标本身就是一般人避之唯恐不及的，因为观众已经习惯了《满城尽带黄金甲》《英雄》等好莱坞“大片式”风格所培育的影视氛围，自然地理、人文科学、社会历史等知识的观念性与艰深性，注定了《探索·发现》在收视族群与传播市场上是属于线性的书本文化，是以富于逻辑的复杂思维和高度理性与秩序为基本特征的。于是，剑走偏锋的《探索·发现》不得不让人们提出一系列问题：自然科学和社会历史知识为何能在极为拥挤的传媒市场上成为大众化的收视英雄？《探索·发现》以什么样的传播模式来吸引住观众挑剔的眼球？站在第三者的立场上来看，这种模式本身又包含着怎样的结构性偏向呢？

本文拟结合2006年年底播出的纪录片《家书传奇（下）》来加以分析，看看这样一个带有“发现”色彩的纪录片给电视观众呈现了一个怎样的传奇及这个传奇又是如何呈现的。

一、二元话语模式：历史知识的当下呈现

从《毛泽东》《周恩来》《三节草》等纪录片的收视经验发现，历史题材纪录片主要的叙事话语就是叙述与展示，它们有着各自的构成方式、

不同的目标功能和叙述主体。展示性话语模式主要是借用各种历史事件的相关人或当事人的口述、文字、图片或影像资料等，以重建事件的发生现场，还原事件的原状，最大限度地触摸事件发生之时的现场环境、历史氛围、人物心态；而叙述性话语注重自身的对外交流，试图以一种与纪录片策划者、制作者、构成内容和观众相一致的视角，去重建与事件原状相似的影像体系，由此建立历史事件在当代影像媒介中的影响，从现实与社会层面保证事件的可理解性、当下性。正所谓“任何历史都是当代史”。

《家书传奇》取材于20世纪60年代的一个自杀事件。《家书传奇》节目的制作者试图复原与理解《傅雷家书》从写作到出版的前前后后。傅雷的儿子傅聪和傅敏、当年的保姆、三联书店原总经理朱用、艺术家吴祖强等事件相关人或当事人，展示或描摹着《傅雷家书》写作出版的有关细节。他们的讲述见证着发生在《傅雷家书》诞生前后的历史原状，复原了傅敏出走及归国、傅雷自杀、家书出版等一系列过程。

资料和讲述复原了历史细部，由解说声、字幕和情景再现来组成的叙述性话语自然就担负起了叙事主角。一般认为，叙述和事件存在着层面上的差异。如果说事件是真实时空中发生的相关事实，那么叙述则是把各种事件序列化，保持各事件间逻辑上的联系。事件相关人或当事人的口述，是一个个独立的、互不联系的事实，较为零碎，它不能使《傅雷家书》在一个时间体系中呈现出完整、统一的意义，同时，由于相关人员对《傅雷家书》的口述带有个人的视角与印记，难免互相冲突；更重要的是，历史上的事件在电视影像中的复原必须有一个背后的推动力，于是，叙述话语就以一种统一的姿态使得口述带有了体系和逻辑的意味。在《家书传奇》这期节目中，《傅雷家书》背后的人物命运与家国故事就赋予了一种明显的意义或者说一种知识的色彩。

这种“叙述与展示的视界结构的双重性，就是通过‘展示’使历史影像呈现出多元的结构并还原历史事件；同时，纪录片又通过制作者、事件亲历者的‘叙述’，形成对历史事件的重新整合与再构成，鲜明地体现出历史题材纪录片的文化意志和价值取向，最终使历史事件的不同构成元素都归属到叙述与展示的话语模式中。”[1]二元话语模式整合的结果，既可能保持事件的原状性质，让观众获得一种倾听当事人回顾的真实性、生动性，又不断地在原状感中解除观众对叙事主体的怀疑，建构起叙述主体把“历史作为当代史”的话语权威。这种展示与叙述交互连接的话语模式，是历史题材纪录片所共同拥有的。纪录片《毛泽东》《邓小平》《寻找失落的年表》《20世纪中国女性史》等片可谓成功的例证。

在两种话语模式的运用上，《探索·发现》几乎是完全复制了这些成熟的制作技巧，但因节目生产周期的需要，特别是吸引更多观众的需要，《探索·发现》在话语模式上又进一步形成了自己的特点。

二、悬而未决：知识的故事化呈现

展示性与叙述性成为《探索·发现》的基本话语模式。在一般文化类纪录片中，叙述主体往往紧跟拍摄对象的节奏，显得较为冗长与拖沓，难以留住观众的注意力。为避免这些弊端，《探索·发现》采取的一个基本策略就是故事化。

所谓故事化，一般是指在坚持纪录片非虚构的前提下，移植和借鉴剧情片的结构方式，有意识地塑造人物，设置情节，设计高潮与悬念，并在后期剪辑中打断原先的采访节奏，使事件的发展进程显示出鲜明的戏剧效果。故事化是纪录片吸引观众的一个有效手段，也是一个屡试不爽的商业化成功规律。以为大众文化辩护而著称的约翰·菲斯克，就力主电视新闻节目应当冲破客观性与社会责任感之类的概念束缚，从大众生活的相关性出发，“不要将自己表现为已发生的事件的纪录，因为这是书籍和电影的文学化叙述，而要表现为正处于进行状态的悬而未决的叙事，这才是口头叙事的电视中的等价物，从中可以理解我们的日常生活。”[2]

分析《家书传奇》，再与《毛泽东》《邓小平》《20世纪中国女性史》等有影响的纪录片相比较，不难发现《探索·发现》栏目中一些突出的故事化技巧，它有着一般纪录片难以企及的吸引力：

1. 强化故事段落，将简单的历史事件情节化、戏剧化

著名剧作大家罗伯特·麦基根据丰富的创作经验总结出一个富有成效

的情节理论：任何故事都存在着一个所谓的“故事三角”，即“经典设计——大情节”“最小主义——小情节”“反结构——反情节”。这三个端点所构成的三角图谱包括了一切叙事可能，情节的发生总是体现出这三角之间的各种关系。

《家书传奇》中的历史事件正暗合了这样的三角关系。作为翻译家的傅雷由于工作需要，更由于个性的关系，向往着“躲进小楼成一统”的封闭生活，这是整个历史事件的大情节，也是构建故事情节的主要核心；而动荡变幻的社会政治风云则成为傅雷宁静生活的对立面——反情节，它不断去打破傅雷试图沉迷于书本的文学幻想；傅敏远避欧洲、“文革”的危机与恐怖都导致傅雷内心充满焦虑与不安，最终，傅雷走上了一条不归路。当然，这种大情节与反情节之间还夹杂着小情节，这些小情节主要由傅聪、傅敏、保姆、朱用、吴祖强等人的口述构成。这样，《傅雷家书》一片就在大情节与反情节的对立矛盾中，以“家书”为主线，围绕家书的写作与出版排列出一个发生——发展——展开——高潮的以因果性为主、富有起伏的情节链条，极具故事性和感染力。

2. 以细节来刻画和描摹历史事件背后的戏剧性

历史充满了各种细节，细节甚至可以改变历史。《家书传奇》在情节故事的链条排布中，试图找出人们熟知的事件背后不为人知的重要细节，比如傅聪出走五年因情势所迫加入英国国籍，傅雷夫妇几个月没给儿子写信；傅聪的儿子出生，奶奶朱梅馥估摸着给未曾谋面的孙子打毛衣；1966年9月2日那个风雨如晦的秋夜，傅雷夫妇选择离开人世，而远在海外的两岁半的孙子林霄，身上穿着奶奶织的毛衣。前后对比中，“毛衣”成为一个引人注目的细节，凸显了人物在特定历史时期的辛酸与无奈。

实际上，纵观已经播出的《探索·发现》，细节是凸显纪录片故事性的一种常规手法。《东方红卫星传奇》这部纪录片，就着力把原始资料中的素材用故事化的方式穿插进来，使这些枯燥的信息成为推动情节发展的线索。如卫星“观察体”的研制，本身就是一个技术细节，可《东方红卫星传奇》一片偏偏围绕“观察体”的研制展开故事，使它成为事件发展的障碍，对主线的延伸起到一个反作用力，形成矛盾冲突，勾起人们的观看欲望，彰显戏剧的张力。

3. 以真实再现的技法提升画面的表现力与冲击力

在以社会历史和自然地理为主要表现对象的《探索·发现》栏目中，一个难以避免的制作盲点就是，当历史事件或自然地理发生重大变化时，作为记录者的摄像机有可能无法在第一时间到达并现场记录事件，因此，如果单纯依靠当事人或相关人的口述，无法让观众通过直观的声画影像来真切地体验到重大变化的影响力、冲击力，对于以现场性、具象性传播为主的电视纪录片来说，则显得枯燥、乏味；过多的口述及表达上的流利程度将会影响纪录片的整体节奏；口述者的讲述因为种种原因无法避免模糊性、多义性，各种口述内容有可能相互冲突。

为避免这种缺憾，《家书传奇》用真实再现来加以弥补和再建，以求得“结果”或气氛的真实。主要有两类：一类是内容层面上的，如“文革”抄家时红卫兵的出场采用模糊的人影、匆匆的脚步来表示，同时以火光来暗示红卫兵抄家时烧书的举动。还有一类是形式层面的，主要模仿当事人在历史事件发生现场的视觉活动，如其他人得知傅雷夫妇自杀消息后急忙赶到傅家小院的主观性镜头，红卫兵在傅家花坛中反复翻找所谓反党证据时左右急摇的空镜头，以及红卫兵在傅家小楼上下奔走时跟拍楼梯的空镜，等等。这些场景因为涉及人们在面临重大事件时的急剧心理变化以及特定的现场气氛，具有一般口述难以达到的效果。

4. 以密集的“钩子”来强化历史矛盾冲突的内在张力

美国有一种钩子（Teaser）理论，强调节目开始一分钟就要伸出钩子挑起观众的兴趣，而整部片子要在适当的间隔里安插兴奋点，这些兴奋点要像过山车一样起伏错落，富有刺激性，调动观众的收看情绪和兴趣，一直到节目结束[3]。《探索·发现》栏目就充满了这样的“钩子”。在42分钟的节目里，“钩子”约在10分钟左右就出现一次，每次都会形成一个收视兴奋点。更重要的是，“钩子”自身往往是整个事件中最精华、最富刺激性的部分，以画面、音乐与解说的巧妙组合营造出非看不可的悬念，牢牢吸引住观众的眼球。《家书传奇》一开始就精心配置了这样的“钩子”。

画面	字幕	解说	音乐（情绪）
楼房（远景） 闪电（叠画） 摇晃、慌张地推门而入（模拟进入者主观视角） 傅雷夫妇照片（叠入） 撕扯布料的手（特写） 撕开的布料打成结(特写）	家书传奇（下） （画面+字幕）	1966年的上海，保姆周菊娣打开房门，翻译家傅雷夫妇同时自缢身亡冤情的始末，家书的传奇，请收看《探索·发现》	紧张 肃杀

三、“去蔽”还是“遮蔽”：故事化叙事的结构性偏向

正如前文所表明的，历史题材纪录片的话语体系是建立在叙述性与展示性这两种基本的模式上，而叙述性话语发挥着叙事者的主体作用，因其承担着将文字、影像及口述等资料的展示性话语组合，故而《探索·发现》通过故事化的手法，使得被喧嚣尘世以及种种欲望所遮蔽的社会历史文化获得了一个重见天日的机会。一位《探索·发现》的观众在回答《中国青年报》记者采访时发出这样的感慨：“每次看那些片子，像讲述外太空、海洋等离我们生活很远的这类东西，听着用词严谨的解说，看着眼前的各种新奇画面，真的感觉到一种距离美，还有心灵探险带来的刺激！”[4]一位叫“umary147”的观众在看完10集《爱新觉罗·溥仪》之后在其博客上写道：“我一直在想，如果他不是皇帝或者不是末代皇帝，他的一生会是什么样？我们都知道‘由俭入奢易，由奢入俭难’的道理。那么从一个生为贵族，3岁就成为拥有天下财富、一呼百应的皇帝，而沦落为一个普通的不能再普通的公民的时候，其心中该有多大的落差，该是多么凄凉？更何况期间还经历着生杀荣辱的几多起落，他的人生又有多少是他自己可以选择的呢？多么无奈的人生呀！”[5]可见，《探索·发现》所拍摄和记录的知识穿越层层时空与历史迷雾，抵达观众的心灵时引起了多么大的震撼与传播效果！对于纪录片收视族群来说，《探索·发现》所做的不仅是社会历史文化知识的普及，更是帮助人们在社会历史发展的拐弯

处，在自然、地理突变的细节处去寻找和体验自然、社会、历史背后的真相。从这个意义上说，《探索·发现》所做的正是历史学家、文化学家、社会学家等所致力追求的恢复文化历史活力的工作，是一种“去蔽”。

当然，这种扫除自然历史知识上时间灰尘的“去蔽”工作也许又是一种新的“遮蔽”，原因在于《探索·发现》所采取的故事化叙事上。撇开意识形态部分不论，仅从电视节目栏目化、类型化生产的角度来说，任何一档成熟的电视节目都必须把自己的话语模式、操作理念和制作过程以流水线的方式体现在节目的日常运作中，力图以操作规范的形式对节目的制作进行管理。实际上，早在2003年7月，《探索·发现》栏目的制作者们就基本形成了该栏目独特的话语模式和制作理念。在央视网站上，《探索·发现》栏目自豪地宣称，要“拍观众喜欢的纪录片”。按照他们的解释，所谓娱乐化纪录片，也就是知识的娱乐化，把历史、地理、自然科学等内容用讲故事的方式呈现给观众，利用所有可能的电视手段进行表现。比如用“搬演”的手法完成对历史的重现，加之人物的访谈、动画特技等，表现手法甚至比故事片更加充分，更加“无边界”[6]。不管这种“娱乐化”的概括，跟本文所总结的故事化叙事存在怎样的差异（也许故事化的概括更为准确），问题在于：故事化或娱乐化叙事代表了《探索·发现》的创作者们对待自然科学和历史知识的一种视角。

这种视角起码说明了《探索·发现》栏目存在着一种结构性的偏向：

其一，能够在《探索·发现》中出现的自然科学与历史知识，必然是能够用讲故事的方式加以呈现的。也就是说，这些知识必须具有足够的故事情节，能够构建出一个“大情节、反情节、小情节”所谓的故事三角；有一定的文字、影像、图片、影视剧资料乃至实物资料；能够找到事件当事人或相关人，可以提供一个绘声绘色的口语叙述，至少在语言表述上能够提供一定的细节。研究2005年全年播出的系列节目，《密境追踪》《历史不容忘却》《航天传奇》《科学与中国》等在题目上就可以获得这样一个印象。另外，《探索·发现》栏目在央视国际网站上提供的“报题表”以及选题简介和结构、资料（含书籍文字、照片、绘画、活动影像）、访谈对象状况、拍摄地点等，也可以说明这一点。

其二，竭力从知识中寻找故事情节、悬念、冲突之类的“钩子”。换言之，能够发现情节、悬念、冲突的部分得到创作人员的重视，而与之相反的知识则被弱化、虚化，即使对于理解某些知识非常重要的概念、观念和结论也可能因为其枯燥、乏味而被抛弃。如在《家书传奇》中，“傅雷之死”得到了强化，而导致“傅雷之死”的原因乃至当时整个复杂的社会政治背景则被虚化甚至遗忘，使得《家书传奇》满足于故事表面的热闹，却未能对相关历史事件的背后原因进行认真的反思。

这种故事化、娱乐化处理有时甚至会越过理论界对纪录片本质的公认界定，如《东方红传奇》的编导王林在其《导演阐述》中提出一个所谓的“编剧”概念，“我在利用大量影像资料的基础上，用编剧的手法补充片中故事性的不足，强化纪录片的戏剧性冲突。”[7]不管如何界定，“编剧”有其约定俗成的界定，是否可以运用到以真实为最后底线的纪录片之中，这一问题仍值得商榷。

《探索·发现》栏目的这种结构性偏向可能会反映在节目的整体或者长期影响上。通过电视的影像创作，尤其是故事和娱乐因素的挖掘，大量被人们忽视的自然文化和历史知识在电视这种目前最具大众性的传媒上得以新鲜呈现，得以“去蔽”；另一方面，电视媒体天然的娱乐性因素又压抑了自然科学和历史知识的观念性、深奥性、复杂性，三维深度被平面化了。这是自然科学和历史知识电视化的必然结果，实际上是对自然科学和历史知识的新的“遮蔽”，正如清华大学教授汪晖所质疑的，现代科技的发展和在纪录片中的运用有可能让“电视制作者片面强调现代化叙事，导致用后来的发展来遮蔽前面的历史，用后设的问题解决历史的疑问。”[8]

《探索·发现》无疑给苦苦求索中的纪录片制作者带来了希望的曙光，尤其对于那些纪录片制片人来说，《探索·发现》几乎是可以认真学习、直接模仿的摹本。但登高望远，在一个以多元化、个性化为表征的转型社会中，《探索·发现》栏目所探索和发现的，仅仅是纪录片未来发展的一种可能路径；对于当前中国的电视纪录片来说，如何从低迷的困境中寻找突围之路，需要探索、需要发现、需要解决的问题还很多。

注释

[1] 肖平：《纪录片历史影像的制作基础及实践理论》，中国广播电视出版社，第233页。

[2] 约翰·菲斯克：《解读大众文化》，南京大学出版社，2001年版，第212页。

[3] 冷冶夫：《追求故事化，提高观赏力》，http：//news. tom. com，2005年6月7日。

[4] 陈娉舒、夏冬梅：《知识娱乐化年代的“纪录片族群”正茁壮成长》，《中国青年报》，2003年05月13日。

[5] 《无法选择的人生》，http：//estherwxy. spaces. live. com/blog/cns!a4f1755fad09b251！131. entry。

[6] 《〈探索·发现〉倡导娱乐化纪录片新理念》，央视国际cctv. com，2003年7月9日。

[7] 王林：《〈东方红卫星传奇〉导演阐述》，央视国际cctv. com，2003年7月9日。

[8] 《人文纪录片：寻找失落的精神》，http：//www. cjr. com. cn，2006年8月17日。

原载《中国电视》2007年第4期（与张健合作）

趣味性、现实性、权威性的有机融合

——央视七套《防务新观察》浅析

“为国家安全而思考！”2006年6月，一档立足于为增强全民国防意识和国家安全防务理念服务的全新大型谈话节目《防务新观察》在中央电视台第七套黄金时段与观众见面。节目播出后，立刻引起业界和众多军事爱好者的极大关注。这档由央视新闻中心军事部精心策划、倾力打造的新栏目，邀请著名军事评论家、国防大学教授张召忠为嘉宾主持，一批顶尖级军事专家坐镇，力求从新闻事件出发，突破传统军事类节目的思维理念，以新视角、新思路对“新国家安全观”进行详尽地阐述和分析，让观众更好地了解世界，了解世界军事变化，了解当今军事变革动态和未来的军事战争情形，普及国防知识，告诉人们珍爱和平，维护和平。节目播出以来，受到观众的普遍欢迎。笔者以为，它的成功主要有以下几个方面的原因。

一、新闻性与娱乐性的有机结合，趣味性浓

《防务新观察》作为一档军事类新闻栏目，从一开始就注意将事件的新闻属性和娱乐内涵有机结合，努力为观众呈上一道极具魅力的新闻大餐。它秉承“新闻演播室就是新闻现场”的现代传播理念，尽可能地使选题符合新闻的时效性要求。“快”字当头，不仅把新近发生的军事事件快速、及时地报道出来，更追求对事件发生的原因、背景进行详细地分析、大胆预测，以增强节目的新闻性、厚重感和说服力。如《紧急救援》节目，除了告诉电视机前的观众英军特种部队在阿富汗战争中解救被俘英军的具体情况，还展现了新军事变革下新战术的运用，并对这一事件的原委

进行了客观分析。通过对现场解救过程的全方位报道，使一些军事迷和观众不自觉地将其与过去播出的德国黑豹突击队解救被绑架群众的节目联想对比，留下了深刻的印象。

《防务新观察》的许多节目还能够把新的时代特色融入过去发生的典型事例中，使其与当今形势紧密结合。譬如，在介绍早期空军作战事例时，就注意将其与现代空中战争结合起来，甚至与在观众中有较大影响的电影《空战英豪》联系起来，不仅增大节目内容的信息含量和新鲜感，而且不失娱乐成分，既回顾了过去，展望了未来，又较好地解决了军事新闻事件与娱乐性之间的关系，让观众在不知不觉中熟悉、掌握了不少军事知识。

再如，2007年3月10日开播的《防务新观察》特别专辑——3集系列节目《90沧桑话航母》，追溯了90年前，英国海军如何将一艘正在建造中的大型巡洋舰改建为可起降飞机的航空母舰的过程。经过了90年岁月沧桑洗礼的航母究竟是如何诞生的？它经历了怎样的世纪沉浮？未来又会怎样发展？过去、现在，历史、未来，诸多话题都会激起观众的极大兴趣。

二、寓国防知识普及于军事事件当中，现实性强

积极为构筑“和谐世界”而倡导“新的国家安全观”，是《防务新观察》栏目的目标之一。栏目推出不久，他们就策划了《来自空中的威胁》《高科技间谍高在哪？》《王牌飞行员会永远消失吗？》《谁将成为未来的军官？》等一系列战略话题，将国际政治、军事、经济、文化、科技、工业、社会等各个领域有机贯通，通过新闻事件为增强全民国防意识和国家安全防务理念服务，具有很强的针对性和现实意义。

一切和国家安全有关的事务都可以作为《防务新观察》的选题。它改变了传统的防务观念，超越了一切有形和无形的界限。“一个东南亚小国，货币贬值引来一场全球金融风暴”“当代唯一的超级大国，被几个游侠式人物拖入全面反恐战争”“‘非典’和‘禽流感’的流行，催生‘全球预警’机制”“海啸、地震、飓风让世界各国动用精锐部队实施救援”等话题都成为《防务新观察》的重要内容。

一个忘记国耻的民族是可悲的。每年的6月5日，中国抗战史上的标志性城市——重庆的上空都要拉响空袭警报，提醒人们不要忘记60多年前重庆大轰炸的那个血腥的夜晚。今天，我们在享受和平与安宁的同时，是否想过来自空中的威胁？海湾战争、科索沃战争、伊拉克战争中那些惨烈的场面，将会给我们留下哪些思考？在信息化战争条件的空袭中，各国是怎样开展人民防空的？《防务新观察》——“来自空中的威胁”，在我国《防空法》颁布10周年之际，由张召忠邀请军事专家方林、王宝付共解历史尘封的谜团，提醒人们要警惕现代战争中来自空中的威胁。这档节目在使观众增强军事知识的同时，无形之中又帮助观众，特别是青少年观众激发爱国主义热情，更加热爱军事知识。

作为一档涵盖了军事领域各个方面的雅俗共赏的军事新闻专题类栏目，其题材的选取，无论是军事爱好者还是普通观众都能够接受，在充满知识性、趣味性和科学性的同时，又具有现实意义是其显著特点之一。如有一期关于美国反恐总指挥部的节目，在介绍了其前身是冷战时期美国战时应急指挥部的情况后，又对其结构、功能等一一进行了翔实的分析。并指出，随着时代的发展、社会的变迁，它也由原来的战时指挥系统转变为现在的反恐指挥中心。这样，就使观众开阔了眼界，积累了知识，受到了启迪。

三、军事专家担任嘉宾主持，权威性高

《防务新观察》采取的是一个主持人、一个或两个嘉宾进行谈话的方式，他们像讲故事一样把一些枯燥、单调、严肃的军事新闻及相关知识用通俗易懂的语言表达出来，让人们易于接受。尤其是既有丰富军事研究理论知识、又有多年广播电视节目主持经验的著名军事专家、国防大学军事后勤与军事科技装备教研部张召忠教授担当嘉宾主持，无疑成为栏目的一大亮点；而众多军事专家的加盟及其独到的精辟介绍、分析和前瞻，更增强了栏目的权威性、吸引力和说服力。

节目还设置了互动平台，观众对一些感兴趣的话题或者好的建议、想法和思路，都可以参与到节目中来，与专家展开讨论，请他们答疑解惑。

对于某些热点话题，栏目还会邀请一些普通的军事爱好者担当嘉宾，共同分析与探讨。这对于丰富节目内容，调动受众的积极性，扩大栏目的影响力，提高节目的收视率都能够起到积极的作用。

当然，《防务新观察》作为一个新栏目也有不少需要改进的地方。比如：一些节目时效性较差。作为周播栏目，要求它把刚刚发生的军事事件和动态都在“第一时间”内报道出来并加以剖析，是有一定难度的。但不能因此把过于长久的事件，尤其是不很典型的事件拿出来“观察”。当今军事变革日新月异，国际上每天都在发生着新的具有代表性的军事行动，武器的更新换代也是空前频繁，《防务新观察》把重点放在上周甚至前几天发生的事件是完全可以做到的。另外，节目的内容有时过于单一，所举的一些事例，其战术战法与现代军事战争也有一定差距，缺乏时代感；个别主持人的军事专业知识比较薄弱，不能很好地与嘉宾实现有效沟通等等。为此，笔者提出几点不成熟的建议：

第一，《防务新观察》重在一个“新”字，其内容和形式都应该向“新”靠拢，追求新理念、新视觉、新时效。要改变现在“回顾过去，联系现在，预测未来”的老模式，将其打造成一档真正意义上的“军事新闻”电视杂志（或脱口秀）栏目。即使是老的事例，也可以以现代为主（即新事件）、结合过去（旧事例）、展望未来（发展方向）为表述方式。内容看似未有大的变动，但重心和顺序一变，“新”字就体现出来了。

第二，据有关调查显示，《防务新观察》的收视群体主要为青少年和一些军事发烧友。因此，节目内容应突出鲜明的时代性，使其更加大众化，更符合他们的心理和口味。在锁定这部分观众的基础上，栏目内容如能进一步丰富充实，知识性、趣味性、前瞻性更加突出，相信收视人群还会不断扩大。

第三，注重策划，讲究变化。现在，《防务新观察》的大多数节目内容都是按照时间顺序来安排的。如今年3月10日播出的《90沧桑话航母》系列节目就是如此。其实，这档节目既可以以时间为顺序来讲述，也可以先讲一讲当今航母的作用，再回顾过去航母是如何诞生的以及在军事史上所起到的作用，等等。再有，栏目主持形式也需要变化。3月24日播出的《日本构筑四星情报网》，主持人在主持节目和向嘉宾提问时，所有镜头都是主持人的特写镜头，没有出现嘉宾、军事专家张召忠教授和军事博士李莉副教授的镜头，演播室效果没有得到很好地体现。作为一档访谈类节目，主持人不应该独自面对观众，而应是面向嘉宾进行提问、交流。在全景式的演播室里，主持人与嘉宾哪怕是一个微笑，一个点头，都能够把现场的气氛调动起来。而这档节目的镜头效果给观众的感觉就像是问、答两张皮，感觉不到主持人在与嘉宾交流。所以，建议栏目进一步注重从内容到形式的策划，不断改变老的套路，力争给观众带来耳目一新的感觉。

第四，《防务新观察》是军事访谈类栏目。笔者认为，主持人与嘉宾之间的配合应该更默契一些，这就要求主持人对军事知识能有更多地了解和掌握。在主持人的选用上，如能选取有一定军事基础知识的人，可能会让观众觉得栏目的专业性更强，也会觉得更加生动、自然、可信。

原载《中国电视》2007年第6期

南京电视台《听我韶韶》栏目浅析

《听我韶韶》是南京电视台一档以南京方言为播报语言的民生新闻类节目，它以读报纸、评新闻、排纠纷为主要内容，自2005年3月14日正式开播以来一直受到观众热捧，赢得了较好的社会效益和经济效益。

一、《听我韶韶》缘何广受青睐

1. 平民化视角的传播

（1）贴近性强。近年来的新闻改革，无论在新闻的采写上，还是在新闻的播报中，都提倡要用平民化视角，改变原来那种居高临下的纯粹说教的方式，就是为了满足受众的求近心理，这是符合新闻贴近生活、贴近群众、贴近实际的“三贴近”原则的。

《听我韶韶》每天的信息量都在10条左右（不包括你发我韶），包括文化、娱乐与社会新闻，内容有重有轻，题材有大有小。标题中有带问号的，也有带感叹号的，给观众一种视觉上的冲击：“究竟怎么了？”让你有一种欲罢不能的感觉。“中秋赏圆月可能比较难”“铁链锁你大门”“居民用电价格正酝酿上涨”……这些内容都带有较强的趣味性和贴近性，也都是观众日常生活中会碰到的事。即便是较严肃的新闻栏目也会做适当的软化处理，如“中央财政六大政策扶持中小企业”，对政策进行解读的新闻，也以百姓生活为切入点，经过主持人富有表现力的方言一点拨，枯燥乏味的新闻变得可近可亲。

（2）形式活泼。一档好的电视节目应该做到内容和形式的完美统一。《听我韶韶》不仅在内容上深入生活，符合观众需求，还十分注重节目的表现形式。它追求一种平实、公正、亲切的风格。节目分为“走马观花看新闻”“借题发挥韶新闻”“老吴出击”“你发我韶”等板块，板块之间的衔接张弛有度、内容各有侧重。在整体的包装上，节目的片头、片尾、字幕设计、演播室布置等都体现了形式的多元和平民化风格。

《听我韶韶》的演播室背景是南京老城南的样貌：古老的街道、青砖的老房子、斑驳的石板路，仿佛让人看到了原汁原味的秦淮人家的生活片段。节目的片尾则是用南京话演绎的民谣式歌曲：“一年有四季嗳春夏和秋冬、城里城外嗳东西南北中，大事小事身边事，不管酷暑和寒冬，听我韶韶嗳……”，男声主音，辅以童声，听来别有韵味，再加上梅花、小舟绘成的水墨画的底色，“乡音乡情评述大事小事、真心真意韶韶民俗民风”的中国书法的旁白，使整个片尾的设计充满古典色彩又不失现代元素。它的观众定位就是那些怀旧的中老年人、对南京话好奇的年轻人、急于融入南京的外地人。这种结合民谣、音乐、书法、电脑动画等手段的表现方式，避免了单调乏味，给观众清新、轻松的感觉。

2. 平民主持人的回归

《听我韶韶》作为一档方言类新闻节目，自然要表现出南京方言的特点，其独特的语音、语调是极富特殊感染力的新闻传递方式，而这个传递信息的重任自然落到了主持人身上。甚至可以这么认为，《听我韶韶》的成功在某种程度上是主持人的成功。

《听我韶韶》特别注重主持人的风格。吴晓平的播报方式、语言风格甚至着装、表情、手势等都被视为栏目的组成部分。他的语言口语化，变播报新闻为叙述新闻，少了几分严肃和拘谨而多了几分亲切和洒脱，然后轻松幽默、滔滔不绝地侃上一小时，连说带比画，时而调侃几句时而评说一番，体现了富有浓厚生活气息的“老吴”的形象。他也没有中规中矩的稿本，说的词基本上都属于即兴发挥，就像给自己的家人、朋友或者邻居韶韶报纸上的新闻一样。当然偶尔也会出言不逊。小到马路上的一个塑料袋，大到政府的政策，都可以成为老吴“韶”的对象，隔三岔五地还把顺口溜编进新闻，寓教于乐。

吴晓平独到的点评也是节目制胜的法宝之一。他个性化的点评尽管很短，却充满智慧。如陕西定边县的特大煤气中毒事故发生后，相关官员遭问责（撤职），校长遭问罪（刑事拘留），他质疑："中国特别流行一个词叫'相关'，'相关'到底'关'多少呢，有没有科学的解释？为什么处理校长和老师是问罪，处理官员时却是问责？这其中有什么猫腻？也请'相关'部门解释一下。"说罢，他"呵呵"笑几声，让观众在轻松的氛围中思考。

3. 平民方式的表达

（1）读报形式，浓缩精华。《听我韶韶》采取读报点评的形式，主要选择《南京日报》《现代快报》《扬子晚报》《金陵晚报》等南京主流报纸上的新闻进行评读，适时地起到了过滤信息的作用。它在信息极度膨胀的情况下，筛选、整理有用信息，浓缩后传输给观众。

从受众角度看，《听我韶韶》采取的这种读报播新闻方式可谓充满人情味。首先，它省却了观众自己筛选报纸信息所需要的大量时间，解决了信息量大与受众时间少的矛盾，提高了受众接受信息的速度；其次，它改变了传统的阅读方式，观众甚至能在一心二用中接受信息，既不耽误自己做事，又能概览各大报刊；第三，《听我韶韶》将平面媒体报道的深度、广度与电视媒体的大众化、形象化结合起来，以报纸之长补电视之短，拓宽电视媒体采集新闻的视野和信息的深度，并充分发挥电视原有的传播优势，利用生动的电视手段，加入音、画因素，避免静态传播的单调乏味，使新闻信息变得直观而生动。

（2）方言优点母语难及。当代电视节目形态往往是在回应受众需求的基础上形成或调整的，不同的节目形态与不同的收视习惯之间建立了对应的关系。所以，当大娘、老伯在电视机前看方言节目津津有味甚至乐得前俯后仰时，你会感到非常欣慰。因为在这种情况下方言节目的推出正好尊重了这部分受众的"方言情结"，满足了他们的需求。

方言节目不仅能满足一些特殊观众的需要，还能达到用普通话表达所没有的效果。主持人在点评一则某干部酒后骚扰别人的新闻时，用方言说道："这样的干部是什么素质呀"；在点评某省"以貌取教师"的新闻时说"孔夫子他老人家用今天的观点来看是算不上帅哥的，但是人家可是优秀教师的代表，并且是万世师表"，反讽中收到了良好的效果。

二、《听我韶韶》无法回避的尴尬

1. 方言表达制约普通话的推广

我国幅员辽阔，有很多方言区，有的方言之间差别很大，所以新中国成立以后国家一直在推广普通话，颁布的《广播电视管理条例》中也明确规定："广播电台、电视台应当使用规范的语言文字，广播电台、电视台应当推广全国通用的普通话。"如此看来，使用普通话应是大众媒介的职责。而方言电视节目推广面越广，对普通话的推广所带来的阻碍就可能越大。电视作为大众传播媒介在语言文字规范化方面的示范作用是不言而喻的。方言电视节目的蓬勃发展，其语言影响到了社会生活，甚至影响到主流用语即普通话的推广，这成为制约方言电视节目自身发展的一个瓶颈。

2. 方言表达排斥某些受众

《听我韶韶》作为一档方言电视节目，它的出现无疑是对广大受众群体的尊重，体现了一个城市开放的心态。但随着人口流动的日趋频繁，方言节目充斥荧屏，容易让许多外来人员产生"被排斥"的心理，无形中造成一种文化歧视。前一段时间，上海广播电台就出现了主持人因用方言主持节目受到听众批评而侮辱听众的不良事件，受到各界强烈批评，最终主持人向听众道歉的事情。由此可见，方言节目在确定了其所代表的文化地位的同时，也造成了对另一种语言人群的排斥。

3. 读报形式镜头呆板

《听我韶韶》采取的读报形式使其不像其他电视节目有情节、有冲突、有现场。电视节目要求生动活泼、富有变化，但读报节目镜头往往很呆板，常常都是主持人的镜头贯穿整档节目始终，牺牲了电视本身具有的优势。

三、《听我韶韶》还能“韶”多久

《听我韶韶》开播4年多来，收视率一直高于同时段的其他新闻类节目，但是同比去年、前年，收视率却呈下滑趋势，这就给方言类节目敲响了警钟：《听我韶韶》究竟还能“韶”多久？

首先，它的新闻取材明显以社会新闻为主，缺乏一些较严肃的话题，这在新闻价值上略显不足，必然会失去一部分想要了解重要性、严肃性新闻的受众。笔者认为，如果《听我韶韶》能在节目中适当加入一些重大新闻的题材，不仅仅局限于南京当地的民生新闻，让南京人了解身边事的同时还能看到世界的动态，可能会收到意想不到的效果。

其次，作为一档方言类新闻节目，身份尴尬：如何处理好方言与母语、推广普通话与传承南京话之间的关系，是一个亟待解决的问题。如何增强方言节目对青年人的吸引力，也是该类节目延长生命力所必须面对的问题。

如今《听我韶韶》已经制作播出了1000多期，无论从内容还是形式来讲都是成功的，但是还有进一步发展的空间。只要把握好新闻内容和新闻视角，做到内容和形式的完美结合，把握好方言节目的大环境，在扬长避短上下功夫，《听我韶韶》就有“韶”下去的可能。

原载《当代电视》2010年第3期

用事实诠释新闻　让多元达成和谐

——央视二套《今日观察》栏目浅析

从2008年开始，中央电视台对新闻专题类节目进行了大规模改版，《今日观察》《朝闻天下》和《新闻1+1》等新节目应运而生。这些属于深度报道范畴的新闻专题评论类栏目，不仅报道各种事件，更力求通过对事件的挖掘分析，触及事件本质，以满足大众的知情权。媒体在电视上对观众讲得越多越深入，表现得越开放，观众的知情权获得的就越多。[1]下面我们就以《今日观察》为例，对这类栏目的基本要素做些分析，探究其具有的一些特色。

一、与百姓密切相关的内容，明晰自然的层次结构

《今日观察》在时代潮流中闪亮登场，于2008年10月27日开播，周一至周五每天21点55分播出，22点25分结束，时长30分钟。该节目在中央电视台二套即财经频道播出，其财经特色非常之强，是财经频道精心打造、重点推出的一档具有独特风格的高端电视专题类新闻评论节目，标志着该频道没有评论节目时代的结束。《今日观察》在短短的半小时里用各种事实来诠释当天世界最重要的或者是最近一两天内老百姓所关心的热点经济事件，志在“让多元达成和谐”“打造中国经济的意见领袖”。

譬如，在2010年最后两个月，也就是11月和12月，《今日观察》网上有视频的共有36期，其中内容与普通百姓经济生活密切相关的就有26期，有关房价的4期，关于物价的3期，有关食品安全等问题的3期，能源方面的3期，近几年网络电视、报纸上经常看到的关于拆迁的有2期，还

有关于农民、堵车、手机等政策问题的相关节目。从中我们可以看出，《今日观察》的话题不仅限于一期，而是有连续性、相关性的，因为在短短的30分钟里有时很难能够把一件事情完完全全地解读，而事件本身也会随着时间发生变化，需要后续关联性的评论。《今日观察》自开播以来收视率一路飙升，其中很大一部分原因就是其选题内容与普通百姓息息相关。

《今日观察》在选题标准上，始终坚持“政府重视、群众关心、普遍存在”的标准。在上面所说的36期电视节目中，不难看出，绝大部分选题是社会上的热点、难点、焦点，其舆论导向作用非常明显。为了更好地解读政府的各项政策，进行正确的舆论宣传，做好与广大群众的沟通工作，了解群众的感受和所需，栏目共分为三个版块：第一版块，多元手段展示新闻事件，着重为观众展开新闻事实细节。首先是本期节目预告，在节目还没正式开始前，会把本期节目的主要内容给观众一个大概介绍，并配合一些精彩、主要的画面，用来吸引观众；接着是播放由栏目主持人王小丫和陈伟鸿两人联袂出现的片头，把《今日观察》节目的宣传语、主旨等告诉观众；之后，再播放一个大概1分30秒的新闻小短片，即本次节目所选的话题、热点，叙述这个事件；新闻小短片播放完后，回到演播厅，再由主持人进行一个总结并提出对此事件、热点的直接相关问题，由专家对此进行解析；等两位专家对该问题评论结束后，主持人又会抛出下一个问题，为下面的环节做铺垫。第二版块，多元视角解构新闻事件公众价值观点。在一段广告后，又会播放一个短片，以应对上一环节所留下的问题；接着主持人在线连线网上观众，观众以视频方式发表看法、观点，然后主持人继续与两位专家互动，对事件作更深度的解释分析。第三版块，建言立论，多元达成和谐。此环节主持人与场外的著名经济学家、专家学者等进行电话连线，专家们通过电话对事件进行评论，发表自己的看法、观点；最后到了结尾的部分，主持人再次向现场演播室的两位评论员提出问题，在两位评论员的评述中结束本次电视节目。这三个版块非常清晰，新闻事件的调查过程、评论员的精彩解析、普通大众的积极参与，环环相扣，入情入理，让观众欲罢不能。

二、对事件多种角度的解读，助观众开启思考之窗

（一）国际话题国内视角

在当今世界，每天都会发生一些重大的事件，在我们国家以外，别的国家、别的地区发生的一些事件，也经常会与我们有很大关系。当别国发生某一事件后，我们国家也会有相应的举措，《今日观察》就是从这一视角给我们解读很多事件的。

2009年12月8日这期节目是《哥本哈根：拯救地球的最后机会？》，2010年12月1日的《坎昆峰会要过什么“坎”？》，两期节目报道的都是在国外开的大会，其内容都是关于环境气候的。现在全球气候变暖，很多地区出现极端天气，《今日观察》从经济的角度对这一问题进行了评论，客观地发表了自己的看法和见解：不仅各个国家要节能减排，地球村上的每个人都要尽力做到，因为环境气候关乎我们每一个人。

再如，2010年5月4日的《透视日美贸易摩擦，艰难海外投资》，这期节目前面大部分是分析日本这些年来的投资情况，并通过讲述丰田汽车的例子，说明其总体上的成功，之后话锋转到我国的投资情况，这部分才是节目的重点。主持人问道：“我们也看到在整个日本海外投资的过程，几十年的风雨当中，有一些失败的案例，但是总体来说是成功的，是让他们获益的，那么总结他们成功的经验，有什么值得我们借鉴的呢。”这就由日美之间的话题转换到我国企业对外投资上了，这也是观众最想知道的。

（二）国内话题国际视角

在2010年12月14日《今日观察》中《限车限行能否限堵？》和2010年12月22日《治堵切勿添堵》两期节目中，又很好地把国内话题从国际视角这一解读方式诠释出来。

《限车限行能否限堵？》和《治堵切勿添堵》这两期节目讲述了北京等国内大城市交通拥堵，然后以国（境）外大城市为对照，介绍他们面对交通拥堵，其治理拥堵的成功经验是什么，失败原因又是什么？如日本拥有私家车非常多，但在上下班的时候很少有人开；而香港那么小的地方，

道路比较窄，但是也不像北京等大城市那样拥堵，因为香港的公共交通建设得很好。《今日观察》把值得国内借鉴的措施搬上了栏目，给政府以参考，给大众以典范。

（三）经济话题大众视角

房价关系到人们的生活，是老百姓当前的心病。《今日观察》连续做了几期关于房价的节目，对于房价的现状、国家出台的政策等进行了解读，但不是用很专业的术语，而是通过大众的视角来分析，使观众更好地了解、理解。并且通过与大众的沟通交流，听取广泛意见后对政府提出了一些建议，为民众表达了心声。

据不完全统计，2010年至少有7期节目与之相关：1月11日的《新政密集出台房价拐点将至？》，19日的《中国楼市：在调控中“退烧”》，这两期节目对2010年房价的前景进行了分析，解读楼市的现状、走势如何；3月31日《楼市，你“泡沫”了吗？》，这期节目通过一个新词“租价比”来分析楼市是否存在严重泡沫；4月9日《房价“闹春”》，通过一年一度的北京春季房展会开幕，发现同地房价比去年高了不止一倍，就此分析楼市的现状；4月15日《坚决打击哄抬房价》，楼盘一夜暴涨这让普通百姓如何能够承受得了，这期节目分析了开发商的不规范行为，建议政府必须打击，还老百姓一个健康的市场；4月17日《加税减贷　多管齐下　遏制房价》，老百姓对房价非常不满，政府对楼市相关政策再次调整，评论员为大家分析新政策到底对抑制房价能起到什么作用；12月20日的《国土部抑制地价再出招》，《通知》能否打击违法违规行为，评论员为大家详细分析。

（四）大众话题经济视角

随着经济的发展，人民生活水平不断提高，许多人有了钱就会去买车，而现在我国汽车保有量非常多，耗油较多。2010年4月8日《今日观察》播出的《脆弱的高油价》，国际油价创新高，国内油价也提高，对广大民众有很大影响。评论员从成品油的价格机制、宏观政策、通货膨胀等方面入手，具体分析了油价背后的东西。面粉更与我们生活密切相关，平时我们看到的雪白的面粉里面是有增白剂的，这增白剂到底要不要加，加了增白剂的面粉到底好不好。在2010年12月30日《面粉增白剂或存？或废？》中，节目对此加以分析和评论，并对政府提出建设性意见：不要老拿国外的标准作标准，应该有一个自己国家的标准。假红酒、假鸡蛋、假豆腐等等假食品，通过2010年12月29日播出的《假食品的真问题》节目，我们能从评论员的口中知道其造假的经济利益有多大、危害又有多大。

《今日观察》正是以多种视角关注民生，帮助百姓更多地了解经济事件，在观众中树立了良好的口碑。

三、主持人出色睿智的提问，专家学者的权威分析

《今日观察》现有三位主持人：王小丫、陈伟鸿和史小诺。他们三人在总结事件、提供咨询、归纳问题和提炼观点上都很出色。王小丫来到《今日观察》后，变得很专业，她希望在真实和准确的前提下能把复杂的东西说得简单明白一些。在2010年3月29日《吉利并购沃尔沃：幸福能否买得到？》节目中，她第二个问题："吉利从沃尔沃这儿买到了什么？李书福究竟得到了什么？"就这一事件提出了一个比较直接的问题，"那么站在中国汽车产业的这个角度来说，对于这个海外并购我们究竟要买的是什么？"这一问题，为我国其他想到海外并购的企业问了他们想知道的问题。陈伟鸿是一位不卑不亢、拿捏到位的对话者，虽专业而内敛、虽内行而平和。在2010年5月11日的《通胀压力在加大吗？》中，他有个问句"这个物价到底还会不会进一步上涨，你们的分析和判断是什么？"向评论员问出了老百姓的心声。当评论员说到蒜蓉白菜现在不卖了，陈伟鸿马上接道："因为大蒜太贵了"，评论员接着他的话继续下面的话题，他在此很好地引导了话题。史小诺的风格非常干练。在2010年11月4日《"中考"过后奥巴马如何破局》中播放了一个两年来奥巴马上台后的经济状况的新闻小短片，史小诺很好地进行了归纳和总结，并提出了与短片相关的两个问题。

《今日观察》栏目的宗旨是突出权威性、贴近性、事件性，其所表达的观点要让观众信服，所以栏目邀请的专家、评论员大都是具有权威性

的，同时与别的评论类栏目也有所不同，邀请到演播室的评论员基本是固定的：专家型的和媒体型的。由于很多事情不是两个专家在短短的30分钟里能够完全讲清楚的，所以在《今日观察》栏目中还有一个环节，就是电话连线场外的专家评论员。以上例节目来说，电话连线的特约评论员是邹骥（中国人民大学环境学院副院长）和李宇军（中国社会科学院城市与环境研究所环境经济与管理研究室主任），这两位嘉宾就本期节目内容来说更具发言权更有说服力，因为他们从事的就是与环境有关的工作。所以《今日观察》栏目通过专家对事件多元角度的解读，使节目更有深度更具说服力。

四、多种传播符号的融汇，电视与网络的有效互动

《今日观察》栏目在事件分析过程中并不是一味地一个主持人与两位嘉宾的探讨，其间还介入很多别的元素，例如：解说词、同期声、字幕、照片、图表、漫画、电影片段、音乐和一些制作精美的FLASH等，用以丰富节目，使其生动活泼。

很多人都喜欢看漫画，因为漫画不仅幽默，而且有寓意，在2011年1月6日的《温州新观察（二）让资本飞？》，与其相关的漫画中，我们看到一个人举着“温州资本”的红旗，后面是一捆捆的钞票，向着目的地进发，说明了民间的流动资本很多，需要国家好好引导。而且“让资本飞”这个题目还借鉴了当下一部高票房电影的名字，与观众之间的距离拉近了很多。

在2010年12月28日《电影火了吗？》这期节目以一个MV结束，这个MV是由当时最具市场的三部国内大片的精彩片花组成的。这样一个结尾也不错，与众不同，偶尔改变下片尾会有很好的效果，肯定能达到一定的宣传作用。

《今日观察》栏目在传播模式上也有创新。这是中国电视栏目第一次与网络新媒体进行常态实时互动，开启了电视互动的新时代。

每次节目开始的时候，主持人都会告诉电视机前的观众，可以通过网络、短信等方式进行实时互动，让观众对节目有更大的兴趣，因为观众可

以自己参与到节目中来。《今日观察》栏目录制实行网络文字直播，网友实时参与互动，观众上网参与，可以通过《今日观察》的官方网站，还可以在腾讯、搜狐等网站上参加网络调查，发表自己的观点。在节目播出的过程中，节目组会连线参加节目的网上观众，观众可以通过视频讲出自己的看法。另外，在观众留言的帖子上，主持人会把一些比较精髓的、经典的或是代表大部分人观点的帖子，读给大家并做相关评论。但节目结束，这个话题并不会结束，观众可以继续留言发表自己的想法，栏目将会根据事情的发展做后续的报道。

《今日观察》栏目的这种视频电话连线方式，大大简化了节目流程，即不一定要把人请到演播室，而是把演播室这个狭小的空间向外扩展向外延伸，变成更大的空间，也使生产方式完成了变革和创新。主持人和评论员能够直接和网友交流，实现真正意义上的双向传播，实现了传统媒体和新媒体的深度融合。

《今日观察》栏目的推出标志着中央电视台财经频道完成了资讯报道、深度报道、访谈报道、专题报道、评论等多元化多层次的立体式报道架构，同时也标志着财经频道树立起从资讯传播走向观点传播的新闻理念，践行了他们立志做有价值的新闻，做有观点的传播者，用主流媒体的力量推动经济社会进程的想法。我们有理由相信《今日观察》会越办越好，就像其在宣传片里所说的："新闻能不能变得简单？热点如何看清真相？最权威的评论员，拨开迷雾的观察方法，用事实诠释新闻，让多元达成和谐。"

注释

［1］据白岩松2009年7月30日上午在中国人民大学新闻学院暑期班的演讲。

原载《南方电视学刊》2011年第2期

关注民生　追求实效　评析热点

——央视《新闻1+1》选题分析

央视于2008年3月24日推出的唯一的时事新闻评论直播节目《新闻1+1》，开播三年来赢得观众普遍好评，影响力、收视率不断上升，除了受益于其形式、内容、主持人等因素，节目选题也值得关注。

选题，对于一档电视新闻评论节目有着十分重要的意义。本文通过对2010年全年《新闻1+1》节目样本的分析，探究其选题的主要内容，总结其特点及成因。

一、《新闻1+1》选题特点

《新闻1+1》采用“1+1”即一位主持人和一位新闻观察员的双人谈话模式，第一时间对新近发生的新闻事件作跟进评论，向受众传递新闻事件背后的内容。

（一）节目选题类型特点

1. 立足社会民生，以国内新闻为主

我们按节目内容将其选题类型分为政治、经济、社会、法制、文教、国际等。通过统计，可以发现，社会类选题明显占较大比重，文教、国际类选题则占较少比重。（见表1）

表1　《新闻1+1》选题按内容分类

类别	政治	经济	社会	法制	文教	国际
比重	13.11%	12.14%	45.15%	21.84%	5.34%	2.43%

表1显示，接近一半的选题是关于社会方面的，凸显了节目的人文关怀。如节目中多次报道食品卫生安全以及事故灾难这种社会民生问题，仅3月份就出现5次。例如，2010年3月24日播出的《地沟油：依然在“地下”？》，讲述了很多黑心厂生产地沟油，然后以比平常价便宜的价格卖到餐馆里，这种违法犯罪的行为多年来没有得到很好的制止，反而愈演愈烈，不仅影响市场秩序，而且危害社会，呼吁职能部门加大查处力度。再如3月26日播出的《我的餐盒谁“做主”》，揭露一次性餐盒不合格的黑幕。该节目法制类选题占到五分之一以上，政治类、经济类选题也达到百分之十之多，国际性选题只占了2.43%。2010年一共播出227期节目，国际性选题的节目只出现5次，分别是4月22日的《一个人和一个国家》、5月25日的《中美：是对话，不是谈判！》、6月11日的《有的人过年，有的人过日子》、8月18日的《超级病菌的警告》和8月24日的《同胞喋血马尼拉》，即使这几档节目也多与中国有关。由此可见，《新闻1+1》的选题主要偏向国内，国际新闻少之又少。

2. 解读突发事件，评析社会热点

《新闻1+1》评析社会热点，解读突发事件的选题占的比重最多，为60. 68%。（见表2）

表2　《新闻1+1》选题按功能分类

类别	比重
评析社会热点，解读突发事件	60.68%
解读新出台的政策法规	7.28%
对与国家利益相关的议题，进行积极的舆论引导	10.19%
采取应对措施，完善相关的制度与体系	16.99%
对有关的职能部门进行问责	4.85%

社会热点是指与人民利益和现实生活相贴近的问题，突发事件则包括自然灾害、公共卫生、事故灾难等。节目中出现较为频繁的热点问题有房价、食品、拆迁、教育、安全等。2010年，几乎月月都要提到跟房子有关的事情。如：一月份的《房市：“火”从何来？》，提到房地产市场的

红火态势，房子多了，可是房价没有降下来。二月份的《海南：不是国际房地产岛》，指出有很多本地和外地人到海南购房，使得海南的房子供不应求，价格居高不下。三月份《房地产：有法办？没法办？》，五月份的《房价：限购令，“降压灵”》，说的是由于房价的上涨，很多老百姓买不起房，这种情况促使政府采取措施，出台限购令等法规。七月份的《房租，又一个“绿豆”？》，讲述买房贵，租房也贵，涨幅由10%、20%，到50%，百分数越来越大，房租越涨越高，许多在外打工的毕业大学生一个月的工资几乎都花在房租上，不堪重负。再如有关食品的话题，《民以食为天，食以安为先》《中毒的豇豆》《地沟油：依然在“地下”》等内容，以及涉及拆迁的《“拆迁条例”被拆除！》《说了“拆错了”，就对了吗？》《被强拆的“千年粮仓”！》等等，一系列节目都充分说明，社会热点是《新闻1+1》十分关注的重要选题。

再有，对突发事件的解读也是其选题的重要内容。如玉树地震发生后，《新闻1+1》在一周之内连续推出了四期《玉树地震大救援》及《地震灾区的孩子们》共五档节目，对地震发生以后党和政府采取积极救援措施进行了全面解读，对受众了解灾区情况起到了较好作用。舟曲“8.8”特大山洪泥石流灾害发生后，《新闻1+1》连续多日推出了《支援舟曲，支援舟曲》的系列报道，对泥石流发生的原因和救援工作作了比较权威的解读。

（二）节目选题来源特点

《新闻1+1》的选题来源有以下几种：

1. 源于生活事件。如1月13日的《自行车：如何自行？》，广州市市长收到市民送来的自行车，以委婉的方式向市长反映自行车停车的不便。节目围绕这一事件展开评论，分析造成自行车停车难的原因。

2. 来自政府文件。如10月14日的《“新政”下的“限购令”》，指出由于房价不断攀升，政府采取“限购令”，以抑制房价过快上涨。这一期评论的内容就是“限购令”的颁布。

3. 源自有重要意义的日子。5月12日的《找回逝去的爱！》，正值汶川地震2周年，节目播放了灾后重建的百姓生活，介绍了很多在地震中失去子女的家庭重新组合后又诞生了新的生命，找回了失去的爱。

4. 来自网络媒体。网络与《新闻1+1》有着十分密切的关系。不管是《新闻1+1》的选题来源，还是在节目中出现的各种资料，都离不开网络。如，2010年11月25日的《整容行业须“整容”！》，超女王贝整形出现意外不幸身亡，这则消息在微博上一经传播就引发社会大讨论。《新闻1+1》就这一事件进行了解读。节目中播放当地公安部门网站上发布的信息、关于王贝死因的言论。3月15日的《日记内外》，题材也出自网络。网上“日记门”，披露了日记主人某局长收受贿赂、贪污腐败的丑闻。这些都在一定程度上丰富了电视媒体的内容，成为其选题的重要来源。

（三）节目选题标准特点

1. 与群众的利益相贴近，关注民生

《新闻1+1》坚持贴近社会，贴近群众，贴近实际，解读社会热点，分析产生原因，探求相关对策，把关心群众疾苦和需求贯穿于整个选题过程中。如节目中多次出现的“民生价格”“食品和生命安全问题”“医疗”“腐败”等词汇，都是老百姓最关心的问题，也是与群众利益密切相关的话题。

2. 追求时效的同时，注重深度思考

《新闻1+1》的选题时效性很强，大部分选题涉及的事件都是近几天发生的，甚至是当天发生的。节目在追求时效的同时，注重深度思考，解读事件不忘提出自己的观点。节目在反映问题时，以小见大，从微观到宏观一一解析，分析问题产生的原因以及可能带来的影响。如2010年11月25日的《整容行业须“整容”！》，除了探讨王贝的死因，还对王贝之死折射出的整个整容行业的现状加以分析，指出其监督体系存在的漏洞。时隔两天，节目又继续跟进，播出了《王贝之死：私了，公难了！》，进一步分析王贝事件的处理结果。

二、《新闻1+1》选题不足与建议

1. 增加科教文类选题的比重

目前，《新闻1+1》科教文类特别是国际类选题所占比重太少，分别只有5.34%和2.43%。因此，《新闻1+1》在做好其他类型选题的同时，应该多做一些关于科教文和国际类的选题，使节目内容更加充实丰富，引导的面更加宽广。

2. 充分发挥舆论监督职能

《新闻1+1》在涉及一些案件报道时，评论的焦点大多放在其产生的原因、监督体制的缺失上，少有进一步的溯根求源，进行问责。适当的问责，可以起到震慑作用。如2010年8月3日播出的《农村扫黑：斩草，除根！》，报道了两个村委会主任因涉黑而被拘捕。节目围绕这一事件展开，对两人为什么能当上村委会主任、村民为什么不敢说出来等问题，没有提出进一步的责任追问。其实，节目完全可以对这类案件做一些深层原因剖析，以深化报道。

3. 增强深度评论　提升影响力

深度评析是评论节目的精髓，但深度评论需要逻辑严密，层层递进，也是评论节目制作中的难点。《新闻1+1》的有些报道，感觉选题不错但评论不疼不痒；当然，直播也加大了评论的难度。因此，要想使节目选题长期保持独到的思想性、观点性和深刻性，还需要更多的人参与。另外，能否长期保持第一手信源的获得、选题的深入挖掘，也是《新闻1+1》节目面临的考验。

原载《视听界》2011年第3期

第四章 电视新闻评论节目形态探析

电视新闻评论是电视台对国内外新近发生的重大新闻事件，以及当前社会生活中存在的思想倾向、公众普遍关注的现象和问题发表看法、表明立场、阐述观点的节目形式，是电视新闻的重要组成部分。一般来说，严格意义上的电视新闻评论就是我们通常所说的本台评论、本台短评、编后语、新闻述评等。“电视评论节目在遵循新闻评论基本规律、体现新闻评论共同特征的基础上，已逐渐成长为一个包括多种节目形态、表现手法与风格样式在内的‘大家庭’；这个‘大家庭’的出现不仅丰富和扩展了评论的体裁与形式，而且滋养和生长出新的评论理念与评论手法，对当代中国新闻评论的发展起到了一个巨大的推动作用。”

电视游艺节目怎能这样“拿来”

眼下，以《综艺大观》为代表的传统综艺节目日渐式微，而以《玫瑰之约》《快乐大本营》《欢乐总动员》《非常周末》等为代表的新型游艺节目却走势甚好、十分火爆。这些节目吸取了我国港台地区同类电视节目的经验，使内地的综艺类游戏节目在短时间里有了较大的进步，更有人认为这一类纯娱乐性的游艺节目可能会大大改变中国传统电视的面貌，成为未来电视发展之路上一道亮丽的风景线。然而，新闻文化界的许多有识之士却预言，这种热闹一时、看似火爆的游艺节目不会长久，其居高不下的收视率也将会大幅度下降。那么综艺类游戏节目到底何去何从，我想最终有待于实践的检验。

但是，对当前有人断定貌似繁荣的纯娱乐性游艺节目已“完全舍弃了功利性和教育性”“几乎可以用一个‘玩’字来概括”，并“远离深度，远离精致，远离思维”的观点，以及它“似乎一切都是拿来的，明星是拿来的，游戏节目也是拿来的，只要交出数目不等的‘出场费’，就可以组织一场规模不一的观众方队”[1]等观点，笔者实在不敢苟同。如果按照这种观点，那就是这类节目由于没有了“教育性”，又远离了“深度”“精致”和“思维”，就意味着节目完全可以随心所欲，想怎么办就怎么办，甚至也可以粗制滥造。只要能逗趣取乐，媚俗也罢，低级也好，尽管拿来，什么主题、思想、导向作用完全可以不要，至于精品意识更可以抛到九霄云外。

其实，综艺类游艺节目如果是这种办法，那就无异于是慢性自杀。多年来的实践证明，许许多多的电视综艺节目之所以会成为过眼云烟，正是因其缺乏明确的主题，一定的思想深度和健康向上的精神。原中央电视台副台长洪民生就曾说过，对于综艺晚会来说，“主题是基调和灵魂”，

“要把晚会放在宏观的时代背景上去立意深化”。由于我国电视综艺节目历史短暂，本来就比较稚嫩、浅显，现在再远离了“深度”“精致”和“思维”，剩下的怕只是一盘端不上桌的乱糟糟的“大杂烩”了。对此，节目主持人王刚也深有体会地说：现在从中央电视台到地方电视台，各类综艺游戏节目已经太多了，而且大都是打打闹闹那一套模式。综艺节目要增加文化容量，要“文以载道”，决不能把节目办成一个闹哄哄的成人游戏，而应让观众在娱乐之后能获取点什么[2]。所以，“文以载道”“树言树德树人”依然还应是当今电视综艺节目最重要的主题。“进步的思想观念高尚的道德情操、健康的内心情感和强烈的社会意识，对于以人为表现对象和服务对象的电视综艺节目来说，才是构成它主题的灵魂和脊梁”[3]，绝不是用一个“玩”字能够涵盖得了的。目前，我们虽然正处在社会主义初级阶段，各种思想、各种观点、各种道德相随相伴，但追求真善美仍是时代的主流。事实上，当前电视纯娱乐综艺节目是不能代表老百姓主要需求的，“老百姓心目中最迫切需要的东西还是解惑——消除种种麻烦”[4]，而这一点，目前综艺类游戏节目是无法给予满足的。

再说，一切都是“拿来”的做法，效果究竟如何我们暂且不论，但是如果把“幼儿园里的常识游戏”也拿到电视游艺晚会上并津津乐道，这可真正是电视从业人员的一种悲哀了。无怪乎有人说一些电视人“浅薄、无知、无聊”。至于“观众是拿来的”，其实并不是谁想参与就参与，而是“要交数量不等的出场费”。由此可以清楚地看出，这类节目并不是真正的“完全舍弃了功利性和教育性”，其舍弃的只是“教育”上的“功利性”，追逐的却是经济上的“功利性”。前面提到的那篇文章也说，进入市场的电视节目都必须通过大众的接受而回收制作成本换取利润。所以，经济效益、利润成了衡量电视文化产品的重要参数，生产者与消费者之间建立了一种直接的经济关系，这促使电视制作者必须满足尽可能多的观众的需求从而换取利润。

此外，“拿来主义”做法带来的一系列问题现在也已经暴露出来了。像《欢乐总动员》《玫瑰之约》《快乐大本营》《非常周末》等游艺节目从框架到策划思路，从板块内容到主持方式都与港台同类节目神形皆似。

譬如，这类节目几乎是清一色地由两名主持人率几名嘉宾面对几个支持方阵，翻来覆去"玩"那几个"套路"。一开始这种照搬港台游艺节目的动作方式对内地观众确实有一定的吸引力，其被动作用和消极影响也没有引起节目制作者足够的重视。可是，现在有许多人已经指出上述游艺节目均涉嫌模仿台湾的《非常男女》《鸡蛋碰石头》《相约星期五》等节目，而台湾的节目又被指控在基本内容和形式上都"抄袭"了日本电视台的类似节目，构成仿冒侵权行为。如果说《非常男女》等节目是"抄袭"了日本的同类节目，那么如今国内遍地开花的游艺节目就应该视为蹑足而行。为什么？《玫瑰之约》算不算抄袭？《欢乐总动员》算不算仿冒？港台游艺节目的制作单位会不会也向这些栏目发难？如果这样，那将是中国电视界的悲哀。中国广播电视学会常务副会长、原广电部副部长刘习良曾经指出，我国电视业目前最普遍的毛病就是模仿太多，创新太少，节目趋同。当前卫星电视技术应用越来越广，从电视里可以看到许多地方的电视节目，"可是大家的节目都差不多，模仿太重，综艺节目、访谈节目、谈话节目都一个样，中央台搞了大家都搞"。[5]节目与节目之间互相模仿，不仅给宝贵的频道资源造成了浪费，也使这些模仿来的游艺节目显得单调乏味，热闹有余而精彩不足，被不少观众称为"'拿来主义'的水货节目"。如果这种现象长期发展下去，电视综艺类游艺节目就难以真正繁荣，更难以实现春色满园。

艺术贵在创新，节目贵在求精。不知道观众的真正需求是什么，不知道任何好形式雷同过多也会让人生腻，路便只会越走越窄。游艺节目中主持人不时"哇——哇"的喊叫，除了能得到少数青少年观众的喜欢，其余人谁会对它感兴趣？"玩"——也是几个主持人和特邀嘉宾在玩，况且"众明星已开始对娱乐节目说'不'"。[6]现场的观众很少能参与，这对电视机前的观众又有多少吸引力呢？节目的简单和浅显，很容易像快餐似的被喜新厌旧的受众所遗弃，只有不断推陈出新，不断变换花样，才能让挑剔的观众暂且锁住频道。既然是"暂时锁住"，那就不太会成为未来电视的又一道亮丽风景线了。

那么，综艺类游艺节目的出路究竟在哪里？笔者认为，只有一条：

"创新"。古人云："登高而观则见者远，顺风而呼则闻着彰"。师法日本游艺节目也好，学习港台电视节目的制作经验也罢，重要的是要学习其精髓而不是效仿其外表。一个节目要想把观众留住，必定要有自己独特的卖点。因此，另辟蹊径，寻求新的生长点，抓住每一时期观众的欣赏心理，为他们提供喜闻乐见的节目才是电视业不断向前发展的动力，才是吸引广大观众涌向自己频道的根本所在。

注释

[1]《新闻通讯》：《九十年代中国电视竞争走势告诉我们什么——兼议江苏有线电视台"非常周末"栏目》，1999年第2期。

[2]《江苏广播电视报》1999年3月17日。

[3]《南方电视学期刊》：《人的精神——电视综艺晚会的一种生命本源》，1999年第1期。

[4]《电视研究》：《娱乐节目何以再度火爆》，1999年第2期。

[5]《服务导报》1998年11月4日。

[6]《羊城晚报》1999年5月12日。

原载《南方电视学刊》1999年第3期

地市电视台新闻节目现状及改进办法

当下，不少地市电视台的新闻节目在履行职能、服务受众方面存有许多不尽如人意之处，不仅没有能够充分发挥其应有作用，还时常出现一些不应有的疏忽，招致一些观众和其他媒体同行的议论。

一、主要问题

（一）内容空洞、陈旧，不够鲜活生动

1. 多以地方党政主要领导活动为报道主体，且按照官职高低排名顺序作为先后次序报道，很少按照新闻价值大小进行报道。

2. 会议报道多，也多是按照领导出席情况决定报道分量，鲜有按照会议重要程度抑或与群众生活密切程度决定报道分量。

3. 工作总结式报道多，且内容单一，少有正在发生事件或具有前瞻性问题分析的报道。

4. 以城市工作或城市发生的事情为主，少有农业、农村、农民生产生活情况的报道，有时一档新闻节目竟然没有一条关于“三农”的报道。

5. 缺少以人为本，与普通群众生活息息相关内容或服务性内容的报道，缺少平民化和亲和力的内容。

6. 独家新闻分量不够，与当地其他媒体内容重复雷同较多，且往往滞后。

（二）形式呆板、单调，不够新颖活泼

1. 拍摄手法传统、陈旧，画面不美。如报道会议，多是围着会场转，无非台上台下，近、中、远景或特写或全景，忽视会议背景资料的运

用，鲜有镜头转场。不像中央电视台报道会议，有时只是开头出现会场画面，然后镜头就转向与会议有关的事件、背景资料，比较活泼，信息量也大。

2. 报道使用较多的依然是画面加解说加采访同期声，许多生动的现场音响或其他同期声被苍白无力的解说词给湮没了。

3. 表现形式单一，电脑技术运用不够充分，如报道工程开工建设少有三维模型，图表、数字示意图也很少使用，手法传统，缺少新意。

（三）新闻时效较差，不够及时权威

1. 由于采访制作或人员素质上的原因，编发的大量新闻要比当地广播电台甚至报纸慢一拍，同一条消息有时要比其他媒体晚一二天、两三天，甚至更长时间，新闻成了旧闻。

2. 由于缺乏时效性，重复其他媒体的东西比较多，加上有时候就是从报纸上寻找新闻线索，然后再去拍摄画面加以编辑，必然造成消息滞后，独家新闻较少，当然不会权威。

（四）编排手法老套，不够流畅自然

1. 节目编排仍然停留在传统的手法上，多以地方领导人职位高低为先后顺序，少有以新闻事件重要性或新闻价值大小或与群众利益关联度大小为编排顺序。

2. 新闻条与条之间仍然是以提要作为过渡，不像中央电视台那样取消了一些无关仅要的条与条之间的过渡，直播下一条新闻，在有效的时间里增加条数和信息量。

3. 节目编辑比较粗糙，时常出现播音员口形与声音不同步的现象，声音忽高忽低，画面跳点不断，字幕错别字经常可见，语言不通的情况也屡见不鲜。

二、原因分析

（一）缺乏一支业务素质过硬的采编队伍

1. 不少地市电视台编采人员队伍比较薄弱。一些编采人员由于平时

忙于采访，应付工作，缺乏学习、钻研业务的主动性、积极性，加上体制和机制上的原因，也导致一些人不思进取，得过且过。

2. 普遍缺少政策水平高、新闻敏感性强、倚马可待、反映快速的记者。应当承认，地市电视台的记者与报纸、杂志的记者还是有一定差距的，主要表现就是综合素质上。到现在，还有不少人只会扛摄像机，让其做一条像样的新闻确实勉为其难。

3. 尽管地市电视台多年前的风光已不存在，但一些人还陶醉在往日的感觉里，没有把“等米下锅”转变为“找米下锅”，缺少主动出击的意识。须知“守株待兔”是很难守到好新闻的。

（二）信息渠道狭窄，没有一支健全的通讯员队伍

地市电视台不像报纸媒体普遍建有一支较规范的通讯员队伍，他们不仅为报纸提供各种稿件，还为报纸提供大量的各种信息。信息渠道不畅、新闻源头较少也是造成地市电视台信息不够快、内容不够新、时效比较差的原因。

（三）过于依赖报纸获取新闻线索

在一些地市电视台有一个奇怪的现象，就是当地报纸在他们手里好像就是“香饽饽”，一个部门尤其是新闻采访部门要订多份甚至10多份。为什么？用作找新闻线索。一旦选定，稿件稍加修改又可当解说词用。一举两得，何乐不为？殊不知，这种结果是媒体之大忌，它导致地市电视台既缺乏独家新闻，又缺乏时效性，难怪新闻节目收视率不能提高。该知道的人家都已经知道了，谁还愿再看你的节目！

三、改进办法

（一）转变观念，遵循规律

在传播竞争时代的市场化原则下，一切有效转播的关键在于以“受众本位”来整合传播内容，配置新闻资源，将坚持正确的新闻取向与尊重观众、尊重收视率和尊重传播市场结合起来。一般情况下，报道什么怎么报

道是媒体的事情，新闻价值、内容取舍、质量高低由新闻工作者的水平和能力决定。许多新闻不受观众欢迎，很大程度是因为媒体的少数领导和编采人员思想观念比较保守造成的。

（二）思想引领，深度开掘

1. 竞争的终点在节目，起点在头脑。“独家”新闻的概念已经有了较大的改变，同时也指对同一新闻信息的独家认识和独家表现。

2. 新闻有深度，才有影响力。有深度，需要有一批专家型记者队伍来支撑。记者仅仅依靠一些拍摄经验、写作技巧，是远远不够的，是无法满足受众需求的，只有本身具有一定的专业知识和其他知识，才能提出自己的观点、独到见解，不人云亦云，才能使节目有深度和影响力。

（三）扩大信息量，增加时效性

社会是瞬息万变的，生活是丰富多彩的，可供地市电视台选择报道的东西可以说是取之不尽的。首先题材可以多元化；其次，报道可以立体化。改变单一的平面的单向的报道，尝试多角度、深层次的报道，形成新闻的信息场，不仅使观众知其然也知其所以然。

时效性是新闻的生命。努力提高新闻时效性是地市电视台的当务之急。地市电视台应该真正确立“新闻立台”的思想，打造一支政策水平高、新闻敏感性强的快速反应队伍，把各种重要新闻及时采制播出，以免新闻成旧闻。

（四）加强策划，注重选题

由于人手和习惯上的原因，许多地市电视台往往忽视对新闻报道的策划，尤其是对一些指定性报道缺乏研究，满足于完成任务，不求深入和精致。一般报道也是不太注意推敲，时常“捡到篮里就是菜”，好似蜻蜓点水，难给观众留下深刻印象。

同样，在短短的10分20分钟的时间里，要想把五彩缤纷的各种信息一网打尽也是不可能的，是无法做到的。因此，选题就显得十分重要。笔者认为，那些发生在当地的关系到人民群众切身利益的内容都可以作为素材，经过去粗取精加以发掘报道。群众不关心，不愿看，你就等于作了无用功，浪费了宝贵而又有限的资源。

（五）科学编排，讲究包装

一般新闻和重大新闻、时效性强新闻与时效性弱新闻、长新闻与短新闻、政治新闻与其他新闻、常规新闻与主题新闻、现场新闻与演播室报道等如何编排大有讲究，不能随心所欲，应从整体考虑，统筹安排，避免克隆、同质化倾向越来越严重的状况，形成自己的特色，同时还应考虑新闻编排的自然、流畅，具有较强的可视性。栏目包装，甚至主持人包装也应引起高度重视，能突出栏目的个性特征，确立其品牌地位，增强观众对栏目的识别，从而提高收视率。

（六）提高素质，培养队伍

培养和锻炼一支训练有素、眼界开阔、水平高超的策划队伍，以及一支具有全新观念、全新视角、全新手法采制新闻并具有思想深度、新闻敏感的记者队伍和具有较高政策水平、较强业务能力的编辑队伍是地市电视台面临的一项战略选择。

原载《视听界》2005年第2期

电视民生新闻的三大“软肋”

2002年1月1日，一个全新的新闻栏目《南京零距离》亮相于江苏广播电视总台城市频道。它开播不久就吸引了南京市民乃至全省电视观众的眼球，收视率频频创出新高。自此，民生新闻便昂首走上了电视，遍地开花，生机无限，迎来了大发展的“黄金时代”。

所谓民生新闻是指有关人民生计的新闻、市民生活的新闻。它贴近百姓，以百姓视觉，用百姓的语言，“讲述老百姓自己的故事”，直接把笔触伸向充满着市井烟火，人情世象的平民生活，将镜头对准生活在基层的平民百姓。说事时，桩桩小事，让观众感觉到就在自己的身边；讲人时，让观众感觉到自己十分熟悉，就像自己的邻居，甚至自己；说理时，用的是鸡毛蒜皮，没有什么高深道理；讲情时，谈的是家长里短，也没有什么高谈阔论，更没有鸿篇巨制。民生新闻正是以它民生的视觉、民生的态度、民生的情怀为平民百姓提供了平等的话语空间，使一度高高在上的新闻栏目真正地“飞入寻常百姓家”。无疑，这种改变是可喜的。但我们应该清楚地看到民生新闻的传播形态上也存在着一些偏向。

一、通俗有余，深度不足

从内容上看，邻里间的小纠纷、婆媳吵架、盗贼行窃、交通堵塞、各类事故、店外经营、卫生死角等等内容，充斥着目前的民生新闻栏目。每天播出的这些内容大同小异，虽然与百姓生活密切相关，但就像是一盆大杂烩，将民生新闻做成了市井新闻，展现在电视屏幕之上的“一只小猫上树了”“门牙撞断之后”“某某店保安又打人”“某某路阴井盖被偷了”“今天我市发生多少起火灾、车祸”，等等，不一而足。时间久了，这些内容除了能增加人们饭后茶余无聊的谈资之外，并没有什么意义。视点的下沉是民生新闻的特点。但视点的下沉并不是要让视点俗化。民生新闻还应该包含严肃、客观、发人深省的东西。除了表现他们的生存状态和心灵状态，更应表现他们的生活追求和心灵渴望。

是“迎合”还是“引导”，这是电视新闻永远都不能回避的问题。现代生活节奏越来越快，普通大众日益变得难以宁静下来，文化消费越来越快餐式。也许有人会说，民生新闻不就是反映平民百姓的生存矛盾，情感困惑吗？何必过于认真？难道要让民生新闻再回到过去那种居高临下充满了教导的状态？受众是不会为了追求思想性，提升境界而去看民生新闻的。但这并不意味着媒介可以没有思想性。正如契诃夫所说：我们不是要让果戈理降低到人们的水平，而应该把人们引导到果戈理的水平上去。“受众的层次是多方面的，我们不可以将部分误为整体，将少数误为多数，将低俗误为高雅。”媒介不应该无条件地跟着部分受众热衷的热点瞎跑。如果媒介和受众总站在同一高度，那么，媒介就失去了自己的角色定位。媒介应有自己的价值判断尺度，给受众有点思想、有点见解的东西，毕竟提升人的品位和精神境界才是永恒的。

我们还应该看到，我们处在一个“内容为王”的时代，处在一个充满竞争的时代，“言之无文，行而不远”。如果民生新闻一味通俗化、庸俗化，不仅浪费了传媒有限的资源，使受众感兴趣、对受众更有价值的信息无法与广大受众见面，而且受众总有一天会对没完没了的纠纷、车祸、火灾丧失兴趣。古语有云：“涉浅水者得鱼虾，涉深水者得蛟龙。”民生新闻应该在内容上加强新闻思想深度性的开掘。比如从群众的生存状况、生存空间、生存环境中发现他们对生活的困惑、无奈和抗争、奋斗，挖掘和弘扬小人物身上朴素的情怀和坚强的意志，从而达到“一滴水里见世界，半瓣花上说人情”这种以小见大的效果，从老百姓身边的小事折射出时代的光和影，增强民生新闻的深度和思想性。

二、负面报道过滥，缺乏整体把握

以一些民生新闻类栏目中经常出现的车祸报道来说，今天的报道和昨天的报道只有时间、地点、人物名称的区别。昨天在某区，今天在另一区，昨天是轿车和客车相撞，今天是面包车和卡车追尾，昨天伤了3人，今天死了1人、伤了若干人，等等，没有实质上的变化。或者，今天是这里发生了打架事件，那里出现了占道经营，明天是这里有人毁绿，那里有人随地大小便……有一家媒体更是连线当地一家医院的120急救中心，每天不厌其烦地报道一天中急救中心出诊数量。

激浊扬清是电视媒体的责任，电视媒体有着对社会丑陋现象进行深刻批判和揭露的舆论监督的使命。所以，民生新闻报道诈骗、盗窃等有悖社会道德、国家法规的形形色色的丑陋现象并不是不可以，但天天是偷盗抢劫、坑蒙拐骗、火灾车祸不仅会毁坏那个地区的声誉和形象，更会让受众对这个社会失去信心，失望乃至绝望。有的观众认为，在民生新闻里看到的尽是些恐怖的车祸、犯罪之类的东西，这让人感到压抑，“有时候我们并不愿意去直面它”。其实，我们的周围每天还发生着许多令人愉快的事。可民生新闻里尽是些邻里纠纷，天灾人祸，确实让人郁闷和困惑。

对新闻价值的判断和新闻事件的选择，涉及电视人的价值观、是非观、新闻观。新闻职业的特殊性质和地位，决定了它必须承担一定的道德责任，以不负社会和公众的重托。社会主义新闻媒体及新闻工作者肩负着弘扬社会主义精神文明，营造现代文明舆论环境，宣传社会道德风尚的历史重任。这就要求新闻工作者把握正确的舆论导向，弘扬正气，抑制歪风，分清是非。就拿民生新闻来说，除了舆论监督，它的基调和格调应该是蓬勃向上的，昂扬的，给人以鼓舞和信心，给人以激励和力量。所以，在对负面新闻进行报道时，应该整体把握，选择有典型性、有代表性、有警示价值、有教育意义的事件来报道。如报道事故现场，完全不必拍摄那些血淋淋的画面来刺激受众，可以报道其损失，分析事件发生的原因，使人们从中汲取教训，未雨绸缪，防患未然，而没有必要把车祸天天报。缤纷的世界，可供报道的东西应该是无尽的。因此，民生新闻应选好典型，把握好时机，掌握好分寸，而不是一味地追求所谓的市场收视效果。民生新闻在行使舆论监督时也应该注重人文关爱，弘扬人文精神，歌颂真善美，通过弘扬主旋律来构建社会主义和谐社会。

三、对新闻理论的轻视

在市场经济已经成为我国社会主义经济制度的今天，媒体走向市场是大势所趋。但是，新闻领域的产业经营，绝不应当是“一手交钱，一手交货”的一对一的商品交换方式，绝不应该是新闻本身和货币之间直接画等号的方式。面对时下流行且诱人的“封口费”，以及各级领导的打招呼，为了生存或其他方面的需要，有些媒体选择了沉默，或大事化小，或轻描淡写，造成许多民生新闻节目充斥着琐碎而又浅显的报道内容，使得金钱、权力对新闻领域的侵蚀加剧，新闻的功能大打折扣，传统的舆论监督作用也受到影响！

真实是新闻的生命。新闻工作者只有从思想认识的源头上杜绝以“采”谋私，以“编”谋私，以“稿”谋私的虚假新闻，做到公正客观，真实可靠，才能取信于民，赢得市场。

“竞争的终点是节目，竞争的起点是头脑”。追问不止，探索不止，创新不止，实践不止，民生新闻的明天才会更加光彩夺目。也只有这样，民生新闻才会有不竭的生命力。每一个有责任心、有良心的新闻工作者，真正的民生新闻的富矿正等待着我们去开采，我们已经在路上，我们还将在路上。

原载《中华新闻报》2005年11月23日F2版

地市电视台如何实施节目编排策略

——以徐州电视台为例

决定收视率的，除了节目质量，节目编排是否科学合理也是至关重要的。笔者试以徐州电视台（笔者原单位）近期收视情况为例，加以分析，谈谈节目编排影响收视率的几个原因并提出一些对策建议。

一、徐州电视台收视基本情况

年前，徐州电视台对所办频道的节目收视情况进行了分析发布，其晚间市场份额总和为34.4%，中央台为41.6%，省级卫星频道的总和为23%，省级非上星频道占9.2%。

对当地上半年电视剧收看情况统计表明，排在前10名的中央一套占据6位，徐州台一套、二套占据4位，前两位的《别拿豆包不当干粮》和《乔家大院》收视率都超过了25%。

在各频道晚间平均份额的排名中，中央一套以较大优势位居第一，徐州台的一套、二套排名二、三，本省卫视第四；前10名中，有中央台4个频道、某省台4个频道，徐州台2个频道。前四名的总和为62.6%，接近三分之二。

通过对以上收视基本情况的分析，结合图表数据，我们可以清楚地看到影响收视率的几个主要因素，以及观众收看节目上的一些基本规律。

首先是晚间观众开机曲线。我们看到的曲线是一个抛物线型，最高的点是20：30左右，占60.6%，也是各频道竞争最激烈的时段；最低点分别在17：00和23：30以后，不到6%。这条曲线反映了当地电视观众的总体收视习惯。

再看男女收看电视时间的区别。整个晚间基本上都是女性观众占据开机优势。这表明女性比男性更喜欢看电视。观众的构成中，女性也明显高于男性。如何针对女性打造或编排节目，值得地市电视媒体研究思考。

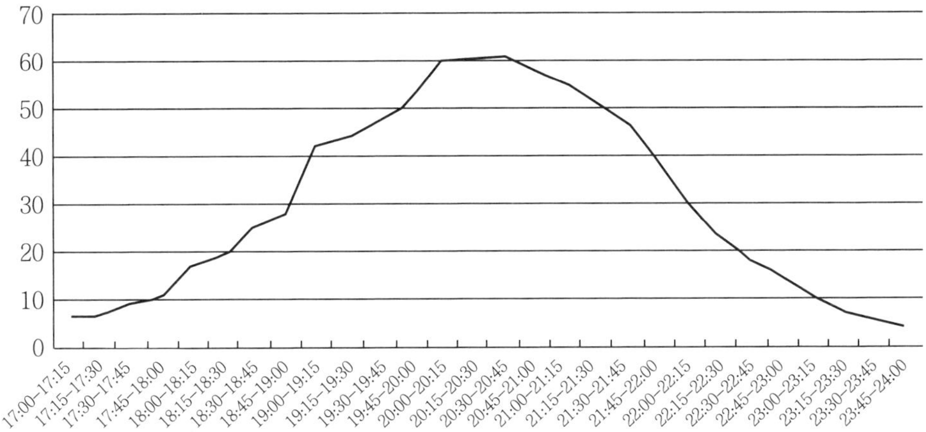

图1　徐州地区晚间开机率曲线

进一步分析，将晚间时段分成五个部分，17：30~18：30为启动时段，18：30~19：30为攀升时段，19：30~21：30为黄金时段，21：30~22：30为次黄金时段，22：30以后为午夜时段。根据对各时段观众收视行为的对比以及主要竞争频道的具体表现，可以看到各电视台在不同时段的竞争力情况。

17：30~18：30的晚间时段，从观众的构成看，年龄层次，以55~64岁及4~14岁为主体，也就是退休老人和青少年为主；受教育程度，以小学和未受教育人群为最高。这部分观众最先开机收看电视，能否有适合他们收看的节目吸引这批观众，使频道晚间有个比较高的起点，应该是地市电视台重点研究的。在此时段收视比较高的频道是江苏卫视、中央一套和徐州台一套以及江苏教育频道，节目类型以新闻和少儿节目为主，民生类新闻比较受关注。

18：30~19：30为晚间收视的攀升阶段，观众中65岁以上的老人迅速增加，和55岁以上观众组成主要观众群，少儿观众开始下降；教育程度上，依然以初中以下学历人员为主，在频道中表现突出的是中央一套的《新闻联播》、民生类节目和地方台播放的影视剧。

19：30~21：30是黄金时段，也是各频道竞争最激烈，开机率最高的时段，在该时段想取得高份额回报是比较困难的。在开机率上，45岁以上人群明显成为主要观众，24岁以下人群开机率最低。教育程度上依然是低学历观众为主，大学以上观众最少。这样的观众构成，如果不以贴近性的平民节目为主，而一味追求品位，只能是孤芳自赏，不会有好的收视回报。在该时段播出的节目，无论是电视剧还是专题、栏目，为什么样的观众服务，应该是首先考虑的问题。

21：30~22：30一般称之为次黄金时段，是一些观众逐渐关机流失的时段，但依然有比较大的观众规模。这个时段各年龄组观众开机率都在明显下降，24岁以下观众和65岁以上观众流失最多，35~55岁的中年观众成为主力。教育程度上，高中以上的观众比例明显提高。对这批观众，有深度、有思想性的节目会受到欢迎。从频道收视对比看，中央一套、地市台有较大优势，主要的节目还是新闻和电视剧。

22：30~24：00为午夜时段，观众人数比较少，观众的年龄构成以25~55岁为主体，教育程度更趋于高学历人群，性别以男性为主。这个时段比较受欢迎的是当地频道、中央一套和一些影视频道，节目以电视剧、电影和专题类栏目为主。

从徐州台几个自办频道全天的收视曲线来看，白天时段，没有什么太好表现，收视率数值较低，总份额只有18%左右，而中央台则占到近55%。

晚间时段，徐州一套从18：00开始上升，但幅度较小，到19：00又出现明显下降，在19：30后，曲线迅速上升，15分钟内从2.6%上升到8%，说明观众开始大量流入，但由于起点较低，使高峰没有达到更高的位置。但在21：00后曲线又出现明显下降，到21：30又被拉回到7.5%。曲线的上升与下降表明，两个低谷实际就是两个拐点，是节目编排的一种阻塞现象。

再分析一下电视剧和自办栏目对晚间频道总收视的贡献率。

徐州台两个频道的时间段贡献率和时间段指数分别为：一套黄金档电视剧的贡献率接近60%，新闻节目贡献率不到30%；二套两个电视剧时段对频道的贡献率超过了85%。从时段指数上可以看出该台自办节目较弱。

二、节目编排对策建议

了解观众收视习惯的目的在于帮助我们应该怎样将最好的节目安排在哪里，或者设法发挥自己节目的优势而又能尽量避免与其他频道的激烈竞争。

1. 市场变化不断，新的排兵布阵不断

电视的收视份额是一种“零和博弈”，有的频道收视份额上升了，就一定会有频道收视份额下降，存在着“此消彼长”的竞争关系。因此，在电视媒体现实的竞争环境中，“自古华山一条道”是不行的。必须根据节目市场环境的变化，根据频道收视人群的市场表现，根据具体节目的竞争能力，来对节目进行新的排兵布阵，使节目更贴近观众，更满足观众收视需求，更符合观众的收视习惯。

2. 针对不同收视群体，锁定“目标观众”

电视节目的编排与设计及运营的全部战略和战术，应该是来源于对受众行为的客观分析和判断，而不能随心所欲。应贯彻电视频道编排的“观众流”理论，也就是依据观众的生活规律，针对不同的收视群体，在各时段安排适合主要观众收看的节目，锁定“目标观众群”；在关键时段配置本频道最具有竞争力的节目实施“卡位”，吸引在频道间流动的观众；频道内的节目配置要实现观众的顺畅衔接，保证上一个节目内的观众顺畅地流入下一个节目，在本台的不同频道之间，进行必要的差异化节目配置，尽可能实现观众在本台频道内的封闭流动。

3. 强化“特别编排”理念，实施“编播季”战略

在湖南卫视2007年广告招商会上，湖南卫视总编室负责人表示，2007年他们将秉承“快乐中国，快乐创造”的理念，进入全新的品牌跨越阶段，大型活动、独播剧、品牌栏目三大重心环环相扣，以吸引电视观众；在编排上推行季播概念，周间带状、周末大板块双管齐下，加上长

假特别编排和系列特别节目，持续制造频道热点。节目的总体编排将采用“4+3”的季播形式呈现，“4”是指周一至周四按月度特色活动节目为主的带状季播栏目。如2006年度已经推出的以“换位思考，互相理解”为主题的《变形计》等；“3”是指周五至周日以点状活动和栏目的跨月播出模式，如《快乐大本营》《越策越开心》《背后的故事》等阶段性主题活动。2006年初，重庆卫视也以“黄金月·中国节”活动为主题，跨过传统的元旦、春节两个节日，将活动、晚会、栏目、电视剧以“故事和人文”的频道定位有机地串联，以特别的编排方式完美配合新春佳节市场需求，取得了不俗的收视效果。这种近年来才出现并且已经取得良好效果的新的节目编排理念，对于地市电视台来说值得借鉴。

4. 提高自办栏目质量，注重白版节目编排

自办节目的强与弱是一个电视台综合实力的标志。自办节目收视率的高低，对于频道收视率和收视份额的稳定有着十分重要的意义。对当地观众来说，地市电视台自办节目有着地缘的接近性，内容的贴近性，观众忠诚度一般较高，不会像电视剧那样起伏巨大。所以，地市电视台一定要强化自办节目，提高自办节目质量。因为它的强弱某种程度决定着一个频道的强弱，甚至一个台的强弱，对于拉动收视率起着非常重要的作用。

地市电视台白天的收视率一般较低，这与他们对白版的重视程度不够有很大关系。白版的节目通常是为了应付播出时间，没有很好很系统的策划和编排，随意性也比较大。虽然白天时段的观众规模远小于晚间，广告价值也不能和晚间比，但白天的节目同样代表着频道的自身形象。一个成熟的、有竞争力的频道，其风格和节目类型应该是统一的，白天晚间应该是并重的，这不仅能够给观众留下深刻的印象，而且能获得他们心理上的认同。

原载《视听界》2007年第1期

电视方言新闻节目浅论

“说新闻”这种电视新闻节目形态始于凤凰卫视，其特点是一改往日主持人正襟危坐读新闻的形式，采用说的方式播报新闻，其风格表现为故事化、生活化和互动化。方言新闻在继承了“说新闻”语言风格的基础上，将新闻聚焦于民生内容、民本取向，强调了新闻内容的属性，已成为地市电视台一种颇为流行的节目形式。

一、方言新闻节目因时而生

应该说，全国各地方言众多，方言广播电视节目早已有之。1994年重庆电视台开办的《雾都夜话》应当是较早出现的新闻类方言节目，浙江电视台钱江都市频道《大家》栏目中用杭州话演绎的《杭州佬》子栏目，收视率也很高。但总的来说，它们的影响不是很大。最近几年，比较有影响的方言新闻节目当属杭州电视台西湖明珠频道的《阿六头说新闻》，其收视率一直保持在10%以上。据不完全统计，目前全国地市电视台开办的方言类新闻栏目大概有20个左右（见附表）。

这些年方言电视新闻之所以能在地市电视台大行其道，可以说它是应时而生的，一方面是为了让风靡一时的民生新闻更加贴近百姓，另一方面是由于电视媒体在市场经济深入发展形势下不断追逐高收视率、高利润的结果。诚如法国著名社会学家布尔迪厄在深入剖析电视收视率的作用后所言：通过收视率这一压力，经济在向电视施加影响，而通过电视对新闻场的影响，经济又向其他报纸（包括最“纯粹的”报纸）、向渐渐地被电视问题所控制的记者施加影响。同样，借助整个新闻场的作用，经济又以自己的影响控制着所有的文化生产场。[1]可以说“收视率”在布尔迪厄的论述中始终是解读电视现象的关键词，他形象地指出，收视率“是个隐匿的上帝，它统治着这个圈子，失去一个百分点的收视率在某种情况下无异于直接走向死亡。”[2]因此，各电视台之间的竞争，归根结底就是抢占市场份额即收视率高低的竞争。面对越来越小的生存空间，地市电视台无力从资本、人才、重大选题和制作能力上与省级以上电视台相争，只得走差异化的道路。而其最大的优势就是能在最大程度上贴近当地民众的生活、广泛表现当地的生活特色，甚至可以直接为民众排忧解难、提供服务。这些，恰恰又是省级以上媒体一般不愿触及的。正如《阿六头说新闻》的制片人翁晓华所说：我们做电视新闻的人必须把新闻价值建立在我们认为受众最感兴趣的话题上。而最能体现受众兴趣的话题莫过于社会新闻了。我们从平民百姓的兴趣点去编排新闻内容，把老百姓最关心的柴米油盐变成电视屏幕上关注的领域。于是，为了更加贴近地方生活，贴近群众实际，方言电视新闻便闻风而动、风生水起。

表1　全国地市电视台方言类新闻栏目一览表

杭州电视台	《阿六头说新闻》
南京电视台	《听我韶韶》
昆明电视台	《我挨你说》
无锡电视台	《阿福聊斋》
苏州电视台	《天天山海经》《苏阿姨谈家常》
南通电视台	《总而言之》
徐州电视台	《新闻直通车》
绍兴电视台	《师爷说新闻》
温州电视台	《百晓讲新闻》
宁波电视台	《来发讲啥西》
义乌电视台	《同年哥讲新闻》
广州电视台	《新闻日日睇》
济南电视台	《有么说么》
长沙电视台	《我来讲新闻》
乐清电视台	《作你讲新闻》
成都电视台	《东说西说》

续表

郑州电视台	《有啥说啥》
厦门电视台	《新闻讲讲讲》
泉州电视台	《方言播报》
山东电视台	《拉呱》
云南电视台	《大口马牙》

二、方言新闻节目现实因素

方言新闻节目，其制胜法宝就在于“方言”。方言作为某一特定地域文化的象征和载体，必然与特定地域内的受众有着天然的心理上的接近性，很容易引起本地受众的共鸣。比如，在齐鲁电视台《拉呱》栏目中，貌似邻家大哥的小幺哥经常身穿一件T恤衫（有时会手拿一把纸扇），操着济南话，说着老百姓的事，给老百姓以平易近人的感觉，让观众从心里接受、认同、喜欢这个节目。

方言新闻节目还让受众体现出“小众化”的特点。由于竞争中的劣势，地市电视台不得不明确划定自己的目标受众，调整节目的编排以达到提高收视率的目的。在各类资源相对稀缺的地市台，最好的方法就是加强节目的本土化、本地化，除了内容以外，形式也不可小视，那么，采取方言播报就成为一种有效形式。

此外，方言新闻节目因为采用的是“说”的方式，反映的大都是民生新闻，主持人可以在说新闻时将个人情感表达出来，对文明新风大加赞赏、对歪风邪气批评指责，还可以与观众进行交流互动，让观众对一些新闻事件进行评述等，起到了借主持人之口说自己的话的作用。“方言的情感特色必由交流来实现，对新闻的评述，是方言情感交流的真正用武之地。”[3]

三、方言新闻节目利弊分析

从新闻学的角度来说，方言新闻仍然属于“以平民视角关注平民生活”的民生新闻范畴。从本质上讲，方言新闻节目与民生新闻并无太大区别，相似点在于，都是以普通民众作为主要的收视群体，差异则表现在播报形式的不同。所以，无论从节目内容还是节目的形态甚至包装，方言新闻节目都沿袭了民生新闻“平民化”的风格。新闻的主角是平民，素材几乎全是源自老百姓日常生活和体验的原生事件。主持人也是去明星化的。有的演播室的布置都被设置成说书场的形式，这些都增添了平民化的色彩和亲和力。[4]

麦克卢汉认为“媒介即信息”。从这一角度看，选择什么样的传播手段也就意味着选择什么样的信息进行传播。“说什么”和“如何说”其实都是很重要的。实际上“无论采用普通话还是方言进行媒介传播都是一种符号的传播。所不同的是两种语言的符码的编译规则。”无论采用哪种符号，只要立足于社会的现实，真正从社会大众的角度出发，播报真实的新闻，都是成功的传播。用方言播新闻，让平民化的主持人用讲故事的形式“说”新闻，体现了这类节目在表达方式上的新变化。

中华民族是一个多民族不断融合、不断交流的民族，其地域的广博性、民族的多样性决定了其文化上的多样性，而各个地区的方言就是这种多样文化最直接的体现。方言新闻节目传承了源远流长的民间语言文化传统，像一个流动的、鲜活的语言文化历史博物馆，对于本地人而言，乡音绕耳备感亲切，对于从外地到该地区的人而言，陌生的新鲜的语言刺激了他们的好奇心和求知欲，也能给他们带来些许快乐。语言和文化是紧密相连的，因为有了语言，文化才得以传承。方言是语言的一种，它与特定的区域范围相联系，表现的是一种更加区域化、更加狭窄范围内的文化，这种文化往往是被区域范围内的普通民众普遍接受的文化，该区域的民众也对承担这类文化的方言有着强烈的认同感。因此，地市电视台利用方言播报新闻，在一定程度上表现了其对该方言所表现的区域文化的认同，也就相应地表现了对持该方言的民众的社会身份的认同。

当然，方言新闻节目也存在值得商榷的地方：

首先，从业界到学界，一直有人对用方言播报新闻的形式持反对态度。浙江大学新闻传播学教授邵培仁从理论的角度，对方言说新闻的形式提出了质疑，“方言新闻节目人为地设置了语言障碍，抬高了语言交际和信息传播的成本，也形成了方言形态的话语霸权。”[5]国家广电总局颁布的《中国广播电视播音员主持人职业道德准则》也强调：广播电视播音员主持人要积极推广、普及普通话，规范使用通用语言文字，维护祖国语言和文字的纯洁，发挥示范作用；除特殊需要，一律使用普通话。不模仿有地域特点的发音和表达方式，不使用对规范语言有损害的口音、语调、粗俗语言、俚语、行话，不在普通话中夹杂不必要的外文。这些条条框框在一定程度上必然会束缚方言新闻节目的发展。没有政策方面的支持，方言新闻节目难免会束手束脚。

其次，由于对新闻“本土化”的曲解和受众群体并不太高的媒介素养，很多方言新闻节目出现了娱乐性和新闻性定位不准的诟病。如前面谈到的方言新闻作为民生新闻形式上的创新，但其在新闻本土化的努力与已有的创新相比，不但没有进步，反而有所不及。在传播内容方面更加迎合传统居民的喜好，几乎没有时政新闻，“说新闻就好像放学回家的孩子把一天的生活说给父亲一样”[6]；传播形式更加娱乐化，或者干脆以纯粹的娱乐形式进行新闻的传播和解读，这显然是不可取的。

再次，方言类新闻节目容易导致外地人对该城市产生一些排斥意识。眼下，人口的流动性越来越大，各地区人群的融汇交流，也带来了文化和语言上的交流。当大家都使用同一种语言的时候，信息的交流是畅通无阻的。但在用方言播报新闻的情况下，无形中使那些不懂方言的人获得重要信息的纽带被人为地切断了。

四、方言新闻节目前景堪忧

在我国，媒体所担当的角色是党和人民的喉舌，广播电视节目尤其是新闻节目对社会和公众起着舆论引导的作用。日渐增多的方言新闻节目容易给受众一种错误的导向：国家在推广普通话方面的趋势日渐减弱。这种错觉延缓了推广普通话的进程。因此，方言新闻节目必然会遭到国家的限制和抑制。所以，它不能作为地市电视台长久的谋生之计，而应多在新闻的内容上下功夫，未雨绸缪，防患于未然。

再有，方言新闻节目的一窝蜂，也让人担心它能够维持多久。一个好的节目形式，最怕的就是同质化的竞争。大家一哄而上，节目失去特色，有可能就把节目形态给糟蹋了。其实，方言节目作为一种电视节目形态，和娱乐节目、益智节目并无两样。在一段时间内，也许会有好的商业价值，但从长远看，并不是一种很好的策略。如此下去，方言节目的前景确实让人担忧。

第三，如何看待方言电视新闻节目播报中的表演成分。《阿六头说新闻》的制片人翁晓华坦言“非常害怕把方言节目妖魔化。由于方言节目天然的贴近性，它在做新闻时必然会有一些亲近观众的形式，而这种形式一旦把握不准，很容易被抓住把柄，将方言节目打为另类，最终失去生存的机会。”新闻最大的特点就在于用事实说话，再好的表现形式在内容面前也应该为它让路。

第四，随着城市生活节奏的加快，很多人将获得新闻的时间花在了网络和电视以外的其他媒介上，电视行业受到一定冲击，加上地域间人口的流动性日益增大，都会将方言新闻节目的发展空间逐步缩小，极有可能加速方言新闻节目的萎缩甚至消亡。

注释

[1][2]布尔迪厄：《关于电视》，辽宁教育出版社，2000年版。

[3]吴艳秋：《方言新闻的言与“意”》，《视听界》，2007年第2期。

[4]孙灵囡：《方言新闻节目的受众分析》，《青年记者》，2006年第24期。

[5]丁列心：《从〈阿通伯说新闻〉浅析方言新闻节目》。

[6]黄蓉、滕朋：《方言、新闻与受众》，《船山学刊》，2007年第2期。

原载《东南传播》2008年第7期

电视新闻评论节目形态探析
——以央视和凤凰卫视部分新闻评论节目为例

电视新闻评论如果离开节目形态来谈，则难以体现电视媒体的特性、凸显电视评论的个性。央视新闻评论部是我国电视评论的重要阵地，而凤凰卫视以锐意创新、评论见长，因此，这两大强势媒体的新闻评论节目具有独特的代表性。本文试图通过对这两者的研究，提出对电视新闻评论节目形态的一点浅见。

一、电视新闻评论

电视新闻评论是电视台对国内外新近发生的重大新闻事件，以及当前社会生活中存在的思想倾向、公众普遍关注的现象和问题发表看法、表明立场、阐述观点的节目形式，是电视新闻的重要组成部分。一般来说，严格意义上的电视新闻评论，就是我们通常所说的本台评论、本台短评、编后语、新闻述评等。

“电视评论节目在遵循新闻评论基本规律、体现新闻评论共同特征的基础上，已逐渐成长为一个包括多种节目形态、表现手法与风格样式在内的‘大家庭’；这个‘大家庭’的出现不仅丰富和扩展了评论的体裁与形式，而且滋养和生长出新的评论理念与评论手法，对当代中国新闻评论的发展起到了一个巨大的推动作用”。在这里，我们主要列举两大节目形态进行分析：新闻述评、谈话节目。

1. 新闻述评

电视新闻述评是评论节目最主要的类型，它采用叙述新闻事件与发表议论相结合的形式。述评性电视评论节目既报道事实的真实情况，又对事实进行分析与阐释；既可夹叙夹议，又可在展示记者对问题进行调查的基础上，以事实作为评论的基础集中议论。

应该说，央视最早的电视述评节目是1980年开办的《观察与思考》。随着电视事业的发展，电视工作者的新闻意识和评论意识也在逐步增强，加之对电视传播规律认识的不断深化，以央视新闻评论部为代表的电视新闻工作者勇于创新，自1993年起不断对电视述评加以改革，创造了一批述与评相融合的电视新闻评论节目。以《焦点访谈》为例，它一改传统的述评节目以评为主、叙述只是作为评论依据的状况，采用述与评相融合的方式，根据题材内容决定述与评的比例。节目中记者多以现场报道者的身份向观众讲述亲身感受，主持人多以评论者的身份进行评述，着重展示主持人、记者、群众对新闻事件的感受或者专家、群众对事物的评论，开创了我国电视新闻评论节目的新形态。

同时，节目还常常依据不同的题材，采取不同的表现方式，强化对“新闻”的深加工，即“运用昨日之背景，分析今日之现状，预测明日之趋势”。离开了预见性和前瞻性，也就失去了评论的意义。笔者认为，《焦点访谈》之所以能够长盛不衰，与它始终重视“新闻”的深加工是分不开的。

在《焦点访谈》问世的时候，中央电视台新闻评论部对其风格有一个表述：把编辑、记者对事实本质的认识通过对事件的报道，对事物内在逻辑的揭示，达到引导观众思考、判断之目的，多报道、少评论。而《焦点访谈》的创办人、时任央视新闻评论部主任孙玉胜在《十年》一书里写道：“还是在《焦点访谈》创办的初期，我就提出要‘多报道、少评论’，其实这就是一种选择中的平衡。我一直坚持一个观点：中国的电视新闻还只是处于报道阶段，分析与评论的时代还没有完全到来。”这个风格也就是所谓的“用事实说话”。所以，在很多情况下，《焦点访谈》节目仅限于对事实本身的报道和揭示，从某种程度上讲，它是一种调查性报道。比如以全国各地频频发生的矿难事故为例，湖南发生小煤窑事故即采访《屡禁不止小煤窑》；黑龙江、云南、山西发生矿难，又奔赴这三地采制《矿难频发的背后》。记者疲于奔命，未曾集中力量采制深挖矿难背后深刻原因的节目，显得舆论监督的力度还有限，深度还不够。有时，它又是围绕某一重要新闻事件或者重要会议组织特别节目，也就是所谓新闻专题节目，例如对“两会”的报道。有人曾经对一个月内的《焦点访谈》做了一个统计分析，结果发现：从内容上看，记录事件和人物的占了78.6%；从访谈形式上看，访多于谈的占71.4%，基本上是以叙带议。

《焦点访谈》被誉为“电视新闻评论的经典”，从严格意义上说，其评论色彩并不是很浓。因为其传播形态和报道样式五花八门，既有别于我们传统的报道方式，也不完全似教科书上所划分的那样，它是消息、特写、通讯、评论的混杂。有时，它可能选择其中之一对新闻事实进行驾驭，但更多的时候，其表达方式与上述那些体裁的界限是模糊不清的，似乎是一个集结了各类新闻体裁优势特性的杂交体。很多学者就将其直接归入深度报道这样一个大的节目样式里，还有人用“深度报道式新闻评论”来命名它。

2. 新闻类谈话节目

电视谈话节目本身是一种节目形态，在西方电视界已经有几十年的发展历史，深刻影响着老百姓的生活方式和思维方式。国外的谈话节目类型非常多，就像现在的网络聊天形成了自己的谈话社区一般。

中央电视台的谈话节目《实话实说》曾有进军新闻评论领域的打算，但主持人崔永元的退出使这一计划流产。历史把重任交给了凤凰卫视于1999年8月推出的一档时事评论节目——《时事开讲》。凤凰卫视以“向世界发出华人媒体的声音”“拉近全球华人的距离”“构建内地及港澳台地区桥梁”作为自己的奋斗目标。其中，新闻评论节目形态的丰富和不断完善，为凤凰卫视在全球传播市场上发出自己的强音、树立自己的权威尽到了绵薄之力。

《时事开讲》以其不断扩大的影响力再次推动了中国电视评论的发展。它的意义在于开创了电视评论的谈话节目形态。我们来看看凤凰卫视有影响的谈话节目《时事开讲》。

《时事开讲》是凤凰卫视于1999年8月推出的一档30分钟的时事评论节目，每期节目都围绕着当前的社会热点和难点问题，由主持人董嘉耀充当“发球员”的角色，之后换位为观众的身份，在倾听中思考与发问；评论员曹景行和何亮亮以其敏锐的触角、精辟的见解、灵动的思维以及多年的经验和判断则扮演了“有观点的传播者”，抓住问题、剖析问题，通过个性化的观点和表达，在节目中起到核心作用。在选题内容上，节目涉猎国际、国内尤其是内地及港澳台地区的时政与主流话题，往往从一个更加宏大的国际背景来引导观众，并提供更加深、广、透的相关信息与言论。如在2008年“5·20”台湾领导人陈水扁能否就任的事件中，《时事开讲》先后推出了《台湾政局新焦点：5·20前瞻》《陈文茜分析陈水扁的政治性格》《陈水扁5·20就职前的低气压》《5·20讲词解读》《5·20之后的两岸关系》，以及《中国：统一法与统一模式》《两岸关系再思维》等一系列解读两岸关系的节目，约请各路台海问题的专家与知名人士，从台湾大选前后的最新政局、大陆的政策与态度、国际反应以及未来台海局势发展等多个层面，对陈水扁就职这一敏感事件进行了详细和客观的剖析，不仅弥补了大陆由于政治原因不便报道和判断的缺憾，也引发了观众对两岸关系问题深切的关注和思考，赢得了很高的收视率。

这个节目本质上的特点，是由主持人的提问和评论员的分析向观众传递多元化的深层观点，对社会舆论进行归纳分析，预测新闻事件的发展走向。显然，这是一个以评论时政新闻为内容的谈话节目，是一个典型的电视新闻评论节目。

凤凰卫视推出的评论节目还包括《新闻今日谈》、专业财经评论《财经点对点》以及军事评论《军情观察室》等，通过对专业性新闻评论节目的构建，使凤凰卫视全面打造时事、财经、军事等方面权威评论的品牌，并为观众营造一个良好的舆论引导氛围。

从以上分析中可以看到，谈话节目包含着多种形态，如新闻类谈话节目、社教类谈话节目、综艺类谈话节目等。但并非所有的谈话节目都是电视评论节目，只有新闻类谈话节目才有可能成为电视评论。

二、其他新闻评论节目形态

经过多年的实践和摸索，电视新闻评论已经陆续创造了一些独特的评论形式。这些形式虽然不尽成熟，但因在一定程度上体现和适应了电视传播的特点，已开始显示其旺盛的生命力和广阔的发展前景。需要指出的是，目前，读报类节目的盛行和央视新近增加的新闻评论内容等一系列尝试，无疑都是新闻评论节目形态的一次次创新之举。

1. 读报类节目盛行——凤凰卫视《有报天天读》

2003年起，电视上出现了一批具有明显新闻评论特征的读报类栏目。以电视为载体，“它将平面媒体和电视媒体相结合，取材于各大报纸的焦点内容，对多家媒体的观点进行整合，以主持人读报的形式播出，并加以独特的评论；形为读报，实为评报”。而这批读报栏目中又以凤凰卫视的《有报天天读》最具影响力。它在资讯爆炸的当今，扮演了信息筛选机的角色。正如肖克罗斯所说：“传媒的任务不就是筛选、提炼、解释和传播信息吗？”筛选的过程便是观点形成的过程。与其他信息类节目不同的是，《有报天天读》信息量大、内容充实、节奏明快，既有信息提供，又有独到见解。不仅将当天的重要新闻尽收眼底，还对不同的报章新闻进行同题对比，提供相关评论，提炼出自己的评论角度和立场。节目主持人杨锦麟一身布衣，一袭马褂，并不标准的普通话，明确、直接的观点，令人有意犹未尽之感。

2. 央视新增《新闻1+1》——《新闻联播》配短评

从今年初酝酿改版以来，央视新闻频道一直倍受外界关注。2008年5月6日，央视新闻频道改版已基本尘埃落定，砍掉了《社会记录》等节目，新增了直播新闻评论节目《新闻1+1》。

《新闻1+1》节目形式类似于凤凰卫视的《时事开讲》。“1+1”即一位主持人、一位新闻观察员在演播室展开双人谈话，并配以短片、现场报道、电话连线等形式，选题选自“时事政策、公共话题、突发事件”三大类。主持人是董倩，白岩松转型成为新闻观察员。因为白岩松在新闻主持行业工作了15年，具有独到的思想和观点。央视为他量身打造了该节目，目的是着意办一档回归新闻的评论类节目。随着胡锦涛主席访日“暖春之旅”新闻大战的拉开，《新闻1+1》把演播室放在了东京最前方，从5月6日晚开始，栏目通过第一视角来报道“暖春之旅”的各项重要活动。

关注度最高的《新闻联播》，近期在重大节日和重大事件报道中也以配发“本台短评”的形式，凸显主流媒体的声音，以鲜明观点引导舆论。如4月30日奥运会倒计时100天，《新闻联播》配发《本台短评：北京在微笑》；5月4日青年节配发《本台短评：心系民族命运 报效祖国人民》。央视新闻频道的这些尝试，在一定程度上推动了新闻评论的发展，也引发了人们关于新闻评论节目的深思。

三、对新闻评论节目形态的思考

从以上的分析对比中可以看到，在电视新闻评论节目的实际操作中，一些节目形态常常是相互交叉混杂的。无论是新闻述评、谈话节目还是其他形式的新闻评论节目，在传播技术高速发展的今天，均是作为事实和观点的聚集地，体现着电视的意识形态。中央电视台推出的新闻评论节目也好，凤凰卫视推出的也罢，观众希望看到的电视新闻评论类节目应该是能够传播深刻的思想和观点，实实在在带给观众答案或解决途径的节目。

电视新闻评论节目在它仍存在许多不成熟之处时，就受到了观众的欢迎，一个重要的原因在于，它关注了普通人关注的话题，具有了先天的优势。当然，信息的多渠道也给新闻评论提供了很好的发展机遇。目前，平面媒体如报纸在这方面做得较好，而网络言论的自由又大大增加了人们的关注度，在这种状况下，电视就更需要很好地把握自己的命运。历史不能告诉未来，未来如何需要等待时间的验证。因而，对于中国电视新闻评论节目形态走过的历程分析，实践的积累远远多于理论的梳理。继承与超越、探索与创新，既可以作为对电视新闻评论节目过去的总结，也是对电视新闻工作者新的挑战。改革开放使中国的面貌日新月异，一个开放、独立、有力的媒体制度正在向我们走来，电视新闻评论节目的内容将会更加丰富，舆论监督的空间也会越来越大，这都预示着电视新闻评论节目将会有一个光明、美好的未来。

参考文献

[1] 胡文龙：《中国新闻评论发展研究》，中国人民大学出版社，2002年版。

[2] 张矛矛、高欣：《主观形式下客观主义的延伸——关于读报类电视新闻评论节目的几点思考》。

[3] 蔡照波、肖纵：《中国电视新闻评论类节目发生和发展探微》。

[4] 孙玉胜著：《十年——从改变电视的语态开始》，生活·读书·新知　三联书店，2003年版。

[5] 刘敬东：《电视新闻评论，还在路上》，《现代传播》，2002年第3期。

原载《中国电视》2008年第11期

第五章　自媒体时代传播模式的转变

“自媒体”一词最早是由谢因波曼与克里斯威理斯在美国新闻学会媒体中心出版的《自媒体研究报告》中提出，报告中对“we-media（自媒体）”这一概念做了十分严谨的阐释：“We Media是普通大众经由数字科技强化、与全球知识体系相连之后，一种开始理解普通大众如何提供与分享他们本身的事实、他们本身的新闻的途径。”这对传统媒体是一种冲击也是一种挑战，信息的传播活动不再刻意强调“专业化”，更加注重的是普通大众的主导与参与，主张“平民”与“草根”，是一种兼具提供信息生产、积累、共享与传播，私密性与公开性并存的信息传播方式。自媒体的存在形式也具有多样性，微博、博客、个人主页、论坛、电子邮件等都可以作为自媒体的展示平台。

地市级电视台应重视构建网上平台

2005年7月发布的第16次中国互联网络发展状况统计报告显示，在中国互联网步入第二个十年之际，中国网民数终于突破1亿大关。相关数据表明，上网人员主要是以35岁以下的年龄段为主，休闲娱乐所占比例达到37.9%，获取信息的占37.8%，排在第三位的则是学习与知识浏览，占10.3%，选择其他上网目的的网民所占比例均低于10%。近年来，随着互联网的迅猛发展，国家、省级和部分地市级电视台建立了自己的网上阵地，但仍有许多地市级电视台对此重视不够，在互联网的建设开发上或是空白或仅停留在低端水平上，对其发展空间和前景缺乏足够的认识。这里，笔者不揣浅陋谈点看法，就教于同行。

一、广播电视台及广电媒体网站现状分析

（一）广播电视台现状

据有关统计数据表明，全国共有广播电视台1400座左右，广播电视开播节目套数均超过2000套。从1996年开始，国家逐步对广播电视发展布局和内部结构进行了调整。74.7%的县市实行了广播电台、无线电视台和有线电视台三台合一，75%的地市电视频道进行了调整，50%左右的市、县有线网与省有线网联网，19%的县（市）实行了对乡镇广播电视站的垂直管理。整合后的广电行业重新划分天下，中央和省级电视台越来越大，越来越强，节目越来越多，地市级电视台的生存空间变得越来越狭小。

在如此严峻的形势下，地市级电视台除了不断提高自身的竞争力，还需在发展的过程中另辟蹊径。从第16次中国互联网络发展状况统计报告

分析的数据可以得出结论，随着光纤接入的数量越来越多，传输速率的不断提高，以前上网瓶颈的现象逐渐消除，在网上传播流媒体已经成为可能。因此，充分利用广播电视的资源优势，构建发展广播电视的网上阵地应提上地市级电视台决策者的重要议程。

（二）网络传媒的现状

1969年，世界上第一个计算机网络——阿帕网正式面世。至今，世界各国经过30多年的开发与应用，国际互联网取得了迅猛发展。从2004年开始，作为中国第四大电信运营商的网通已经悄然参与了三家网络电视台的建立。2004年5月底，网通获得国内第一张网络视频播放许可证，它和IDG投资5亿元合建了网络电视站点“天天在线”，并拥有40%的股份。随即央视在6月份启动了自己的网络电视——“中视网络”，网通便是其战略伙伴，首批开通了影视剧场、纪录时空、娱乐空间、体育传奇、经济、新闻、音乐、法制、人物、教育、财富、动漫、少儿、生活、军事等频道，还将陆续开播历史、证券、时尚、汽车、家装、女性、喜剧、母婴等频道。目前，中视网络在京、沪、苏三地“落地”，付费用户达到22000余户。

澳大利亚媒体大亨默多克（Rupert Murdoch）领军的新闻集团的50名高管2005年2月16日齐聚纽约，为自己的传媒王国制定新的互联网战略。不久前他曾公开表示：“我可以向你们保证，所有的高管和大部分中层管理人员都把心思放在了互联网上。为此我们做了许多研究工作。”而新闻集团在中国的战略也正体现着这一点。

光线传媒总裁王长田曾在接受记者采访时提到，如今网络作为一种媒体只要解决了带宽问题，将是最有潜力的一种传媒形式。因为与其他媒体形式相比，它代表了更先进的技术和发展趋势。

全球传媒业巨头维亚康母（Viacom）公司董事长兼首席执行官萨默·雷石东（SumnerM. Redstone）在北京宣布，维亚康母将与上海文广新闻传媒集团（SMG）成立合资制作公司。而TOM集团也不甘落后，斥资30亿港元进军内地传媒市场，业务范围横跨互联网、户外传媒、出版、体育推广及娱乐、电视传媒五大领域。

随着像IPV6、网格技术、P2P技术、博客、维客、RSS，以及宽带技术、无线通信技术等等一些新技术逐渐浮出水面，更多的新技术被得到商业性推广，更使网络的发展如虎添翼，新技术的应用所带来的革命性影响对于未来的网络媒体是不可小视的。

网络传播所具有的及时性、交互性、分众性以及受众主动性等特点，使它作为大众媒体的功能日益得到强化，对广播、电视、报纸等传统媒体具有很大的冲击性。

（三）广电媒体网站的现状

面对来势汹汹的网络传媒时代，中国的广播电视不愿意也不可能坐以待毙，于是，中央电视台和省一级电视台，以及一些具有远见的地市电视台纷纷组建自己的网站。

这里试就广电媒体所办代表性的网站作以简要分析：一是以CCTV为代表的依托电视节目来分类的门户网站。这类网站的内容一部分来自本台栏目，一部分内容转载自各大新闻权威报刊、网站的新闻内容，经营行为主要是利用自己的传统电视媒体的品牌优势，做相应的广告创收活动；省级电视台大都也是如此。再就是以苏州广电总台为代表的综合性门户网站《名城苏州》。这类网站已经把传统的电视媒体转化为其网站内容的一个部分，它涵盖的内容更加广泛，上至天文地理，下至百姓生活，面面俱到。其内容的来源，新闻类内容有转载各大权威新闻网站的，如新华网，也有摘抄自各大报纸；休闲时尚类内容有的是栏目转包，如：子栏目“政府”，它链接的是http：//www. suzhou. gov. cn/的政府网站，其他一些子栏目也是如此。

二、地市级城市网站的状况

地市级城市网站的一般情况是政府机关、企事业单位都有自己相应的网站。以江苏徐州为例，有中国徐州政务门户网站（http：//www. xz. gov. cn/）；有徐州电信彭城视窗网站（http：//www. 86516. com/），它是徐州规模最大、栏目齐全、内容丰富的门户站点；还有中国徐州网

（http：//www. cnxz. com. cn）是徐州日报社主办的、面向淮海经济区的新闻门户网站；另外，每个党政机构、大型企事业单位几乎都有自己的网站。

三、地市级电视台发展网站的优势

（一）取长补短

传统的广播电视媒体一般只能单向传播，“我说你听”“我播你看”，而网络媒体却可以相互沟通、相互传播信息。网络媒体不会受时间，地域的限制，因此，可以利用网络传播的异步提供信息的特点，把电视节目在网上传播，从而扩大传播面，扩大传播范围，使受众人数的增加成为可能性。广播电视传播可以进一步利用其可以发布新闻的权限，利用网络资源发布真实的、独家的、权威性的新闻。

（二）优势互补

在互联网信息技术的推动下，传统的广播电视业逐步向数字化和网络多媒体的方向发展。数字化广播电视具有智能化、高清晰度、双向互动性特点，开辟了广播电视节目的新纪元。数字化的电视信号既能通过直播卫星向全球播出，也可以利用计算机网络在全球播出，大大扩大了广播电视原有的影响力。另一方面，计算机网络与广播电视网络的数据传输线路具有较大的兼容性或相似性，线路介质的一致性也为网络媒体与广播电视媒体的一体化发展提供了可能。

因此，地市电视台网站所依托的媒体是地市级广播电视台，电视媒体的优势就是网站的优势，电视媒体网站可以借势生长。它多年来积累的丰富的节目资源，通过精心包装，重新打造，便于以网络媒体的形式借助于互联网传播；通过电视台的品牌形象、电视栏目，也可以加快电视媒体网站的推广。尤其是现在很多网站没有采制新闻的权力，稿件的真实性常常遭到质疑。而广播电视的新闻人员因为具有新闻工作者的基本素质，对新闻的驾驭具有专业性和权威性的特点，如果能够充分利用网络这个跨越时空的虚拟现实空间，按照新闻传播的需要进行有效结合，就能给受众提供一种“大餐式”的新闻。

四、地市级电视媒体网站发展的内容建议

地市级电视媒体网站要建立并进而做大做强，起码需要三个方面来支持：一是内容需要改进，充实，开发；二是网站发展过程中逐步要有经营的成分；三是技术保障能跟上网站的发展。目前可以借鉴CCTV和《名城苏州》的成功经验，对当地的网络资源进行整合，发展壮大自己的网站。

结合第16次中国互联网络发展状况统计报告，根据地市级电视台媒体网站的现状，笔者认为，地市级电视台媒体网站可以分下面几步走：

（一）网站品牌推广

1. 建立完善的网站平台

网站平台建设包括：网站栏目策划、网站整体设计包装、网站功能开发、网站信息充实、网站客户服务。

（1）网站栏目策划：地市级电视媒体网站在保证对地市级广播电视台全方位服务的基础上，栏目应该进行合理划分，一方面栏目定位可以是为广播电视服务，另一方面要设立网站自己独有的栏目，流媒体应该是电视媒体网站所具有的特色之一。

（2）网站整体设计包装：在设计上应保留一部分广播电视的媒体特色，形成具有独特风格的门户网站。

（3）网站功能开发：建立自己的信息数据库和动态页面发布系统，信息检索系统。

（4）网站信息充实：电视传媒的品牌优势是不可低估的。因此，在电视媒体网站的发展过程中，应该科学合理地利用这个优势，对当地的网络资源进行有目的地整合。

（5）网站客户服务：在网站进一步的发展过程中，不断积累客户资料，做到创收经营，建立自己的经营队伍和营销策略。

2. 网站宣传策略

提高站点知名度和访问率的有效途径是采取多种媒体相结合的全方位

综合宣传策略，可以通过以下几种方式：

（1）积极参与诸如新闻发布会等大型公关活动，参与具有影响力的各类大型活动；

（2）利用电台、电视台等传统媒体广为宣传；

（3）利用网络媒体进行广泛发布，包括搜索引擎注册、网络报纸、杂志新闻发布、相关站点的友情链接、重要网络媒体的banner广告及newsgroup、BBS、mailing list的新闻发布等。搜寻引擎是协助企业推展网站非常重要且经济有效的管道。

（二）网站经营创收

随着网站品牌知名度的提高，丰富的客户资料积累，潜在客户群的掌握与开发的深入，网站可考虑创造一定的经济效益。比如：

1. 关注短信对电视媒体的渗透。根据第16次中国互联网络发展状况统计报告所罗列的数据显示：上网人群以35岁以下的人为主，这部分人对新鲜事物的接受能力很快，所以，在对网站内容的把握上，应该有60%的内容是针对这一受众群的，可以利用网站定制新闻短信、定制天气预报等，还可以开展手机铃声下载、手机图片下载，网上短信送福等业务。

2. 利用传统媒体的品牌优势。广播电视的品牌优势非常明显，因此在网站的建设方面可以利用自己的名牌栏目在网上做一些栏目外的拓展，利用广大受众对广播电视的品牌信赖，做一些双方互惠互利的事情，如可以组织团购活动等。

3. 网上广告。网上广告的优势不仅有视觉的冲击，时间上也不同于传统媒体广告“稍纵即逝”的特点，它不受时间和地域的限制，只要知道电视媒体的网址，随时就可以观看。

4. 对一些热门、时尚话题，可以考虑进行栏目转包，向社会网站收取一定的费用，节目内容电视台把关。

5. 利用丰富的节目库进行VOD点播。现在宽带上网已经过半，这使得网络流媒体瓶颈现象有所缓解，因此利用电视台、电台现有的丰富的节目资源，进行网上有偿点播技术上已经成为可能。

6. 服务器托管业务。可以向一些小型有意向的网站，考虑做服务器托管，收取一定的费用。还可以利用现有的技术人员，在完成自身网站日常工作的情况下，面向社会，开展网站制作业务。

7. 邮件服务。虽然目前邮箱处在免费时代，但大部分邮箱稳定性差。随着用户对邮箱性能要求越来越高，收费邮箱只要在服务和风格上更适合目标客户，一定前途无量。

8. 电子商务。主要还是B2C（B to C）在线支付业务，是指企业（卖方）与个人（买方）通过因特网上的电子商务网站进行交易时，银行为其提供网上资金结算服务的一种业务。国内很多企业几乎就从来没重视过建立一个B2C的平台来卖自己的产品，未来的B2C市场会很大。

网络的信息传输不受地域、时间、空间和语言的限制，只要把电视媒体网站的独有特色保持下来，再对本地和整体网络资源进行深刻地分析，建立一些自己独有的信息资源，应该说地市电视台媒体网站是大有可为的。

注释

［1］第16次《中国互联网络发展状况统计报告》。

［2］林吕建：《论广播电视传播与网络传播的一体化发展态势》。

原载国家广电总局《决策参考》2006年第5期

“两会”因网络而更精彩

——兼议人民网2011年全国“两会”报道

长期以来，电视、报纸、广播凭借其传统媒体的强势地位，一直是报道重大时政新闻的主力军。每年的全国“两会”对媒体来说，都是不可错过的一道新闻盛宴。各类媒体八仙过海，各显神通，网络媒体凭借自身的传播优势，影响力也不断扩大。在一份调查中显示，有近30%的公众会选择互联网作为了解“两会”的首要信息渠道，另有20%的公众会及时地关注互联网上“两会”的信息动态。这表明，越来越多的人会选择用网络来收看重大时政新闻的报道。据清华大学媒介调查实验室完成的《2011“两会”网媒价值及影响力》的调研报告显示，今年全国“两会”期间，新浪、网易、凤凰、搜狐、腾讯五大综合门户网站联手为“两会”专题报道提交了一份令人满意的成绩单。在“两会”报道期间，五大门户“两会”专题日均浏览量达到15755万，比去年“两会”增加近30%；日均浏览人数同比增长25%，达到2372万。

一、“两会”借助网络，进入寻常百姓生活

近年来，不断发展的互联网已逐渐被不同年龄层次的受众所接受，成为人们工作、生活不可或缺的工具。调查显示，目前我国有4.57亿的网民，85%的网民年龄集中在18~45岁。这个年龄层次的受教育程度、收入水平，也明显高于其他的年龄层次，因而使用的频率和时间相应的也就高于其他媒体。正是基于这些现实，全国“两会”的组织者有意识地利用互联网开展民意调查、征集热点话题和进行议政议程设置，使得这个每年一度的政治大事日渐走近大众，为大众所关注。

察民情知民意。由于互联网具有开放式的特点，在广开言路、反映民意上可以发挥其他渠道无法替代的作用。全国“两会”的参与者和报道者利用这一特点，搭建网络公共平台，充分了解民情民意。2011年1月底，人民网推出了“2011‘两会’调查：你最关心的十大热点问题”大型网络调查栏目。截至2月22日22时，共有108420人参与投票，从18个关键词中选出了“十大热点问题”（见表1）。

表1 十大热点问题排行（据人民网）

1.社会保障61177票	6.环境污染14456票
2.司法公正40704票	7.医疗改革14264票
3.反腐倡廉19477票	8.物价调控14033票
4.个人收入19405票	9.食品安全12904票
5.房价调控14529票	10.教育改革10320票

本次调查涉及的18个关键词，包括社会保障、司法公正、个人收入、反腐倡廉等，网友纷纷通过跟帖、留言和投票等形式积极参与。2月27日上午，温家宝总理在与广大网友在线交流时，对有关社会保障的热点问题进行了回应。网友们在留言中提出的意见建议，也成为代表委员提出高质量议案、提案和建议的参考依据。同时，还开办了“为两会寄语”“国民议事厅”“有话网上说”“两会调查”“网友辣评”等反映民声，倾听民意的专栏。

释疑点解困惑。每年的“两会”，各种社会热点、焦点问题都会汇集到这里，各种社会舆论在这里都会得到反映。对于大家关心的问题，网络媒体在舆论引导方面可以说特色各异。如人民网就开办了“报告解读”“重磅访谈”“两会时评”“微评两会”等栏目，及时回答人民群众最关心的热点问题，宣传党和政府为解决这些问题制定的政策和策略，以引导舆论、化解矛盾，为建设和谐社会发挥作用。

传民声汇民意。“两会”期间，网络媒体充分彰显网络良性互动优势，注重反映人们心声。如人民网推出了反映人大代表和政协委员的“建议提案”“代表、委员声音”“代表、委员面对面”“我说报告”等栏目，充分反映来自各地基层代表和委员们的心声。同时借助网络平台，注意倾听那些来自普通百姓的声音。如“我有问题问总理”“我说报告”“博在两会”“两会调查”以及“为两会寄语”等，都是反映群众愿望、要求、呼声和意见的栏目，与网民及时地加强了交流沟通。此外，为了更好地报道“两会”，“两会”前夕，人民网记者还奔赴全国31个省市区，听八方民意，看各地民生，问当地发展，以文字、图片、音视频等多媒体形式，将基层群众对未来发展的所思所想所盼记录下来，在“新春走基层，八方听民意”板块生动呈现。群众的意见、建议、期盼也以不同形式反馈给代表、委员，作为参考。

二、网络媒体报道“两会”，广受网民欢迎

以往全国“两会”期间的新闻大战，多集中在传统媒体之间，网络媒体常常充当“配角”。网络从20世纪90年代中期开始进入中国，作为“第四媒体”，不断冲击着报纸、广播、电视三大传统媒体的“垄断地位”。今年的“两会”期间，新浪、搜狐、网易、腾讯、凤凰五大网站，在报道“两会”上都下了较大力气。据一份调查显示，以中国现有的网民数量来看，平均每20个人中，就有一个人关注五大门户网站的“两会”报道。此外，各大网站在报道“两会”过程中也是“八仙过海，各显神通”，如新华网成功实施了温家宝总理与网民在线交流的多媒体网络直播，光明网通过Web网站、光明云媒、手机报、手机网等载体，进一步增强报道时效性。中国经济网实现了网报互动，国际在线进行国际化全球“两会”传播，中国网络电视台以视频传播为主，创新传播形态，在台网捆绑的基础上，充分发挥网络互动特色。

凭借丰富的背景资料和强大的记者团队，人民网从1999年报道九届人大二次会议起，不断改善传播设备，更新传播手法，力求在内容和形式上有所创新。近年来的“两会”，人民网先后推出了“两会直通”手机短信服务，开通博客、微博、音频、视频等形式对“两会”展开全方位报道，内容更加丰富，题材更加多样，报道更加精准，实现了从单纯的文字、图片播报到音频、视频的直播及微博等传播方式，使人民网在“两会”报道上更加成熟。今年的“两会”，从3月1日起，人民网就开始推出全国

“两会”专题，开设了近40个中文栏目，并提供英、日、法、西、俄、阿等六个外文语种及蒙、藏、维、哈、朝五个少数民族语言版本。人民日报、人民网前后方百余位记者、编辑，倾力搭建起一个内容丰富、实时互通、参与便捷的网络问政及议政平台。具体来说，主要呈现以下特点：

一、关注民生，强化主题策划，使报道有的放矢。人民网2011年“两会”报道除继续加强了高端访谈、现场直播、“两会”评论、特别策划等栏日，还着力推出了“代表委员畅谈十二五”主题栏目，通过记者采访与编辑策划相结合的方式，提炼最有价值的建言献策，共谋国家富强发展；还特别辟出“两会读报告”专区，通过代表委员审议，专家、媒体多维解读，网友畅言等多种形式多种渠道，全方位传播报告内容。

二、利用新技术，传播新内容，打造“两会”新看点。今年人民网在传统互动品牌栏目的基础上，发挥新技术优势，打造“微博报两会”，细分为微评两会、每日记者微播报、微博直播、两会微热词、微博实时播等子栏目，充分发挥微博的“短平快”优势，汇集代表、委员、记者、编辑、网友的力量，对“两会”进行全方位图文报道。高清全景“透视”“两会”，专题则特别定制了“360度看两会”栏目，首次通过鱼眼镜头拍摄360度全景照片，给网友提供全新的视觉感受。手机采编系统上线，报道更及时。前方记者配备手机采编系统，实时进行图、文、视频播报，使报道更迅速更快捷。

三、发挥网络媒体优势，搭建综合互动平台。人民网舆情会商室也首次发布“两会每日舆情报告”，提供当日舆情分析，进行舆情解读。人民网与百度合作推出的“两会热搜榜”把每日十大最受关注代表、十大最受关注委员、十大最热议题等搜索热点呈现给网民。“我有问题问总理”“有话网上说”“强国E两会”“网民议事厅”“提问两会发言人”等栏目，更是集发表意见建议、拍砖评论、互动调查等多功能于一体，成为网友们关注“两会”、建言交流的首选场所。

“两会”期间，人民网还对人大、政协会议的开、闭幕式，新闻发布会，记者会，团组讨论等，进行现场图文视频直播或实时报道，让网友随时了解会议内容，如身临其境感受“两会”。

三、未来网络媒体报道“两会”的走势

实践证明，近年来网络媒体上升势头迅猛，在某种程度上看似对传统媒体构成一定威胁，但同时也应看作是传统媒体实现转折的重要契机。其实，网络媒体之所以能够在“两会”的新闻报道中异军突起，主要得益于它不同于传统媒体的许多特点和优势。但它还存有许多问题，比如，网络的虚拟化容易使新闻真假难辨，目前网媒在新闻采编方面还受到许多限制，甚至没有单独的网络记者和采访权，在发展过程中面临着许多新的课题。

尽管有人认为，由于受到网络媒体的强势冲击，传统媒体尤其是平面媒体将很快退出历史舞台。但笔者以为这种可能性微乎其微。以人民网为例，它已经在一定程度上为人民日报的网络化，或者说全媒体化发展做出了有益的尝试。现在，在人民网上可以看到几十种报道形式，可以用各种方式阅读新闻和信息，尤其是人民电视的推出和发展，实现了人民日报的电视梦。人民网作为国内权威的官方媒体，在报道“两会”上所建立的优势为其他门户网站树立起一杆标尺，而其优势从本质上讲，是依靠网络技术的迅猛发展为基础的。科技的不断进步，网络传播技术的迅速发展，必将为网络媒体开辟一片新天地。与此同时，对于网络媒体来说，虽然上升势头迅猛，但将来的趋势仍然只能是融合，即融百家之长。

参考文献

[1] 王倩，何晶茹：《人民网推出2011年全国两会专题》，2011年3月1日，人民网。

[2] 杨超晶：《人民网“两会”报道十年纵向分析》，2008年12月12日，人民网。

[3]《门户网站——决战“两会”，报道之巅》，2011年3月23日，《互联网周刊》。

[4] 陈振凯：《“两会”：网民关注十大热点》，2011年2月24日，人民网。

[5] 赵志立：《“刷新”与“升级”——“两会”期间的网络媒体》，中国发展新闻学论坛。

[6] 何加正：《从人民网实践看党报走全媒体之路的轨迹》，《新闻与写作》，2011年2月。

原载《声屏世界》2011年第5期

政务微博发展状况浅析

——以南京政务微博为例

信息科技的迅速发展使得信息发布和信息交流的模式发生了翻天覆地的变化，贯彻落实科学发展观，不断转变政府工作方式，坚持与时俱进，实现行政管理的信息化、网络化是未来发展的必然趋势。政府机关如何利用网络技术扩大自身影响力，在社交网络日益蓬勃发展的今天确保公信力不受损害，扩大民主，拉近政府与群众的距离，汇民意、聚民智，需要广大政府机关及其工作人员提高认识，增强信息化条件下的工作能力，实现工作方法和工作手段的创新。

中共十七大报告提出要“建立健全党委领导、政府负责、社会协同、公众参与的社会管理格局”。社会管理是政府职能的重要组成部分，是国家通过制定一系列社会政策和法律规范，对社会组织和社会事务进行规范和引导，培育和健全社会结构，调整各类社会利益关系，回应社会诉求，化解社会矛盾，维护社会公正、社会秩序和社会稳定，以及健全社会内外部环境，促进政治、经济、社会、文化和自然协调发展的一系列活动，以及这些活动的过程。当前我国正处于社会转型期、矛盾多发期、利益调整期，社会状态更加活跃，开放性、流动性问题增多，社会诉求不断提升，维权意识更加强烈。而没有社会的稳定，就不可能有经济、政治的繁荣发展。面对这些新的社会管理问题和管理要求，政府机关必须采取新的应对措施。在诸多沟通与交流方式中，使用新型的社交工具——微博，能够迅速、及时、有效地与群众加强联系，帮助党政机关第一时间沟通信息，交流情况，化解矛盾，进而协调社会关系、规范社会行为、解决社会问题、应对社会风险、促进社会稳定。本文以南京政务微博为例，分析探究政务微博的发展状况、优点、不足及对策。

一、南京市政务微博的发展及其效果

微博，作为一种新型社交工具和信息发布平台，其便利的发布方式、友好的互动体验和迅捷的传播速度，与传统媒介相比较都是后者所难以望其项背的。根据工信部2012年2月底公布的数字显示，目前我国各品牌微博注册用户数已超过5亿，每天发布并流通的微博消息浩如烟海，充斥其间的信息也是鱼龙混杂。而如何有效地利用好微博的传播功能，建立健全党务政务信息发布制度、发挥微博的开放性特征，提高党政机关的信息透明度，通过微博的沟通交流功能，推动公民的参与等诸如此类的问题，已然成为目前党政机关日渐关注的一个焦点。对于把握信息化条件下的政府治理、构建社会主义和谐社会具有十分重要而深远的意义。

从2009年湖南省桃园县建立第一个政府微博“桃园网”开始，各类政务微博如雨后春笋般纷纷开通，并在短时间内发挥了重要作用，从甘肃校车事故后“微博甘肃”发布事件处理进展到“我爱柳州”在水源地污染发生后的水情实时发布，从成都警方“微博追逃”到浙江温岭的“微博辟谣”，我们可以直观地感受到微博的信息公开发布方式，的的确确有助于增强政府工作的透明度和公信力，而政府官员通过发布微博与群众互动，更是拉近了官方与民众的关系。原上海市委书记俞正声通过微博给癌症患者家属回信“你的痛也是大家的痛”、浙江省副省长郑继伟在微博上点名高校校长要求加强食堂食品安全，直言“伤不起”。这些饱含深情的真诚话语，不但体现了政府官员的亲民作风，更增加了社会和谐的因素。

作为政务发布信息化、网络化程度比较高的南京市，在建设政务微博方面自然也不甘落后，正积极探索。最早为平息日本福岛第一核电站核泄漏引发市民“抢盐风潮”而建立官方微博的南京市，为了进一步发挥微博在政务工作中的作用，深化和拓展民众与政府间的网络互动，在较早开通政务微博的基础上，于2011年5月26日在新浪微博又率先建立了全国第一个微博城市广场，在政务微博的建设方面迈出了创新的步伐。

南京微博城市广场由155家经过实名认证的微博组成。这155家微博按照官方、政务机构、官员、学校院所、新闻传媒、文化场馆、南京名人等八个板块排列，以构建“微城市”为理念，向社会发布全方位、多领域的及时消息。微博广场中政务微博共计58个，新闻媒体52个，16家学校院所和23位经过实名认证的政府官员。[1]新浪官方数据显示，截止到2011年底，南京政务微博“粉丝”已达223万人，南京市公安局微博“平安南京”、物价局微博“南京价格监测”、公安局交管局微博“南京路况直播间”等政务微博关注人数均突破十万，其中南京市委宣传部开办的微博“南京发布”迄今已发布微博6900余条，日均更新微博15条，每20分钟更新一次，关注者高达92万多人。在2011年政务微博年度高峰论坛上，新浪网和人民网舆情监察室发布报告称，根据活跃度、转发率、用户数等指标综合分析“南京发布”位列全国政务微博前十名。[2]以微博平台为依托，南京市委宣传部做出的“突发事件一小时发布”的信息发布制度也于去年成功入选地方政府“政府创新奖”候选名单。

南京地区政务微博在建立之后的较短时间内就拥有了巨大的社会影响力并发挥了重要作用，收到了良好的效果。究其原因，主要有以下几点：

（一）服务型政府理念下工作方式的转变

为了推动社会主义市场经济更好更快地发展，政府机关必须树立服务意识，在日常工作中将服务性职能放在突出位置，慎用行政管制职能，引入市场机制，充分发挥市场价值规律。南京市市委、市政府贯彻落实科学发展观，以服务为宗旨，以市场为导向，在基于商业化运营的社交平台——新浪微博率先建立起城市微博广场，开全国之先河，通过调整政府工作思路，充分发挥微博的信息传播功能，拉近了同群众的距离，提高了政务信息发布的速度。现如今，但凡南京市政府机关做出重要决定或全市发生重大事件，基本上都能够通过微博第一时间向社会发布，保证公民的知情权。

（二）南京市各政府部门的重视和参与

随着微博使用群体的迅速扩大，南京市市委、市政府审时度势，出台了一系列相关政策，大力支持政务微博的发展，先后发布了《关于进一步加强政务微博建设的意见》《关于深化网络发言人制度建设 进一步提升网络互动工作水平的意见》等文件，要求涉及百姓生活的窗口部门应当逐步开通政务微博，不断推进政务微博的深入发展。

目前，南京市已有75家政府机关开通了自己的官方微博，从市委宣传部到市公安局，从市物价局到市园林局……发布的信息初步覆盖了居民日常生活所经常接触的方面，值得一提的是，建邺区的所有街道办事处均开通了官方微博，南京政务微博的部门参与程度之高由此可见一斑。

（三）政务微博管理的专业化、科学化

政务微博作为党政机关发布信息、展示形象的重要窗口，在工作中对于平台的运行和维护应当格外重视，采用专职人员和专业团队进行管理，从微博界面设计到微博消息更新都需坚持专业化、科学化、人性化。2011年，南京市曾组织领导干部进行网络素养培训，邀请新浪微博部副总经理李少宇传授“织围脖”的经验，并向领导干部发放图书《微博改变一切》，要求领导干部从思想上、行动上重视微博的科学管理和使用。

（四）具有较强的互动性和亲民性

微博的沟通性是其本身的一大特点，政务微博在运营过程中如能注重和网民的互动，产生双向交流，不仅能扩大信息传播能力，同时还能起到信息收集和反馈效用，汇民意、聚民智。政府的决策好不好，工作有没有问题，可以通过分析网民对发布的微博信息的反应、评价，在一定程度上得到了解。相比一些地方政务微博只发信息不加好友，或者只与“兄弟单位”互粉的政务微博，南京市政务微博特别重视与网民的交流，以“南京发布”为例，除了常用的微博留言板外，经过实名认证的网民只要与“南京发布”微博互粉成功，还可以通过发送私信的方式与官方交流。南京政务微博充分利用了微博的互动功能，拓宽民众反馈渠道，搜集社情民意，进一步确保公民民主监督、民主决策的权利，扩大了基层民主。

与通过传统媒介发布信息使用的正式书面用语不同，南京市众多政务微博发布的微博消息更加偏重口语化，在形式上更加贴近群众，在内容上更加贴近生活，清新活泼的话语一定程度上改变了政府机关在普通人心中

“严肃古板”的印象，拉近了民众与政府的距离。“清凉门高架北向南下桥口发生一起事故，占据左侧一股车道，童鞋们一定要保持安全车距，安全第一呢！”[3]网络流行语在政务微博中的大量使用，不仅说明政府机关内部有一批能把握时代潮流，了解大众生活的工作人员，而且也体现出行政部门努力提升亲民程度，从群众角度出发，开展工作的良好愿景。

（五）对细节和时效的注重

对于政务微博来说“里子”是关键，但“面子”也同样非常重要。相比于板式单一、美工粗糙的系统页面，经过精心设计的个性化微博主页更能吸引网民浏览。南京众多政务微博深谙此道，在页面的编排设计上做足了功课，着实吸引了一批粉丝前来“围观”。南京市委宣传部微博“南京发布”不仅根据季节、节日时常更换主页风格，有时为此还专门发出微博进行预告：“政务微博座谈会‘南京发布’现场换肤了！栖霞红叶秋天手绘版，漂亮吧！呵呵。不久还有冬季版哦，敬请期待！”[4]

除了在微博主页的布置上下功夫，南京的一些政务微博还打破时间限制，在正常工作时间外坚持更新，为了抢在第一时间发布新闻，“南京发布”曾经在凌晨两点半更新微博，受到众多网民的好评。

（六）政务微博得到官员个人微博的支持

政务微博的发展离不开人员、资金和技术的投入，离不开广大网民的关注，也离不开有关领导的支持。政务微博，代表的是其背后的行政部门，消息发布的重点自然放在官方，南京市影响力较大的几个政务微博如“南京发布”“平安南京”“南京物价监测”等虽然努力打造亲民形象，但重心必然集中在政务信息发布上，对于涉及市民个人的具体事件可谓心有余而力不足，难以照顾到各个方面，而官员的个人微博正好可以成为有力的补充。个人微博具有人格化特征，相比于政务微博，政府机关工作人员在个人微博上与网民进行一对一交流更为方便，涉及的话题也更加开放。

目前，南京市共有22位通过了实名认证的官员入驻微博城市广场。这些个人微博，除了用于正常的社交活动，也成为社情民意的反映渠道。南京市主要领导也表示自已经常“潜水”关注网上的微博精选，把握网络舆论动向。官员个人微博同政务微博既有联系又有分工，减轻了政务微博的负担，拓宽了政务微博的辐射面，有力地支持了政务微博的发展。

（七）建立了政务微博间的竞争与排名制度

随着南京市越来越多的行政部门建立政务微博，从2011年下半年起，南京市与新浪微博多次合作，发布了一系列的政务微博排行榜，从用户数到活跃度再到影响力，力求全方位、多角度地综合分析各政务微博的运行情况。微博运行得究竟怎样，是否符合开办的初衷，有没有起到应有的作用，通过对量化数据的分析一目了然。虽然南京市没有对政府部门的政务微博建设情况设立硬性指标，但是通过一次次的政务微博负责人会议和各类微博排行榜单，对政务微博的建设和发展提出了诸多建议，指明了发展方向，以一种竞争排名的方式，促进了各政务微博间的良性竞争。

二、南京市政务微博存在的不足

自2011年2月份南京地区首个政务微博“南京发布”开通以来，在过去的一年多时间里，南京市各政务微博大多取得了较快发展，产生了极大的影响力，获得了舆论的广泛好评。然而政务微博作为一种新兴的网络政务平台，在快速发展的过程中难免会出现这样那样的问题，总的来看，当前南京市政务微博主要存在以下缺陷和不足：

（一）一些民生部门、窗口单位至今未开通政务微博

与一些开办得红红火火的政务微博形成鲜明对比，南京部分政府部门的政务微博仍是不见踪影。在全面推广电子政务、建设服务型政府的大背景下，一些单位仍然存在“心态上不想用，技术上不善用”[5]的思想，南京市民政、规划、城建、城管等部门都尚未开通官方微博。2011年南京曾举行过民政局行风述职评议大会，会上对民政局的提问多半是咨询性质的，比如外地人在宁结婚，结婚证如何办理。有市民对此评价说：“如果民政局的服务窗口开通了微博，是不是这样的问题随时随地就能解答，根本不需要拿到这个场合来问。”[6]

虽然作为综合性政务微博的“南京发布”时常会出现涉及这些部门的政务信息，但显而易见，仅仅依靠一家微博来发布数家信息量较大部门的信息是远远不够的，这些部门应当建立自己的专门微博，使自己的政务信息更加公开，顺应信息化潮流。

（二）部分政务微博疏于管理，流于形式

不少政府网站曾因内容空洞、信息陈旧而饱受批评，时至今日这种问题仍未能得到完全解决。令人遗憾的是，作为信息发布新平台的政务微博也不幸延续了之前出现在网站上的这种问题。更新不及时，数天甚至数周不发一条信息，对网民的留言不作回应；缺乏维护，微博页面上广告横行。用这种不负责任的态度对待政务微博，不仅违背了微博的社交原则，偏离了开设政务微博的初衷，更会令热心网民感到失望，有损于政府的形象。

（三）微博品牌单一，覆盖面不够广泛

目前南京市各政务微博主要集中在新浪微博平台上，面对的网民主要是新浪微博的注册用户。除了新浪微博外，腾讯、网易、搜狐、人民等品牌微博上还未出现南京市政府部门的官方微博，而这几家微博的用户数量也是数以亿计。仅仅局限在一家微博上，带来的不只是用户量和影响力的损失，也使政务信息公开和拉近官民距离的效果打了折扣。

三、对南京市政务微博发展的对策建议

政务微博的兴起是信息时代一种不可抗拒的潮流。不断完善政务微博的功能，为民众提供更加优质的政务信息服务，已成为当前党政机关的一项重要工作。2012年度的联合国电子政务调查报告指出：“如今是社交媒体（如微博等）迅速崛起的时代。特别是亚太地区的社交媒体获得了史无前例的发展，成为这两个地区网络使用的主要方式。这就要求政府要利用社交媒体在公众中推广电子政务的使用，努力使社会各个群体都能通过这种新的方式享受到电子政务的服务。”[7]针对当前政务微博运行过程中存在的一些突出问题，结合行政管理体制改革和网络技

术发展的趋势，通过以下措施的调整和规范，在一定程度上可以帮助政务微博获得更好的发展。

（一）优化整合，打通政务微博和政府网站、热线的关系

政务微博在电子政务，特别是网络信息宣传中的作用已经初露锋芒，并将发挥越来越大的作用。但这并不意味着传统电子政务平台的没落，相反的，政府网站、市民热线等平台如今仍然占据着重要地位，网站和热线作为政府机关信息发布、与群众交流的主要手段在短期内不可能被替代。而微博作为快节奏生活的产物，其本身追求的就是快速简洁，并不适合发布大篇幅的信息。普通微博用户的单条信息字数不得超过140字，政务微博虽然不受此限制，但既然建立在这种短消息式的快速传播平台之上，就应当符合绝大多数普通用户的口味，倘若在政务微博上长篇大论、发布成篇的政府文件，则不仅使一般网民感到乏味，也失掉了微博“浓缩精华”的特色，变得与传统的政务网站别无二致。

因此，应当将微博所具有的即时性、简洁性、互动性等特点与传统的网站、热线的系统性、详细性相结合，综合各种平台的优势，完善信息的发布、搜集和反馈工作。为了推进政务公开，扩大基层民主，保障公民参与民主决策、民主监督的权利，在政务微博上依法发布政务信息，把各类文件加以整合提炼，将要点以微博的形式传达出去。对于重要的、篇幅过大不适合在微博上公开的，应在相关政府网站上予以公布，同时在政务微博上发出文章的标题和链接，方便群众点击查阅。这样就起到了打通政务微博与政府网站的作用。

党政机关还可以利用微博平台经常性地举办“微访谈”，以问答形式实时与群众交流，将微博的即时通讯功能发挥到最大，作为热线电话的有益补充。同热线电话相比，群众的提问和官方的解答可以长时间保留在网络页面上，便于更加直观地查看。

（二）扩大受众群体，建立覆盖多个平台的政务微博

截至2011年12月月底，中国网民规模突破5亿，目前有近半数网民在使用微博，比例达到48.7%。几大品牌微博（新浪、腾讯、人民、网

易、搜狐）都有着千万以上级别的用户量，其中新浪微博、腾讯微博的注册用户数更是突破3亿，如此大的基数，自然为政务微博扩展影响力提供了充分的用户保障。基于微博平台建立的社交网络以用户间的相互关注为纽带，一条微博只要在不同用户间经过多次转发，其影响力就会呈几何数字增长，产生巨大的社会影响。政务微博如果想要抢占舆论高地，将公开的政务信息最大限度地传播，就必须拥有庞大的关注用户群体。在商业化运营模式下，不同微博平台拥有各自的品牌，各微博间的用户和数据实行物理隔离。这意味着一条微博信息只能在自己所属的平台上进行转发和评论，只有将该条微博信息复制下来，然后使用另一账号登录其他微博，才能够实现微博的跨平台传播。对于普通网民来说，使用多个品牌微博的活跃用户比例并不太大，大多数人还是主要使用一个微博。针对这种情况，政府机关如果能够在多平台开设政务微博，同时发布、同步更新，就可以兼顾各个品牌的微博用户，不但可以扩大受众的范围，提高自家政务微博的影响力，更是深化服务型政府理念，为群众提供人性化服务的有力体现。

在开设多平台政务微博的实际操作过程中，因为存在跨平台维护的问题，必然会导致工作量和运行成本的上升。考虑到当前的政务微博还处在发展期，对大多数政府部门来说应当扩大资金投入，增加人员支持，而且各微博平台技术差异性相对不大，维护成本随着技术的成熟也会不断降低，实现多平台开设政务微博所带来的社会效益也远远超过投入本身。基于此，建设多平台政务微博是切实可行的，也是未来政务微博发展的一个趋势。

（三）走进现实，注重线下交流，与热心微博粉丝面对面

微博的出现模糊了虚拟社会与现实社会的界限，不同于过去在社区、论坛主要以通过匿名身份实现交流的方式。在微博上越来越多的机构和个人以实名身份参与各类活动。对这部分群体而言，网络与现实的界限已然消失。其中有一批人，他们既对政府工作提出批评，表示不满，也常常群策群力、建言献策。这些人的身份各异，从精英到草根，几乎每个阶层都

不乏这样的代表人物，在微博上拥有不可忽视的影响力。

政务微博开设的目的就在于促进政务公开，提高政府工作的透明度，推动服务型政府建设。因此，必须注重与网民的线上交流，将政务微博作为联系政府和群众的一条重要纽带。要充分发挥微博的社交性优势，创造条件让群众监督政府、批评政府，在适当的时候将有代表性的、经常在微博上提出建设性意见的热心网友请来，面对面地同他们交流，倾听他们的意见和呼声，详细了解他们的诉求。这样，就实现了微博问政、微博行政向现实的延伸，将政府与群众在线上与线下的交流有机结合到一起。

（四）加强与企业合作，扩大政务微博影响力

政务微博发展至今已经取得了很大成绩，但是从微博的作用，尤其是从微博巨大的社会影响力和迅速的信息传播速度来看，政务微博做得还远远不够。首先，在用户关注数方面，即便作为全国“粉丝”数量最多的政务微博“平安北京”，拥有的关注用户也只有215万，与不少拥有动辄数以千万计“粉丝”的明星个人微博相比差距明显；其次，缺乏与关注用户，特别是与“明星粉丝”的互动，相比于众多社会知名人士积极关注政务微博而言，不少政务微博对个人的关注较少，官本位思维严重。要想破解这些弊端，实现政务微博的进一步发展，扩大政务微博的影响力，政府除了改进工作作风，加强微博建设外，更要转变思路，深化与微博运营企业的合作。

在具体实施方面，政务微博可以借助运营商向用户发送推荐信息，吸引用户关注。在个人使用微博过程中，运营商会根据用户所在地、关注内容和好友构成向用户推荐一些热门微博，政府机关可以与运营商合作，在推荐内容中加入本地区主要政务微博，鼓励本地用户成为地方政务微博的关注者。微博运营商也可以在综合各项数据的基础上，向政务微博的管理部门通报关注对象的结构层次，从而使相关政务微博根据关注者的需要调整发布内容，改进工作方法。

此外，针对各地区、各部门政务微博发展不平衡的问题，运营商可以以优秀政务微博为蓝本，分门别类提供一揽子的政务微博运作方案，这样

既能在一定程度上缩小各政务微博间的质量差距，又能适当减轻有关部门打理政务微博的工作压力，简化政务微博的运行流程，在技术上促进更多部门开设政务微博。

（五）坚持依法管理，做好正确的舆论引导工作

微博作为新兴媒体，相比于传统媒介有着更快更强的信息传播能力，这种传播能力是一把双刃剑，党政机关可以用它更好地传达信息，更加方便地“问政于民”“问计于民”“问需于民”。但同样的，如果有人利用微博传播不良信息，其造成的破坏力和不良的社会影响也是不容低估的。在政务微博的管理上，要注重对发布信息内容的把握，实事求是地回复网民的留言。在日常维护工作中，要仔细浏览微博留言，及时删除留言板内的广告和各类违法信息。要加强舆论引导，通过政务微博宣传积极向上的内容，带头净化网络环境。要依法保障网民的言论自由，允许网民在政务微博留言板上对政府工作提出批评、建议，容忍不同意见的存在。只有坚持社会主义核心价值体系，引领正确的微博舆论导向，政务微博才能进一步发挥出其应有的社会价值。

四、结论

总之，建设和发展政务微博，是当前和今后一个时期众多政府机关应当重视的一项工作，政务微博的开设有助于政府机关转变工作方式，建设服务型政府，推动电子政务和办公自动化进程。学好政务微博的运作方式，用好政务微博，使之成为为民服务的重要窗口是以人为本、坚持与时俱进的体现，是贯彻落实科学发展观的客观要求，具有重大而深远的意义。

注释

［1］曾力莹、颜芳：《南京城市微博广场昨日亮相》，《新华日报》，2011年5月26日。

［2］人民网舆情监测室：《2011年新浪政务微博报告》，2011年12月。

[3] 南京路况直播间，新浪微博“http：//weibo. com/u/1938364634”。

[4] 南京发布，新浪微博http：//weibo. com/njfb。

[5] 引自南京市委宣传部副部长王德生在南京市首届政务微博大会上的讲话。

[6] 鹿伟：《南京首份政务微博报告出炉，影响力前三名有两个是“公安”》，《现代快报》，2011年11月24日。

[7] 联合国经济和社会事务部、国家行政学院：《2012年联合国电子政务调查报告》中文版。

原载《江苏师范大学学报》2014年第2期

自媒体时代下传播模式的转变

数字技术与互联网技术的日渐完善推动了“自媒体”这一概念的诞生。从“自媒体”到“自媒体时代”，原先只能通过传统媒体进行传播的信息越发具有“亲民”的特性，这意味着自媒体时代下悄然转变的传播模式，正从根本上冲击着传统媒体。

一、自媒体的概念及特征

“自媒体”一词最早是由谢因波曼与克里斯威理斯在美国新闻学会媒体中心出版的《自媒体研究报告》中提出，报告中对“we-media（自媒体）”这一概念做了十分严谨的阐释：“We Media是普通大众经由数字科技强化、与全球知识体系相连之后，一种开始理解普通大众如何提供与分享他们本身的事实、他们本身的新闻的途径。”这对传统媒体是一种冲击也是一种挑战，信息的传播活动不再刻意强调“专业化”，更加注重的是普通大众的主导与参与，主张“平民”与“草根”，是一种兼具提供信息生产、积累、共享与传播，私密性与公开性并存的信息传播方式。自媒体有自己独特的内容构成，没有固定主题与核心的约束，因而自由发挥的空间很大。同时，自媒体的存在形式也具有多样性，微博、博客、个人主页、论坛、电子邮件等都可以作为自媒体的展示平台。

（一）贴近大众，自主性强

从信息传播的“旁观者”转变为“当事人”，大众不再仅仅被动地接受信息，而是化被动为主动，成为信息的制造者。从传统意义的角度出发，自媒体给予了受众平等表达的权利，为草根阶层提供了自由表达的平台，每个平民都可以依据自身的兴趣和喜好选择不同的自媒体平台关注与发布信息。大众可以畅所欲言，可以转发自己感兴趣的内容，可以表达自己对公共事件的看法与评论，“只有想不到，没有做不到”，大众自身拥有极大的发挥空间，自主性很强，所以自媒体也间接为大众提供了一个张扬个性、展示自我的场所。

（二）传播迅速，交互性强

互联网技术和数字技术的发展与成熟，使得自媒体的发展突破时间和空间的限制，赋予大众更为便捷的信息浏览条件，同时也为大众随时随地在自己的“媒体”上发布内容提供了条件，大众发布的信息在极短的时间内就能得到广泛的传播，大大提高了时效性。通过自媒体发布的信息不像传统媒体那样，从作品的制作到最终的成品，需要经过层层审核，因而迅速、高效。在自媒体这种新的信息传播平台上，大众可以通过相互关注、相互评论等多种渠道与形式形成受众与受众之间，即“点对点”的沟通，迸发出思想的火花，引出新问题，形成良好互动。

（三）限制较少，操作简单

自媒体不需要十分专业的技术知识，普通大众也不需要因为不懂网络技能而感到烦恼，因为自媒体相应的平台网络供应商会提供相应的简单便捷的操作模板。通常大众只需要按照版面管理工具的要求，整理好自己需要的相关文字、图片、视音频信息并进行发布，就可以创建属于自己的“媒体”并对其进行维护。通过自媒体平台发布的信息，不会受到固定格式以及既定主题的限制，发布的内容可以是自己观点的表达，可以是对时下热点事件的探讨，也可以是转载的一些精彩图文等。总之，“大众可以随心所欲”地对自媒体实现最大程度的利用。

二、自媒体与传统媒体的比较

（一）传播主体的转变

从传播理论的角度出发，每个人都是潜在的信息源，都可以作为信息的传播者，但在传统媒体占据主导的时代下，这样的情形很难出现，大众往往只能成为“沉默的大众”。电视、纸质媒体这样的传统媒体单位作为一种机构，会受到自身角色设定、目标定位等诸多因素的限制，所以对一些信息来源具有很强的依赖性和固定性，因而“大众即信源”这样的观念极易为人们所忽视。自媒体时代的到来为普通大众带来了福音，它帮助受众摆脱了只能依靠传统媒体表达意见、发表评论的状态，使得每一个受众都能成为信源，赋予了草根自由表达的话语权。

2012年7月21日，北京大雨，尽管当地气象局在电视上发布了橙色暴雨警报，但并没有引起人们格外的关注。而微博用户在当晚7点就已经预感到了危险的存在。“山洪暴发，被困北京房山青龙湖少年军校基地，有上百个小学生，110打不通。求救……”网友@亘秦在19时14分发出的这条求救微博迅速得到了数万条转发，最后才引起了各方媒体的关注与重视。

（二）传播内容的转变

自媒体的传播内容与传统媒体相比，显得较为“丰富多彩”，整体体现出“多”“杂”“乱”的特点，即自媒体传播的内容整体上繁多，又包含来自受各个领域、阶层、地域等因素影响的讯息，所以整体上表现出“杂”的特点。自媒体要为信息传播提供很大的自由发挥的空间，所以设置了较低的进入门槛，传播内容良莠不齐，也出现了很多色情、暴力的内容，这一现象的出现主要归结于“泛娱乐化”现象。虽然传统媒体中也会出现同样的现象，但由于大众传播媒介严格的审核机制，这一现象在以传统媒体为主导的时代表现得并不明显。

自媒体平台上也会出现对有关事件的深度评论，但这样的内容与传统媒体相比数量甚微，它更多的是在自媒体平台上形成对事件的互动，并延伸出新的话题。

（三）传播载体的转变

自媒体的搭载平台，以不断降低运营成本、简化操作界面为宗旨，缩短了传播者与受众之间的距离，自媒体载体从“专业化”向“大众化”发展的趋势愈发明显。自媒体在整个信息传播的过程中可以选择的信息传播载体有很多，但总体看来主要是个人网站、独立博客以及微博这三大平台。随着数字信息技术的发展，又出现了以“微信”为代表的新式自媒体平台，与微博一起成为自媒体运营过程中两大支柱性平台。

在自媒体发展的过程中，一些官方机构和传统媒体也会选择时下较为热门的自媒体平台作为自身信息传播的载体，依靠自媒体时代下独特的传播模式扩大机构及政府部门自身的影响力与主导性。

（四）传播效果的转变

传统媒体中的受众总是处于被动接受的一方，传播效果具有稳定性、易观察的特征。而自媒体时代下的传播效果则呈现出不稳定、变动性强的特征，这是因为大众在传播模式中享有更加广泛和自由的空间。自媒体时代下传播效果的这种特性，在很大程度上削弱了政府对大众的“议程设置”效果。传统媒体作为党和政府的耳目喉舌，受到的限制较多，信息的收集与发布都掌握在极少数专业媒介组织的手中，这造成了受众与媒介相互分离的状态，因此形成了传统媒体强大的“议程设置功能”的传播效果。自媒体时代下，大众在自媒体平台上传播信息的同时，也在接收着其他不同媒介所传递的信息，公民受到很多信息的左右，政府通过大众传媒所传播的信息的主导性就会减弱，传播的效果也会受到相应的影响，“议程设置功能”也就相对减弱了。

2012年7月23日，距离温州动车事故发生仅仅13分钟的时间，一名微博昵称叫作@羊圈圈羊的“微博控”就在新浪微博上发出了第一条求救信息，瞬时引发了全国民众的关注，不管线上还是线下都第一时间参与到了微博救援、微博寻人的过程中。更值得人们注意与深思的是，在此次事件中，普通民众并没有一味接受政府发布的信息，而是学会独自思考、考虑如何去做，在微博上积极争取了解事件真相的权利。在大众接收到的信息中，政府通过传统媒介所传播的信息不断经受挑战，主导地位逐渐下降，“议程设置”的传播效果也明显减弱。

三、自媒体时代下传播模式的不足

自媒体在给予大众极大的自由表达空间的同时，也为其自身内容的管理带来了很大的困难。首先是传播内容失真。自媒体时代下，信息的传播者不受学历、文化水平的限制，也没有接受过相关的新闻传播素养的培训，加之自媒体语言碎片化特征的日渐凸显，通过自媒体平台传播的信息显露出了很多虚假失实的内容。其次是传播内容低俗。随着自媒体自由程度的扩大，一些毫无社会责任心的信息传播者，出于利益需求，或是为了一味满足受众猎奇心理、感官刺激追求而不断发布与色情、暴力内容相关的信息，其中，以色情为主题的信息传播最为广泛。第三是传播内容泛娱乐化。一是内容的娱乐化。一些在微博上直播的热点事件，常常受到某些人的恶搞和调侃，为事件不断增加娱乐的猛料，以此获得超高的点击率。二是语言的娱乐化。自媒体低门槛的进入以及自由表达的广阔空间为自媒体语言“碎片化”的发展提供了温床，“囧”“给力”“耍”等词汇的出现是语言娱乐化的有力表现。这些内容在微博上最为常见，这是由于微博自身微内容的特质决定的。传播内容的泛娱乐化使得没有价值的信息泛滥成灾，不能真正为大众带来收益，反而大量无用的信息干扰了大众对公共事件的判断与讨论。自媒体逐渐沦为大众消遣娱乐的场所，对公共领域的意见不能在自媒体上传播下去，长此以往，自媒体很容易丧失舆论表达的功能。

这些问题与不足是传播模式由传统媒体向自媒体时代转变中难以规避的，所以建立相应的应对机制、完善相关法律法规显得极有必要。只有当人们准确地认识和掌握了自媒体的传播规律，才能善待自媒体，善用自媒体，善管自媒体。

原载《声屏世界》2014年第9期（与于骁合作）

南京地区微信公众号运营模式研究

一、南京地区电视新闻媒体概况

我国实行四级办电视的体制，最高层面是中央电视台，地方电视媒体有三个层级，分别是省级电视台、地市级电视台、县区级电视台。四级电视台在新媒体浪潮中，都纷纷创办了自家的官方微博和官方微信公众号，来发出自己的声音。

南京地区电视新闻媒体较发达，电视新闻栏目众多，生命力强，各个栏目基本上都属于10年以上的“老店”，拥有比较忠实的观众群体。在新媒体时代，这些电视新闻栏目所在的电视媒体非常重视微信平台上的传播，基本上从台到频道再到新闻栏目这三个层级都建立了自己的微信公众号。本文主要通过对南京地区电视新闻媒体自办微信公众号的运营模式研究，来阐述地方电视新闻媒体利用微信公众号平台，开展新闻信息传播的模式，并初步探讨相关电视媒体通过微信平台开展创收延伸产业和反哺电视媒体本体的发展策略。

首先我们对南京地区电视新闻媒体做个梳理。南京地区除了有省级的江苏电视台，副省级城市的南京电视台，还有多家区级电视台。江苏电视台、南京电视台两家电视台都有很多电视新闻的品牌频道以及品牌栏目。如江苏电视台拥有《南京零距离》《江苏新时空》《新闻360》等电视新闻栏目，并有一个公共新闻频道。南京电视台拥有《直播南京》《南京新闻》《标点》等品牌新闻栏目。两家电视台在电视新闻领域均具有相当的知名度，并且拥有卫星现场直播的实力。

南京地区的两家主要电视台均注意到了微信用户的重要性，都创办了微信公众号来发布新闻，表1是对南京地区电视新闻媒体自办的比较有名气的微信公众号一览表，江苏广电和南京广电基本上通过这些微信公众号发布信息，这些微信公众号均经过了腾讯的官方认证，每年都要接受认证审核。

表1　南京地区电视台自办主要微信公众号一览表①

微信公众号名称	承办方	官方认证账号主体	最新官方认证审核时间
江苏新闻	江苏电视台新闻中心（已更名为融媒体新闻中心）	江苏省广播电视总台	2017年6月22日
南京零距离	江苏电视台城市频道	江苏省广播电视集团有限公司	2018年4月25日
江苏城市频道	江苏电视台城市频道	江苏省广播电视集团有限公司	2017年12月12日
南京广播电视台	南京广播电视台	南京广播电视集团（南京广播电视台）	2017年12月18日
南京电视台新闻综合频道	南京电视台新闻综合频道	南京广播电视集团有限责任公司	2017年12月15日
直播南京	南京电视台新闻综合频道《直播南京》	南京广播电视集团（南京广播电视台）	2018年2月5日
南京新闻	南京电视台新闻综合频道《南京新闻》	南京广播电视集团（南京广播电视台）	2017年5月17日

江苏省重点新闻媒体微信排行榜中，江苏省广播电视总台一共有10个微信公众号入榜，占据了半壁江山[1]。在这10个账号中，有7个是广播新闻媒体以及电视媒体所创办的非新闻类公众号，不在本文采样的范围中，剩下的3个微信公众号列入本文采样的范围，分别是：名列第9的南京零距离，名列第11的江苏新闻，名列第13的江苏城市频道，南京广播电视台没有任何微信公众号入选。

本文在接下来的阐述的过程中，主要选择江苏省广播电视总台的“南京零距离”和“江苏新闻”这两个微信公众号，同时适当兼顾南京广播电视台的其他微信公众号。

① 说明：本榜单没有收录广播新闻媒体以及电视媒体所创办的非新闻类公众号

二、地方电视新闻媒体自办微信公众号的目的性研究

要对地方电视新闻媒体微信公众号运营模式进行研究，首先要搞清楚的第一个问题就是：地方电视新闻媒体为什么要自办微信公众号，办的目的是什么？

（一）时代发展的需要：国家政策指明传统媒体融合传播的方向

传统媒体为什么要办新兴媒体，这种融合传播的策略，是时代发展的需要，更是满足人民群众通过新兴媒体获取新闻信息要求的迫切需要。

1. 国家政策层面对传统媒体开展融合传播的解读

2014年，中央全面深化改革领导小组第四次会议审议通过了《关于推动传统媒体和新兴媒体融合发展的指导意见》。习近平总书记在会上强调："推动传统媒体和新兴媒体融合发展，要遵循新闻传播规律和新兴媒体发展规律，强化互联网思维，坚持传统媒体和新兴媒体优势互补、一体发展，坚持先进技术为支撑、内容建设为根本，推动传统媒体和新兴媒体在内容、渠道、平台、经营、管理等方面的深度融合。"随后，国家新闻出版广电总局更是给出了明确意见："加快融合型运行机制建设。把握新闻传播规律和互联网发展规律，按照媒体融合发展需要，重构广播电视业务流程和运行机制。以广播电视新闻制播为基础，打造新闻信息的'中央厨房'，做到一次性采集、多媒体呈现、多渠道发布。"[2]

传统媒体搞新兴媒体的融合发展，要通过新兴媒体去获得新闻信息，通过新兴媒体发声，能够更快速地让党和国家的声音为大家所知晓。

2. 传统媒体"国家队"开展融合传播

在新兴媒体深度融合传播方面，国家队一直走在地方媒体的前面，新华社、《人民日报》、中央电视台一直很注重在原有媒体的基础上，积极拓展新兴媒体。截至2018年2月，全国微信公众号百强排名，前三强为《人民日报》、新华社、央视新闻。由于微信平台并不公布各家的微信公众号粉丝数量，所以我们只能从各家自己发布的新闻中窥见一斑。例如，央视在2014年8月份就发布消息，"央视新闻"的微信订阅户就已

经达到179.9万，居当年媒体公众号第一位。而新华社在2017年7月2日发的一条微信公众号推文中说："刚刚，新华社微信公众号用户突破1000万！！！"由此推断，国家队已经在微信公众号领域牢牢站稳脚跟，这种传统媒体向新兴媒体发稿，实现一条新闻通过多个渠道分发，利用新兴媒体发声的做法，正是传统媒体和新兴媒体在内容、渠道、平台、经营、管理方面深度融合的成功典范。

3. 地方电视新闻媒体开展融合传播

在地方而言，根据《关于推动传统媒体和新兴媒体融合发展的指导意见》，江苏地区也在积极践行，江苏最大的两个地方媒体集团是新华报业传媒集团和江苏广电集团，均做到了"两微一端"的同时发力。所谓两微，指的是微博和微信；一端指的是手机客户端。每天除了不间断地在微博微信平台发布新闻，还兼顾两者主打的App。新华报业的新闻App是交汇点App，江苏广电的新闻App则是荔枝新闻App。

（二）自身发展的需要：电视观众减少，传统地方媒体迫切需要新兴媒体受众

2015年到2017年这3年，手机越来越占据广大受众的时间，受众接触电视媒体的时间受到挤压，省级电视台卫视频道的日子还好过一些，地面频道以及各个市级电视台收视率逐年下滑，电视广告收入更是呈现断崖式下跌。

地方电视台一般都自办了众多的新闻频道或者新闻栏目，这些新闻频道或者新闻栏目在当地范围内有着不可替代的影响力，在公众中具有一定的威信。随着电视观众的减少，倒逼地方电视台去思索如何去通过新媒体的手段重新赢得年轻一代受众，通过深度融合保持自己的生命力和影响力。

（三）微信公众号成为地方电视媒体拥抱新兴媒体的必然选择

在手机新媒体时代，地方电视台如何扩大自身影响力，如何利用新媒体传播，很多地方电视台都想到了利用"两微一端"，获取受众的关注。

先来看手机客户端App。手机客户端安装在受众的手机上，对于自建内容并不十分丰富的地方电视台而言，很难留住手机用户，那些已经安装了手机客户端的受众，很可能用过几天，过了新鲜劲就会卸载，而要开发新的手机受众，又需要更多的物质刺激，整个推广过程很容易陷入恶性循环，在全国各个地方电视台绝大部分都无法拥有数量相对较大的活跃用户。这个大背景之下，新媒体扩展影响力的精力应该主要借助微博和微信这两大平台。微博平台的发展早于微信平台，但是从2016年开始，微博步入成熟期之后，鲜有新的亮点产生，而且微博平台信息繁杂，受众关注的微博账号很多，再加上微博平台本身也会给受众推送大量的非关注微博，地方电视媒体账号发的微博容易被湮没，受众即使看到了，也很可能不点开看具体内容，停留时间相对较短。而与此同时，这几年微信公众号的关注度逐日提高，腾讯对微信公众号管理严格，不允许轰炸式推送，杜绝了刷屏现象，受众在微信公众号浏览单篇文章的时间较长，更加能够做到有效传播。大部分地方电视台都选择在微信平台开设公众号，给订阅的受众推送信息。订阅用户在阅读后，遇到较好的推文，会主动在朋友圈进行分享，从而吸引更多的粉丝来关注。

三、地方电视新闻媒体微信公众号的内容和编辑推送手法研究

（一）地方电视新闻媒体微信公众号的内容来源分析

1. 自采电视新闻优质资源的注入

传统电视媒体如何做好微信公众号，很多电视媒体都想到了“内容为王”，也就是以优质的内容注入微信公众号，从而吸引受众去关注它，最终成为大V号。优质的内容哪里来，首选自然是媒体自采新闻。各家电视媒体拥有完备的新闻中心或者采访部，在最近几年，都在转型升级，纷纷打造成全媒体新闻采编中心。对于全媒体新闻采编中心而言，运营好自己家的微信公众号自然是其中一项非常重要的工作。

自采电视新闻优质资源应该成为地方电视新闻媒体微信公众号发布的重要内容，这部分资源具有以下特点：

（1）安全性有保证。自采电视新闻优质资源是由自己的记者采制的，从采访到后期编辑都是自己的记者和编辑完成，能够确保新闻的真实性。真实性是生命线，能够让地方电视新闻媒体微信公众号具备公信度和美誉度。

（2）稿源稳定可持续。自采电视新闻优质资源的供给渠道畅通而稳定，可以保证每日供给，不会出现巧妇难为无米之炊的担忧。

（3）融媒体转换方便。电视新闻拍摄的画面，既可以截图变成照片，又可以方便地转成视频甚至是动图，方便在微信上进行传播。

2. 优质新闻资源的来料加工

传统电视媒体做微信公众号还有一个重要的资源就是优质新闻资源的来料加工，这一点在突发重大新闻的报道上非常常见。微信公众号在新闻报道上也讲求时效性，编辑、转发其他官方自媒体或者官方媒体的相关信息也是非常有必要的。以2018年4月26日一则新闻为例，南京发生一起惨烈车祸，南京警方在4月26日当天通过自身官方微博发布相关通告后，各家媒体的微信公众号纷纷编辑转发，在这场跟时间赛跑的报道中，不仅有传统电视新闻媒体微信公众号以及传统纸质媒体的微信公众号，《南京发布》（南京市委宣传部主办）这样的政府官方微信公众号也参与其中。

（二）微信公众号的编辑手法与发布频次分析

有了好的内容之后，还需要有好的微信公众号的编辑手法，这个编辑手法主要是指单篇标题、单篇配图以及单次多篇稿件整合发布的编辑手法，不同的编辑手法，会带来不同的传播效果。衡量微信公众号的传播效果，最直观的就是单篇平均阅读数和单篇最高阅读数，这个单篇最高阅读数一般都是在“爆款”上才会出现。

以2018年1月到3月来统计分析，正好90天，先来看下面一组数据：

微信公众号名称	总发布次数	总发布次数	平均单篇阅读数	最高单篇阅读数
江苏新闻	163	647	4749	47055
南京零距离	86	333	8111	84190

"江苏新闻"微信公众号发布比较勤快，一般情况下一天两更，"南京零距离"微信公众号一般情况下是一天一更。发布勤快的微信公众号不一定就能更加吸引受众，从单篇平均阅读数和单篇最高阅读数来看，"南京零距离"几乎是"江苏新闻"的双倍。《2018年一季度江苏省政务和重点新闻媒体"两微"排行榜》上，"南京零距离"排名第9位，"江苏新闻"排名第11位，从这一点来看，"南京零距离"和"江苏新闻"微信公众号都是成功的。

四、地方电视新闻媒体微信公众号的内容创新研究

（一）地方电视新闻媒体微信公众号开展微信视频直播的创新研究

1. 技术进步造就了微信视频直播

所谓微信视频直播，就是受众通过点击微信公众号推送的链接，或者扫描微信公众号推送的二维码，进入到特定的视频直播页面，可以实时观看到视频直播内容，并可以实时留言或者直接与直播方连线沟通。微信视频直播的兴盛离不开网络平台的升级，以及手机终端的升级。手机硬件的升级，让视频直播成为可能；网络的升级，让视频直播变得更流畅，达到秒开的级别。进入2018年度，我们欣喜地看到，中国移动、中国电信、中国联通纷纷推出了手机不限流量套餐。这些手机不限流量套餐的大范围推广，让人们使用手机不存在流量超标的顾虑，也极大地刺激了微信视频直播的广泛应用。

2. 地方电视新闻媒体开展微信视频直播的优势分析

目前，在新媒体的各种传播方式中，微信视频直播已经成为各家传统媒体在微信平台上的标配，有实力的传统电视媒体都选择自建直播平台，受众通过微信点击链接或者扫描二维码，会直接跳转到自建的视频平台，而一些实力稍弱的传统报业媒体则会选择第三方的直播平台，省钱省力。目前，就南京本地而言，无论是江苏广电还是南京广电，基本都是自建直

播平台，而南京本地的现代快报则选择在第三方直播平台进行视频直播。传统广电常年深耕电视直播领域，因此在微信视频直播领域具有天然的优势。

3. 微信视频直播对地方电视新闻媒体微信公众号品牌的塑造

微信视频直播有没有实现常态化，已经成为衡量传统电视媒体的新媒体传播能力的重要指标，央视作为龙头老大，早就具备了相应的能力，地方广电系统目前也正在发力追赶。就江苏南京地区而言，南京广电目前还没有实现微信视频直播常态化，而江苏广电的“江苏新闻”公众号已经基本实现了微信视频直播常态化运作，甚至为了打出直播名气专门设立了荔直播这个品牌，将每次的视频直播都归到这个荔直播旗下，不仅可以实时看到直播内容，看直播的同时还能在下方的互动区留言，甚至与直播主持人互动。即使您没有看到直播，事后也能点击回看，不用怕错过。以2018年3月15日到4月15日为例，一共在微信公众号进行了9次微信视频直播。

（二）地方电视新闻媒体微信公众号开展微信视频直播的环节设计创新

1. 微信视频直播的预告环节设计

微信视频直播内容的预告环节，尤为关键，只有通过较为理想的直播预告，让受众记得在某个时间点去点击观看，才能达到预期的传播效果。我们以江苏广电以及南京广电旗下的微信公众号为例，来看看他们微信视频直播的预告是否做到了有效传播。江苏广电融媒体新闻中心的账号“江苏新闻”，比较推崇带二维码的图片的推送方式，以图片的方式图文并茂介绍直播内容，并让受众扫描图片下方的二维码，进入即时视频直播。南京广电旗下的账号“南京广播电视台”同样是自建视频直播平台，它的推广方式主要是采取推文的办法，以一篇文章的方式提前推送给受众，在推文的最后告知受众视频直播观看的地址，可以直接点击观看。

再来看看微信直播的预告时间选择，江苏广电和南京广电微信公众号的思路不同。“江苏新闻”是当天即时推送预告，例如2018年4月15日，对宜兴国际马拉松进行微信视频直播，微信公众号的推送预告是7点10分发出的，直播真正开始是在10分钟之后，也就是7点20分。再例如，2018年4月10日，对南京长江大桥桥面合龙进行直播的推送预告是9点50分发出的，直播真正开始是在10分钟之后，也就是10点。“江苏新闻”公众号提前10分钟推送预告，已经成为一种常态。这种提前10分钟预告的做法能够让感兴趣的受众不用长时间等待，能够马上就看到想要看的内容。但是也有其弊端，例如2018年4月15日是周日，当天7点10分推送对宜兴马拉松的直播预告，受众很有可能还在睡眠中，无法及时看到预告推送，从而错过视频直播。再来看看南京广电旗下的“南京广播电视台”账号，它在2018年4月15日早晨8点也同样有一场视频直播，直播的是南京春牛首国际马拉松，“南京广播电视台”账号在4月13日，通过微信公众号进行推文，标题是《这是我见过最美的马拉松赛道，没有之一！15日，约吗？》，文末留有直播点击地址。这种提前两天的预告推送，能够让感兴趣的受众为即将到来的直播预留出时间，但其弊端也很明显，现在是信息爆炸的年代，后面接收的信息很快就覆盖了前面的信息，受众看到直播预告信息后很容易遗忘，从而错过当天的微信视频直播。

2. 微信视频直播环节的品质成本管控研究

（1）微信视频直播的主持质量管控

说到视频直播，无论是电视直播还是微信直播，都需要主持人进行有效串联。主持人对微信视频直播的临场反应能力、对全局的把控能力，决定了一场直播的流畅度，这就要求微信视频直播主持人必须具备较丰富的现场直播经验。

（2）直播环节的视音频质量管控

直播环节的视音频质量如何，决定了受众的直观感受。直播环节的视音频质量受制于无线网络信号的传输质量。确保使用更高质量的传输线路，才能提高直播环节的视音频质量。

使用4G信号来直播，直播效果一般来说还是比较清晰的，例如全国两会江苏代表团抵京，很多直播都是在北京城区行进中的大客车上进行的，视频直播主持人语音清晰，采访同期声也几乎无损传输。但是，使用4G来做视频直播，毕竟会受制于通信信道的强弱以及传输容量，遇到信号不好的地区或者很多人同时传输就会卡顿，甚至掉线。在2018年4月10日上午，“江苏新闻”公众号直播《主桥定板了，南京长江大桥桥面合龙》的过程中，在宽阔的江面上，4G信号并不稳定，飘忽不定，尤其在直播到集体采访工程建设方的时候，直播信号视频部分无法正常传输，后方人员不得不切换直播信号，改播宣传片。

（3）微信视频直播的成本核算管控

高密度的微信视频直播增强受众与微信公众号的互动，微信公众号也会“涨粉”。可是，增加微信公众号的微信视频直播高昂的人力资源成本和传播成本，也是摆在当代电视新闻媒体人面前的重要课题。

首先来看微信视频直播的硬件传播成本，一般来说这个成本取决于信号来源以及信号传输方式，主要的成本体现在硬件的投入和资源的消耗。其次是人力资源成本，人力资源成本主要是三类人力资源的成本：现场采访记者和摄像的人力成本，现场信号传输和维保的人力成本，后期编辑以及后台管控的人力成本。

以“江苏新闻”微信公众号微信视频直播为例来进行分析，2018年3月15日到4月15日之间，有三场微信视频直播，其实是与电视直播基本同步的，也就是说微信视频直播可以算是副产品，微信传播成本和所占用的人力资源成本几乎可以忽略不计。剩下的六场，基本上是采用现场通过4G信号发送回后方，后方再二次加工添加字幕等信息后推流给受众，这就需要单独计算。一般来说，电视媒体的一场微信视频直播，持续时间短的在半小时左右，长的在两小时左右，一般平均时长在1小时左右。微信视频直播的时候，承担电视新闻采集任务的记者和摄像很可能无法分身来额外参与微信视频直播，作为广电媒体的融媒体新闻中心可能得派出额外的现场采访记者和摄像，专门从事微信视频直播，为了配套微信视频直播，后方还有管控人员全程在线，进行沟通协调和后期加工处理，一场微信视频直播，至少得四人以上参与。在硬件传播成本上，需要发送和接收的硬件投入，一般来说采取中国电信、中国联通、中国移动三张卡同时发送，哪个信号强，就自动切换到哪张卡，这个硬件投入一般来说成本是固定的，通信费用也是包月的，不会有太大的出入。

五、地方电视新闻媒体微信公众号的广告盈利方式

地方电视新闻媒体目前开展“两微一端”的新兴媒体传播，基本没有考虑盈利，毕竟占领市场、扩大市场才是主要业态。但是也有部分地方电视新闻媒体开始尝试通过微信公众号进行盈利，这些尝试将有利于地方电视新闻媒体获得社会资本的支持，改善内部员工的福利待遇。下面主要以“南京零距离”官方微信公众号为例，进行一个初步的分析研究。

“南京零距离”官方微信公众号上大约有不超过20%的单篇，是具有广告性质的推送，这些推送单篇可以大致作一个区分：

（一）自我宣传类稿件

“南京零距离”官方微信公众号通过自我宣传，达到自我表扬的目的，这一类稿件是必不可少的，通常会涉及线上反哺线下的一种模式，也就是通过自我宣传，让受众更多地去参与到线下活动。线下活动通常是盈利性质的。例如2018年4月27日，“南京零距离”官方微信公众号就在头条推送了一篇文章《快来认识一位新朋友，“蜂蜂侠——诚诚”！》，这篇文章其实就是对该栏目所在频道即将举行的线下活动做的一篇推广软文，线下由城市频道主办，各个商家参与的商业销售活动将于2018年6月举行。通过微信公众号来吸引受众参与。从软文标题来看，根本看不出来这是自我宣传的商业活动，等到受众点击进去看才会发现。

（二）纯商业广告宣传类稿件

2018年4月26日，“南京零距离”官方微信公众号推送了一条关于频道合作伙伴的一条广告，说的是4月27日大厂苏宁易购云店开业宣传。短短一天居然也有8184次的阅读量。这类纯商业广告宣传类稿件的标题起得不像是广告，大厂苏宁易购云店开业宣传用的是《紧急通知！江北这个地方要被搬空了！再不知道就晚了！》，标题比较“骇人听闻”，还用上

了紧急通知的字眼，造就了短短一天高达8184次的阅览量。这个阅览量基本上是订阅《南京零距离》的铁杆粉丝点开的，因为基本上没有铁杆粉丝会去分享这篇广告给他人。

对于地方电视新闻媒体开展线上广告宣传盈利，应该有一个清晰而且清醒的认识，底线就是绝不能去伤害到频道本体以及节目本体的公信力，可能一个广告推送，就会让受众失望，取消关注了，从而伤害到节目本体的美誉度和公信力。以上段的《紧急通知！江北这个地方要被搬空了！再不知道就晚了！》为例，很可能点开软文的是家住在南京江北的市民，本来以为是有大事情要发生，结果发现是广告，这让受众很生气，后果也很严重，很可能就会唾弃该媒体。

本文给出的建议是微信公众号可以搞营销，也可以推送广告，但是也要做到跟电视广告同样的监管力度，给这样的广告软文在标题中加一个“广告”字样，这样也许会降低受众点开的概率，但从长远来看有利于营造新闻是新闻，广告是广告的阅览环境，方便受众识别，也同样保护了节目本体。

六、结语

新兴媒体的发展必然导致人们使用手机端的时间越来越长，而使用传统电视的时间在缩短。地方电视新闻媒体开展跟新兴媒体的融合传播，是非常有必要的，如何去真正融合传播，如何让各家地方电视新闻媒体的融媒体传播路径得以畅通，还需要进一步研究。目前，国内电视新闻媒体普遍都处在积极转型发展的过程中，不仅对现有在职人员的素质提出了更高的要求，更是对新闻传播和广播电视类的高校教师和在校学生提出了新的素质要求。就目前而言，电视媒体与新兴媒体的融合传播，要求传播者除了要具备思想、采编业务素质，还要具备“技术”和“艺术”这两大能力。就技术而言，新兴媒体是建立在网络传播基础上的，传播者要熟悉网络传播的途径和表达方式，要深入研究技术对新兴媒体的引导方向和现有技术的局限性。就艺术而言，每一种新兴媒体的产生，必然会带来新的媒体艺术形态。广播电视的发展，催生了广播电视艺术，随着新兴媒体的发展，必然会随之诞生新兴媒体艺术，新兴媒体的独特艺术表达方式，是传播者必须要掌握的基本技能之一。

新兴媒体的发展并不会导致传统媒体的消亡，它们会以一种动态和谐的方式共存发展。纸媒和广播电视媒体在拥抱新兴媒体之后，变身为全媒体传播，实现了一次采集，多种传播途径同时发送，这成为目前我国传统新闻媒体发展的现状和方向，在今后一段时间内也将继续坚持下去。办人民群众满意的媒体，让受众满意，让社会满意，地方电视新闻媒体还有进一步改进和提高的空间。

注释

[1] 中国共产党江苏省委员会宣传部主办的江苏省人民政府新闻办公室官方微信公众号“微讯江苏”：《2018年一季度江苏省政务和重点新闻媒体“两微”排行榜重磅发布！》，https：//mp. weixin. qq. com/s/NLC8Mei4aafklhvEjTC3lQ。

[2] 国家新闻出版广电总局印发《关于进一步加快广播电视媒体与新兴媒体融合发展的意见》的通知，http：//www. cac. gov. cn/2016-07/18/c_1119238531. htm。

原载《中国广播电视学刊》2018年第12期（与沈佳姝合作）

第六章 如何开辟自己的“蓝海”

媒体竞争风起云生，地市电视台的生存空间越来越小。然而，不少地市电视台的竞争往往只重视对手竞争（各电视频道和当地其他媒体），而缺乏创新与创造的意识，有时即使有了这种意识也缺乏行动，从而陷入了“红海”（已知市场空间）中，而对开创“蓝海”（无人争抢的市场空间）往往乏力无术，没有对策。欧洲工商管理学院的W·钱·金教授和勒妮·莫博涅教授的《蓝海战略》给了我们有益的启示。

发展才是硬道理
——地方电视台强台之论

根据中央和国家广电总局有关指示精神，我国省市级电视台先后实施了有线、无线台合并，局台合并等体制转变。应该说，这是广播电视行业积极推进改革，应对各种挑战，促进事业发展的重要战略举措，也是时代的要求，历史的必然。但面对目前这种前所未有的变化，许多地市电视台在感到困惑的同时，又感到无所适从，笔者不揣浅陋，试就当前地市电视台在激烈的竞争中具有的优势和劣势，以及应采取的相应对策谈点拙见。

一、地市电视台优劣势对比

地市电视台目前所处的局面是无法回避的，可以说面对的是一场没有退路的改革，是一次没有选择的选择。这首先要求地市电视台对自己要有一个清醒的认识，目前有哪些优势，怎样发挥？又有哪些劣势，怎样克服？悲观失望不行，自我陶醉更是危险。

首先，地市电视台存在的劣势。

政策上的不利因素。根据中央精神，广电系统今后只有中央级和省级单位能够组建集团。按照“生产——流通——消费”的大生产格局，以后节目生产的领域将主要放在中央、省级电视台，地市电视台主要生产具有当地特色的节目；流通也就是传输领域，主要发挥市、县一级的网络传输作用，但网络传输还有一个较长的过程，其节目仍然局限在市区及市区周边，作用很难发挥；消费，则是指用户需要市县一级发挥服务功能。网络传输问题尚未解决，何谈服务？

经济实力上，地市电视台属于弱者。地市电视台依赖电视剧撑门面的局面必须彻底改观。这种经济实力的较量，没有“重量级”和“轻量级”的区别，都得“同台较量”，这种“较量”“竞争”是异常激烈的。

单一的广告经营模式带来的经营弊病和风险。据有关媒体调查显示，目前各级电视台广告收入大都有减无增。这预示着，今后广告市场的激烈竞争将更加白热化。如果地市电视台不考虑自己有限的频道资源和脆弱的经济实力，仅在广告费这一条道上拼，其前景是不容乐观的。

思想观念上的滞后。最重要的一点就是在改革大潮汹涌澎湃到来的时候，地市电视台有不少从业人员缺少竞争意识、危机感。许多地市电视台深层次、动真格的管理机制、用人机制、分配机制改革，以及与其相配套的一系列创新激励机制尚未展开，因而各项工作难有起色。

还有其他一些劣势，这里不再赘述。当然，在困难面前地市电视台并不是无能为力，一筹莫展，只要充分发挥其优势，各项事业一定会出现新的局面。

那么，地市电视台有哪些优势呢？

地市电视台自身就是一个宝贵的资源。其最大的优势，就是具有较高的社会地位和公众信誉度，这也是地市电视台无形的资产。当地的观众对本地发生的新闻和各种信息有着天然的关注情感。长期以来，地市电视台作为党和政府的喉舌，作为地方大众传媒，已经形成了本地主流媒体的地位，在群众当中有着较高的社会信誉度和影响力。

地市电视台在与其他落地频道的竞争中，具有地域性、贴近性强的优势：体现在节目内容上，一般说来，贴近城市、贴近群众，时效相对较快；体现在广告经营上，在构建客户网络，加强经营合作方面有着良好的基础和得天独厚的条件，有线台、无线台的合并，使他们在服务上、价格上有着更大的灵活性和可操作性。随着市场经济的不断发展，随着企业对广告投放的更冷静、更理智，以及市场越来越多元化、区域化、细分化，需要媒体提供更灵活、更有效、更合算的服务。从这个意义上讲，谁是老大谁最强并不重要，重要的是为广告投放者提供更多的选择、更好的服务。比如，可以借助逐步开播的公共频道，利用城市的辐射力和电视台的覆盖面，把目光从市区市场扩大到其他市场，帮助企业主开发和利用农村市场。通过为他们提供延伸服务赢得他们的信赖，从而让他们心甘情愿地把钱花在地市电视广告上。

在有形资产方面，经济发达地区的地市电视台经过长期积累，大都拥有比较先进的转播车、演播厅，也有较强的节目策划、制作能力；经济欠发达地区的地市台也有相当的固定资产积累。应充分利用现有的硬件设施和技术设备，在搞好自身新闻报道的基础上，面向社会提供有偿服务，用自身的有形资产和资源开展经营活动，创造经济效益。

有与其他行业联合、合作的基础和条件。地市电视台作为媒介，是地方上各种信息的集散地，有政策信息、经济信息、市场信息等。可以从中提取有关信息，有选择地为我所用；同时，还有市场开拓的优势和能力，可以与其他行业加强多方面的合作，开展联营联办三产业务，走共同发展的道路。

地市电视台经过多年打造，培养了一支素质较高、热爱广电事业的职工队伍，有一批专门人才。只要我们正确引导，积极为他们发挥才干创造条件，其积极性创造性都会迸发出来。应该说，人心所向求发展是地市电视台当前的主流，也是我们今后各项事业得以发展的最为宝贵的财富。

二、几点对策建议

广电体制改革，其重要目的是强化广播电视的意识形态功能和宣传教育作用。党的十六大报告中强调“新闻出版和广播影视必须坚持正确导向，互联网站要成为传播先进文化的重要阵地”。因此，地市电视台无论在什么时候，什么情况下，始终都要坚持正确的舆论导向，与党中央保持高度一致，确保把社会效益放在首位，做到守土有责。

注重调查研究，加强策划工作。随着媒体竞争的日益激烈，研究策划开发工作已经提到各传媒的重要日程，并当作各项工作决策之前的重要一环，成为当前媒体参与竞争的首要工作和各种科学决策的前提条件。湖南电广传媒已成立博士后工作站，它的研究将直接为湖南电广传媒的发展服务，这预示在今后的发展上它已抢占制高点，占了头筹。因此，地市电视台应该强化应变对策的研究策划工作，从人财物上加以倾斜，并规范其职责。

精心打造品牌栏目，科学规划栏目时段，确保收视率和满意度。如今，电视媒体的竞争，说到底就是品牌栏目的竞争。只有黄金节目才能打造黄金栏目，只有黄金栏目才能打造黄金频道，只有黄金频道才能铸成黄金电视台。目前地市电视台自制栏目质量普遍不高，因而当务之急要集中人力、物力，精心办几个品牌栏目。对于那些重复设置、效益不佳的栏目，该砍的砍，该合的合，改调的调，再不能这样下去了。

树立发展是硬道理的观念。发展是硬道理，经济是基础，只有先生存，才能再发展。江泽民同志在党的十六大报告中指出："发展文化产业是市场经济条件下繁荣社会主义文化、满足人民群众精神文化需求的重要途径。完善文化产业政策，支持文化产业发展，增强我国文化产业的整体实力和竞争力。"[1]所以地市台一定要强化经营理念，坚持走媒体产业化之路。

进一步强化内部管理和考核，在用人机制和分配机制上寻求突破。尽管目前不少地市电视台都有一套内部管理和考核制度，但由于种种原因，既不很完善，执行也不力，有必要加以修订和完善，做到奖罚分明，责任明确。江苏广播电视总台在2002年11月进行的机构改革中，对机构重新加以调整，实行企业化管理模式，建立了一套比较完善的内部管理和考核机制，并提出中层不设脱产干部，淡化行政级别，实行扁平化管理，尽量缩短管理层与经营层的距离，提高工作效率，减少管理成本，充分调动一线人员的积极性和创造力，推行行政管理转为企业管理，机构从管理型转为服务型，管理干部从权利型转为能力型，达到"职务能上能下，待遇能高能低，人员能进能出"的要求。而且对机构设置和干部任用实行动态管理，做到机构不搞永久制，干部告别终身制。这种机制和做法很值得地市电视台借鉴和学习。

现在，地市电视台急需建立两项机制，一是用人机制，二是分配机制。在人员的使用上，采取当前普遍推行的竞争上岗、双向选择的办法，坚持凭业绩说话，以任务考核，用制度管人。在分配机制上，应以岗定薪，责任不同，报酬不同，要体现干多干少不一样，干少干坏不一样的原则，体现效益优先、公平合理的原则。

解放思想，拓宽思路，加强与外界的项目合作，寻求新的经济增长源。现在，同质媒介与媒介的合作，不同媒介之间的合作已成为媒介参与竞争的一个新亮点。但这种合作多是建立于新闻业务之上的。跨行业的合作也已显露端倪，这主要是联办三产，发展多元化经济。搞产业化经营对地市电视台来说是一门新的课题，没有什么经验，但如果不去尝试，不走出第一步，就永远没有出路，尝试过程中交一些学费，呛几口水是十分正常的，但如果是原地踏步，只能是坐以待毙。所以，我们必须转变观念，富于创新，就像江泽民同志在党的十六大报告中指出的那样，要“自觉地把思想认识从那些不合时宜的观念、做法和体制的束缚中解放出来”，做到发展要有新思路，改革要有新突破，各项工作要有新举措。[2]

努力建设一个团结协作、积极进取、健康有序的工作环境，形成良好的工作氛围。地市电视台是其员工共同的家园，有着他们为之倾注满腔热情的事业和赖以工作生活的坚实基础。在这里，不管你资历长短、岗位如何，都应该不分彼此，同舟共济。可以说，这个媒体的凝聚力如何，直接关系到他们在市场竞争中整体优势的发挥，关系到他们的整体利益。因此，围绕一个共同的目标——发展，形成一个以工作为重、以大局为重，团结向上、积极进取、健康有序、生动活泼、和谐宽松的工作环境十分必要。

注释

［1］［2］江泽民：《全面建设小康社会，开创中国特色社会主义事业新局面》，中国国情—中国网guoqing. china. com. cn。

原载《声屏世界》2003年第4期

地市电视台产业发展之我见

党的十六大提出“发展文化产业是市场经济条件下繁荣社会主义文化、满足人民群众精神文化需求的重要途径”。广播电视作为文化产业的重要组成部分，随着我国社会主义市场经济体制的进一步确立，文化领域改革步伐的不断加快，以及我国加入世贸组织所面临的形势，要求地市电视台必须把力量集中到电视产业发展上来，抢抓机遇，深化改革，加快发展，做强做大电视产业。这里，笔者试图就地市电视台产业发展情况作些探讨。

一、地市电视台产业发展的基本情况及制约因素

众所周知，由于种种原因，目前地市电视台产业功能的开发薄弱，一些具有网络经营业务的地市电视台虽有最具天然优势的宽带业务，但在当地并没占有市场份额，数字电视业务大都没有起步。原先办的一些三产项目亏多赢少，经营创收总量规模不大。

导致这种状况的基本原因，一是有关人员对产业发展的认识还不到位；二是较深层次改革的问题尚未解决，缺乏竞争机制；三是产业人才缺乏；四是还没有形成一套完整的产业发展规划和清晰的思路。

二、地市电视台产业发展的有利条件及主要内容

在市场经济的环境下，每一位传媒人，每一位管理者、决策者必须勇于创新，廓清理论和观念上的认识误区，遵循市场规律进行经营。地市电视台在产业发展上有哪些有利条件呢？

第一，地市电视台自身就是一个宝贵的资源。其最大的优势，就是具有

较高的社会地位和公众信誉度，地域性、贴近性较强。在广告经营中，构建客户网络，加强经营合作方面有着良好的基础和条件。有线、无线电视台的合并，更使地市电视台在服务和价格上有着更大的灵活性和可操作性。

第二，地市电视台可以充分利用现有的硬件设施和技术设备，在搞好自身宣传工作的基础上，面向社会提供有偿服务，用自身的有形资产和资源开展经营活动，创造经济效益。

第三，有与其他行业联合、合作的基础和条件，可以与其他行业加强多方面的合作，开展联营联办三产业务，走共同发展的道路。

第四，地市电视台经过多年发展，已经培养了一批专门人才，其中不乏一些产业经营人才。

在以上基础上，地市电视台可以结合自身实际，制订产业发展的项目和内容。譬如：

1. 网络经营

按照国家“一地一网”的政策，可以对当地分散的企事业网络进行整合并积极采取措施，巩固收视费、安装费等传统收入，逐步实现视频、音频、图文信息的直播、点播功能，开发数字电视业务，寻求并扩大新的增值业务。

2. 广告经营

加快广告经营管理改革步伐，激发活力。有条件的电视台还可以充分发挥广播电视媒体的综合优势，积极实施广播、电视、广电报、广告套播、联播战略。同时可以尝试市场化运作，把广告业务做活做好。

3. 节目经营

加强节目生产是做大做强广电产业的重要基础。因而，要建立面向市场、产销结合的新的节目经营模式。同时大力开拓节目市场，拓展节目、栏目或产业延伸经营业务。

4. 三产经营

在坚持以节目内容为主业的同时，应大力发展多种相关产业和第三产业，加快培育和拓展产业链，优化经营模式和赢利模式，形成“一业为主，多业发展”的新格局，还可以利用广播电视的品牌、节目品牌，衍生其他产业经营，广开财源。

其他如网站开发、电视塔体发布广告、举办大型活动等均可创造一定的经济效益。

三、地市电视台产业发展应采取的运行机制及基本措施

发展是硬道理。广播电视只有发展才能繁荣，只有发展才能守住并壮大阵地。发展广电产业，必须按照市场规律，实行企业化管理，创新管理体制，搞活运行机制，推进市场发展，追求投入产出的最佳比，实现社会效益和经济效益的双丰收。

第一，要坚持解放思想，抓住机遇，乘势而上，克服消极等待的思想情绪，充分发挥主观能动性，争取在传媒产业发展的重要战略机遇期有所作为。

第二，进行产权制度改革，直接面向市场参与竞争，并对现有三产实行资产重组，提高资产利用率。

第三，要转变经营观念，贯彻市场原则，实行科学决策和营销策略，引入竞争机制和激励机制，建立现代化营销体系，以财务管理为中心，实行成本核算，提高经济效益。

第四，加强体制改革，理顺内部关系，建立产业经营的规划、协调、管理和组织机构，有计划地培养一批有文化、懂经营、会管理的产业专门人才。用好现有人才。同时，借助外来的智慧和力量，为产业发展出谋划策，并坚持按照效率优先，兼顾公平的原则，分配档次向贡献突出者倾斜。

第五，建立多元化投、融资机制，争取综合效益的最大化。

第六，建立精干高效的运行机制，建立科学、有序、精干、高效的管理体制和运营机制。

原载《电视研究》2003年第12期

思想新　思路清　机制活

——长沙电视台经营理念的启示

日前，江苏徐州电视台组织人员赴湖南长沙广播电视集团学习考察。所到之处，强烈感受到长沙电视台充满着生机与活力。

第一，长沙电视人思想解放、观念超前，在激烈的竞争环境中，敢想、敢为、敢拼，具有强烈的生存意识、竞争意识、市场意识和扩张意识。省台和省会台的竞争十分激烈，湖南尤甚。

在长沙，有中国电视第一家上市公司电广传媒——湖南电视台、湖南经济电视台、湖南娱乐影视娱乐公司所办的8个电视频道，加上长沙广电集团所办的5个电视频道，共计13个电视频道，还有其他卫星频道，一个长沙城就有47个频道，竞争不可谓不激烈。但长沙广电集团却找到了自己的生存空间，事业得到了发展，收入也不断增加。究其原因，是他们思想大解放的结果。只要有利于发展，体制可以不断地变，节目可以不断地换，以至于笔者向他们索要一些资料时，他们说没有现成的东西，各项制度快的3个月就要变。

第二，以人为本，充分解放人的生产力。他们坚持做到以人为本，围绕人开展各项工作。“核心是人，关键靠机制”“千金难买的是人的积极性”“没有差距的公平是不公平的”等理念的导入，使作为万物之灵的人真正成为他们事业发展的核心。在那里，远离了级别、远离了官本位，一切靠“真枪实弹”，靠真本事。“英雄不问出处”“把平庸的人打造成人才”“分配坚决向优秀人才倾斜”“给机会、给平台”等都体现了他们以人为本的理念。

第三，体制顺、机制活。长沙广电集团有一套符合自己实际的科学有效的运行机制。他们认为，好的机制能使庸人变成人才，坏的机制能使人才变成庸人，也能使有能力的人积极性受到挫伤，没能力的人惰性更强。从某种意义上讲，机制决定前途，机制决定发展，机制决定效益。

第四，有一条清晰的思路和一支充满生机和活力的队伍。没有思路就没有出路。长沙广电集团领导班子有一条十分清晰的工作思路，他们勇于抢机遇、抢资源、抢创新观念，为了占有市场，不等不靠、不观望，按照自己的思路脚踏实地地去拼去抢去争取。同时队伍年轻，思维活跃，敢为人先。长沙政法频道的员工平均年龄不足26岁，女性频道员工平均仅24岁，总监也就30岁左右，形成了一支年轻化、专业化、高素质的队伍。拥有了清晰的思路和高素质、年轻化、专业化的队伍，什么样的困难不能攻克？什么样的奇迹不能创造？

第五，频道专业化，栏目精品化，节目生动化。长沙台的5个频道，其栏目和节目必须与之相对应。如长沙台新闻频道，每天自办新闻节目近3个小时，仅晚间就有《在现场》《长沙新闻》《真相调查》和《晚间报道》4个强档栏目推出。政法频道、女性频道更是高度专业化的，其栏目名称之新颖、前卫，节目内容之鲜活多变，外在形式之清新亮丽，都给观众留下深刻印象。

第六，坚持发展是硬道理的思想。一切工作出发点都以是否有利于发展自己、壮大自己为前提。一切阻碍发展的体制，一切阻碍发展的机制，一切阻碍发展的思想都得为发展让路。

总之，“问渠哪得清如许，为有源头活水来”。要想成就一番事业，思想解放是前提，好的机制是关键，清晰思路是保障。

原载《中华新闻报》2003年12月17日　第7版

从举办大型活动谈电视台影响力的提高

面对异常激烈的传媒竞争，地市电视台如何寻觅一条适合自己生存和发展的路子，提高知名度、影响力？笔者以所在单位近年举办的大型赛事和活动为例，谈点肤浅体会，就教于同仁。

一、举办大型活动能够丰富荧屏，吸引观众

徐州电视台主办过主持人大赛、旅游形象小姐大赛、青年歌手大赛，以及“爱心献春蕾”文艺晚会、“亚洲铁人”三项锦标赛，将录像安排在电视台一套、二套播出，提升了收视率。还在《徐州广播电视报》《彭城晚报》上设计了选票，请观众投票选举自己最喜爱的电视节目主持人、最佳旅游形象小姐和最佳歌手。观众热情空前高涨，许多热心者纷纷给电视台打电话、写信对活动表示了极大的关注。有的观众还积极为大赛出谋划策，希望电视台能不断举办一些像这样水平高、质量好的节目，丰富荧屏，活跃生活。他们衷心希望家乡电视越办越好。

二、举办大型活动能够启迪思考，引起互动

值得一提的是，举办各类大型活动一定要本着客观、公正、公平的原则，只有这样，才能有好的效果和影响力。如我们举办的电视节目主持人大赛就是本着公平、公正、公开的原则，以繁荣荧屏、展现自我、选拔人才为宗旨，其精彩度远远超出了预想。文化功底好、业务技能强、形象气质佳的选手大有人在。年轻选手们用他们对电视事业执着的追求和热爱，以及出色的表现给电视台的主持人带来了不小的压力和动力。“不进则退”，台里的主持人发出了由衷的感慨，普遍认为，电视主持人越来越受

到大众关爱的同时，对自己的要求也越来越高。

坚持创新，力求每次比赛有所不同，也是提高赛事影响力的重要一环。如旅游形象小姐大赛与电视节目主持人大赛就有较大区别。前者较后者更加着力于设计赛事内容、活力装展示、知识问答、才艺表演、泳装展示、晚礼服展示等。从300多名选手中脱颖而出的10位佳丽成为徐州市首届旅游交易会及彭城金秋旅游节的形象代言人，代表徐州市参加全省举办的旅游花车巡游。而主持人大赛中表现出色的前20名中已有10多人走上省、市广播电视节目主持人岗位。

三、举办大型活动能够锻炼队伍，赢得尊重

为确保赛事圆满成功，组委会制定了详实的策划方案，从比赛报名简章、赛程安排、比赛形式到宣传策划、经费预算、评委和选手守则等每个环节都有一套严密的方案。一轮比赛下来，大赛组委会周到细致的接待、紧凑高效的活动安排、精巧新颖的节目设计以及拍摄现场各部门之间的默契配合都给兄弟电视台的同行们留下了深刻的印象。他们用“高水准、上档次、有气魄”来赞扬我们。每进行一次活动，我们的队伍就得到一次锻炼，得到一次提升。

原载《视听界》2004年第3期

电视台如何开辟“蓝海”

眼下，媒体竞争风起云生，地市电视台的生存空间越来越小，有的台其窘境甚至到了“欲哭无泪”的地步。然而，多年来不少地市电视台的竞争往往只重视对手竞争（各电视频道和当地其他媒体），总是想方设法与对方对抗，而缺乏创新与创造的意识，有时即使有了这种意识也缺乏行动，从而陷入了“红海”（已知市场空间）中，而对开创“蓝海”（无人争抢的市场空间）往往乏力无术，没有对策。

一、恶性循环

随着电视传媒市场的渐趋开放和新媒体的茁壮成长，一度是“皇帝女儿不愁嫁”的电视传媒从卖方市场已经进入了买方市场，供求关系发生了重大变化，开始进入平均利润时代。以笔者所在城市为例，受众可以看到四十多个频道的电视节目，几十种报纸和杂志。竞争的激烈不言而喻。可以说，电视频道的大战，与前些年中国市场的家电大战、白酒大战、汽车大战一样，其博弈已变得日益残酷，再加上网络媒体、移动电视、掌上电视等新型媒体的冲击，电视媒体的生存空间已面临着全新的挑战。

然而，值得忧虑的是，目前许多地市电视台在内容服务和营销手段上却依然是大同小异，盛行克隆风，普遍缺乏优质的产品和良好的服务。产品（节目）及功能单一，赢利模式（广告、有线电视收费）单一，经营模式（广告）单一，产业价值链（几乎没有其他经营项目）能力薄弱，缺乏市场创新和应变能力，整合产业价值链能力不强，经营绩效不高、发展后劲不足。凡此种种，已成为现阶段不少电视媒体经营者的“心病”！

一些地市电视台由于频道栏目定位上的问题，几乎没有可圈可点的品牌栏目，节目同质化严重，且质量不高，造成观众分流，继而又带来了广告客户尤其是大客户的分流。迫于压力，为保证旺季广告能及时消化，只好挤掉正常的节目时间，增加广告播出时长；而广告淡季时播出时间又不满，使节目编排缺少定性。这一粗放型经营的结果是广告越多，观众越少，理性投放的客户也越来越少。这导致其经营一直在“红海”里挣扎，收视率在“死海”里徘徊。

对这种现象，一些专家指出，像这种迷恋低价竞争、地毯式轰炸的广告经营环境，已经对电视媒体的健康发展带来了深层的伤害。其代价除了是牺牲了频道的品质，还牺牲了观众的忠诚度，观众收看电视的时间在下降，节目和广告的有效到达率就会越来越低，客户投放广告的效果和信心也会受到严重影响，使媒体陷入了不能自我解脱的恶性循环之中。

二、“或者第一，或者唯一”

电视媒体多年前就已经开始在市场上找饭吃，而不能像20世纪80年代90年代那样待在家里等饭吃。虽然目前电视媒体还是垄断经营，对外资、民资不会开放，但现在是谁有市场化的经营意识，谁的饭吃得可能就会好一点儿。否则，这碗饭是吃不好的！因此，在电视媒体竞争越来越激烈的态势下，对节目和广告资源进行重新配置，在发现竞争对手的弱点的同时检视自己的核心竞争力所在，通过有效的节目资源配置提升自身的收视竞争力，从而使适当的节目在适宜的时段中发挥最大的作用，进而使整个电视频道在有效的时间内产生出最大的效益，这应该是《蓝海战略》给电视从业者的有益启示。

大家知道，湖南卫视2005“超级女声”声誉如日中天，赚了个盆满钵满。2006“超级女声”现又如火如荼正在上演。今年“五一”期间，就在“超级女声”进行“50进20”比赛的同时，湖南电视台公共频道推出的“超级戏乐汇公共大戏台”也拉开了比赛的大幕。“这里比慕尼黑的啤酒节还要热闹！”连续多天守在活动现场的几位德国游客如是说。七天时间，“超戏”现场天天爆满，戏迷自愿报名，剧种曲目自选，唱念做打悉听尊便，不收任何费用；评委由湖南戏曲界的名角组成，当场评点，赛后评选，现场完全对市民开放并进行电视直播。比赛吸引了2000多人前来报名，年龄最大的93岁，最小的4岁，逾10万人到现场观看。电视直播更是赢得好评如潮。湖南广电局局长魏文彬表示，湖南广电决策层正在考虑如何将这一活动做好、放大，“超级女声”快乐了中国的青春少女，“超级戏乐汇”争取快乐中国的老老少少。笔者以为，这就是“蓝海战略”，这就是开创新的需求，通过价值创新来获得新的市场空间。

与此形成强烈反差的是，一些地市电视台除了模仿还是模仿，而且形、神均相去甚远，别无招数，显得无可奈何。沉湎于“红海”，无意识或无能力开辟“蓝海”应是其症结所在。

三、“重复自己，没有道德的危机，却有事业的危机”

众所周知，电视的收视份额是一种“零和博弈”，有的频道收视份额上升了，就一定会有频道收视份额下降，存在着“此消彼长”的竞争关系。在单纯以广告收入支撑一个电视媒体的局面下，可以说是得收视份额者得市场。因此，在电视媒体现实的竞争环境中，“自古华山一条道”是不行的。必须根据节目市场环境的变化，根据频道收视人群的市场表现，根据具体节目的竞争能力，来对节目进行新的排兵布阵，使节目更贴近观众，更满足观众收视需求，更符合观众的收视习惯。这几年名不见经传的齐鲁电视台能够异军突起，创造了收视神话和良好的经济效益，凭借的就是“创新激活传媒”的经营理念。他们提出自办栏目“或者第一，或者唯一”——要第一，让别人都要跟你学；要唯一，就不能和其他台的栏目一个样。同时实施独具匠心的节目编排与推介，开展特色鲜明的互动交流，取得了不俗的收视表现。

电视节目的编排与设计及运营的全部战略和战术应该是来源于对受众行为的客观分析和判断，而不能随心所欲。应贯彻电视频道编排的“观众流”理论，也就是依据观众的生活规律，在各时段安排适合主要观众收看的节目，锁定“目标观众群”；在关键时段配置本频道最具有竞争力的节目实施“卡位”，吸引在频道间流动的观众；频道内的节目配置要实现观众的顺畅衔接，保证上一个节目内的观众顺畅地流入下一个节目；在本台的不同频道之间，进行必要的差异化节目配置，尽可能实现观众在本台频道内的封闭流动。再有，就是注重“节日特别编排”和“编播季”战略的运用。如，今年重庆卫视以“黄金月·中国节”活动为主题，跨过传统的元旦、春节两个节日，将活动、晚会、栏目、电视剧以“故事和人文”的频道定位有机地串联，以特别的编排方式完美配合新春佳节市场需求，完成了一个“编播季”的概念。

有识之士指出，“新闻是世界史的秒时指针。我们正处在每一个传媒人智慧和激情能够一起迸发和绽放的时代。在这样的时代，最可怕的是重复自己。重复自己，没有道德的危机，却有事业的危机。”衷心祝愿地市电视台能够借船出海，敢于创新，善于创新，使自己的节目之舰、经营之舰、收视之舰能够在波澜壮阔的“蓝海”里尽情遨游。

四、什么是“蓝海战略”

欧洲工商管理学院的W·钱·金教授和勒妮·莫博涅教授所著的《蓝海战略》一书自出版后，在世界范围内获得了很大的反响，很大程度上反映了在当今的商业现实和竞争态势下，全球的企业界对寻求新的战略手段以实现获利性增长的强烈渴望。

在基于竞争的战略思想指导下，企业常常在“差异化”和“成本领先”战略之间选择其一，确立自身的产品或服务在市场中的独特定位，以便打败竞争对手，最大限度地占有市场份额。然而，追求“差异化”战略意味着相应地增加成本，而以“成本领先”为导向的战略又限制了企业所能获取的利润率。

今天，在越来越多的产业中，竞争白热化，而需求却增长缓慢甚至停滞萎缩。在这种情况下，企业如何才能从血腥的竞争中脱颖而出？如何才能启动和保持获利性增长？金教授和莫博涅教授在《蓝海战略》中为企业指出了一条通向未来增长的新路。即要求企业把视线从市场的供给一方移向需求一方，从关注并比超竞争对手的所作所为转向为买方提供价值的飞跃。重建市场和产业边界，开启巨大的潜在需求，从而摆脱“红海”——已知市场空间的血腥竞争，开创“蓝海”——新的市场空间。

原载《中国广播影视》2006年第7期（下半月）

“制播分离”：大幕已然开启

——对电视业界实施节目制播分离的浅见

“制播分离”是近10年来我国电视业界最热门的话题之一，它最早起源于英国，其原义是“委托制作”，指电视播出机构将部分节目委托给独立制片人或独立制片公司制作。我国电视界、理论界10年来不断探讨的“制播分离”是相对于电视台长期实行的“制播合一”而言的。10年间，不少媒体对“制播分离”进行了积极尝试，如2004年东方卫视推出的《东方夜谭》《娱乐星天地》，之后天津电视台少儿频道推出的儿童综艺节目《快乐转转转》等栏目，都是“制播分离”改革试点的成功范例。但“制播分离”是不是广电系统深化改革的唯一选择？新形势下为什么要大力推行“制播分离”？它有哪些成功经验值得借鉴？又有哪些问题值得思考？

一、十年不断探索

20世纪90年代末期，我国电视业界就提出了“制播分离”的问题，但是由于人们对这一制度认识上的差异以及当时的社会、政治环境和主管部门主要领导的调整，“制播分离”一直未能真正实施。尽管如此，一些电视台还是把部分节目委托给社会制作机构进行制作。2000年8月召开的全国广播影视局长座谈会暨村村通广播电视现场会明确提出，电视台的播出权、制作权、覆盖权是截然不能分离的，有了这三个权才能真正实施宣传权，广播电台、电视台自身的制作权绝不能让出去，否则，我们的宣传方针就得不到有效贯彻，舆论导向就得不到有效保证，关键时刻要出大问题。从此，“制播分离”提法开始在电视界淡出。到了2002年上半年，广电主管部门又提出，电视台可以实施制播分离，并规定，除新闻节目外，其他电视节目可以由社会制作机构制作，电视台可以有选择地购买节目。于是，“制播分离”又成为电视行业关注的一个重要问题。

2006年初，国家广电总局局长王太华在全国广播影视局长会议上讲话时指出，要根据广播电视的特点，积极探索制播分离改革。除新闻类、社会访谈类等节目外，其他如文艺、体育、科技类节目等可逐步实行“制播分离”，引入市场机制，实行节目的市场招标采购，以丰富节目资源，提高节目质量，降低制作成本。这时，人们感觉到制播分离的脚步越来越近了。2007年2月，国家广电总局出台了关于促进广播影视产业发展的意见，提出对于产业经营前景比较好，具备企业化运作条件的，如体育、交通、影视、综艺、音乐、生活、财经、科教等频道频率在确保频道频率作为国家专有资源不得出售的前提下，要积极进行频道频率企业化经营。

党的十七大以来，中共中央、国务院做出了关于深化文化体制改革的总体部署，明确要求广播影视产业深化改革，通过实施节目“制播分离”调动系统和社会两个方面的积极性，极大地解放和发展内容产品生产服务能力，与电视节目走出去战略相适应，与人民群众日益增长的精神文化需求相适应。至此，作为深化广电体制改革客观要求，涉及广电核心业务重大改革的“制播分离”在历经十多年的反反复复以后正式启动。

2009年10月21日，上海市隆重举行了广播电视“制播分离”推进大会，上海广播电视台宣告成立，标志着上海在全国率先整体实施广播电视的“制播分离”，也标志着我国文化体制改革在上海迈出了崭新步伐。在新形势下，这一涉及广播电视核心业务变革的重大举措，可以说是我国广播电视事业产业发展的必然选择。

二、几种现行模式

一般认为，电视行业实施“制播分离”开始于20世纪中期的西方国家，20世纪后期引入我国。从国际电视业来看，“制播分离”发展的模式大致可分为美国模式、英国模式和韩国模式。

20世纪70年代，美国推出了《黄金时间准入法》，规定联播网每天晚上4个小时的黄金时段里，由广播网制作的节目播出时限为3个小时，每星期15小时，每晚至少第一个小时要留给地方电视台安排节目，提供公众教化和儿童娱乐节目，这个时段通常被独立电视制片公司和辛迪加销售者提供的节目所填充。美国的“制播模式”是以推动“制播分离”开始，培育多样化市场，然后又顺应国际市场的趋势，逐步走向制播融合，最终形成多个垂直产业链的大型集团而走向全球市场的。

英国政府于1990年公布了《广播电视法》，规定ITV与BBC不得少于25%的非新闻节目必须由独立制片公司提供。在这样的背景下，BBC进行了内部“制播分离”的改革，成立了制作董事会专门负责节目的生产，广播董事会专门负责播出、节目编排等工作，节目委托和编排部门以及节目制作部门并联分权。节目编排部门拥有挑选节目的权利，内部制作团队与外部制片人之间可以存在竞争；另一方面，还进行了内部成本核算，实行制片人独立核算制度。

《韩国制播分离法》颁布于1999年，其中一项规定是，到2001年，电视台播出的网外制作的节目比例不得低于40%，其中独立制片商制作的节目份额要达到30%。同时，电视网每月在黄金时间内必须播出超过15%的外制节目。韩国三大电视网KBS、BS以及MBC在全国范围内形成的竞争格局，促使他们探索出一套电视剧制作的工业化生产流程，使韩剧的生产流程与好莱坞的生产模式接近。

美国、英国、韩国的制播模式告诉我们，“制播分离”是促进广播电视乃至文化产业发展的重要手段，其目标是要为竞争开放的市场打好基础，为提高传媒组织的效率和竞争力最终走向国际市场创造条件。

从国内电视业看，“制播分离”比较有代表性的是我国台湾TVBS欢乐台、深圳广电集团、上海文广新闻传媒集团和天津广电集团。台湾TVBS欢乐台即戏剧综艺台主要播出综艺节目和电视剧，以前以完全自制为主。近年来，随着市场竞争的日益加剧，为降低运营成本，也开始逐渐走向“制播分离”，大量采用其他节目公司制作的节目。深圳作为我国改革开放的前沿阵地，也是广电改革的试验田，自20世纪90年代开始，深圳广电便积极开展“制播分离”方面的探索。比如，尝试对一些娱乐品牌节目实行独立制片人制，实行自主经营，自负盈亏，自我发展，自我约束，在财务上进行独立核算；对社会采用委托制、合作制、招标制等多种方式，推进节目“制播分离”引进社会资本，探索频道频率公司化运营；利用社会资源成立影视制作公司等，并探讨与其他电视台合作共同打造节目联播平台，将优势节目资源重新包装后在合作频道中播出。

上海文广新闻传媒集团成立不久，就提出了实现“两个转变”的战略思路，一是从为播出而制作，逐步转向为市场而制作；二是从一个地方广播电视机构逐步转变为一个面向全国乃至全球华语世界的内容提供商、发行商和服务运营商。因此，他们较早地实行了资源整合，将广告和节目营销统一经营，将经营业务从频道节目制作和播放业务中剥离出来，由广告经营中心对版权销售进行统一管理，然后把政策允许分离的板块和业务逐步独立，成立企业进行运作，打造产业链。2003年起先后组建了第一财经、上海时尚传媒等两家公司，通过公司化管理，大幅度提升节目的自制能力；通过授权机制，二级机构被改造为市场主体，在竞争中实现较高的收益比。2005年，集团又组建了广播新闻中心、电视新闻中心，把全集团的广播电视新闻业务整合起来。2009年，集团下属的影视剧中心又成功转为上市传媒公司，成为全国第一家系统改制的单位。2009年10月份改革的重点是进一步夯实广播电视播出机构的导向责任，将政策允许的制作业务和经营业务分离出来，打造市场主体，推动产业做大做强。

天津广电集团作为试点单位，积极推进“制播分离”改革、转企改制和跨地区经营，组建了面向市场的节目制作中心，不断探索走向市场的新机制，取得了明显成效。不仅节目制作更加面向市场需求，而且集团内部在管理上还打破了身份职称界限，极大地调动了员工的积极性，一批兼具思想性、艺术性与商业性的影视作品，在全国范围内产生了积极影响。转制后的节目制作公司通过实行企业化管理，实行总经理负责制，吸纳社会资金入股，设立投资决策领导小组和剧本策划工作室，鼓励和扶持工作室及全体员工直接面对市场参与影视剧项目的投资运作等措施，充分激发和调动了员工的积极性和创造性，推出了一系列电视剧新作。以上做法为即将全面推行的“制播分离”改革提供了参考和借鉴。

三、值得探讨的问题

深化广播电视体制改革、加快广播电视产业发展是目前我国广播电视行业适应社会发展、参与媒体竞争、满足受众需求的必然选择，是大势所趋。因此，近十年来，不少省市电视台不同程度地进行了“制播分离”的改革探索，并取得了一些成功的经验。但如果把“制播分离”当成深化广播电视体制改革的唯一办法或者说是“灵丹妙药”怕也有些盲目。首先，“制播分离”不是单纯的业务改革，而是一个涉及诸多方面的系统工程；其次，国内节目市场处于起步或者说培育阶段，真正的市场尚未形成，节目营销缺乏渠道；第三，资本市场远未形成，投融资渠道非常有限；第四，制播双方的权益、责任和版权保护等相关规定尚需明确；第五，机构调整、人员安置等这些与员工利益攸关的问题，都需要正确面对，设法解决。

此外，从“制播分离”的实践来看，许多认识和做法也需不断深化和调整。比如，“制播分离”的目的之一是提高效率，降低成本，但如果操作不当就有可能带来一些意想不到的问题。以我国台湾地区电视媒体为例，他们推行“制播分离”已有30年的历史，在其前半段时间，电视台节省了大量开支，有的还创造了惊人的利润，但后来尤其是近几年却发生了较大变化，主要原因是外部公司承担的许多节目发展到了某个阶段，水平也会相应提高，在广受欢迎之后，主持人的价码及制作公司的价格也会水涨船高，甚至超过了自制节目的成本，此时再想借助“制播分离”节约成本，恐怕就会适得其反。所以，现在我国台湾地区电视媒体的“制播分离”合约，大多都会有这样一个内容，即在适当的时候电视台有收回外制节目的权利，以此规避风险。

深圳广电集团在推进节目“制播分离”以后，为加强对委托制作节目的管理，也采取了一系列监管措施，比如，制定了《外包、联办栏目暂行规定》等对质量不高、没有培养前途的栏目分别做出停播、黄牌警告处理，以确保牢牢掌控节目的所有权、使用权、审查权、播出权、定位权和栏目制片人的制作权。

所以，实施“制播分离”改革并不是要彻底否定制播合一的优势，因为我国广播电视传媒目前最主要的功能仍是宣传功能，当涉及节目制作权、审查权、播出权等权利的时候，还是要坚持有所为，有所不为。此番上海文广传媒集团实施“制播分离”改革，上海东方传媒集团有限公司仍然是台属、台控、台管的控股企业集团公司，上海广播电视台牢牢地把握着东方传媒集团有限公司重大事项的决策权、资产配置的控股权、主要领导干部的任免权，以及节目内容的编辑权、审查权和播出权，确保舆论导向正确和国有资产的保值增值。因此，上海广播电视台和东方传媒集团有限公司是强化宣传和面向市场的资源重组，是在社会主义市场经济条件下，壮大广播电视舆论影响力、传播力和产业竞争力的积极探索，这是符合当下中国国情的。笔者以为，电视界将要普遍推行的“制播分离”模式并不是电视行业深化改革包医百病的灵丹妙药，需要研究和探索的话题还会很多，要走的路也会很长。

注释

文中一些资料参考2009年11月中国电视南方论坛。

原载《声屏世界》2010年第3期

盈利的“长尾”

长尾理论是网络时代兴起的一种新的理论，由美国人克里斯·安德森提出。长尾理论认为，由于成本和效率的因素，当商品储存流通展示的场地和渠道足够宽广，商品生产成本急剧下降以至于个人都可以进行生产，并且商品的销售成本急剧降低时，几乎任何以前看似需求极低的产品，只要有卖，都会有人买。这些需求和销量不高的产品所占据的共同市场份额，可以和主流产品的市场份额相比，甚至更大（如图1）。

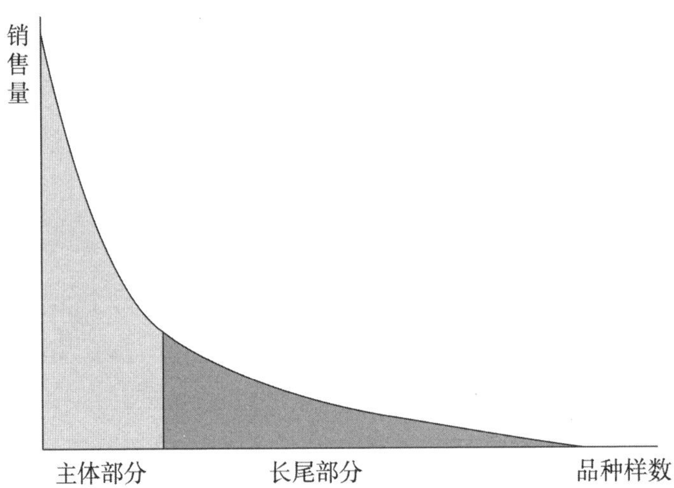

图1　销量较低产品与主流市场产品市场份额占比图

网络其本身拥有的信息海量性、开放性的特点，使这种个性化更易于体现。每一个网民，从其踏入网络领域开始，就被置于一个浩瀚的信息海洋里。具有超大储存能力的计算机与网络连接在一起，把人们带进了“信息爆炸”的时代。在如此广阔的信息海洋里，要抓住不同个性的人的口味不是一件容易的事。这时，“尾部”就要发挥其作用了。

传统观念认为，我们应当更关注那些具有巨大商业价值的主流市场，“小众”市场应当被抛弃。可是长尾理论告诉我们，当把一个个“小众”都融合起来时，统计图上那条长长的尾巴，也可以为我们带来巨大的利益。网络的边际成本递减这一特性，为聚集小众提供了很好的平台。

现在，通过互联网的技术，我们可以将那些并非主流的商品与主流商品放在一起，形成消费者的一种“误解”，以为那也是主流。如果这些非主流商品的品质能够得到消费者认可的话，它就能自然而然地转化成为主流。

一、豆瓣模式

豆瓣网最重要的收入来源，是和购物网站的合作。在豆瓣网提供的服务中，每次有用户通过豆瓣网上的链接进入当当、卓越这样的大型网上商城购物，双方就会按照事先约定的比例进行利润分成。

随着网站影响力的扩大，广告收入自然也成为大头。豆瓣的广告分为硬性广告和主动性广告。

硬性广告即常规性广告，通常显示在用户阅读发帖的右上方。图示所示位置不仅仅投放广告，测试初期，这个位置只出现一些当红线上活动中用户上传的图片和豆瓣对自己产品的推广宣传。之后慢慢加入进来的广告自然而然能被用户主动接纳和阅读。广告商深谙其道，也自愿投放。

主动性广告多数出现在小站与线上活动中。小站的建设更加自主，抛弃了小组提供的统一模板和功能类别，转而为用户提供更大操作空间，比如像小站的背景自定义、自定义导航分类、自定义功能及功能模块位置等，当然也沿用了豆瓣的关注功能。这一切的功能使得豆瓣小站不仅仅是一个群组，它同时还可以作为一个个人产品、博客或是商家的推广平台。功能上的灵活性使得豆瓣小站成了一个从不同维度划分人群的产品。

这两种形式，商家并不是直接推销产品，更像是品牌推广。所谓品牌推广活动就是指随着豆瓣社区用户基数的增加，讨论话题的丰富性，将会吸引一些大的品牌商进入，比如海尔集团的小站发起了线上活动“当我们还是孩子”，出现在固定位置的广告变成了一张普通的照片。一旦引起了用户的兴趣，用户就能发挥其主动性去关注商家或产品。

未来更多的收益肯定来自品牌活动方面，以活动的形式进行自身推广，而豆瓣则可以因此赚取推广费。目前在豆瓣社区上，匡威、福特、惠普、SWATCH等品牌已经加盟进行了合作。此外，一些线下的机构，比如咖啡馆、出版社等也在尝试和豆瓣的合作。

二、豆瓣的“长尾”运用

尽管豆瓣上评论的书籍、电影或音乐并不一定是当下最流行的时尚元素，但这些游离在畅销排行榜之外的非主流元素却吸引着数量庞大的小众群体。根据豆瓣自己的统计，从2005年3月至今，豆瓣的注册用户已经达到4800多万。当越来越多的小众聚集在一起，尾部开始发挥作用，豆瓣的商业价值也越来越清晰地体现出来。

豆瓣早期没有做任何广告，博客可能是最早的传播方式：豆瓣的早期用户是一些写博客的人，他们使用过豆瓣后，在自己的博客中提到这样一个网站，他们的博友在看到博客后便会来豆瓣逛逛，于是，又有人在博客中提到了豆瓣。通过这样的中心扩散，豆瓣几乎完全靠用户自己拉动，用户的增长是一条光滑的指数曲线。

豆瓣读书之所以能够很快盈利，更多的和其较低的运营成本有关。创建一个豆瓣图书条目的实际资金成本几乎为零，创建者可以是任何用户。条目出现后，网友的书评便成了最有效的软文。经过用户筛选而排序靠前的评论往往妙语连珠、深刻睿智，最重要的是，其他用户相信这些评论。这是长尾法则中重要的一条——让顾客参与生产。这一点在豆瓣的各种功能上都有体现。

对于一些书的作者来说，通过豆瓣他们可以与读者形成很好的互动，就有书的作者在豆瓣上为自己的书写评论。近几个月开发的“音乐人”也一样。音乐人通过自己建立的小站，或上传作品或发表工作行程、图片来与关注自己的乐迷交流，甚至得到演出机会。

当越来越多的小众聚集在一起，尾部开始发挥作用，豆瓣的商业价值也越来越清晰地体现出来。

豆瓣的定位，核心是发现，长尾理论所谓的事后过滤器，并不是真的发现一个不存在的东西，所有的东西都是事先存在的。从个人用户而言，是发现；而从海量信息而言，是过滤掉一大堆东西，过滤出几个适合用户的东西。Google搜索也是这个作用，而现在这种社会性的过滤智能性更强。每天世界上发生很多事情，媒体通过编辑，找出有意义的，针对不同人群，给出有限的新闻。传统媒体如此，新浪模式也是，几百人编辑队伍过滤。这种方式，对用户来讲，大家看的是一样的，不是个人定制的，可能会看到很多自己不感兴趣的东西。浏览一大堆，挑出自己感兴趣的，可能会错过，而且浪费时间。还有一种，是当用户知道要找什么东西，这种搜索会很有效。

三、如何做好“长尾”

不是所有的产品都适合做“长尾”。其他商品，可能就有问题，有些产品没有长尾，没有那么大量，比如汽车、手机，可能只有几百种。

在长尾理论中我们看到：沃尔玛必须将同一CD卖到10万张，才能平摊管理费用获取利润，具有这样销量的CD连1%都不到。那么想购买左小祖咒、马赛克乐队最新专辑或其他非主流音乐的消费者又该怎么办呢？他们只能去别的地方买。

降低投入成本。一是可以用无形资产替代有形投入，解决初始投入门槛高的难题。二是利用边际成本递减的优势。网络产品的特点在于，产品的边际成本递减。光有网络，没有数字化，“长尾”的尾巴也长不了。“长尾”是数字化、网络化的“长尾”。

根据美国市场研究公司Netpop Research2011年1月的问卷调查，93%的中国宽带网用户（13岁以上）曾经至少用一种方式向互联网贡献信息和内容。在18~24岁的全日制在校生中，这一比例已经达到97%。

参与生产的人是最关心产品的人。Web2. 0浪潮的第一波就是提供给用户充分发挥其主动性的平台。中国的网民已从最初被动接收信息到现在的主动去发现、创造信息。个人电脑把每个人都变成了生产者或出版者，而互联网把每个人都变成了传播者。

发挥差异化、个性化的生产优势。典型的例子是搜索引擎。搜索引擎的商业本质，是让消费者主动将自己的需求成规模地暴露出来。每个消费者在搜索引擎上键入自己的搜寻目标，实际就是个性化、差异化地提出自己的定制要求。而搜索引擎并不是像传统手工艺匠人那样，一个一个制作出产品，而是通过软件方式，自动化地实现供求匹配，按照消费者提出的定制要求，自动、低成本地一对一提供服务，满足需求。

参考文献

[1]位于美国旧金山的市场研究咨询公司，常年致力于中国互联网研究：www.netpopresearch. com。

[2]（美）克里斯·安德森：《长尾理论》[M]. 中信出版社，2006年版。

[3]（美）马尔科姆·格拉德威尔：《引爆点》[M]. 中信出版社，2006年版。

[4]（美）Kevin Lee，Catherine Seda：《搜索引擎广告：网络营销的成功之路》[M]. 电子工业出版社，2004年版。

[5]彭兰：《网络传播学》[M]. 中国人民大学出版社，2009年版。

[6]黄修源：《豆瓣，流行的秘密》[M]. 机械工业出版社，2009年版。

[7]苏林森：《我国web2. 0网络盈利模式探析——兼论长尾理论在网络经济的运用》[J].《南民族大学学报》，2007年第8期。

[8]杨溢：《互联网时代的小众价值》[J]. 今传媒，2009年第9期。

原载《网络传播》2011年第12期

人民日报“校园行”及其办报理念变革

引言

《人民日报》是党中央机关报，虽然与其他省市级党报相比，具有得天独厚的政治保障和新闻资源，但是这并不意味着《人民日报》就可以高枕无忧、泥古不化。作为一家报纸，就必然生存在报业发展的普遍规律之下，这个规律就是只有赢得受众，才能赢得发展。

以报纸创刊60周年为契机，2008年前后几年里，《人民日报》进行了一系列办报机制的革新，如取消形象广告、调整版面、采编分离等。特别是2009年以来，《人民日报》以胡锦涛总书记视察人民日报社时的讲话为指导，相继开启了读者评报、人民日报“校园行”、人民日报“金台行”等多项编读互动活动，请进来、走出去，充分体现了他们进行深入改革的决心和诚意。

2009年11月23日、2009年12月31日、2010年5月7日、2010年5月8日、2010年9月28日、2011年4月20日、2011年10月21日，人民日报“校园行”先后走进北京大学、中国传媒大学、华中科技大学、武汉大学、清华大学、南京大学以及山东大学，与广大学子面对面、展开真诚对话。

在“校园行”活动中，以社长张研农等领导为首的一线编辑记者们为大学生们做了一系列的精彩演讲和热烈互动。从这些交流内容中，我们可以看到《人民日报》办报理念的转变和对未来发展的愿景。“《人民日报》改革一小步，中国新闻改革一大步。”本文通过对这些活动内容的解读剖析，以总结《人民日报》办报思想变革的走向，展望她的发展前景。

一、“校园行”——《人民日报》办报新思路

“校园行”活动的来龙去脉。《人民日报》创刊已经60多年了，人民日报人始终在关注和思考一个问题：当今的大学生，你们在关注着什么？你们喜欢读什么样的新闻？

策划和组织“校园行”活动，源于深入细致的调查研究。人民日报社对外交流合作部认为，开展形象宣传和品牌推广，应充分利用《人民日报》特有的优势和资源，以“走出去”和“请进来”两种形式为着力点逐步推进。通过调研了解，大中小学生长期疏离《人民日报》，对《人民日报》了解甚少，但大中小学生又是《人民日报》未来主要的读者群，培养未来的读者对《人民日报》来说具有重要的战略意义。因此，他们提出开展人民日报“校园行”活动，请本报在各自报道领域有知名度的编辑记者走进校园，与学生们分享重大新闻事件背后鲜为人知的故事，和学生们面对面交流，同时带去一个展览，展示《人民日报》的历史和现在，反映《人民日报》记者亲历的重大新闻事件等。通过生动的演讲、直观的展览、近距离的交流等形式宣传《人民日报》，扩大《人民日报》的传播力。

一张报纸，唯有“贴近实际、贴近生活、贴近群众”，才能赢得未来，立于不败之地。几十年来，全国的高校为人民日报社输送了大量青年俊杰，他们已成为“中国第一大报”的中流砥柱。贴近高校，就是贴近青年；贴近青年，就是贴近未来；贴近未来，就会拥有明天。这就是人民日报社组织“校园行”活动的目的和初衷。

二、人民日报“校园行”活动中体现出的办报理念

笔者认为，办报理念，不仅包括稿件采编、报纸发行等业务操作，还包括对人才的培养、录用等一系列与办报相关的内容的看法和观点的汇总。

从上述内容可以看出，人民日报社的数次改革，其目的无外乎是为了履行自身党的喉舌功能。而“校园行”活动所体现出的办报理念则与胡锦涛总书记2008年讲话提出的意见是完全相对应的。

坚持党性原则不动摇。党性原则是指在大众传播活动中所体现出来的

阶级意识，社会主义党性原则就是无产阶级阶级性的集中体现，它要求在新闻工作中体现无产阶级的思想意识、政治要求、组织原则和行为准则。《人民日报》作为党中央机关报，更是需要充分发挥党和政府的喉舌作用。无论在经营运转上怎样变革，但保持党性这个原则是不能改变的。

张研农社长在“校园行”北京大学站演讲时说：“不遗余力地传播主流价值观，是《人民日报》不可回避的责任与使命。”《人民日报》的“招牌部门”之一——评论部的主任卢新宁也多次提及“社会责任的担当”这一关键短语，她说：“当代中国没有一张报纸像《人民日报》这样，这么紧密地和这个国家的民族荣辱沉浮联系在一起，也没有一张报纸像《人民日报》这样能够如此幸运地获得影响时代进步的契机和机遇。”文艺部主任郭运德说：“《人民日报》在某种意义上说，比其他媒体有着更多的社会担当。”对外交流合作部主任赵嘉鸣则说：“一个人有责任心，能够来到《人民日报》这样一个有着责任感的单位，肩负着这样一种光荣使命的单位，你一定会找到自己的坐标。”从他们的话语中可以看出，这种原则性的保持是《人民日报》秉性的生动体现。

关注受众需求不松懈。从政治上看，党报的宣传报道对象不仅仅是受众，也是公众。2007年，胡锦涛总书记在十七大报告中明确提出“保障人民的知情权、参与权、表达权、监督权”，2008年，他在视察人民日报社时，把这一要求也赋予新闻媒体，强调宣传报道要“尊重人民主体地位，发挥人民首创精神，保证人民的知情权、参与权、表达权、监督权”。政治经济文化的进步推动了公民社会的成长，迎合受众需求，维护公众权益已经成为主流媒体不能回避的责任，正所谓“党报姓党，党报是报”。

张研农在“校园行”的演讲中提及党报职能扩展时这样概括当今党报的职责：“宣传党的主张，弘扬社会正气，通达社情民意，引导社会热点，疏导公众情绪，搞好舆论监督。”卢新宁对《人民日报》评论的定位就是：要在党心和民意的共鸣中保持锐气，“把体现党的主张和反映人民心声统一起来，把坚持正确导向和通达社情民意统一起来”。

人民网作为一个具有得天独厚优势的信息平台，更是成为人民日报体系践行受众观念的绝佳之处：不仅有“强国论坛”“在线访谈”之类的栏目供读者直接参与，还摘录网友意见登在《人民日报》上面，非常好地实践了报网互动。正如人民网总编辑廖玒对网站功能的定位：“一方面是宣传党的路线方针政策；另一方面，人民网承载的特殊使命就是要做官民互动的桥梁。”

紧跟时代趋势不滞后。随着时代背景的不断变化，媒体的生态环境也日新月异，《人民日报》虽然有自身的特殊性，但仍然避免不了现实状况的冲击，仍然不可避免地要考虑除旧添新。正像张研农说的：“《人民日报》积淀很深、积累很厚，积弊也不少。不做增量改革，不紧跟时代，那些积淀就会蜕变为包袱，转化为负资产。”

近几年，《人民日报》在保持自身坚定立场的前提下应时而变，及时更新办报理念，采取一系列对策和新的办报方式以适应市场，满足读者需求。

在新闻报道上，一方面以内容为根本，以新闻提速和新闻分析为重点，对新闻提供独家解读，提倡“内容为王”；另一方面，注意版面、文风、载体上的改变和丰富，在形式上让读者耳目一新。除改版、扩版外，还在改进宣传报道方式、增强资讯吸引力和提高舆论引导力等方面进行了积极探索。比如2004年1月，其创办“议政与建言”周刊，群众小事登上头版头条；2007年，在华南虎照事件上，《人民日报》连续发了5篇时评，当时在网上广为转载；2008年北京奥运会，《人民日报》增加奥运专版，拓宽报道思路，对于塑造国家形象、振奋人心发挥了举足轻重的作用；2010年11月，物价上涨，国家大力调控，各地多举落实。为此，《人民日报》要闻二版开设新栏目“稳定物价在行动”，每天及时刊发全国各地调控物价的新举措，传播经验，稳定预期，一直持续到物价回稳。

在机构改革上，人民日报一方面进行内部机构改革，理顺新闻生产和管理机制，提高新闻生产效率和质量；另一方面开始整合整个报业体系的资源，积极打造现代传播体系。

打造全媒体传播不闭塞。科技的进步使得信息的采集和传播方式走向多媒体化，《人民日报》也充分运用网络版、记者博客、手机等传播平台，扩大自身的覆盖面。主张报网融合，传统媒体与新兴媒体并举，打造全媒体传播的媒体战略。此外，《人民日报》的整个体系也是实力雄厚，有《人民日报》——中国第一大报；有《人民日报·海外版》——对外宣传的一大平台；有人民网——我国重要的官方网站；有《环球时报》——民间舆论的重要载体；有《京华时报》——北京人的都市报，等等。“媒体方阵”形成合力，前景可观。

吴恒权总编辑明确提出了人民日报目标中的两个发展阶段：第一，到2015年形成传统媒体与新兴媒体并举，官方声音与民间舆论呼应的发展格局；第二，到2020年成为报网一体化发展、品牌优势突出的国际一流媒体。

尤其值得一提的是，人民日报北京大学“校园行”的活动中，社长张研农提到他们的记者正在为活动做微博现场直播；而在南京大学“校园行”活动中，人民日报在南大校园里首推“人民日报电子阅报栏”，做到了更加方便快捷、细致入微的沟通交流，也愈加营造出全媒体传播的强大阵容。

加强人才建设不保守。“校园行”活动本身就是人民日报召唤人才的一种方式：吸引高素质的、有责任担当的、全能型的人才充实自身队伍，从而达到提高自身办报质量和提升声誉的目的。

吸引新人、起用新人是人民日报近年来的一项重要工作，人民日报对需要的人才做了一个界定：有社会责任、有职业精神、有专业素养、有开阔视野。也需要经营、管理、技术等各方面的人才。总之，他们需要年轻人，尤其是有理想、有激情的年轻人。

三、《人民日报》办报理念变化浅析

笔者认为人民日报“校园行”活动中所反映出的办报理念，适应了中国的国情发展和时代背景，顺应了时代潮流，关注了读者的需求，可以说是很成功的。

但是，囿于体制、观念等方面的限制，《人民日报》的办报理念还有不少可以改进的余地。最突出的就是报纸的发行和推广方面。报纸办得再好，如果没有广大群众的认可，也不能谓之成功。党报也许有自己定义的主流受众群体，不像《南方周末》这类报纸以知识型读者为核心读者群，《人民日报》是一张全国性报纸，是联系党、政府和民众的桥梁，可以说，目标读者群应该是广泛和庞大的。但是，一个显而易见的事实是：真正阅读《人民日报》的读者只占了较小的比例。吴恒权总编辑在清华大学演讲时提到2009年上半年《人民日报》的发行量是241万份，但据相关资料统计全国的基层党支部就有360万个，还达不到一个党支部一份。其原因除了在于发行的范围及数量不能让人满意外，在大学校园的调查又显示出很多人即使手头有《人民日报》也没有认真读过的现象。这在一定程度上表明，《人民日报》的宣传力度还远远不够。地位诚然高，质量也上乘，但是如果宣传不够，公众对它缺乏了解，还以为是老面孔，极有可能造成曲高和寡的局面。“校园行”活动，包括后来的“金台行”，固然是《人民日报》走进普通人群的有益尝试，但还不够。就拿“校园行”来说，目前仅仅走进了6所高校，范围仍然太小。再则，《人民日报》的网络版和手机版虽然都有而且办得不错，但是宣传推广和营销意识仍显偏弱，如果能在各大门户网站等流量集中地设置明显的阅读入口通道，就可以期望获得较现在而言大得多的覆盖范围。设在南京大学的电子阅报栏即是一个很好的尝试，此类设施的继续扩大和不断完善必不可少。

另外一点就是，《人民日报》的人民网现在的立足点是“权威”，是成为受众确认信息真实性的平台。既然已有品牌优势，何不更进一步，成为受众获取最新信息的首选平台呢？人民日报、人民网引进的都是全国范围内的优秀人才，既然已经能在“抢质量”的竞争中领先，就不应该在“抢时效”的竞争中犯憷。“提供第一时间第一质量的新闻”，如果能以这个为目标，那么人民网就能真正成为中国网民的首选新闻平台了。人民日报人在校园行中多次提到，人民网、人民搜索的壮大需要时间，那么就让我们对它寄予期待。

此外，《人民日报》屡次改扩版，效果虽然明显，但是不可否认，在版面的活泼性、美观性和文章的可读性上仍然有继续提升的空间。阅读哪家报纸，相信哪家媒体，受众有这个选择权，《人民日报》要做的，应是争取受众的选择来证明自己。《人民日报》在延续现有的立场鲜明坚定、全媒体发展、集团化运营、可读性增强等已具备的优秀品质和已在进行的改革的基础之上，应该继续加大宣传力度、拓宽发行渠道、加强读者交流、完善版面质量，使读者由充分了解《人民日报》到选择阅读《人民日报》。

《人民日报》与其他省市级党报相比较为特殊的地方在于，它作为党报系统的“老大哥”，在走向市场、多样化运营等方面需要更加谨慎，它的变动，对整个中国的党报系统有着决定性的影响。未来的《人民日报》，其发展也应该脱离不了整个党报系统目前的这种发展态势，但总体来说，《人民日报》的改革稍微滞后于较低级别的党报，亦有些亦步亦趋的嫌疑。《人民日报》汇聚了掌握各个领域专业知识的高端人才，应该也有条件成为党报系统改革的领头羊和先行者。

四、结语

人民日报“校园行”活动，由于各方面因素的制约，开展范围尚不够大，时间间隔也比较长，但却把报社内部一直坚持的以及最新的办报理念较为系统地介绍给了大家，显示了继续改革的自信和决心。同时，活动本身也体现出了《人民日报》放低姿态、深入潜在读者群的意愿。

作为中国第一党报，社会责任担当自不待言；作为中国第一大报，对市场的适应、对自身的变革更是一个必然的选择。如果能够充分利用自身具备的条件资源，发挥自身优势，《人民日报》必然能够成为中国报业的一个标志和典范。

参考文献

［1］杭孝平，杜剑峰：《从〈人民日报〉增设“新兴媒体版”看党报在引导网络民意中的作用》［J］.《东南传播》，2010（7）。

［2］吴恒权：《强化新闻注重贴近突出特色——〈人民日报〉扩版两个月回顾》［N］. 人民日报，2009（10）。

［3］《人民日报总编辑张研农谈编采分开》［J］. 中国报业，2005（6）。

［4］宣柱锡：《把握受众特点变化——提高主流媒体舆论引导力》［J］.《中国记者》，2010（6）。

［5］胡果：《打造党报政治报道的亮点、看点和卖点——从〈人民日报〉政治新闻版的实践谈起》［J］.《青年记者》，2008（3下）。

［6］岳平源：《大家风范平民意识——人民日报改扩版各界读者更爱看》［J］.《新闻战线》，2010（2）。

［7］人民日报社新闻协调部：《读者的期许我们的动力》［N］.《人民日报》，2010-04-23。

［8］田豆豆，张志峰：《改革热望与青春激情的碰撞——"人民日报校园行"武汉高校活动侧记》［N］.《人民日报》，2010-05-09。

［9］胡思勇：《市场深化与党报改革定位清晰化》［J］.《新闻前哨》，2010（2）。

［10］刘庆传：《增量突破拓展党报评论新空间——以人民日报新一轮改版为例》［J］.《传媒观察》，2010（6）。

［11］http：//news. xinhuanet. com/zgjx/2008-05/24/content_8241995」. htm。

［12］南方日报：《争做党报改革领跑者》［J］.《中国新闻出版报》。

［13］《多家中央级媒体集体改革，欲争取国际话语权》. 新华网，2010-01-15。

［14］吴恒权：《报网融合既是现在也是未来》. 人民网-人民日报新闻研究网。

原载《新闻爱好者》2012年第3期（与张冠卿合作）

地方化：地面频道的可能出路

“四级办电视”的方针使我国形成了当下的中央电视台、省级电视台、市及县级电视台等几大阵营卫视和地面频道共同发展的局面。在这几大阵营中，作为国家电视台的中央电视台拥有强大的频道资源、文化资源和经济资源，在电视市场的竞争中处于不败之地；省级卫视相比地面频道，有更大的覆盖面和影响力，经过几十年的探索和尝试，基本形成了自己的特色，具有较强的竞争力。相形之下，地面频道则面临着收视下滑和经营创收锐减的双重压力，即使曾经红极一时，引领风潮的地面频道大都陷入了困境。从目前的发展态势来看，地面频道虽然从整体环境来看不容乐观，但是实际上仍有创新和发展的空间。本文认为在目前全球化的背景下，保持地方化特色是地面频道一个重要的发展方向。

一、全球化与地方化张力中的传播

吉登斯认为，现代性在消解传统的同时又在不断地重建传统，他将全球化定义为世界范围内各种社会关系的强化，这些社会关系以特定方式将遥远的地区联系在一起：本地发生的事情往往要以千里之外出现的事件来衡量，反之亦然。[1]也就是说，在吉登斯看来，在世界范围内各种关系的延伸过程中，不同地区和背景间有许多种联系方式，而这种联系的过程和媒介产品密不可分，正是全球化的媒介产品促进了这种联系。正如戴维·莫利和凯文·罗宾斯在谈到“由国内媒介到全球媒介”的问题时说：“这是一个以消费者为真正统治者的世界秩序”，“视听地理正逐步脱离民族化的象征性空间范围，而在国际消费者文化这一原则下加以重新调整。媒介新秩序的一大理想是做到自由而不受阻碍地广为播放节目，即

'无疆界的电视节目'"[2]。20世纪90年代以来，中国的全球化进程加速，经济、文化和世界频繁交流、融会，使中国进入了一个转型阶段。资本的跨国流动带来了企业的全球化扩张，导致消费主义在全球范围的滥觞，琳琅满目的商品、瞬息万变的现代景观和时尚使大都市成为梦幻之地。电视媒体则强化着这种消费主义意识形态，如豪华轿车、高层建筑和广告烘托出的繁华街景、电视剧主人公的豪宅等。然而无论何种商品，其价值总是要在消费中去实现，因此消费主义冲击着传统的生活方式和价值观，从而使文化呈现出全球化的倾向。

但是，我们还应该看到，在全球化的多维特征中，有一个现象非常引人注目，那就是全球化趋势和地方化趋势始终相伴而行。全球化的发展趋势与地方特征的存续并不是想象中的延续不断的对立，强烈的地方化呼声始终伴随着经济全球化的进程，自然也伴随着传媒业的全球化进程。也许全球化本身并没有表现出太多某种形式或者根本性的地方特征，但每一个地方化的特征都在改变着全球化的背景。每一个地方在不同的范围内展示自己，而地方的认知又被全球化的影响以及混合了全球化压力的地方行动不断地塑造着。进一步说，地方的感知是日益高涨的地方渴望的反应。[3]在全球化成为我们当代生活日常体验的时候，传统并没有消失，我们以为被摧毁或被淹没了的那些地方性的信仰与仪式常常以另一种方式在起作用。它往往是作为前者的一种结果，或者是对前者的反应——那就是文化产品的本土化和媒介生产的地方化。

从这个意义上来说，电视媒体的地方化是满足受众身份认同的一个重要因素。地面频道由于播出范围的限制，具有明显的地方化特征，如果在节目设置和运营的过程中，能有意识的突出地方化特色，将给地面频道一个不同于其他频道的发展空间。

二、地方化的民生新闻节目满足受众围观的需求

民生新闻是从平民视角出发，关注平民百姓日常生活、生存状态的新闻。在民生新闻发展的早期，其强调故事性、情节性的表现技巧和手法，不同于主流媒体新闻报道的严肃稳重，让受众觉得耳目一新。这种新闻类

型在题材上关注一定生活区域内百姓的生存状态、生活情感，让百姓成为新闻的主角，从选材上有着不可取代的地方化倾向。地面频道为了抓住受众，提高收视率，找到自己的出路，必然产生某种革新的诉求，他们开始关注平凡人、身边事，这在某种程度上契合了民众的收视需求。由此可见，民生新闻强烈的地方化色彩就成了本地观众认同的基础，其地方化的新闻呈现，不仅得到了民众的普遍认同，而且在我国社区建设中也为构建城市认同发挥了积极作用。

民生新闻曾经是地面频道发展的主力，但是目前也明显能感觉到其发展的瓶颈。民生新闻之所以陷入当前的困境，一方面是因为民生新闻本身固有的缺陷。种种缺陷中，民生新闻同质化是最受诟病的问题。各个地面频道的民生新闻虽然都是选材于当地，但是却基本聚焦在日常生活琐事上，而不关注大民生问题。早期民生新闻的报道技巧让观众觉得耳目一新，但是随着各种媒体都采用了这种报道方式，其理性欠缺的缺点就越发明显。另一方面，受众也发生了质的变化。在传统媒体时代，受众习惯通过媒体来交接信息，而信息的生产和流转是被管理者控制的，正如福柯所说，在传统社会，社会管理者主要是通过信息不对称的方式来实现成本更低、效率很高的社会治理。[4]当代传播技术的革新改变了这种信息流动方式，管理者已经很难控制信息的生产和流通，使得信息的流动形成了围观结构，受众开始对其他人进行凝视，并进而试图影响和控制他人的行动。人们不再像以前一样单向度接收管理者和传媒的声音，而是在围观过程中沟通彼此的信息，设置社会的公共议程，这使得管理者常常成为被质疑的对象。

目前，这种围观和交流的需求，基本是通过网络媒体得到实现的，但是在网络上引起关注的往往是涉及大多数人利益的公共事件，本地的相关权益往往很难形成网络热点，这就留下了一大片空白给地面频道。地面频道的民生新闻节目如果能够深入底层民众当中，关注地方存在的重大问题，满足受众围观的需求，则会形成自己的节目特色，树立较好的形象。与此同时，地面频道的民生新闻节目，也应该给本地受众提供更多的参与节目的机会，使受众之间的意见交流能够进入公共空间，这也会极大提高节目的关注度和美誉度。

三、多样化的方言电视节目促进地方文化认同

现代化在促使社会转型的同时，还直接引发了空前的文化危机，使文化认同成为突出的课题。当今社会是以社会化大生产为标志的现代社会，从而改变了传统社会原有的结构和运行机制，人们原来的生活方式和交往方式都经历了从封闭到开放、从稳定到剧变的过程，不仅使“我们”必须不断直接面对越来越多的“他们”，而且“我”与“我们”也不再天然地重合，这种开放彻底打乱了传统社会原有的认同模式与格局，引发了人类真正意义上的认同危机。而带有浓厚本土文化背景的方言，能够有效地唤起本土受众脑海中的“集体无意识”，让本土受众产生一种强烈的文化认同感，符合该地域受众的接受心理。这些年，有方言因素的传媒产品如情景剧《武林外传》等都引起了较高的关注度，网络视频中的方言类视频点击量和转发量也都非常可观，这都在一定程度上印证了这种需求。

语言是电视艺术形成浓郁地域特色的重要因素，麦克卢汉发现：“在英国，电视来临之后最非同寻常的发展动态之一，是地区方言的复兴……电视来临之后，方言被认为能提供深刻的社会纽带。”[5]目前，很多地方频道都有自制的方言类节目，大致分为方言新闻节目、娱乐节目和影视节目，如杭州电视台的《阿六头说新闻》等，收视率都有不俗表现。虽然有关部门几次发出针对方言节目的禁令，但是受众对这类节目的喜欢程度丝毫没有减少。甚至于在2010年的时候，广州市政协为了配合第16届亚运会的举行，方便来广州参加亚运的海内外人士及时了解亚运信息，提出一项议案，建议广州电视台综合频道适当地增加用普通话播放新闻节目的时间。当该提案挂在网上进行调查，希望了解社会群众的看法时，却引发社会媒体和网民的强烈反应。

四、地方化的活动增强社区关系

当前传播新技术，尤其是社交媒体的兴起，使得关系成为一个重要的传播渠道，能否将传播内容嵌入受众的社会关系渠道中，已经变成了构建

传播有效性的关键。但是，当前媒体传播都没能有效地进入社区关系之中。当社区居民从职业期过渡到后职业期时，他的社会关系也由以“业缘”为主的社会关系转变为社区关系，社区关系在这一时期由基本消失到开始逐渐重建。迪尔凯姆曾经指出，与地域群体、地方观念的衰落同时并行的，是一种作为“替代物”的中介群体的形成。在现代世界，一方是（民族）国家，一方是从传统的身份制共同体中解放出来的个体，两者之间的距离变得越来越远，两者之间的关系也越来越流于表面，国家已经无法切入到个人的意识深处，无法把他们结合在一起。因此，如果在他们之间没有一系列次级群体的存在，那么，社会将解体，国家也就不可能存在下去。如果这些次级群体与个人的联系非常紧密，它们就会强劲地把个人吸收进群体活动中，并以此把个人纳入到社会生活的主流之中。[6]

对于现代社会人群的联结方式，学者们早已进行了思考并且给出了一定的答案，即去除了地域性限制的共同体。这种共同体的存在和发展，给地面频道提供了可以开拓的空间。在社区举办有特色的文化活动，是增进地方居民联系最有效的方式之一，学者普遍认为，文化活动能起到增强社区凝聚力的作用。电视台拥有其他组织所不具备的文化资源和技术力量，如果能很好地和当地社区配合，两者就形成了相互关联、嵌入的合作关系，随之政府及媒体也结成了盟友关系。这一过程不是国家对社会的回归，更不是简单地对抗，而是国家和社会的相互增权。在共同行动中，不仅电视台自身的影响力得到了发展壮大，而且社区通过向媒介提供权威认可和资源支持的手段，间接嵌入社会组织的运作，提升了回应民众利益诉求的效能，促进了更顺畅的沟通和交流。

五、利用在地方的影响力建构社群

社群是指在一个特定地理区域内，具有共同价值观的一定规模的社会单位。[7]但是，随着社会发展，社群这个概念也出现了新的变化。在传统社会中，我们界定社区往往和成员的社会关系联系在一起，传统社会的社会关系多是基于地缘和血缘的关系，因此社群具有很明显的地缘和血缘特征，其建构过程和媒体的关系也不大。但在目前的互联网传播环境下，个人的活动不再受空间和物理条件的限制，社群已经主要成了基于相同的兴趣、特质、属性、需求等聚集起来的一群人。

目前电视节目的分众化趋势越来越明显，不同的节目会形成不同的受众群，这些受众往往具有大致一样的兴趣和爱好，如果能通过电视台给他们提供一个参与节目和交流观点的空间，则会很容易形成社群。在节目设置中，如果能有意识的侧重服务类节目的设置，尽可能涵盖受众的衣食住行、休闲娱乐、健康安全、婚恋交友、财产投资等日常生活、社会生活、经济生活的方方面面，那么这些社群就具有了极高的经济价值。同时，这些社群的建构和维系，还要借助诸如微信等新传播技术。这些新技术能提供即时沟通，实现内容与观众的关系嵌入，从而开拓出地面频道独有的经营模式。在目前地面频道的发展中，已经有了较为成功地将社群转化为经济效益的例子，如江苏城市频道的《周末好运到》、河北经济频道的《我为购物狂》、湖北经视频道《经视团购会》等节目。这些节目将受众有效地转换为客户，电视媒体借此延伸了服务供应链，从单一的内容提供商到参与甚至主导，并致力于提升用户衣食住行医游等刚需消费，从而实现产业链的有效拓展。

正如霍尔指出的，人的本性总是需要一个自己感觉到有归属感的地方。全球化看上去像一种具有同一性的力量，但它不可能给身在其中的个人提供归属感和安全感，因此它也不可能战胜地球上多种多样的文化。全球化和地方化是可以共存的，这种共存在媒体产品中表现得尤为突出。地面频道如果能做到拥有“全球化思维，地方化行动”，采取各种地方化的措施，充分发挥地面频道的优势，满足本地受众的需求，就能在当前的媒体环境下形成自己的特色，取得长足的发展。

注释

[1]［英］安东尼·吉登斯：《现代性与后传统》，《南京大学学报》（哲学.人文.社科版），1999（3）。

[2]［英］戴维·莫利，凯文·罗宾斯著，司艳译：《认同的空间：全球媒介电子世界景观与文化边界》，南京：南京大学出版社，2001年1月版，第92页。

[3] 孙柏瑛：《当代地方治理——面向21世纪的挑战》，北京：中国人民大学出版社，2004年4月第1版，第52页。

[4] 李法宝：《电视竞争策略——境外电视落地内地对电视生态环境的影响及对策》，广州：中山大学出版社，2012年5月版，第193页。

[5] [加] 马歇尔·麦克卢汉著，何道宽译：《理解媒介——论人的延伸》，北京：商务印书馆，2000年版，第382页。

[6] [英] 迪尔凯姆：《社会分工论》，北京：三联书店，1993年版，第52页。

[7] 于烜：《社群经济思维探索地面频道的经营路径》，《新闻战线》，2016（3）。

原载《声屏世界》2016年第6期（与朱剑虹合作）

以抖音为例谈谈短视频产业的现状及发展

一、短视频的产生及抖音的出现

2013年7月，一下科技成功取得了新浪领投、红点和晨兴跟投的2500万美元B轮投资，资本开始扩张。同年8月，秒拍产品出现，并迅速走红。之后，因为新浪的独家支持以及众多明星大腕的入驻，秒拍拥有了千万级的用户。与此同时，短视频应用“微视”也正式推出，短视频时代开始萌芽。

不过，这一时期的移动短视频还没有爆发，整体来说还欠缺火候。一年时间过去了，随着更多公司进入短视频领域，短视频应用呈现井喷式发展。在这一时期，快手成长较为迅速。快手的成功让互联网巨头们开始向短视频行业霸主地位发起挑战，且将短视频产业的蛋糕越做越大。到2015年初，短视频市场多极化局面正式形成，小影、微视、美拍等平台竞争越发激烈。2016年众多短视频制作团队纷纷组建，趣味性得到了增强。短视频的飞速发展，也强烈吸引了资本的眼球。同年9月，今日头条新闻和阿里巴巴的土豆网宣布为创作短视频提供大额度的补贴。当年的移动短视频用户数已达到1. 53亿。这是一个非常令人震惊的数量。资本在短视频产业疯狂积累，其火爆的状态继续维持下去。

在短视频产业爆发的2016年，一个名为“抖音”的15秒音乐短视频APP正式上线出现在各大应用商店的排行榜上。在没有抖音APP以前，世界范围内最受欢迎的短视频就是MV（music video），其主要的创作者都是有点名气的演员或歌手，一般人很难接触，而且拍摄MV要求很高，过程也困难，能对着摄像机镜头演出的人并不多，更别说能够对着镜头唱一段自己喜欢的歌了。而欧美的Dubsmash的对嘴表演模式创造性地解决了这个问题，用户通过对口型等方式，按照一定的方法表演，便可以录制一段十几秒钟的短视频，这样的形式既降低了表达成本，也增添了表演内容的趣味性，在智能手机普及化的今天得到了快速的发展和传播，达到了几亿的用户量，一跃成为中国最火的短视频APP之一。

2017年，短视频进入“生死战”。当年第三季度，短视频平台出现了明显的分层。第一层是：快手、秒拍、西瓜视频和美拍；第二层是：土豆、火山、抖音、凤凰；第三层是：快视频、小影。短视频行业活力无限。

二、从抖音看短视频的现状

快手的火爆让人意外。早在2013年，快手已经吸引了大量的三四线城市和农村用户，这也为平台带来了巨大的流量，很快就成为应用商城的爆款。2017年，快手已经拥有了4亿的用户规模，活跃用户也有4000万之多。据统计，这些用户的日平均使用时间超过50分钟。在这个地方，每个人都可以发现自己喜欢的东西，发现志同道合的人，可以将真实和有趣的自我展露无遗。2016年初，直播功能悄悄上线，快手将其放在“关注”板块，其目的不言而喻。

快手的用户被定位为“社会平均人”。他们是一群生活在三四线城市的年轻人，这是由中国社会目前的发展现状决定的。中国处于一二线城市的人口相对来说只有较小部分，大部分人居住在三四线城市，这些城市的年轻人得到了快手的关注。快手使用其算法搭建了一个模型，通过这个模型，用户可以迅速找到与自己合适的内容。快手把自己称作记录与分享的平台，负责人希望人们能够更好地看到如今的中国，也期望后代可以看到这段历史。所以有人说，许多年以后，快手会是一个记录博物馆。

快手APP在直播平台抢占先机，有着广大的用户基础以及知名度，稳居短视频APP“老大”的宝座，但是另一款音乐短视频APP——抖音却在2016年9月上线之后蛰伏了半年才大举压上资源，在2017年春节后“加速超车”。通过大量的宣传篇幅，覆盖式地通过互联网、手机社交软件以及电视广告等方式对用户进行宣传，同时产品的独特性也给抖音的评分增添了浓墨重彩的一笔。今日头条通过其自身的宣传优势给予了抖音发展的宽阔道路，并通过大肆招揽网红大咖及明星入驻，让抖音的娱乐效应呈几何倍数递增，受众也从几十万人的规模猛增到千万级别。抖音的产品定位从一开始就瞄准了年轻人，它将年轻人喜爱的“潮”作为出发点，以年轻人最熟悉的网络社交方式给予他们一个新的娱乐平台，并且快速成为他们展现自我的舞台，深受广大年轻人的喜爱。

与此同时，抖音将新理念定位为“记录美好生活”，“音乐短视频APP”的定位也比以往清晰很多，如果你关注了短视频领域，就会发现抖音和快手有很强的相似性。在抖音的理念对外公布之前，很多生活化的内容纷纷出现，抖音究竟是维持紧追大城市年轻人的脚步，保持“时尚、潮流”的风格，还是不断提高内容曝光度，向中小城市年轻人靠拢？现在看来，这个问题有了答案，抖音让自己成了第二个快手。

众所周知，“潮”“酷”是抖音创建之初最大的特点，这也使大城市年轻人对该应用的黏性增强，他们对具有创造性的视频内容拥有强烈的兴趣。然而一个月过后，越来越多生活化的内容充斥其中，原本新潮、高雅的内容变得庸俗不堪。抖音为了扩大市场，吸引更多网友，似乎牺牲了创立之初的理念。更有意思的是，在抖音的线上发布会上，设计者们已经忘记了其诞生时的标签，反而是强调用户在其上的故事和感情，总经理说“抖音会继续潮下去，但更打动我的是抖音上温暖人心的瞬间”，话说得不无道理，“但”字前面的内容没有意义，看来抖音确实不再是那个又潮又酷的抖音了。

这场发布会，抖音讲述了一些趣事。老王的对象是在抖音找到的，兄弟姐妹之间也有着很多互动。抖音的关联性确实很高，但换句话来说，任何社交平台都具有这一方面的属性，并且，官方也把抖音所取得的成绩，归结到了“高清内容”这一点，说是通过高清视频和音频的融合，让用户将其与其他产品区别开来，这才有了如今的成功。

那么，抖音计划以快手第二进入快速发展的道路，真的能成功吗？

对于这一问题，能否留住老用户显得格外重要。如果这个产品不再是当初的模样了，很多当初的追随者就可能会选择放弃它，然后去选择另一个吸引自己的产品，最近腾讯微视的战鼓已经敲响，可见抖音必须做出改变去留住老用户了。在此之后，抖音似乎也找到了自认为可以解决问题的方法：一方面不断扶持“潮”“酷”的头部红人，让他们维持产品的初衷；另一方面就是通过大数据，使不同的人区别开来，让人们更多地看到符合自己品位的内容，达到留住老用户的目的。可是，现实看来问题依旧。抖音想单纯地凭借对红人进行针对性扶持、补助来促进其向更高水平发展以达到吸引更多观众从而从中获取利益的目的，可是却忽略了市场多样性的规律。试想，如今红人依靠平台的扶持大红大紫成为流量大户，那他会不会也因为另一个平台更有诱惑力的待遇而离开？抖音想通过其特殊的算法将用户群进行分层，可是人总有追求更好物质精神生活的冲动，上层用户的桃花源会被大众不断侵蚀。长此以往，两种用户群的融合就难以保证其内容的质量。或许，还有一种方法可以从根本上解决问题。抖音必须要做出自己的选择，一方面是小众追求高质量的老用户，另一方面便是无数中小城市青年。不过，就目前看来，抖音不愿意立即做出自己的选择，它想让诞生时的标签一直贴在产品上。不想成为第二个快手，抖音还有很长一段路要走。

三、抖音等短视频阶段性发展的问题

2018年4月4日，国家网信办依法约谈快手和今日头条旗下火山小视频的相关负责人，提出严肃批评，责令其全面整改。随后，快手和火山小视频遭到部分手机应用商店下架。

4月10日，微视宣布正式关闭且并入腾讯视频业务。

4月11日，抖音表示，从即日起，抖音将对系统进行全面升级，其间，直播功能与评论功能暂时停止使用。

手机成为互联网时代必不可少的存在，你所熟悉的互联网内容的形式已经发生了翻天覆地的变化。一切内容都被精简得更便于人们阅读了。微博和GIF就是典型的例子。微视的关闭反映出了短视频产业存在的一些问题，当然也不能仅因为单一产品出现的问题而全盘否定了短视频存在的必然性，但是我们必须看到其中存在的诸多问题，直播平台内容低俗化对各个直播平台及短视频APP的名声造成的不利影响，以及网络信息的低俗化对传播社会主义核心价值观及正确的道德思想的严重影响。

（一）现实下的平台依赖症“重度患者”

微视作为一个短视频剪辑工具存在。它的存在成功地让用户将短视频制作变成了一件非常简单的事，然而并没有一个高效率的传播平台去让短视频能够在短时间内获得较大的流量。所以，短视频的价值会随着时间的增长产生指数型的下降。这是众多短视频平台的缩影，是必须解决的重大问题。

内容平台的大力支持也在短视频传播过程中发挥着更大的作用。用户可以选择的形式有很多，短视频只是其中的一个。作为中国的用户，我们似乎不太愿意将自己的观影或者消费习惯绑定在某一特定的地方。即使在视频产业发展更加发达的国外，也很少有独立存在的短视频企业。就目前而言，短视频内容提供方与内容平台的联系越来越紧密，但短视频内容方依旧处于弱势地位。

（二）内容提供方和传播平台“貌合神离”

内容和平台如果能够有机地结合起来，对双方来说都是一个非常好的结果。当一个平台看上某一款节目并且将其版权买下后，只要用户对这款节目进行访问就会产生流量，而流量也会理所当然地增加。只要内容和模式不出大的纰漏，多多少少都会取得客观的回报。这就解释了为什么视频网站有这个胆量去花大价钱买下长视频的版权。

短视频与此不同。对于平台而言，拥有短视频栏目仅仅是大版图的一小块。其制作的内容和传播范围的广度都是不确定的。平台不会为了某个单一的内容进行过多的“照顾”。短视频想要依靠平台生存下来也有一定的难度，因为平台不会愿意一直对其进行流量的提供。

总而言之，内容方获得流量的方式也是单一的，平台是其唯一的选择。要清楚的是，所有内容方都不会只提供单一的内容。像中国足球超级联赛就和很多平台有相对的合作关系，梨视频更可以说是“世界的水源”。

如果你是短视频内容方，那么平台就是你的伯乐。想要迅速提高影响力就必须通过它的赏识。可是不同的平台都有其对应的长短处。通过社交可以获得足够的流量，但是其流量的积累却需要相当长的一个阶段。而智能推荐对内容质量也是很严格的，兴趣的分发也有很大的不确定性。内容方不知道哪一天会掉馅饼，哪一天只能啃馍馍。因此要想保证质量只能全方位、多层次地进行内容选择。

（三）广告“老司机”遇到新麻烦

作为内容方，其做视频的目的很单纯——赚钱。如果流量的稳定性达不到要求，那么钱就不那么好赚了。由于时长的限制，传统的广告模式效果并不好。比如说，你看一部电视剧，片头就有2分钟广告，中间再穿插一集4分钟的短视频，如果这样，那么用户能否留得住还真的需要讨论。也有人认为，通过用户的付费来维持效果应该不错。可前提是需要有高质量的内容。Papi酱就是个典型的例子，她的网店并没有取得多大的成功。

相比较于传播，内容方和平台在商业化上的联系却更加深入。平台手上的流量资源尤其重要。如果内容方能够赚到钱，其地位的提升也是显而易见的。

不管怎么说，广告仍然是短视频最应该依赖的媒介。举一个例子，Papi酱每周一的节目由某品牌的服装冠名，那么她每次进行节目录制时穿着该品牌的服装，也是有很好的广告效果的。Facebook也采取了更加人性化的方式进行原始的广告贴片。其为插入广告设置了很多具体的要求，包括需满足同时在线人数达到300人，至少播出4分钟后并且广告的长度不得超过20秒钟。

每当这个时候，利益分配成了必须妥善解决的问题。平台对内容方不进行适当的管理就会产生一系列问题。试想，内容方肆意发布广告，而责任却需要平台来承担，这种交易容易造成双方的不愉快。因此双方必须讨论出一套合理的解决办法，“联合商业化”就成了不二选择。

（四）内容低俗不符合社会主流价值观

2018年3月16日，国家新闻出版广电总局办公厅发布《关于进一步规范网络视听节目传播秩序的通知》，为“恶搞视频”等网络视听节目立规矩。通知指出，近期一些网络视听节目制作、播出不规范的问题十分突出，有的节目歪曲、恶搞、丑化经典文艺作品；有的节目擅自截取拼接经典文艺作品、广播影视节目和网络原创视听节目片段；或者重新配音、重配字幕，以篡改原意、断章取义、恶搞等方式吸引眼球，产生了极坏的社会影响。

我们在日常浏览网页或者使用社交软件的时候，会有很多类似的短视频出现在各种醒目的地方，这些短视频中充满了色情、暴力、恶搞等低俗化成分，并通过这种方式来吸引网友的眼球，在网络环境中造成了很坏的影响。同样，在抖音上也存在着很多“问题”网红，未成年人怀孕生孩子、直播发生色情内容、直播犯罪或直播违反法律道德等情况均有发生，这些已经给短视频行业戴上了一个低俗的头衔。像抖音这些网络直播APP均属于商业化运作下的盈利手段，既然是商业化运作，就一定要有对传播内容进行约束的办法，但在国家对不良短视频进行查办之前，短视频行业产生的种种问题并不能被有效地解决，这体现了短视频行业在结构和内容监管方面都有需要改进升级的地方。我们要尽量通过这些面向大众的传媒方式，向大家传输正确的精神和思想，不能为了盈利而不择手段，采取不符合主流价值观的方法去谋取私利。在这个方面，以抖音为首的短视频APP软件均需要好好地反思，对产品进行改进，对传播内容进行筛选和监管，为社会传播正能量。

四、短视频发展前景展望

短视频行业中已经发现种种问题，对这些问题如何优化与解决，如何完善自身体系模式，值得我们认真思考。

（一）短视频内容从泛娱乐化向多元化、垂直化发展

短视频接地气的娱乐化内容，客观上促进了短视频行业的成长。在一年前，泛娱乐化内容还占据着市场化的领导地位，而专业咨询类的短视频却在市场上难有作为，其很容易遭到泛娱乐的冲击，使自己在市场中迷

失自我。而从2017年年底开始，垂直细分领域的短视频内容开始蓬勃发展。各种有针对性的专业方面的短视频软件出现并引起了特定人群的强烈关注。这是优质内容决定的必然结果。其对用户的吸引是精准的、富有黏性的。相信在市场的竞争下，短视频产业也会向更高更深的层次发展，展现出更加有活力的一面。

（二）高清、精品是未来短视频行业的基准门槛

科技的发展让4G技术进入千家万户，我们拥有了更快更稳定的下载速度。未来任何一款新产品的出现都有可能带来更高质量的屏幕显示技术，通过这些新的技术得以将视频的任何一个细节都充分显示在我们眼前。不久以后，人们将不再接受卡顿、低画质、低质量的内容，而具有十足创意、高水平拍摄技术、视觉效果充满冲击力的高质量的短视频才会受到市场的追捧。

（三）大数据在短视频行业应用加深

在用户参与短视频创作或者是观看的同时，运营商就会迅速收集用户的观看习惯和选择倾向，在长期使用之后，用户方方面面的数据就会被运营商强大的数据处理分析能力记录下来。运用大数据分析，很多资讯企业都收集了用户的各种使用数据。拥有了这些数据之后，企业对具体用户的使用习惯将会了如指掌。这也就是当你深入使用某一软件后，你会对它有如遇知己的感觉。这种私人订制是大数据时代的产物，不管是用户还是视频创作者都可以从中受益。视频创作者会很容易找出自己的目标受众，用户也可以更有效率地找到自己喜欢的内容。可以说，产品和用户的黏性得到了显著的增强。优异的短视频创作团队都是依托成熟的操纵或大IP运行，其内容推送频率更高，且有非常庞大的粉丝渠道。

（四）短视频创业者、平台将逐步分化

短视频制作不同于微电影，它具有特定的表达和团队配置要求。因为其简单的生产流程、低门槛、参与性等特性脱颖而出。2016年资本大量涌入的后遗症也不可避免地出现了。创业者急功近利的问题逐步加深，他

们想迅速回本的幻想纷纷破灭。2017年，随着市场化的深入，很多短视频企业的生存空间被压缩殆尽。那些没有持续高质量输出能力，仅仅依靠庞大的用户群维持的创业者必然无法存活下来。一些大流量主在未来一段时间内仍然能够享受到流量红利。

从目前的情况来看，一方面，短视频是视频发展的新潮流、新方向，也符合我们快节奏的社会生活，因此短视频行业一定会越做越大，并有可能逐渐成为新一代年轻人日常交流的娱乐方式；另一方面，短视频在中国网络的流行并没有太久，各个方面的技术与监管等都还没有完善，因此短视频行业的竞争会越来越强。同样，各个短视频的更迭速度也会很快，抖音作为后起之秀，在当下占据着音乐短视频的一片天地，但是未来抖音能走多远，与抖音自身的发展有关，也与潮流方向有关，很难预测未来的抖音或者当下火热的几款APP能否一直稳如泰山。

随着时间的推进，更先进的数据传播方式以及新一代年轻人的涌现，越来越多的资本将疯狂地流入短视频领域，没有短视频业务的互联网平台巨头是不健康的。伴随着巨头的涌入，小型的视频制作公司的生存空间将被压缩，无法建立内容平台，要想从中分一杯羹，必须不断去探寻生产内容。放眼当下的短视频社交，抖音和快手已经拥有了巨大的优势，如何让社交链变得更加牢固是需要重点探讨的问题。工具型短视频正处于初期阶段，如何探索出自己独特的发展方式，吸引足够的用户是其发展道路上必须想清楚的事情。要想使整个短视频商业生态圈继续充满活力，如果仅仅是不求回报地补贴内容的生产者，这样并不会有长久的效果。如何更好地维护这个圈子，并且笼络住和“网红”的关系，才是决定未来发展成败的首要因素。

注释

[1] 晓枫：《我们盘点了短视频发展的三个阶段，捋清这把“冬天里的火”是如何烧起来的？》

[2] 读娱：《抖音终于还是走向了“快手化”》。

[3]《我国短视频发展现状、问题及趋势》，《新闻论坛》，2017年第5期。

［4］科技频道-和讯网：《腾讯微视关闭，照出了短视频的三个问题》。

［5］艾瑞咨询：《中国短视频行业发展研究报告》。

［6］人民网：《秒拍成国内最大短视频平台　移动视频或成下个风口》。

［7］王晓红，任垚媞：《我国短视频生产的新特征与新问题》［J］.《新闻战线》，2016（17）。

原载《新闻爱好者》2019年第2期（与付裕合作）

第七章　绚丽多姿的荧屏盛宴

荧屏不少电视剧看似琐碎平淡，但我们时常从中可以看到主人公的命运和时代的行进有机结合，表现出人的精神面貌，并以此鼓舞人、激励人，彰显作品的灵魂与温暖。而诸多大型电视活动和赛事体现出的更为丰富的特征和更为复杂的运行机制，虽使节目越来越难办，但却越来越规范，也越来越好看。通过电视传播这一平台给广大电视观众奉献了一场场精神盛宴！

感人肺腑的人间真情　动人心魄的艺术魅力

——电视剧《山村姑嫂情》述评

《山村姑嫂情》，继荣获江苏省首届电视“文艺金凤凰”奖之后，在第十八届中国电视金鹰奖评比中又获殊荣，成为此次金鹰奖评比中唯一的农村题材电视剧获奖剧目，也是全国市级电视台中唯一的获奖剧目。

《山村姑嫂情》（以下简称《山》剧）取材于生活中的真人真事，表现的是山村普通人家的悲喜生活。1983年春天，江苏省徐州市贾汪区江庄乡周埠子村村民李秀菊和19岁的小姑周玉莲，为了抗旱，各自拉着装满水的平板车去地里插红薯秧。走到一处陡峭的下坡时，玉莲连人带车翻到了小山沟里，负重的平板车无情地砸在了玉莲的后腰脊椎上。从此，她因脊椎粉碎性骨折、神经受挫而高位瘫痪。秀菊病中的婆婆接受不了这突如其来的打击，不久便撒手人寰；玉莲的男友也因考上了大学而远离了她。这一切对玉莲来说无疑是雪上加霜，她想一死了之。看着日渐消沉的玉莲，嫂子李秀菊发誓：就是自己不吃不喝，也要照顾好小姑，不让她受一点委屈。

从此，在照顾孩子，下地干活的同时，秀菊倾尽心力无微不至地照料着小姑。她用自己卖血的钱为玉莲换回彩电，甚至母亲生病时她也不能在身边照料……

李秀菊十几年精心照顾小姑子的事迹早已传遍十里八乡，在社会上引起了强烈反响。徐州电视台电视剧主创人员多次来到李秀菊家采访，被她质朴、善良而高尚的心灵和举动深深地打动。于是，《山村姑嫂情》便应运而生。此剧情节不复杂，在中央、省、市电视台播出后却好评如潮。笔者认为，此剧能够取得这样的成绩，主要缘于以下几个方面：

一、真情实感震撼人心

《山》剧虽然故事不复杂，但通过一个个生动感人的事例和情节把人间最美好的感情——至亲真爱，表现得淋漓尽致。

《山》剧在叙事过程中自然而然地紧扣住一个“情”字，让人物在多重命运和艰难逆境的抗争中流露出真情实感。无论是嫂子卖血为小姑买电视机，还是小姑欲自尽前和侄女小山花的床前对话，以至嫂子晕倒，青年山花的画外音，都凝聚着浓浓的真情以及她们在与困境抗争时表现出的力量。尤其是当嫂子得知小姑将永远瘫痪，婆母又去世时，挺身而出，展示了中国妇女柔中寓刚的风采，成为全剧的亮点。导演虞志敏说，接戏之初，我是犹豫的，因为这样一个表现嫂子18年如一日照顾瘫痪小姑子的电视剧是十分难拍的。然而，当我去实地采访以后，我被眼前的现象感动了：躺在床上的姑娘年轻俊美，红润的脸上找不到37岁女人的痕迹；而头发夹着银丝、额头布满皱纹，正用一双粗糙的手温柔地为姑娘梳理的嫂子，其实还不到40岁。那一刻，一种浓缩于5000多个日日夜夜的姑嫂之情一瞬间定格在我的面前，我被感动了。那种在苦难面前表现出乐观的生活态度，让我深深地感动了。正是出于这种感动，我决定接受这个剧本，并努力拍好它。

《山》剧没有壮烈的言语举动，有的只是生活琐事。但它不是将生活琐事简单地照搬罗列，而是围绕一个“情”字进行剪裁和撷取，并尽可能地提炼动人心弦的故事情节。如嫂子卖血给小姑买电视反被丈夫责备；三岁多的山花没有照看好姑姑而被打等。表面上看故事是按照时间顺序展开的，实际上是按照情感线索发展的。观众在不知不觉中走进了这个家庭，领略了她们的内心世界和精神风貌，与她们同悲同喜，通过品味与咀嚼，体会出平凡中的伟大，让自然与平淡中的真情去震撼人们的心灵，去拨动爱的和弦，从而奏出时代的乐章。

二、细节生动扣人心弦

“细节”是作品的生命。直观性很强的电视剧更是如此。《山》剧中没有壮观的场面，而是通过平凡的场景和细节，让嫂子的形象活生生地跃然于画面上。如玉莲受不了自身瘫痪、母亲病故、男友离开等沉重打击几欲轻生，后经过别人劝说和思想斗争重新燃起对生活的希望之火，都集中表现在细节上：哥哥为防妹妹轻生，用板子将玉莲床边的窗户钉上；嫂子为给妹妹解闷，又把窗户板子拆掉。再如，《山》剧开始时姑嫂推磨的细节，乍看起来平平常常，是苏北山村现实生活中常见的劳动场景，但仔细品嚼，寓意深长。编导通过这一细节，表现了姑嫂二人之间相互关心、心心相印的亲密关系，又暗示沉重的生活担子将落在她们肩上，为剧情的发展做了自然而又巧妙的艺术铺垫。

细节还真实地再现了剧中人物的心灵世界，起到了画龙点睛的作用。在“秀菊哭坟”一场戏中：面对丈夫的发火埋怨，尽管受到很大委屈，但秀菊既没有同丈夫大吵大闹，也没有请来乡亲评说是非，更不是撂下生活的担子躺倒不干，而是采用苏北山村妇女常见的“哭坟”方式，在婆婆坟前失声痛哭，尽情宣泄，而且恰到好处，令人击节。诸如此类，不一而足。《山》剧的这一系列细节，起到秤砣虽小压千斤的作用，让观众看到了一个从外表到内心均贤惠善良的嫂子形象。

三、纪实风格充满美感

《山》剧长镜头的跟摇，不事渲染的实录和生活化的语言，常使人不自觉地置身其间，和剧中人同呼吸、共命运。剧中的每一幅画面都力求渲染诗一般的情绪。如观众从荧屏上看到，嫂子和丈夫拉着小姑出院的归途上，遍野皆白，只有一株枯树孤零零地立于风雪之中，同时响起极具磁力的画外音。这色彩已不仅是视觉中的色彩，而是人物心灵的色彩，是他们情感的反衬与磨难的象征，它以一种原始的质朴强化了剧作的内涵。这种生活画面的选择，集中体现了编导发现生活美的能力，体现了创作者强烈的主观色彩。

片尾，在一曲《爱的奉献》中，主人公原型——真正的嫂子出现在观众面前。此刻，望着她那饱经风霜、疲惫苍老的面容，每个观众的心都不能不为之一颤。是的，爱是一种奉献，但爱又不能仅仅用奉献来解释。只有当爱完全是一种人的善良本性的自然流露时，爱才显得更真、更美。

这几年纪实性电视剧走俏荧屏，反映出观众对于真实反映生活的文艺作品的钟情。艺术的生命是真实，生活的真实与艺术的真实能否有机和谐地统一起来，是作品成败的关键。《山》剧基本做到了这一点。

当然，艺术是无止境的。《山》剧尽管是一部成功之作，但也有不足，如戏的深度不够；人物形象也不够丰满。但总的来说，《山》剧获得了成功，赢得了观众的喜爱。

原载《电视研究》2002年第2期

一部反映民族资本家的传奇发家史
——评电视剧《望族》

一

2009年以来，纵观全国各大电视台，可谓精彩纷呈，好戏连台。一大批叫好又叫座的优秀电视剧接连播出，在创造了高收视率的同时也获得了良好的经济效益和社会效益。电视剧市场展现出一派繁荣景象。在众多热播剧中，商业大戏《望族》，以其独特的题材、曲折的剧情、考究的画面迅速吸引了观众的眼球，令人眼前一亮。

《望族》讲述了无锡商人杜清远闯荡上海滩的发家史。故事以“东方巴黎”上海和民国时期作为事件发生的时空背景，以男女主人公的感情纠葛及杜氏、王氏两大家族的兴衰沉浮为主线，全景式地展示了近代民族资本主义曲折艰辛的发展历程。

《望族》的故事大都取材于历史上的真实事件，剧中的上海众业公所参照了上海历史博物馆的原物模型，再现了当年上海金融市场的喧嚣火爆；杜氏兄弟的面粉厂也是借用荣氏家族现存的老厂遗址，展现了民族资本主义的繁荣发展；上海第一条有轨电车的通车仪式也被放在了剧中，这些都带给观众一种厚重的历史感与沧桑感。更为难得的是，这部戏的很多细节处理得都很到位，比如注意到当时上海的大亨出门流行坐马车而不是坐汽车后，剧组专门定制了马车，还在片场养起了马，这样的求真、求细的工作态度，在当今功利性十足的影视界可谓十分难得。

剧中的角色主要由中青年演员担当，使得整部电视剧在历史的格调中又显现出年轻的动感。王斑、殷桃、文章等青年演员精彩的表演给人留下了深刻的印象，征服了不少观众。

二

作为一部商战剧，很多人都会或多或少地将《望族》同《乔家大院》联系起来进行比较。诚然，两者有很多相似之处，但更多的是不同。《乔家大院》主要讲述的是晋商发迹的历程，而《望族》所反映出的则不仅是锡商，更是中国近现代民族资本主义发展的缩影。所以，从作品的辐射面来说，《望族》显然要比《乔家大院》显得更为宽阔。《乔家大院》中的晋商是封建地主阶级的一个代表，进行的是传统意义上的商业活动，而《望族》则是地主阶级、官僚买办、民族资产阶级、帝国主义势力相互绞杀的一个平台，表现的是传统经营模式同现代经营模式交替的社会经济情况。它所体现的绝不仅是商场的鏖战，更反映了所处的时代风貌。同《乔家大院》所体现的宅院文化相比，《望族》已经远远超出了家族商业的范畴，所表现出的商业思想也远非《乔家大院》所能相比。相对于《乔家大院》中乔致庸的显赫家境，《望族》中初出茅庐的杜清远只是个微不足道的小人物，是一个无钱无势的穷小子，是一个普通人通过自己的打拼创出了一番天地的经历。在白手起家创业成功这点上，《望族》对于大众来说也许更具有普遍意义和借鉴价值。

很多人在评论《望族》时，往往只注重其题材而非时代。其实，电视剧《大染坊》作为同样讲述民国时期民族资本家创业的一部作品，与《望族》相比较更为合适，也更易让我们把握这类电视剧的思想内容。之所以如此比较，是因为两者取材相似，都选取了民族资本家创业作为电视剧的主题；都冲破了所谓“商帮文化”的桎梏，在人物主体上显得更加大气；在商业竞争中更蕴含着阶级斗争和民族矛盾，体现了国家利益至上的原则。这样的电视剧，不仅在情节上跌宕起伏，牢牢勾住了观众的眼睛，更对广大观众进行了爱国主义教育，在博取收视率的同时也起到了引导观众、教育观众的作用。通过对三剧的简单对比，我们不难发现其中的一些规律，比如剧中的主人公都曾有牢狱之灾或被恶人陷害，除了商业背景外大多还和“道上”人物有着密切联系，都充满了人格魅力，关键时刻总有贵人出手相助……这几部戏，都是因为紧紧抓住了上述几点而显得剧情充实饱满，在情节上打动了观众。

三

作为一部拍摄于《大染坊》和《乔家大院》之后的电视剧作品，《望族》在借鉴了前两剧的优势外，在取材的创新性上有了长足的进步。《望族》的成功在于其故事情节的真实性。它更加贴近普通百姓生活，其中的一些事件对于今天生活在市场经济浪潮下的我们，具有很大的教育意义。

《望族》剧中的第一个高潮来自橡胶股诈骗案。旧上海金融市场的繁华吸引了大批的投机者，也引来了诈骗犯，一张虚幻的橡胶股票汇聚了无数人的血汗钱。在股票上涨的幻影中，人变得越来越疯狂，随着骗子裹挟巨款逃离，泡沫破灭，倾家荡产的人们走投无路，主人公杜清远最好的朋友也经不起打击跳楼身亡。剧中的这场诈骗案改编自中国近现代历史上规模最大的股灾事件。1910年的这场股灾导致上海过半的金融机构倒闭破产。时至今日，虽然金融市场愈加规范，股票交易愈加成熟，但对于投资者而言，保持冷静理性的投资理念仍然是必不可少的。在金融危机的大背景下，股票市场的风险性愈发凸显，《望族》的故事无疑起到了振聋发聩的作用，也引发了网上对此铺天盖地的大讨论。

剧中，杜氏、王氏两大家族的首次正面交锋源于洋泾浜房地产的开发。主人公杜清远正是凭借着在洋泾浜出色的投资而迅速崛起，房地产的最初开发者王氏家族则因为缺乏远见而损失惨重，导致家族掌门人王正德中风瘫痪，王氏家族的事业陷入低谷。杜氏、王氏两家的这场纷争可谓一波三折，跌宕起伏，堪称全剧最具观赏性的部分。当前房地产市场过热，投机性炒房现象突出，《望族》中房地产市场的风云起伏对当今的这种现象做了很好地诠释。

从股票到房地产，这些当前社会的热点焦点在《望族》中均得到了反映。我们提倡古为今用，一部电视剧能够跨越时间和空间，在表达本身内容的同时与现实产生紧密联系，既丰富了大众的娱乐，又反映了当今现实，在同类作品中独树一帜。

在同现实相照应时，《望族》自然更多地要反映与其相适合的社会历史背景。第一次世界大战期间帝国主义放松了对中国的经济侵略，杜氏兄弟借机创办了面粉厂，符合当时实业救国的理念，也向观众介绍了民族资本主义的一个大发展阶段。北伐战争的爆发使石锦麟大发战争财并依靠军阀帮助谋得宁波商会会长一职，反映出民族资产阶级生存条件的恶劣，揭示了军阀混战时的动荡的社会现实。剧中紧接着出现的日本经济间谍渡边一雄破坏中国经济，搜集经济情报，最终在杜氏、王氏两家的通力配合下使其阴谋曝光被迫剖腹自杀……一件件、一幕幕故事紧密地衔接，不仅使作品更加紧凑、真实，也勾画了那个时代民族资本主义生长的特定情境。

此外，剧中的爱国基调也随着日本军部阴谋破坏中国经济的“樱花计划”的破产而达到高潮。两大家族从民族大义出发，摒弃前嫌，共御外敌，展现了中华民族强烈的爱国主义精神，弘扬了主旋律。

当然，《望族》也并非是十全十美，其中也存在着一些这样或那样的问题。比如钱庄老板的女儿向杜清远示爱遭拒后竟然投入大恶棍石锦麟怀中，与石锦麟一同打击杜清远，这样的安排不太符合剧情，因为钱庄老板和杜清远都曾与石锦麟有过过节，老板女儿不可能不知道石锦麟的为人，钱庄老板更不可能让女儿和这个恶棍厮混，这是剧情不足之一。其二，除杜、王家族集团外，全剧自始至终没有出现一个强大的、形象丰满的商业对手，主要竞争都发生在这两家的圈子之中，没有体现出当时英雄辈出、诸侯林立的商业格局，却颇有英雄无觅之感，在这一点上难免逊色于《大染坊》中陈寿亭的转战南北，也比不上《乔家大院》里乔致庸的斗山西、战北京，实为本剧一大遗憾。

原载《当代电视》2010年第2期

凡中不凡　常间非常

——《小姨多鹤》电视剧评析

被誉为内地电视剧史上最动人“温情命运故事”的《小姨多鹤》，作为2010年开年大戏，已在全国20多家电视台晚间黄金档热播。这部由安建执导、林和平执笔的电视剧讲述了抗日战争结束后滞留在中国东北的日本少女竹内多鹤与一个中国普通家庭之间长达三十年的情感纠葛和充满艰辛又感人肺腑的故事。情节哀婉动人，催人泪下。

一、充满温情的平凡故事

日本战败投降，大批当年被移民来中国东北的普通日本国民被抛弃。日本少女多鹤在艰难的逃亡中，被装进麻袋论斤卖给了东北的张石匠。张石匠的大儿子因为抗日被日本人杀害，二儿子张俭的老婆朱小环因日本鬼子的惊吓导致流产，从此不能生育。国仇家恨的大背景下，多鹤的介入，使得张家的关系暧昧和复杂起来。

为了传宗接代，张家二老想要为儿子张俭再续一房媳妇。但张俭和儿媳都很反对，家里一时不得安宁。多鹤得知原因后，为报答救命之恩，表示愿意为张家生孩子，并先后生下一女两男。随着时间的推移，多鹤的身份不仅在张家成为重大的情感和伦理问题，在现实社会中也成了重大的政治问题。又由于多鹤是生活在朱小环身边的“情敌”，是张俭欲罢不能的另一个女人，也是张家三个孩子的生身之母，她的身份和地位成了张家剪不断理还乱的现实问题。多鹤忍辱负重作为朱小环的“妹妹”，孩子们的“小姨”生活在这里，并通过不断的搬迁来遮掩多鹤的日本身份及畸形的家庭关系。这个奇特的家庭组合在动荡的政治环境和困窘的经济生活中艰难度日但又充满着人与人之间的真情和温馨。

二、跌宕起伏的曲折情节

《小姨多鹤》改编自美籍华人女作家严歌苓同名小说，作品以多角度、多层次的生活画面，展示出主人公多鹤勤劳、能干、善良、温柔、宽厚的性格。虽然这部剧让人感觉有些悲苦，但其传播的却是一种温暖基调上的人与人之间相亲相爱和积极向上的生活态度。

多鹤以“小姨”的身份，在张家含辛茹苦，忍辱负重，不知疲倦地操持着这个家。她以装“哑巴”躲避外界的怀疑，以“小姨”的爱来实现自己的母爱，用自己的勤劳担起全家的生活重担……二十多年来，她默默而固执地以坚韧、勤劳、宽容、善良等品质影响着这个家庭，表现了一个弱女子与命运顽强抗争的意志。尤其是“文革”当中，多鹤面对身份被揭穿，彭瑞祥欲将其占有，刚与小石登记结婚丈夫便被张俭意外撞死，女儿当兵不成变疯，大儿子背叛家庭，小儿子远赴他乡，张俭被送改造，小环瘫痪在床等一系列变故严重打击的时候，依然用一种超乎常人想像的毅力，艰难地支撑着这个家。

当在多鹤的积极努力下，张家拨开阴霾见太阳的时候，中日邦交也实现了正常化。在日本政府派员找到多鹤时，多鹤泪流满面，悲愤地说，她痛恨那场战争，是那场战争夺走了她所有亲人的生命，也让她一生遭受磨难。

多鹤要走了，小环和张俭挽留她，希望她留在这个家里，一起好好生活。多鹤给张俭和小环跪了下来，她说，她感谢张家，张家人不仅救了她的性命，还给了她三个可爱的孩子，虽然他们没有喊过她妈妈，可那毕竟是她的骨肉。

该剧从20世纪40年代中期开始，止于改革开放前夕，通过十分细腻的表现手法、宽阔的视野和精到的分寸把握以及对人物命运深入、合理的推演，将一个身份暧昧难名、生命曲折跌宕的日本女人的在华故事形象展现给了电视观众，彰显了人性与生活的复杂与魅力。

三、特征鲜明的人物性格

该剧的前半部着重表现了张家普通而温暖的家庭生活。张石匠一家四口父子斗嘴，夫妻恩爱，人物个性特征十分鲜明，让观众在笑声里深受感动。朱小环善良、孝顺又有点刻薄、小心眼，将一个刀子嘴豆腐心的苦命女人诠释得栩栩如生；张俭母亲的深重爱意让人动容；张俭的形象也极具质感，年轻时的憨实鲁莽，中年后的情怀悸动都表现得淋漓尽致，真实可信。

而多鹤的性格特征更是刻画得入木三分，真实丰满。一方面，来到张家后，她吃尽了苦，受尽了罪，欲爱不能，欲弃不忍，在矛盾、痛苦中生活着；另一方面，她又十分隐忍、大度，勇于吃苦，敢爱敢恨，对彭瑞祥的怒斥，对孩子的疼爱，对小环的亲情，对张俭的爱都表现得朴实而细腻。

剧中，有一场过年的戏充分展示了多鹤大度、善良、隐忍的性格特征：张俭夫妇一人抱着一个孩子，地上还跑着一个，多鹤在后面孤零零地跟着，手里提着一个小灯笼。她看着孩子们吃着糖葫芦，玩着风车，很高兴的样子，自己也笑了起来……

还有一段多鹤将要与小石结婚的情节：她在家中一边忙着布置新房，一边等待小石给工友送完请柬归来。突然传来的小石在车间意外被张俭砸死的消息，使她马上像疯了一样冲向医院。在那里，她将心中压抑了20多年的情绪彻底释放了出来。歇斯底里的哭喊着，不停地捶打着张俭，并大喊着：“是你故意的！”应该说，这是一个久经压抑的情感的喷发，与平时生活当中的多鹤完全判若两人，其中的辛酸苦辣跃然而出。

再说朱小环，共同多年的苦命生活，已经使她与多鹤情同手足，但她却无法与多鹤共同分享丈夫张俭的爱。即使明白多鹤是怎样一个女人，她依然会为了张俭给多鹤买一方头巾、一块糖而吃醋，因为多鹤对自己的孩子太好而大发雷霆，甚至服毒自杀，把一个性格泼辣，特征鲜明的女人，一个对自己丈夫深深爱恋的女人刻画得入木三分、淋漓尽致。

此外，张俭的朴实、矛盾，彭瑞祥的奸诈、凶狠，石玉良的憨厚、实在都十分逼真，让人信服。

四、情深意浓的话语风格

电视剧中人物的话语有不少充满着浓浓的爱意、歉意，饱含着深情，让人感动，回味无穷：如，“这几个孩子是你生的，却管我叫妈我难受；这几个孩子是你生的，不能管你叫妈，我知道你难受……”；

张俭也曾对多鹤说：“我很对不起你，你给我生了三个孩子，他们却不能叫你妈妈；你在我们家这么多年，最初时我却只把你当成生孩子的工具，那时候我恨你是个日本女人……”；

“我每天要看着自己的孩子对别人喊妈妈，对我喊小姨，作为一个女人，还有什么比这更折磨人的……好在那些孩子一直跟我的感情很深，他们每天围在我的身边喊着小姨、小姨，我听着就好像听到喊妈妈、妈妈一样。他们很多时候，犯了错误也好，受到了表扬也好，不去告诉小环，都要第一个来告诉我；有了好吃的，他们舍不得吃，总会留下一口给我，这个时候，我的心里是很甜蜜的……”一种心里虽苦但又满足的情感呈现在观众面前。

这些情深意切、既诠释着深深的爱又流露着无奈的普通话语，让观众体会到理解、宽容和真情的无穷魅力。

五、精美的构思精彩的表演

《小姨多鹤》甫一开机，就被舆论评价为“五好剧”：原著好、编剧好、导演好、演员好、市场好。安建导演说将在拍摄技法和视听质量构筑上力推该剧的“经典化”。这部剧立意是全新的，演技是高超的，在各地播出后，好评如潮。《人民日报》2009年底刊发评论《美哉！小姨多鹤》，称赞这一剧目充分展示出人性中的真、善、美，给人们一种超越时空、超越平庸的美感。金牌编剧林和平，电视剧青年导演领军人物安建，实力演员孙俪、闫学晶、姜武、萨日娜、杜源、冯雷、姚刚等人的优质组合阵容确保了该剧色彩斑斓，美不胜收。

青年演员孙俪在剧中将一个日本女人在异国他乡跨度达30多年的艰辛生活演绎得十分出彩。少女时的天真、懵懂、恐惧；青年时期的吃苦耐劳、被压抑却暗暗流出的风情；中年以后的沧桑沉稳、对子女的宠爱、心疼……

同时，由于角色是日本人，整部剧里没有太复杂的台词，而大量的肢体动作、眼神和面部表情特写，将演员和角色融为一体，让人无法质疑：这就是美丽善良的日本女人多鹤。

在谈到拍摄这部剧的体会时，孙俪说：“都说女人像水，但这部戏告诉了我，女人也可以像山，可以让所有的人信赖和依靠。多鹤是一名很‘优质’的女性。”她还说，这部戏对自己的挑战首先是扮演一个日本人，从步态到说话的语调、到习惯动作，都尝试表现不同。同时，扮演三个孩子的母亲也存在不少的难度。“难度在于，这三个孩子是多鹤的，但在生活的过程中，多鹤是他们小姨的身份，那种母爱处于若隐若现的状态。”

海政文工团国家一级演员闫学晶，她的认真刻苦令你看她的戏一部比一部更惊喜。《小姨多鹤》中“小环”是一个极具质感的人物，是该剧通篇的底色，闫学晶通过小环这一角色的塑造而成功地实现了深度转型，步入演艺的新高度。

主演姜武，用他独特的表现力，让观众看到剧中的张俭从青年到中老年，一路有阳光也有风雨，释放着爱也被关闭着爱。他拥有一颗朴素、善良之心，却也历经牢狱之灾，丧亲之痛……姜武事后介绍说，由于投入角色太深好长时间不能自拔。

萨日娜继《闯关东》之后再塑慈母形象，功力再升，母爱深重，让人动容；杜源在《小姨多鹤》中饰张石匠，其游刃有余的演技力推《小姨多鹤》热播、好看。

而编剧林和平更是在用心制造“看似琐碎平淡的世俗生活中那一个又一个传奇。”他将个体的命运和时代的行进有机结合起来，从中表现出人的精神面貌，并以此鼓舞人、激励人，彰显作品的灵魂与温暖。导演安建则运用高超的艺术把控力，使《小姨多鹤》整部剧的力量、层次、生活和命运的质感让人无从质疑，主题鲜明的剧情、流畅利落的情节以及稳健的手法和温情的创作，唤起了观众对该剧故事的强烈共鸣。可以说，他们在岁末年初为广大电视观众奉献了一场精神盛宴！

当然，电视剧中也存有一些小的遗憾。比如，剧情跨越30年，始终都在过冬天；多鹤饱受沧桑，常年在外干粗活，从青年到中年一点没变老；

还有个别地方如春美由疯变清醒的过程显得牵强，等等，都给人一种不太真实的感觉。

注释

[1] 似水年华：《〈小姨多鹤〉两个女人的二人转》，http：//blog. sina. http//blog. sina. com. cn/s/blog_62c331960100gb88. html。

[2]《电视剧〈小姨多鹤〉：一个苦难年代的温情故事》，中广网2009-11-10 13：31。

原载《天津广播电视》2010年第4期

红色剧中的缺憾

——浅议当下新四军题材电视剧

每个人心中都有一部红色剧，它可以是史诗一般的《长征》，也可以是理想主义的《士兵突击》；可以是豪情澎湃的《亮剑》，也可以是平凡如柴米油盐的《激情燃烧的岁月》。这些经典的军旅题材电视剧，不仅影响了许许多多观众，也是当代中国对历史的篆刻与铭记。

今年的电视剧暑期档即将拉开帷幕，同往年一样，各类题材的电视作品又将充斥荧屏。从备受年轻人追捧的宫廷剧、穿越剧，到描述普通百姓生活的家庭剧；从体现当代城市节奏的都市剧，到反映农村生活的乡村剧，乃至武侠、警匪、儿童、言情等众多风格不同、侧重不同的影视剧都将纷纷亮相。但无论其题材再广、各电视台播放的作品再多，弘扬主旋律、反映社会主义核心价值观的电视剧包括红色剧依然会占据着重要的位置。一方面，这是进行正确的思想引导，维护主流价值观的客观需要；另一方面，也是推动社会主义文化大发展、大繁荣，实现文化产业蓬勃发展的必然选择。

然而，在众多革命题材的电视剧中，不难发现，以新四军为主要对象的作品一直不多，近年来取材于新四军的电视剧数量虽有所增长，但总体而言在红色作品中所占比例依然偏低。虽然新四军在历史上影响力不如同时期的八路军，也没有工农红军史诗般的长征历程和解放战争阶段人民解放军的恢宏战绩可供大书特书，可其在抗战和中国革命历史中的地位却是不可磨灭的，同样值得人们的重视，同样值得影视工作者在创作作品时加以关注。

实际上，虽然长期以来以新四军为题材的电视作品数量上处于相对弱势，但通过对新四军历史的恰当发掘和精心制作，仍然有一批描述新四军事迹的电视剧得以推出并受到观众的喜爱。《新四军》《历史的天空》《彭雪枫》《我的兄弟叫顺溜》《新四军女兵》等作品在播出后都产生了不小的影响。以曾在央视播出的讲述新四军著名将领彭雪枫事迹的优秀电视剧《彭雪枫》为例，播出后受到了专家学者和普通观众的一致称赞，中国电视艺术委员会、总政治部宣传部艺术局、中央电视台文艺中心和第二炮兵政治部宣传部曾专门为该剧举办研讨会，对该剧给予了极高的评价。而投资逾千万元推出的22集电视连续剧《新四军》则完整、生动地再现了叶挺、项英、刘少奇、陈毅、粟裕等一大批新四军将士的英雄风采，深刻地把握了民族矛盾和阶级矛盾这两条主、辅线。尤其在塑造项英作为“杰出的无产阶级革命家”对中国革命做出历史贡献方面，较好地完成了史料真实到艺术真实的过渡。全国重大革命历史题材影视创作领导小组明确指出：“重大史实无误，题材很有分量，具有填补空白的意义。”而30集革命历史题材电视剧《新四军女兵》则讲述了以向瑞云为首的一批热血女青年陆续加入新四军战地服务团，在战火中经受洗礼和成长的故事。她们经过血与火的考验，最终成为光彩照人的女性。特别是表现了新中国成立之后，这些女战士在政治风波中，保持共产主义信仰，珍惜革命友谊，相濡以沫，体现了高尚的人格力量。

虽然如此，新四军题材电视剧在红色影视作品中所占比重和影响力仍然较低，观众通过影视剧了解新四军的历史仍然不够，以至于不少观众对新四军事迹的了解停留于一知半解，印象也仅限于“皖南事变”“沙家浜”等零星故事中，对新四军革命历程缺乏整体性、全局性的了解。为了铭记历史，将新四军的精神传承和发扬下去，对新四军的光荣事迹还有待挖掘和宣传，不仅需要提高电视剧的创作数量，更加需要不断提升质量。只有优秀的作品才能够吸引人、教育人，才能在电视剧市场的激烈竞争中突出重围。反观当前为数不是很多的这类题材电视剧却或多或少存在着一些问题，有的甚至是硬伤，使得作品质量大打折扣，既破坏了影视剧整体结构的连续性、严谨性，又挫伤了观众收看的热情，也不利于新四军题材电视剧的健康发展。

目前存在的主要问题有以下几个方面：

首先，部分作品在剧本的创作方面存在问题，剧情设计与史实存在偏差，为了剧情发展而改变历史。比如《我的兄弟叫顺溜》中新四军与日军的几次交手几乎全是以阵地战、拉锯战的形式进行的，虽然突出了新四军战士的英勇顽强但却明显不符合新四军“游击战”的特点和事实。对于历史的随意改动很容易使影视剧的严肃性大打折扣，相应的其教育意义也会大大减弱，难以将革命题材作品引导人、教育人、鼓舞人的作用充分发挥出来。

其次，一些影视剧角色刻画虚假、做作的情况比较严重。仍以《我的兄弟叫顺溜》为例，剧中的顺溜作为一名新四军狙击手，其表现出的性格、气质、行为方式等却与狙击手的身份有较大差异，本是为了刻画出具有善良、淳朴、坚韧等特点的新四军战士而设计的顺溜最终却被演绎成了一个鲁莽、固执、不守纪律的愣头青形象。再比如《新四军女兵》中的新四军女战士，从其形象穿着到语言行为即使放到今天也算得上是“时尚青年”，全无战争年代的人物特点，给人一种偶像剧演员穿梭于红色作品之中的虚假感。缺乏对主要人物的准确定位，不能很好地反映角色所应有的时代特征，缺乏历史感，已经成为革命题材影视剧制作中所不能忽视的一个重要问题。

第三，故事情节不合常理，前后矛盾或缺乏联系的情况时常出现。如《新四军》中爱情与战争不能有机协调，两者的融合不仅缺乏逻辑性，还给人以明显“两张皮”的感觉。至于穿梭于多部电视剧中的服装混乱、道具错用、语病频发等穿帮问题更是不胜枚举。这些都严重制约了作品的整体水平，导致了观众的流失，难以起到学习新四军事迹、弘扬新四军精神的宣传教育作用，也使得经济收益大打折扣，一定程度上了阻碍了优秀新四军题材影视作品的推出。

显然，在弘扬主旋律的作品中，革命战争题材电视剧毫无疑问占据了很大一部分比重。让群众认识历史，了解革命年代的峥嵘岁月是加强社会主义精神文明建设的一项重要内容。推出优秀的红色题材影视作品，引导革命精神与当代社会相承接，也是影视工作者的责任和使命。为了进一步推动作为革命战争题材类电视剧重要组成部分的新四军题材电视剧更好的发展，笔者认为，应当对以下几个方面给予重视：

一、善于发掘革命素材，以新的视角诠释新四军的光荣历史，在尊重史实的基础上大胆创新，合理演绎。长期以来，不只是新四军题材的影视作品，许多红色影视剧都是以伟人、名人为中心展开剧情。这种站在宏观角度全景式描述革命故事的手法有助于保证剧情的历史真实性，使观众直观地了解历史，但在作品的艺术创新性上却略显不足，平铺直叙的叙事手法更像是照本宣科，说教性太强，容易使观众对剧情发展产生审美疲劳，不利于红色影视剧的长期发展。要善于从新的着眼点切入，通过新人新事新角度阐释革命故事，在坚持革命剧特色的同时积极吸收其他类型影视剧的特色，增强作品的亲民性，使红色影视剧更具有可看性。可喜的是，近年来的一些作品已经注意到了类似问题并进行了积极的探索。电视连续剧《新四军》首开红色影视小人物演绎大历史的先河，将几个虚构的普通新四军战士的生活和命运同新四军的发展历程相联系，通过普通战士和新四军领导人关系的交织将新四军历史上的重大事件一一呈现，实现了革命剧主人公身份选择的创新。这一创新取得了良好的效果，得到了业内和观众的双重肯定并且在后来的红色影视剧中被多次采用，包括《八路军》等之后拍摄的影视剧都将虚构的小人物同伟人相联系展开剧情。而这两年推出的一些新四军题材的新片更是摆脱了对历史人物的依赖，如《我的兄弟叫顺溜》和《新四军女兵》等电视剧，更加专注于草根人物的革命生活，凸显出普通人参加革命的伟大，相比于一味塑造伟人业绩的革命影视剧更具有直接性和现实性，拉近了故事人物同普通观众的距离，值得在今后拍摄红色题材影视作品中参考和借鉴。

二、要塑造有血有肉的新四军形象，拒绝传统的生硬角色。长期以来，我们对于革命人物的塑造显得过于完美。不犯错误、不遇失败的高大全特点成为观众心目中革命英雄的形象。这种理想化的形象难以准确而全面地反映一个真实的革命者，难以将最真实的历史还原给观众。让红色影视剧中的人物走下神坛，将一个生动形象的、有感情有缺点的革命人物呈现给观众，对于历史人物的是非功过进行客观描述，既不一味吹捧也不一味贬损，才能使作品真正走入观众的内心，用真实打动观众。例如电视剧《新四军》通过走访众多专家学者，查阅大量资料，将新四军领导人项英这一争议人物较为真实、客观地展现出来，既展示出项英忠诚、朴素的革命者形象，又揭示了他优柔寡断、贻误战机、指挥错误的不足一面，将人物形象拿捏得非常到位。

三、减少穿帮镜头，重视细节之处。红色影视剧应当一贯坚持认真、严谨的态度进行拍摄，然而在当前市场化浪潮下，一些电视剧在制作过程中出现了急功近利、赶工期的情况。因为革命题材影视作品所反映的时代距今已有半个多世纪之久，加之涉及的服装、道具等种类繁杂，数量庞大，且专业性比较强，因此出现纰漏的可能性比较大，然而这不应当成为红色电视剧可以存在穿帮情况的理由。革命题材电视剧应当以历史为依据，实事求是地还原当年的场景，做到面子和里子同历史相一致，才能成为合格的红色题材作品，才符合一部好电视剧的要求。而现在的新四军题材电视剧中的漏洞实在太多，穿帮的地方举不胜举，有的电视剧中的错误已经到了挑战观众忍耐程度的地步。这样的电视剧，纵使情节再曲折，内容再丰富，题材再新颖，因为外在硬伤太多，也注定难以获得成功。

新四军题材还有着非常丰富的资源可供发掘，电视剧市场也需要新四军题材的作品不断出现。在党的十七届六中全会做出进一步推动社会主义文化大发展、大繁荣的形势下，影视工作者应当抓住机遇推出新作，利用好新四军这一宝贵的革命题材，拍摄出更多更好反映新四军历史的影视剧奉献给广大观众。

原载《声屏世界》2012年第7期

《解忧公主》：与众不同的“女强”影视剧

一、大胆改编：对传奇历史人物增删有度

解忧是一个真实而又富有传奇色彩的历史人物，关于她的记载，主要来自班固的《汉书》中。她出生没落皇族，是汉武帝时代又一个远嫁乌孙国（今哈萨克斯坦与新疆边界一带）的和亲公主，先后嫁给三个乌孙王为妻。她帮助乌孙发展经济文化，开创了乌孙历史上的鼎盛时期。公元前71年，她促成乌、汉联合，打击匈奴，使匈奴从此一蹶不振，“匈奴遂衰耗”“匈奴益弱，不能近西域”。解忧毕其一生，不仅圆满完成了汉武帝赋予的联乌抗匈使命，而且还推动乌孙、龟兹等国先后加入汉朝这个统一的多民族大家庭。乌孙国人赞其为天鹅，尊其为国母。年近七旬，思乡心切的她上书汉宣帝想落叶归根：“年老土思，愿得归骸骨，葬汉地。”情词哀切，天子为之动容，派人接回了解忧。在乌孙国生活了五十多个春秋，年近七十解忧才回到阔别已久的长安，归国两年后病逝。

近半个世纪以来，以解忧公主为题材的文学影视舞台作品无数，小说、话剧、影视剧，甚至网络流行的穿越小说，都以解忧公主为原型，讲述这个身世离奇、命运跌宕起伏的女性的一生。央视将解忧公主搬上荧屏，是如何讲述这位2000年前的女性？

央视版《解忧公主》没有像其他艺术作品那样，从少女直到老年，按时间顺序讲述解忧公主的整个人生，而是只选择了她前三分之一的人生，即讲述她的少女和青年时代。从平民时期的她讲起，到所嫁的第一任昆弥（对乌孙王的尊称）去世、乌孙政局平定的局面出现而终。剧情没有把重点放在解忧公主在乌孙的鼎盛中年时期，而史载在这一时期，是她在乌孙

政治舞台上最为活跃的时期。虽然这样的取舍不太符合时下“女强”（以历史上著名的女性人物为主人公）影视剧类型的情节设置，但看完全剧却能理解编导的良苦用心：选择讲述解忧的少女到青年时期，能较好地展现解忧对于和亲从不甘不愿到承担历史使命的心理自觉这一心理变化历程，而这一改变无疑能给演员巨大的表演空间；选择展现乌孙国一开始在汉与匈奴之前左右摇摆，到经过解忧的努力倾心向汉，给编剧带来了极大的想象空间；而解忧从一开始备受乌孙王冷落到得到乌孙昆弥的真情对待，一步步成为左右乌孙时局、左右历史进程的重要人物，实现自己的人生价值。这个励志但不狗血，不沉迷“宫斗”的女性成长故事给年轻观众以很多正能量的启迪，同时也有效规避了解忧一生嫁过三次昆弥（按照乌孙习俗，前代昆弥的妃子都要改嫁给下一位继任昆弥）这一现代观众道德伦理上无法理解并接受的习俗。

为让时下年轻观众更好地理解解忧这个人物，编剧还对解忧的少女时代做了极大胆的改写和扩容。在历史上，19岁之前的解忧虽是皇族后代但也是叛臣之女（其祖父刘戊曾参与“七国之乱”，兵败后畏罪自杀，整个家族均受牵连），在监视下度过了凄苦的19年。而在央视版的《解忧公主》中，解忧却是一位流落民间的精灵，跟随戏班在广阔自由的大漠里行走卖艺，性格开朗乐观，善良坚强，又带着精灵古怪。而正是在大漠行走的经历，她与乌孙第一勇士翁归（也是第二代乌孙昆弥）邂逅，不打不相识，二人产生了深厚的感情。这一设置为其后的一系列情节做了铺垫，也为她其后二嫁昆弥，开启一个全新的时代有了良好的故事基础。

二、重塑人物：不违背历史真实的女性表达

当下荧屏，“女强”影视剧正成为一种流行，但也渐渐陷入窠臼。自《甄嬛传》起，至《武则天》《芈月传》《女医明妃传》《班淑传奇》等热播剧，不论是真实或是虚构的历史女性，无一例外地在人生奋斗历程中被多位优秀男性爱慕，并为其铺平奋斗道路。这些女性在男女大防的古代，在几位男子之间“游刃有余”。这些“女强”影视剧为了迎合消费主义时代的女观众，往往把女主角塑造得无人不爱、无所不能。同时，“女

强”们的命运要么是登上了权力顶峰，要么是在复杂的宫斗中凭借聪明才智笑到了最后。编剧这样设置，满足了时下年轻女观众的“代入感”，也影射了当代职场的一些现实得到了较高关注。但是，毫无疑问，这种迎合当下的做法丢掉了历史眼光，破坏了历史真实，忽略了历史剧的基本要素。无论何时，历史剧的一大使命，依然是要尊重并传承中华民族的文化传统，以严谨的态度讲述历史是必需的。

《解忧公主》对于这种人物塑造的趋向做了一定的矫正，使得解忧公主这个形象真实可信而丰满。首先，解忧公主一直处在抉择的矛盾之中，既割舍不下与翁归的爱情，又有着身为大汉和亲公主的使命意识，理智与情感始终在冲突。当听说乌孙王下旨要心上人翁归娶阿伊腊为妻时，她心情复杂，先是喝醉酒，然后冲动地骑马去找翁归，要求与翁归私奔。这时候，她变成一个简单的为了爱情不顾一切的“小女子”。而在大宛之战中，她为了救大汉军队于困境，不惜走险棋，怀着身孕还偷偷跑到前线慰问，让乌孙王军须靡不得不跟随而至，“造成昆弥亲征”的假象，激励军士，令敌方不战而屈，显示出大智大勇的女杰风范。小女人冲动的一面与大智慧大爱的一面始终交织在一起，直到最后一集，呈现出人物的复杂和矛盾性。央视版的解忧，只讲到解忧的彷徨不定、处于成长期的青年时期，并未到沉稳的、理性的中年，这样安排设置人物，符合人性的真实，也符合历史真实。

宫斗是“女强”剧中必不可少的情节，解忧公主是昆弥的右夫人，自然要与来自匈奴的“左夫人”互相“竞争”。但《解忧公主》虽然也有后宫阴谋，尔虞我诈，但并没有沉溺于此。左右夫人的竞争，并非只是单纯的二女争宠，而是背后匈奴和大汉之间的势力消长。这本身十分符合历史真实，有了这个做铺垫，左右夫人的宫斗“就不仅仅是抢男人”那么简单。事实上，两位美丽的女性都是“身不由己”被推上这个宿命，两位女性都是时代的、历史的牺牲品，是政治的工具。基于这样的一个历史和女性认知，《解忧公主》并没有将“宫斗”戏讲到最后。胡姑虽然一直是反派形象出现，多次陷害解忧，成为解忧生命中的一大阻碍。但解忧被慢性下毒致流产，却并非胡姑所害，胡姑怀孕时也差点中毒。在解忧的帮助下，二人发现，下毒者是一心想要保证乌孙王室血统纯正的太后。解忧和胡姑最终达成了和解，结束了宫斗，抛却了民族种族之间的隔阂。最后一集中，胡姑还随着解忧一起返汉（后解忧被翁归寻回，胡姑将儿子托付翁归，自己远走天涯）。在央视版的《解忧公主》中，这样的女性友谊还有很多，比如解忧与冯嫽、解忧与阿彩、解忧与阿伊腊，尽管一度有过误会，但最终女性之间的谅解与爱战胜一切，令解忧数次化险为夷。这种女性表达跳出了“宫斗”的狭隘小圈子，更多地讲述了女性的友谊、智慧、爱与美好。女性不再仅仅是政治的工具、权力的牺牲品或觊觎者，而是能够跳出宿命，并与之抗争，试图并努力掌握自己命运的自觉的女性。

为了凸显女性表达，大多数女强题材的历史传奇剧，都会将女主人公的命运最终设置成在男权社会中，掌握了一般由男性才能拥有的权力，成为男权社会中的首领，令男性顶礼膜拜。编剧和导演向观众暗示：比男人更强，这就是女性的成功。但事实上，这既不符合历史的真实，也并非真正的女性表达。

在历史上，通过和亲，解忧公主带来了和平与民族团结，解忧认知到了自己的使命，这当然是她自身价值实现的一部分，这是历史上给予她的“定论”，也是央视版《解忧公主》要表达的主要内涵之一。但这一价值并不意味着女性要通过在宫斗、权力争夺中表现出强悍的一面来实现。《解忧公主》中，恰到好处地弱化了宫斗和权力阴谋这一面，使得解忧有机会展示真实的自己。比如对中医针灸感兴趣，比如保持自己在戏班走江湖时的活泼与开朗，更重要的是，保持赤子之心，对翁归的感情一如既往的真挚。在很多“女强”剧中，剧情进展到中后期，女主角母性的一面常常超过其女性的一面，为了儿子的利益（权力和生存）利用自己曾经爱过的男子，为了母性牺牲爱情，为自己夺取权力做合理化解释，也更能得到男性和女性观众的理解和认同。难得的是，《解忧公主》始终没有这么设置剧情，让解忧走上一条所谓“不得已走上害别人的路”，这多多少少与观众的欣赏预期相悖，却塑造了一个真实、复杂而不那么类型化的“女强”形象。

三、精致视听：结构紧凑　细节为塑造人物服务

《解忧公主》选取的是解忧公主少女和青年时期这个时间段，年龄跨度并不大，长度有42集，但该剧却并没有因此注水。全剧有两条主线索，一是乌孙、匈奴、大汉三方关系的发展和推进，另一条是解忧、翁归以及乌孙王军须靡之间的感情纠葛。故事沿着这两条线索互相推动，贯穿始终，情节推进迅速，节奏掌控方面每集都能出现几个高潮。如第一集便是匈奴方面半路拦截翁归赴汉朝出使之路，上演了精彩的打戏和马戏，立刻攫取了观众的注意力。帮戏班寻找水源的解忧与迷路受伤的翁归不打不相识，解忧与翁归的性格在第一集中便得到了较好的展现。

《解忧公主》取景于西域大漠，剧中的沙漠时而有着狂沙漫天的恐怖，时而又有“大漠孤烟直，黄河落日圆”的壮丽，还有充满异族风情的敦煌城，华丽而粗朴的赤谷城等风情。西部大漠壮阔风光，配上悠远的音乐，给全剧带来一种粗犷的美的质感，给观众以不寻常的美的享受。《解忧公主》导演之一路阳是电影导演出身，拍过《绣春刀》，擅长马戏、打戏。《解忧公主》剧中，各种马戏、打戏、战争戏更是毫不含糊，尤其是最后两集中与匈奴的大战，大军压境、山雨欲来、气势恢宏，堪比电影大片，完美地再现了2000年前的西域边塞，大汉、匈奴、乌孙之间战争的紧张气氛和景象。

在人物塑造方面，解忧与翁归的性格都很“现代”，解忧活泼灵动善良可爱，翁归刚毅勇敢痴情又不失洒脱风趣，都符合当下年轻观众的审美。该剧通过不少细节展现解忧的性格，比如她成为和亲公主到了赤谷城，乌孙王却因为她迟到了一天，给了她一把剑让她自杀。护卫淮天沙刚要拔剑，解忧忙跪下托起宝剑用言语巧妙地化解了危机。乌孙王离开，淮天沙称赞她“做得好”，她却拍拍胸口，表示刚才“吓死了！”另一次，在迎亲宴会上，她与匈奴和亲公主胡姑、与乌孙王斗嘴险胜，镜头扫过她，她又是一脸“不淡定”，俏皮地吐了吐舌头。这些小细节都较好地展现了解忧的天真可爱与争胜好强的天性，让她显得像一个初入职场、小心翼翼又好强而且喜怒形于色的年轻姑娘，很有亲切感。

《解忧公主》还通过服装道具化妆等方面来凸显主人公心境、环境、身份的变化。如在大漠漫游时期，解忧穿的是颜色鲜艳的少女装，妆容较为清新。而入宫之后，不管是宫廷正装还是居家服装，都以白色或淡色为主，妆容时而华丽时而素朴，也暗示了解忧“一入宫门深似海”，再也无法与心爱的人双宿双飞的凄苦忧愁心情。

男主角翁归粗犷帅气，他既有英勇和痴情的一面，又有浪子般的放荡不羁，为了爱情江山可以不要，为了国家和民族生命也可以不要。这样的人物设定有着浪漫化、偶像化的特点，也极大地满足90后女性观众的审美。他的造型也是全剧的一大亮点，身为乌孙贵族、乌孙昆弥的堂弟，他的西域风格的华丽服饰和发型，都颇富现代感，即使放到今天，依然能引领潮流。在主演的选择上，剧组也挑选得十分到位，张歆艺（饰解忧）是内地年轻女演员中少有的有着英武气质的女明星，柔媚之中有着巾帼气，而袁弘（饰翁归）没有时下很多男演员的阴柔气，浓眉阔脸，很符合草原汉子的气质。

除了解忧和翁归，《解忧公主》还塑造了一系列性格鲜明的人物，如忠肝义胆的淮天沙、女侠风范的冯嫽、多思多疑的乌孙王军须靡、泼辣的胡姑、单纯的阿伊腊、阴险的长山等等，正是这一系列性格鲜明的人物撑起了一台精彩的剧集。

《解忧公主》并非完美，尤其是剧中的语言多遭诟病，这也是时下古装剧集的通病。为了过分追求与当下观众“接轨”，很多古装剧集常常让古人和现代人有着同样的语言思维体系。《解忧公主》也未能免俗，虽然也注意到了一些历史的细节，比如在汉朝说“是”为“诺”，在乌孙说“是”为“唯”，但在其他方面，就没有这么严谨了。解忧动不动脱口而出的都是现代汉语，甚至还会说一些网络段子。比如翁归让她不要去和亲与他私奔时，她以“有选择的叫机会，没有选择的是命运”这句话以示拒绝，但类似的语言因太多，常给人出戏之感。

在情节方面，为了让节奏加快，部分情节的推进也不够顺畅。比如第二集中，解忧用“无根之水”为翁归疗伤，一边气呼呼地觉得翁归是一个大麻烦，但接下来的晚上，解忧便躺到翁归的身边温柔地和他一起聊天，问对方的姓名，这两个情节毫无过渡，十分牵强。另外，在翁归与解忧的感情线中，翁归一直处在受伤、疗伤、复原、再受伤这个循环中，情节设置缺少新意。

瑕不掩瑜，尽管仍有不足，但《解忧公主》依然是一部耐看、养眼、有品质的剧集，既通过偶像化、时尚化吸引了年轻观众，又有着本着历史真实出发的女性表达。对于当下的同类型影视剧如何走出“玛丽苏”等套路，提供了一个很成功的尝试和思路。

原载《声屏世界》2016年第8期（与马彧合作）

“中国新闻奖”获奖作品分析
——以2000—2009年平面媒体作品为例

自1991年第一届“中国新闻奖”评选以来，至今已经走过了19个年头。每年有五六千家报纸、通讯社、广播电台、电视台以及网络等新闻媒体参与竞争两百个左右的新闻奖项，由此可见，“中国新闻奖”的权威性和导向性。而在每年评选出来的两百个左右的奖项中，平面媒体的获奖作品就占一半左右。

2000~2009这10年是中国社会经济、政治、文化飞速发展的10年，本文运用文献研究法，在前人研究的基础上，结合定量分析法，以这10年间获得“中国新闻奖”的平面媒体作品为分析对象，对获奖作品的数量、报道体裁题材、作品地域差异等方面进行定量分析，简要阐述“中国新闻奖”的产生背景、评选规范，获奖新闻作品的题材、体裁特点，以探究主流新闻价值观在社会变革中的转变并从中获得一定启示。

一、中国新闻奖概述

（一）中国新闻奖的产生背景

1989年11月2日，中国记协发出《关于开展“现场短新闻”评奖的通知》，由此揭开了中国记协现场短新闻评奖的序幕。“1990年冬季，第二届现场短新闻奖评选的同时，中国记协国内工作部打报告，要进行‘中国新闻奖’创建的各项筹备工作。”[1]经过调查研究、意见征求、座谈会讨论以及会议汇报，1991年6月30日，中国记协发出了《关于开展1990年度“中国新闻奖”评选工作的通知》和《“中国新闻奖”的评选办法》。自此，“中国新闻奖”评选制度正式确立。而1992年第三届现场短新闻评奖结束后，“现场短新闻奖”被纳入“中国新闻奖”之中，成为“中国新闻奖”的重要组成部分。

在草拟“中国新闻奖”评选工作通知的过程中，中国记协国内工作部就为“中国新闻奖”确定了一个既能概括内容、又能限定规格的定义，并达成共识，其最终的定义是：“中国新闻奖，是全国综合性年度优秀新闻作品最高奖。”[2]

（二）“中国新闻奖”的评选标准

作为新闻作品的最高奖项，“中国新闻奖”对于媒体的规范与创新有着不可忽视的示范和激励作用。“中国新闻奖”的评选标准很多，细分起来，包括内容、形式、社会效果三个方面。对于参与评选的作品来说，内容上必须真实、准确，有正确的舆论导向，能体现党的方针政策；形式上要有较强的时效性和新闻性，主题鲜明，文字生动，感染力强，既要继承传统，也要富于创新;在社会效果方面则是以报道重大题材为优先。

（三）“中国新闻奖”的评选项目

“中国新闻奖”评选的范围是有全国统一刊号的报纸，通讯社，经国家正式批准的广播电台、电视台，经国务院新闻办公室批准的由新闻宣传主管部门和新闻单位主办的具有登载新闻业务资质的新闻网站，在年度内首次刊播登载的新闻作品以及有全国统一刊号的报刊、图书年度内首次刊载的新闻论文。

“中国新闻奖”的评选项目以报社、通讯社作品和广播电台、电视台作品为主，2006年又增设了网络新闻作品，此外还有新闻名专栏和新闻论文。其中，新闻名专栏涉及报纸、广播、电视、网络四个方面的新闻媒体，而获奖比例最高的报社、通讯社等平面媒体作品的参评项目则是包括：消息、评论（言论）、通讯、系列报道、新闻版面、新闻摄影、新闻漫画和副刊作品8个部分。

二、定量分析

（一）获奖作品数量分析

在首届“中国新闻奖”的评选中规定，共评选150个奖项，其中一等奖20个，二等奖50个，三等奖80个。但随着社会的发展以及网络等新媒体的诞生，网络新闻作品也参与到“中国新闻奖”的评选中，“中国新闻奖”的参评项目不断增加，获奖数量也在不断增加。2000年“中国新闻奖”获奖作品总数还维持在200件以下，但到2009年已经增加至276件，而2007年的获奖数更是超过了280件。

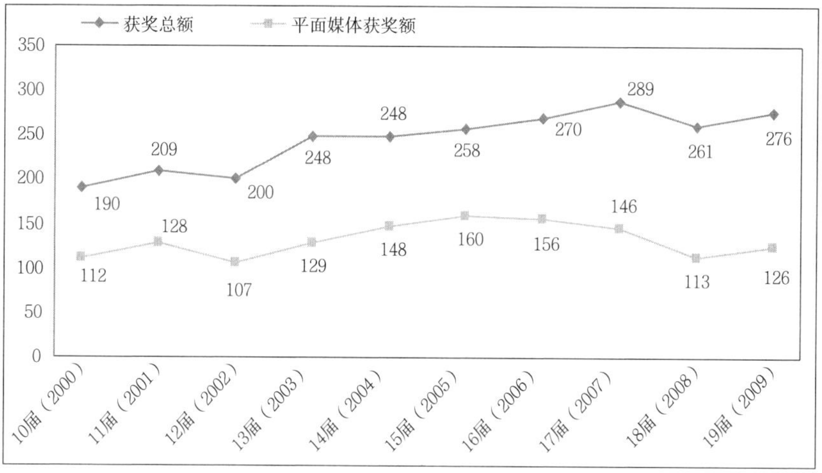

图1　第10~19届新闻奖获奖总额与平面媒体（不含新闻论文）获奖额比较

将第10届（2000年）到第19届（2009年）获得“中国新闻奖”的平面媒体作品与同期的获奖总额统计比较显示，2000~2009年“中国新闻奖”的获奖总数呈震荡上扬的趋势，除了2000年外，其余九届“中国新闻奖”的获奖数量都在200件以上。可以说，进入新世纪以后，中国的政治、经济、文化进入又一个飞速发展的阶段，社会的变迁时刻影响着中国新闻事业的生存环境，而“中国新闻奖”获奖数额的不断波动变化正是对这种影响的直观体现。

平面媒体的获奖数额整体较为平稳，但依然有波动。2006年以前平面媒体的获奖数额还呈大幅上升的趋势，但2006年之后，平面媒体的获奖数量明显下降。在技术发展支持下迅速成长起来的电视媒体一直对传统的平面媒体造成强大的竞争，而发展更为迅速和日新月异的网络媒体则给平面媒体带来了更为猛烈的冲击。相较于平面媒体2006年以后获奖数额不断减少的态势，电视媒体和网络媒体的获奖数量却是在稳步上升。但尽管如此，平面媒体还是在10年中保持着平均每年有132件获奖作品的态势，而2005年获奖额最高值（179）比之2002年的最低值（107）更是增加了近50%。首届“中国新闻奖”评选办法中关于获奖数额的分配规定，报社、通讯社评奖数占55%，广播、电视则占45%，时至今日虽然受到其他媒体的强力竞争，但平面媒体依然是“中国新闻奖”中获奖数额最高的部分。

（二）体裁分布状况

“中国新闻奖”的最大特色是按体裁划分设置奖项，这和普利策新闻奖按内容划分形成鲜明对比。在首届“中国新闻奖”评选中，报纸、通讯社作品的奖项仅为：言论、消息、通讯、新闻版面、新闻摄影五类，但从第2届起便增设了“新闻漫画”，第7届起增设“系列报道”，第8届起增设“副刊”，第15届起则是增加了涉及报纸、广播、电视、网络四个方面的“新闻名专栏”。如此的调整变化，一方面反映出中国新闻事业的繁荣发展；另一方面则显示着中国记协不断贴近中国新闻事业发展的现实，努力满足中国新闻事业发展的各种需求。

从2000年到2009年共有获奖新闻作品2449件，其中平面媒体作品1325件。将第10~19届获奖的平面媒体作品的体裁汇总统计后得出下表：

表1 获奖的平面媒体作品体裁状况

体裁	获奖数额	所占比重
言论（评论）	146	11%
消息	327	24.7%
通讯	361	27.2%
系列	148	11.2%
版面	61	4.6%
摄影	121	9.1%
漫画	57	4.3%
副刊	57	4.3%
新闻名专栏	47	3.6%

如上表所示："消息"和"通讯"是平面媒体作品中获奖最多的两种体裁，分别占平面媒体获奖总额的24. 7%和27. 2%，两种体裁获奖数之和已经超过了平面媒体获奖总额的一半。到第7届才增设的"系列报道"更是获奖势头强劲，11.2%的份额甚至超过了自首届就设有的"新闻言论"。而版面、漫画、副刊和新闻名专栏所占的获奖比重大致相同，基本都维持在4%~5%之间。

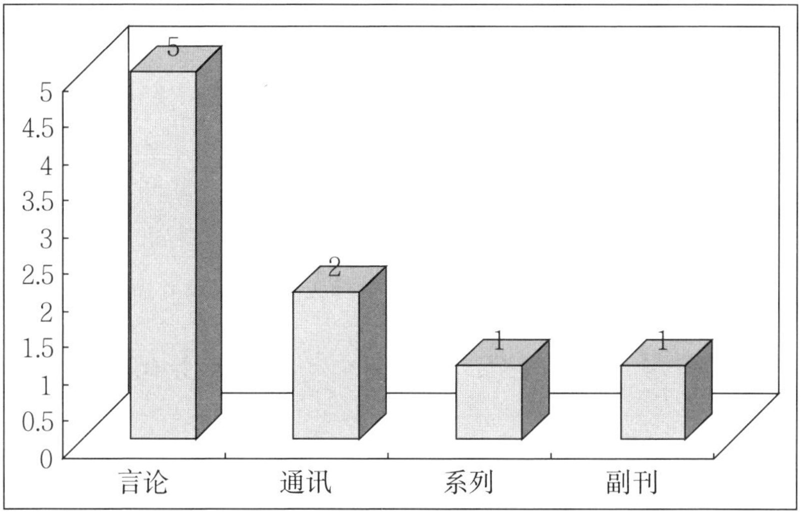

图2　第10~19届获特别奖的平面媒体作品体裁状况

通过统计第10~19届的特别奖，结果可知，虽然特别奖的获奖数量很少，而且也并非每年都有，但在总共的30件特别奖中，平面媒体作品就占了其中的2/3。在这些获得特别奖的平面媒体作品中以通讯和言论体裁为最多。以第10届到第19届获得特别奖的平面媒体作品为例，从2000年到2009年共有获得特别奖的平面媒体作品9件，而其中言论和通讯作品为7件，获奖比例高达77. 8%。

另外，通过研究分析这10年中每一年获奖作品的体裁分布状况可知，各种体裁的获奖数量基本保持平衡，没有出现大增大减的状况。其中波动相对较大的要属获奖数量最多的消息和通讯，但是通过分析不难判断，消息和通讯在获奖总数上占据绝对优势，加之"中国新闻奖"评选标准中有提倡短小精悍短消息的内容，因此尽管历年获奖数量有所变动，但在今后的"中国新闻奖"评选中，这两个体裁的作品必将还是获奖的热门。

（三）作品题材概况

早在第二届《“中国新闻奖”获奖作品选》的序言中，中国记协就强调：“中国新闻奖的评选，在题材的布局上，不是漫无目的的，碰到啥算啥的，相反，它是把握主题的，这个主题体现了党和国家最主要的任务和重大事件，也可以说就是做历史走向的记录。”[3]每一年的“中国新闻奖”获奖作品都紧扣着时代的脉搏反映着当时社会发展现状，可以看作是当年社会热点、社会焦点的缩影。

如果将获得“中国新闻奖”的平面媒体作品按时事政治、经济建设、典型报道、社会民生、科技文化、其他这六种题材分类，以第10~19届获得特等奖和一、二等奖的平面作品（不含新闻摄影、新闻漫画、副刊、新闻名专栏）为例，统计后可以得到下面的情况（见表2）

表2　第10~19届获得特等奖和一、二等奖的平面媒体作品题材状况

届别	篇数（特别奖、一二等奖）	时事政治		经济建设		典型报道		社会民生		科技文化		其他	
		篇数	比例	篇数	比例	篇数	比例	篇数	比例	篇数	比例	篇数	比例
十	34	14	41.2%	4	11.8%	3	8.8%	7	20.6%	5	14.7%	1	2.9%
十一	41	10	24.4%	6	14.6%	9	22.0%	6	14.6%	7	17.1%	3	7.3%
十二	41	9	22.0%	8	19.5%	4	9.8%	12	29.3%	2	4.9%	6	14.6%
十三	40	11	27.5%	6	15%	5	12.5%	11	27.5%	3	7.5%	4	10%
十四	42	14	33.4%	7	16.7%	6	14.3%	9	21.4%	3	7.1%	3	7.1%
十五	51	6	11.9%	12	23.5%	7	13.7%	12	23.5%	7	13.7%	7	13.7%
十六	53	12	22.7%	6	11.3%	11	20.8%	12	22.6%	6	11.3%	6	11.3%
十七	50	14	28.%	2	4%	12	24%	14	28%	3	6%	5	10%
十八	36	8	22.2%	3	8.3%	5	13.9%	11	30.6%	5	13.9%	4	11.1%
十九	38	14	36.8%	3	7.9%	6	15.8%	8	21.1%	3	7.9%	4	10.5%

统计显示，在获得“中国新闻奖”的平面媒体作品中，时事政治类型的报道在数量上占有优势。“中国新闻奖”一直将政治导向性作为评选作

品时的一个重要依据。因此，时政类报道在“中国新闻奖”的评选中占有十分重要的地位。虽然在进入2000年后，中国在经济方面取得了举世瞩目的成就，经济体制改革进展迅速，经济相关方面也不断出现一些新情况、新问题，但相较于政治类题材报道在数量上的绝对优势，经济类报道则显得相对单薄，数量偏少。当然，即使经济类作品数量较少，在有限的作品中还是集中反映了当时中国经济的热点、焦点，如2005年提出了可持续发展观念，在随后的第16届特别奖作品《提高自主创新能力推进经济结构调整》和第17届二等奖作品《兖州：2亿吨大煤田不挖了》中都有所体现。典型报道获奖数量一直比较稳定，基本维持在平均每届6~7件左右的状态，而社会民生类型的报道则呈现逐年增加的趋势。此外，科技、文化、体育、法制等类型的报道在获奖平面媒体作品中的比重一直较少，很少有增加。

（四）获奖作品地域差异

在《第18届“中国新闻奖”评选细则》中有这样的规定：评委会在坚持评选标准的基础上，在同等条件下，要统筹考虑中央与地方新闻单位、发达与欠发达地区新闻单位，广电媒体与报纸媒体，内宣媒体与外宣媒体，关注少数民族和偏远地区等方面的作品”。可见，在“中国新闻奖”的评选中，涉及的地域范围很广，而且它一直注意各地区间获奖的平衡。以10年间获得特等奖和一等奖的平面媒体作品（集体作品不统计在内）为统计对象，统计其地域归属后可以发现一些其他特点：

表3　获奖平面媒体作品省份统计表（港澳台地区除外）

北京	浙江	湖北	山东	广东	上海	安徽	河南
106	7	7	6	5	4	3	3
四川	江苏	黑龙江	湖南	宁夏	河北	陕西	甘肃
3	2	2	2	2	2	1	1
广西	福建	吉林	江西	新疆	天津	西藏	辽宁
1	1	1	1	1	1	1	0
青海	云南	贵州	海南	内蒙古	山西	重庆	
0	0	0	0	0	0	0	

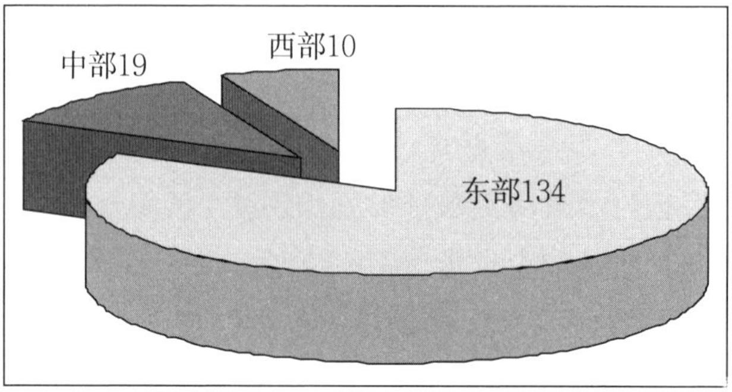

图3　获奖作品东中西部占比

显然，许多中央级党报所在地北京是获得特别奖和一等奖最多的，而且在数量上与其他省份、自治区相比形成巨大的优势，具有明显的垄断性。除北京以外的其余东部10省市，浙江、江苏、上海、天津、辽宁、福建、山东、广东、海南、河北也在获奖总数上明显多于中西部地区。可见，“中国新闻奖”奖项的流向特点基本上与中国东、中、西部的发展状况成正比，从客观条件上讲，东部省市具有较雄厚的经济实力，因而在新闻媒体数量、记者团队、稿件的优秀度方面占有优势。

三、变化与启示

（一）变化

从10年间获奖作品的量化分析中，还能看到“中国新闻奖”评选所呈现出来的一些变化趋势。

1. 报道倾向的变化

与“普利策新闻奖”负面报道居多的状况不同，一直以来，“中国新闻奖”坚持着“正面宣传为主”的评选标准。分析2000~2009年的获奖平面媒体作品不难发现，正面宣传的作品占据着绝对的获奖优势，而负面报道和舆论监督类的稿件则是占少数或者空缺。这与中国传统新闻价值观念强调新闻媒体在舆论上的正确导向性有着密不可分的关联。但是，也能看到在近几届的“中国新闻奖”中，负面报道（舆论监督类）的作品数量正在逐渐增加，如第18届中有《贫困县刮起奢侈风——河南濮阳干部建豪宅、机关盖大楼》《晋州国税局长大摆嫁女宴》，第19届中有《甘肃14婴儿同患肾病疑因喝“三鹿”奶粉所致》《山西霍宝干河煤矿矿难记者领“封口费”事件》的负面报道作品。可见，“中国新闻奖”正逐渐从单一以“正面宣传为主”的标准向“把正面宣传为主与加强和改进舆论监督统一起来”的标准转变。

2. 典型报道的变化

除去时事政治类和社会民生类作品，在历届“中国新闻奖”的报纸、通讯社作品中，另一个占有重要比重的作品类型是典型性报道。典型报道包括典型人物报道、典型集体报道以及典型事件报道等，其中以典型人物报道为主，例如，第10届中关于党员金占林的报道，第13届中关于郑培民的报道，第15届中关于任长霞的报道，第16届中关于孟二冬的报道等等。而在近年的典型报道中，又有一些变化出现：党员、英雄人物、“大人物”不再是典型报道的主角，而普通老百姓中的优秀人物正成为媒体关注的焦点，如《张九精：自立自强感动校园》《大一男生，背起母亲上学》《山村教师三年挖煤资助贫困生》等；另一个变化则是在典型报道中有了对弱势群体的关注和对生命的尊重，人情味更浓，如《目击都市“洗车童”》《救救我——一名12岁儿童的悲惨遭遇》等，这些变化反映出“中国新闻奖”开始摈弃对于典型人物“高大全”的报道方式，而是转变为更注重人性化和生活化的体现。

3. 报道角度的变化

在“中国新闻奖”的评选标准中，有一条是“贴近群众，为群众所喜闻乐见”。分析研究10年中获奖的平面媒体作品可以发现，关注民生、贴近群众、贴近生活的作品更加受到“中国新闻奖”的青睐，“以人为本”的理念更加深入人心。许多作品选择叙事的角度开始转变，“新闻故事化，故事人物化”的报道方式得到新闻媒体的重视，许多宏大的社会主题转而通过小的、贴近群众的角度展现出来，如第11届“中国新闻奖”中的《按“智”分配造就亿万富翁——张廷璧教授成为荆楚科学家首富》一文，便是用具有典型代表意义的小人物的生活变迁来反映整个社会的巨大变革。

（二）启示

纵观2000~2009年这10年间“中国新闻奖”平面媒体作品的评选，通过获奖数量、体裁、题材、地域这四个方面的量化分析，我们可以得到如下启示。

1. “中国新闻奖”青睐重大题材

作为一个把握时代脉搏的新闻作品奖项，“中国新闻奖”每一届的获奖作品都体现着当年的时政热点和最关乎国计民生的问题。1999年是新中国成立五十周年，在次年的第10届“中国新闻奖”中，获得特别奖和一等奖的平面媒体作品里就有关于国庆报道的作品3件（包括摄影）；2003年，非典肆虐，在次年的第14届“中国新闻奖”特别奖和一等奖获奖作品中则有关于非典的平面媒体作品4件（包括摄影）；而到了第19届，以奥运会和汶川地震为当时热点，获特别奖和一等奖的平面媒体作品中有关奥运和地震的作品4件。可以说，“报道重大题材永远是新闻工作者的追求和使命，也是党、政府和人民对新闻工作者的要求”。[4]

每一届“中国新闻奖”获奖作品都涉及当年重大事件、重大问题、重要人物，而“中国新闻奖”的评优等第更是同作品所报道事件的重要性和政治色彩紧紧联系在一起，这表明“中国新闻奖”的评选不仅与党和国家的舆论导向完全一致，更体现了“中国新闻奖”在引导主流媒体服务国家大政方针、政策以及弘扬主旋律方面的重要作用。

2. 题材选择较为单一

由于“中国新闻奖”一直以来十分注重政治导向性，在客观上导致“中国新闻奖”获奖作品在题材上偏于单一。时事政治类型的稿件独占“中国新闻奖”的鳌头，其他类型题材的稿件则显得相对弱势，几乎每届“中国新闻奖”中科技、体育、法制、文化题材作品的获奖比例都很小，甚至连经济题材的作品，其数量的增长速度也远远没有与近年来中国经济的发展速度成正比。此外，倒是社会民生类型的作品呈现出稳步增加的趋势，在第10~19届获得特别奖和一、二等奖的报纸、通讯社作品中，已经出现几次社会民生类型的作品与时事政治类型作品数量持平甚至有所超越的现象，而农民工、农村医疗、贫困人口、农民教育、女工问题、公民权益等最基本的社会民生问题，正越来越成为“中国新闻奖”日益关注的内容。

3. 党报作品占优势

在获得“中国新闻奖”的平面媒体作品中，中央级党报和各省级党报几乎囊括了“中国新闻奖”的所有奖项。查阅第10~19届新闻奖获奖作品目录，可以看到，中央和省级党报占据了“中国新闻奖”平面媒体作品奖项中的绝大部分，只能看到寥寥几个在全国比较有影响力的都市类报纸的踪影，而另外一些市场化程度比较高、读者群广泛的报刊，例如《南方周末》《外滩画报》《经济观察报》等，却都榜上无名。可以说，在接受市场和读者检阅方面，“中国新闻奖”还存在着一定的缺陷。地市级媒体占绝对多数却少有问鼎“中国新闻奖”的现象也应引起足够重视。

四、结语

1991年6月30日，中国记协发出的《关于开展1990年度“中国新闻奖”评选工作的通知》和《“中国新闻奖”的评选办法》让“中国新闻奖”登上了中国新闻历史的舞台，从此，它成了“全国综合性年度优秀新闻作品最高奖”。“中国新闻奖”的评选有着十分严格的标准与规范，而这些标准和规范更是伴随时代的进步和中国新闻事业的发展而每年有所增加与修改。

每年都有五六千家新闻媒体参与到“中国新闻奖”的评选活动中，激烈竞争其中的奖项。首届“中国新闻奖”设有150个奖项，而到2009年各种奖项已经增加至280个左右，“中国新闻奖”参评的项目以报社、通讯社作品和广播电视作品为主，2003年又增加了新闻论文，2005年增加新闻名栏目，2006年增加网络新闻作品，其中以报社、通讯社作品为主的平面媒体作品占有“中国新闻奖”获奖数量的绝对优势。

以2000~2009年获得“中国新闻奖”的平面媒体作品为例，量化分析后可知，“中国新闻奖”在体裁上偏重言论、通讯、消息和系列报道；而题材上则是注重时事政治类具有明确政治导向的报道，经济、文化、科技、法制类型的报道较薄弱；中央党报和省级党报几乎垄断了“中国新闻奖”的所有奖项。随着时代发展与社会变革，可以窥见“中国新闻奖”正显现出一些新的变化，如报道倾向由过去单一弘扬正面报道转变为在注重正面报道前提下兼顾负面的批评报道；而典型报道则关注到了普通百姓与弱势群体；报道角度也更贴近群众、贴近生活。这些变化可以表明，“中国新闻奖”正在越来越注重民生民情与人性关怀，“以人为本”正在成为中国主流的新闻传播理念。

注释

［1］［2］阮观荣：《“中国新闻奖”评选办法的诞生——创建“中国新闻奖”系列史料之二》，《青年记者》，2008年4月。

［3］《“中国新闻奖”作品选（1991年卷）》，新华出版社，1993年版，第6页。

［4］阮观荣：《怎样争获“中国新闻奖”——兼谈“中国新闻奖”的导向作用》，《新闻传播》，1997年第1期。

原载《徐州师范大学学报》2011年第1期（与王晶晶合作）

中国广电“金话筒奖”获奖人员构成特点分析

——以2006~2010年获奖者为例

随着我国广播电视事业的迅猛发展，自20世纪80年代以后，广播电视已经深入千家万户。与此相适应，播音员、主持人队伍也在快速膨胀，为鼓励和表彰这支迅速发展壮大的广播电视新军，一系列的播音员、主持人奖项相继问世。金话筒奖是我国广播电视节目主持人、播音员的最高荣誉奖。自1993年由中国广播电视协会节目主持人委员会创办以来，金话筒奖受到了社会各界的广泛关注。本文试图通过对其获奖人员构成、获奖作品、所属单位、性别年龄及学历等方面的研究分析，总结出其特点与成因，以期望金话筒奖能够更好地繁荣与发展。

一、金话筒奖获奖人员特点分析

金话筒奖的参评者为我国（暂不包括港澳台地区）各级广播电台、电视台在编或聘用的具有3年以上主持经历的专职主持人。金话筒奖获得者经由有关领导、专家和资深节目主持人组成评委会，通过严格的评选程序产生。下面我们以2006年到2010年金话筒奖获奖人员样本为例进行统计分析。

1. 获奖人员性别特点

2006年到2010年的5年中，从中央到地方，金话筒奖获奖人员在性别上均以女性居多，男女比率严重失衡。如下表所示

表中除了2007、2009两年在中央台金话筒获奖人员男女比率突破了100%，男女相对平衡外，其余各数据均小于100%，也就是说女性获奖者多于男性。其中除了2008年比率为80. 95%外，其他4年比率均在50%左

右，也就是说每3个获奖者中就有2个是女性。中央台获奖人员男女比率相对平衡；而在地方台，获奖人员男女比率失衡现象更为突出。

表1　获奖人员男女比率（男/女×100%）

年份	2006	2007	2008	2009	2010
中央	37.50%	120.00%	83.33%	133.33%	66.67%
地方	47.62%	34.78%	80%	34.78%	31.81%
整体（中央和地方）	50%	50%	80.95%	55.17%	41.94%

2. 获奖人员中央台和地方台分布特点

获奖人员中中央台和地方台相比较，中央台占有明显优势，广播类尤为突出。2006年到2010年，从广播类到电视类，金话筒奖获奖人员在分布上均以中央台占多数，如下表所示：

表2　获奖人员央视、地方台分布情况

类别 / 年份	广播类		电视类	
	中央/名	地方/名	中央/名	地方/名
2006	7	13	4	16
2007	6	14	4	16
2009	5	15	6	15
2010	7	13	6	14

根据上表计算出：5年中，广播类获奖人员中央台所占的比率分别为35%、30%、31. 58%、25%、35%，其中最多时达35%，也就是拿到了全国广播类金话筒奖三分之一的奖项。电视类获奖人员中央台所占的比率分别为20%、20%、25%、28. 57%、30%，与地方台相比仍然占据多数席位。

3. 获奖人员年龄特点

通过统计数据看出，金话筒奖获奖人员在年龄分布上中年人独领风骚，具体分布见下表：

表3　获奖人员年龄分布比率

年龄段	20~30岁	31~40岁	41~50岁	51~60岁	61岁以上
比率	1.57%	51.97%	44.09%	15.75%	2.36%

金话筒奖获奖人员在年龄分布上两极分化严重。人数多的31~50岁

年龄段，合计占总获奖人数的96.06%，而人数少的20~30岁年龄段只有1.57%。这一方面说明中年人在我国广播电视播音主持岗位上占有绝对优势，年轻人和老年人比较弱势；另一方面也说明优秀的播音主持人不仅需要一定的知识、经验积淀，还有一个最佳的黄金段，比较符合广播电视编采播工作实际。

4. 获奖作品类别特点

表4　获奖作品类别分布情况

类别/年份	新闻类	综艺类	其他
2006	8	5	7
2007	11	5	4
2008	12	4	4
2009	12	4	4
2010	9	5	6

根据上表可以看出，近5年来，金话筒奖获奖人员参评作品新闻类和综艺类作品成为主流，且偏向新闻类。例如，2009年金话筒奖广播和电视类20件获奖作品中新闻类和综艺类作品占据了80%，其他类型的作品所占的比例20%不到；但从2010年开始发生一些变化，新闻类获奖作品有所减少，其他类作品开始增加，这与近年来我国倡导以人为本、关注民生、科学发展等理念有较大关系。

5. 获奖人员学历特点

下图是随机抽样的5年中120名金话筒奖获得者学历分布状况：

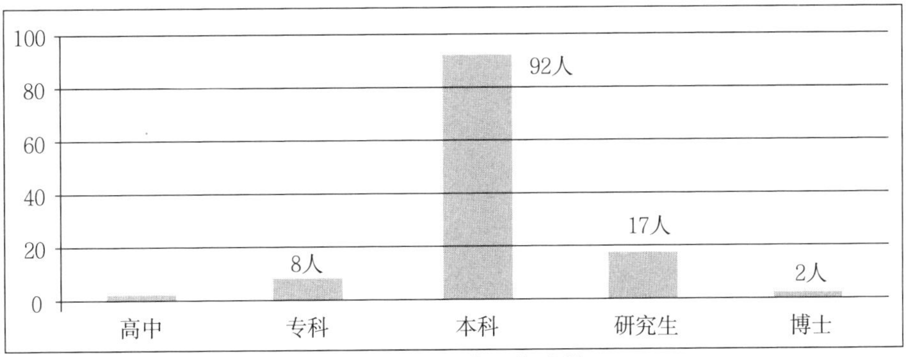

图1　获奖人员学历构成情况

从表中看出，金话筒奖获奖人员学历主要集中于本科。另外，获奖者中所学专业相对比较集中，以播音主持、中文为主，其次是外语、师范、理工类等。

二、金话筒奖获奖人员构成特点及原因分析

1. 受主持界阴盛阳衰现状的影响

多年来，加盟广播电视行业的女性越来越多，尤其是播音主持专业，在数量上一直高于男性。据中国人民大学新闻学教授高贵武在全国范围内所做的一项调查显示，“目前我国男女主持人的比例大约是56：44，女性之于主持人可谓十足的半边天。”另外，主持人职业要求有很强的语言表现力，这方面女性常常具有更多的优势，也容易适应这一职业并且脱颖而出；而且女性更具有捕捉信息的观察力和对新闻的感受力，女性的亲和力也是与生俱来的，无论面对认识还是不认识的人，她们的自然随和很容易让对方产生亲切感，比较容易在短时间内架起沟通的桥梁。由于性别等原因，男女主持人在节目中所关注的话题和看问题的视角也不同。例如，关于伊拉克战争的报道评论中，男主持人更多关注战争的进展、最终胜负结果及可能引起的政局变化，而女主持人则更多关注在战争中受折磨的生命、战争给人们带来的心理创伤及其愈合，这往往更易为受众所接受。以上这些也是为什么长期以来无论在中央台还是地方台，中国广电金话筒奖女性主持人获奖居多的原因之一。

2. 受名牌名人效应的影响

中央电视台的品牌影响力在国内独占鳌头，其播音员主持人也凭借这一平台而风光无限。金话筒奖评选无疑或多或少的会受到品牌因素的影响，依靠中央级媒体的品牌，央广、央视的播音员主持人比地方台播音员主持人得到更多的获奖机会。另外，虽然近年来各地方台也在迅速崛起，但与央广、央视相比，在规模、水准、专业程度、舆论导向等方面，仍然存在着距离。央广、央视占有独特的优势，有相对垄断的环境，这些也是导致金话筒奖获奖人员占据较多席位的重要原因。

3. 受行业传统观念的影响

主持人必须有丰富的内涵，这是大众的共识。从某种意义上说，内涵等价于知识和阅历的结合。一般情况下阅历的深浅与年龄成正比，年龄往往能够反映一个人对于人生的感悟。年轻主持人虽然形象靓丽，声音悦耳，有活力有朝气，但往往难以驾驭节目，使节目流于表面和肤浅，正是由于阅历的不足，知识储备的不足，缺乏对社会人生的感悟而使他们在金话筒奖评选中不占优势。中年主持人一般能够做到冷静客观，赢得人们的好感和信任。富有更多阅历的老年主持人又受到行业传统观念的束缚。中央电视台著名主持人敬一丹曾说：像我这么大岁数还在荧屏上坚持着，这种“坚持”的感觉不大好。以前，我对于年龄，感觉有点迟钝，因为我干这行的时候已经30多岁了，我也没有意识到自己周围的人的年龄，更没有意识到，播音员、主持人多半都是比我年轻的人。我是在别人的提醒之下，才意识到年龄的。实际上，很多因为年龄而过早离开荧屏的主持人，他们原本都是电视台弥足珍贵的财富，他们的阅历、经历、观点能带给观众的思考更多。所以说，我国的播音员主持人在年龄问题上受到一些旧观念的影响。

4. 受受众需求的影响

“娱乐不可能成为龙头，大众最需要的是新闻，国家也一直在推动新闻类节目。”中国广播电视协会秘书长助理夏志方说。他认为，新闻节目才是社会需求的主题。从近几年金话筒奖的申报来看，有影响力的大台报上来的节目，都是根据是否具有新闻性而进行推荐的。新闻作品的内容更贴近群众、贴近生活、贴近实际，综艺类作品则更适合娱乐消遣。因此，从需求度来说，对于受众，更愿意关心新闻报道，这也是金话筒奖新闻类作品受追捧的原因之一。

5. 受行业竞争和受众心理的影响

伴随着广播电视事业的蓬勃发展，一大批高校毕业生和各行各业专家及海外留学生加盟到这一行业，播音员主持人队伍学历在不断提高的同时，整体素质也不断提升，该群体竞争变得更加激烈。虽然学历不能完全代表一个人的综合素质水平，但是目前播音主持事业辉煌并且能够得到受众普遍认可的主持人大多接受过本科以上正规教育，这是获得观众信任的一个前提因素。专业素养和能力也是相关栏目主持人能否受到观众认可的一个因素。例如：撒贝宁主持的节目观众能够接受，一方面是他的口才一流，他的北大法律专业研究生身份也是一个不可忽视的原因。正是由于这个身份，观众默认他掌握了应该具备的所有知识，既适应了这个行业激烈竞争的需要，也满足了广大受众心理的需求。像这样既有高学历又有专业知识的播音员主持人正在逐步成为这个群体的主流，这是电视传播理念进步的表现，也是金话筒奖获奖人员倾向高学历的原因。

三、金话筒奖评奖方面的不足与建议

通过对5年中国广播电视金话筒奖获奖人员构成分析，我们不难发现，金话筒奖在评选方面或多或少存在着某些不足与缺陷，笔者就此提出一些意见：

1. 协调获奖人员男女比例

金话筒奖自1993年开办以来，一直阴盛阳衰。其实相对于女性而言，男主持人的年龄跨度更大，也更加理性，在主持时政、经济、科技等类节目中，表现的颇具智慧和经验。而女性主持人则更容易谈起关于人的话题，体育、高科技一般来说是她们的空白点。由此可见，男主持人似乎更具备足够的实力争取金话筒奖。对于研究中所发现的“女性优势”现象，主办方在控制女性获奖人数，协调获奖者男女比例上应当采取一些措施。比如可以将金话筒奖的各个奖项详细化，规定男女获奖名额等。

2. 增加地方台获奖比重

相对于央视、央广，有的基层电视台播音员主持人即使付出了更多的努力，也难以有机会参与角逐。因此，在金话筒奖评选上，应该控制中央台的获奖数量，给基层台公平竞争的机会。

3. 平衡各年龄段获奖人员

我们的观众分布在各个年龄段，播音员主持人也应该如此，各年龄段观众都可以在金话筒屏幕上看到自己的同龄人，并因此感到亲切。例如，美国著名节目《60分钟》从某种程度上说，是由一群老人办的：迈克·华莱士在北京采访江泽民时已84岁；执行主编丹休伊特从《60分钟》诞生之日起就在这里工作，他的目标是“死在办公桌上”。我国也应该打破主持人在年龄上的陈旧观念，实现金话筒奖老中青三个年龄段的合理分布，给他们施展才华和公平对待的空间。因此，平衡金话筒奖各个年龄段获奖人员至关重要。

综观上述研究，中国广播电视金话筒奖作为播音主持界的最高奖项，吸引了专业人士的激烈竞争和社会各界的广泛关注。获奖者大都是在主持生涯上奋斗了数年拥有高学历高水准的播音主持人才。研究金话筒奖获奖人员构成特点，是为了给想要角逐该奖的专业人士提供一个参考，也为了给社会各界了解该奖获奖人员特点提供一个平台。希望这个奖项在今后评比中能够更加公平公正的举办和发展。

原载《当代电视》2012年第1期（与陈玮合作）

中央电视台电视节目主持人大赛分析
——以第四至第六届为例

近几年，大型电视活动体现出了更为丰富的特征和更为复杂的运行机制，节目虽越来越难办，但却越来越规范，也越来越好看。笔者试以“夏新杯”第四届中央电视台电视节目主持人大赛到“艾诗缇杯”第六届中央电视台电视节目主持人大赛为例，分析其运作规律，为其他电视媒体开展大型赛事提供一些参考。

一、从报名到比赛，选拔模式不断创新

1. 报名方式创新

2003年“夏新杯”第四届主持人大赛采用笔试、面试的选拔方式。而从2007年“白象杯”第五届大赛起，便开始采用网络注册、视频上传、接收“双人组”的报名方式。2011年“艾诗缇杯”第六届主持人大赛开通了大赛官方网页，同样采用网络注册、视频上传的报名方式。三种报名方式同时并用，使大赛更具科学性。运用网络视频上传这一手段，也使得大赛报名工作更加快捷、及时，覆盖范围更加广泛。

2. 参赛门槛提高

2003年“夏新杯”第四届主持人大赛将选手的学历条件定位在大专学历起，而从第五届大赛起，便提高了选手的学历参赛门槛，要求报名者的学历起点为大学本科。尽管提高了学历门槛，第五届、第六届大赛的报名人数都在当时刷新了前期的记录，报名者中也不乏硕士、博士等高学历选手。

3. 身份背景变化

通过分析第四至第六届大赛选手的年龄段、身份背景等，笔者发现，非专业选手的比例在上升；获奖选手的年龄段分布也有了一定程度上的增长。以往在国内电视节目中，大家总喜欢让年轻的面孔来主持一些重要的节目。而在西方的电视媒体中，不仅新闻节目，就连娱乐节目的主持人一般也是年纪较大的经验阅历丰富的资深前辈。可以看出，第六届大赛已开始注意这一问题。

主持人是知识含量颇高的工种。参赛选手的高学历、专业多样化为他们独到的节目主持工作提供了知识储备。选手年龄的整体增加，从业经验和阅历的丰富也能增强其对社会信息的感知能力、辨识能力，能更为深度地挖掘信息，对信息做出全面且深刻的判断和评论。

二、赛程环节设置逐渐递进

1. 专业素质和综合素质

2003年“夏新杯”第四届主持人大赛有60位选手进入复赛，复赛决出进入决赛的30名选手。参加复赛的选手必须完成两部分的考核：专业素质和综合素质。（见表1）

表1　第四届复赛阶段环节设置

专业素质	自我白描	事件述评	人物访谈现场演讲	现场演讲
综合素质	快速回答	艺术欣赏	外语趣谈	

在专业素质和综合素质两部分考核中，大赛的整体创意在于对即时性、突发性题目的设计，目的是考察选手的应变能力和对现场的掌控能力。

2. 采用“2+2”模式

2007年“白象杯”第五届主持人大赛的初赛、复赛和决赛在环节设置上均采用“2+2”模式，即两个考试环节，两个附加环节。两个附加环节在每一个比赛阶段独立成章，但彼此之间又是逐渐递进的。不难看出，第

五届大赛也是整个主持人大赛在树立赛程设置科学性与权威性道路上的里程碑。（见表2）

表2　第五届复赛阶段环节设置

考试环节	话里话外	个性空间
附加环节	自我介绍	为我加油

“自我介绍”是选手的亮相环节，时间简短，紧扣主题。“为我加油”相当于选手的拉票活动，将评判的权利交由观众。到了决赛阶段，每一个环节的比赛，观众都参与投票。而在总决赛阶段，观众的每一轮投票都将换算成分数，随着比赛的深入，观众投票的作用逐渐加大。

此外，第五届大赛复赛阶段的“话里话外”环节，不再是单纯地考核选手新闻现场报道的能力，而是集新闻复述、访谈、评论于一体的综合素质的考察。选手抽签选择题目，以题目中真实的新闻事件为素材，完成新闻事件复述、与嘉宾连线、新闻评论3项内容。不难看出，这一环节对选手的要求已经提高，难度也在加大，同时从专业角度来看，这也是选拔综合型主持人的必然要求。

3. 我是主播，有感而发

2011年“艾诗缇杯”第六届主持人大赛从比赛环节上看，侧重展现选手的敏锐思维能力，挖掘其思想深度，强调了选手的评论能力。具体来说，复赛两个环节的设置紧扣主题，层层递进。（见表3）

表3　第六届复赛阶段环节设置

第一环节	第二环节
我是主播	有感而发

其中第二环节“有感而发”不仅要求选手有逻辑思维能力、述评能力，更在一个较高层次上考察了选手的整合运用能力。单一知识结构的选手已然不适应这样的赛事环节。大赛还采用复合赛制，不同阶段的比赛采用不同赛制。通过单人、双人、三人组合的考核办法，以及模拟实战和自我设计等考核环节，从多维度对选手进行考评。

从以上不难看出中央电视台电视节目主持人大赛的考核标准正在从原先的播报型主持人变为如今的学者型、专家型、评论型的主持人。

三、评委构成、评判机制新变化

2003年“夏新杯”第四届主持人大赛复赛邀请了18位评委，其中包括诸多各文化领域知名专家、学者。同时，每场还邀有3位观众评委。大赛特别设置了3位外语评审。沈力和张颂两位主持播音界德高望重的老师则担任了大赛的监审。决赛评委是由国内主持人行业的专家和资深主持人组成。

到了2007年“白象杯”第五届主持人大赛，评委中不仅有专业的电视主持人、制作人，还有70位特邀“评议员”。评委在比赛中则更多地担任了点评嘉宾的角色，不仅在比赛中对选手进行点评，而且作为“连线嘉宾”参与到选手的比赛环节中。从选手参赛细节到节目策划思路、节目创新中的问题再到当前主持行业的种种误区，评委都与选手们进行了面对面的沟通和交流，使大赛的内涵得到进一步深化。从第五届大赛起，大赛组委会专门制定了具有法律约束力的《大赛评委手册》，为评委提供统一的标准与依据，体现评判的科学性、公正性与权威性。

2011年“艾诗缇杯”第六届主持人大赛的评委在构成上、评判标准上出现了一个值得关注的现象，即到了决赛和颁奖环节，更多的比赛不再是选手单独完成，而是选手与评委共同合作，一问一答或是互相配合，在彼此言行中共同参与。

四、综合素质考评突破单一模式

近10年来，随着科技水平、经济实力的持续增强，我国电视观众的观赏水平不断提高，从央视到地方电视台对节目主持人的要求趋于多样化和特色化。这些变化，也在一定程度上对主持人提出了新标准、高要求。

1. 推出主持新人，提升传播品位

2003年“夏新杯”第四届主持人大赛目的就是要“推出主持新人，

提升传播品位”。对主持“人”的要求越来越高。“人”所指的是人格魅力、人格内涵。正如白岩松所说：“要把‘主持’缩小，把‘人’放大。”他认为，要成为一个好主持人首要的条件，应当看他是不是一个独立而大写的人，一个拥有内涵，并在主持人这个位置上释放自如的人。

2. 主持人是练出来的，不是选出来的

著名主持人张越曾经说过：“主持人是练出来的，不是选出来的。”2011年“艾诗缇杯”第六届主持人大赛，在决赛的第一环节“特别现场”中，限定选手在240秒内完成嘉宾访谈及外景记者电话连线，并将信息主体清晰完整地展现给每一位观众和每一位评委。这一环节考察了选手对话题的把握。

而在评论风格方面，要求个性张扬，富于特色。选手中既有像王宁这样朴实干练的，也有像张琳这样热情积极的。每个选手的气质不尽相同，应对比赛的方式也各有千秋。在这一点上，也使我们明确了特色化不单单是语言的独到与精确，也是表达方式的个性与自我。然而，自我意识绝不是以自我为中心，而是要在充分理解、尊重观众的前提下，有效地传播新闻、传递观点。

五、有待改进的方面

1. 选手表演痕迹明显

曾有学者指出，这种竞技类比赛节目已经成了一档类似娱乐节目的样式。这样一来，观众看到的更多的不再是纯粹自然、现场的原生态，而是经过编排的表演。如果选拔活动编排的痕迹过于明显，对选手日后的成长是不利的。

2. 追求技巧流于形式

不管是10年前的第四届还是2011年的第六届，都不同程度地出现了选手因紧张、词穷而造成难以释放自我的情况。大多数选手在紧张的情况下，都过分地追求技巧，没有想到用真诚的内容打动观众，试图用技巧、用套话掩盖失误，只能是弄巧成拙。观众是严苛的，也是宽容的。在舞台展现自我，真我，失误就是正常而必然的。选手不应追求不犯错或是用炫丽的技巧来掩盖而走向偏颇的道路。

原载《当代电视》2012年第11期（与魏海棠、张壁琳合作）

绚丽多姿　与时俱进

——中央电视台电视节目主持人大赛回眸

自1988年中央电视台举办第一届“如意杯”电视节目主持人大赛以来，至今中央电视台已经举办了六届主持人大赛，为中国电视主持人队伍贡献了众多优秀主持人。作为中国电视主持界规格最高、竞争最激烈的大赛，其选拔标准必定是各级电视台选拔、培养节目主持人的参考指标。笔者试对1988年以来的历届央视主持人大赛加以比较分析，探讨其特点及运作模式，以为其他大型电视节目赛事提供一些参考。

一、策划定位准确，坚持与时俱进

众所周知，主持人是决定电视节目成败的重要因素之一。20世纪80年代，我国电视处于节目化时代，而主持人的发展正处于萌芽和探索阶段。当时，《话说长江》《丝绸之路》等大型节目在社会上轰动一时，尤其是节目中陈铎、虹云的出色解说给观众留下了深刻的印象。这让电视从业者认识到，中国电视事业的发展离不开好的节目、好的主持人。于是1988年中央电视台举办了第一届“如意杯”电视节目主持人大赛，推出了一批专题节目主持人，如鞠萍、程前、高丽萍等。

九十年代初期，《东方时空》《焦点访谈》等一批优秀栏目发展迅速，中国电视进入栏目化时期，主持人成为栏目的重要组成部分。在此背景下，1995~1996年，中央电视台举办了第二届“金士明杯”电视节目主持人大赛，将比赛分为新闻类、社教类、综艺类、少儿类四大类，参赛选手分类进行比赛，并最终推出了王志、张小琴、周洲等优秀节目主持人。

九十年代后期，地方电视台发展迅速，各类节目异彩纷呈，涌现出了一大批有学识、有个性的主持人。如何发掘和展示主持人的个性，打造具有鲜明特色的电视节目，成为当时中国电视界思考的一大问题。在这样的大环境下，2000~2001年，中央电视台举办了第三届“荣士达杯”电视节目主持人大赛，制定了“探索先进的主持理念，发掘个性化电视主持”的宗旨，提出主持人向个性化方向发展的要求。最终，撒贝宁、陈伟鸿等优秀选手脱颖而出。

进入21世纪以来，中央电视台已逐步创建了新闻、经济、综艺、电影、体育、科教、戏曲等十多个专业频道，每个专业频道也有若干个专业栏目。这样的电视形势对我国主持人提出了专业化的新要求，即电视节目主持人要成为某个领域的专家。2003~2004年，中央电视台举办了第四届“夏新杯”电视节目主持人大赛。这一届的大赛主旨是“推出主持新人，提升传播品位”，强调主持人要“专而精”也就是选拔和培养主持人领域里的专才。

2007年，中央电视台举办了第五届“白象杯”电视节目主持人大赛。本届大赛强调主持人首先是新闻从业人员，将社会主义新闻观纳入考核重点，并通过电视传播这一平台，以丰富的电视表现形式，反映创建社会主义和谐社会的伟大实践，突出“和谐社会，文明中国”的时代主题。同时，本届大赛的考题紧贴我国近年来的热点新闻人物与新闻事件，考察选手的新闻敏感度和新闻报道的能力。这一策划、设计针对主持人在做节目时碰到的各种问题，与主持人的实际工作非常贴近。

2011年，中央电视台举办了第六届“艾诗缇杯”电视节目主持人大赛。当时，中央电视台正在筹建海外分台，并设立大批的海外记者站，很多节目在海外制作，很多主持人也有机会去海外工作。本届大赛提出了“提升国际传播能力、扩大国家台吸引力、构建高端交流平台、推出主持人新秀”这一宗旨，正是基于中央电视台国际传播能力建设这样的时代背景和需求，体现了中央电视台面向世界、面向未来的勇气和决心。

任何事物的顺利发展都必须顺应时代的潮流，切合当下形势做出相应的变化，电视节目也不例外。只有在时代变换的潮流中不断改革和创新，体现时代特征，牢牢把握现实的要求，方能保持某一电视节目的活力与魅力，才能受到观众的关注和喜爱，才能长盛不衰。历届央视主持人大赛的策划和定位就体现了这一点。

二、报名形式出新，选手人数增加

报名方式渐变，人数越来越多。第一届“如意杯”电视节目主持人大赛的参赛选手基本上是在电视系统行业内部选拔产生的，即先让地方台推荐几名不错的节目主持人，将他们的简历、主持的节目等制成录像带送到中央电视台，由专家组成的评委进行评审选拔。由于当时中国电视行业刚刚起步，电视节目主持人的发展也处于萌芽摸索阶段，因此本次大赛参赛选手较少。

同第一届“如意杯”电视节目主持人大赛一样，第二届“金士明杯”电视节目主持人大赛的参赛选手也是在电视系统行业内部选拔产生的。当时全国共有218名选手参加了第二届“金士明杯”电视节目主持人大赛。

第三届“荣士达杯”电视节目主持人大赛在报名方式上突破了以往两届的地方电视台选送参赛选手的选拔模式，在全国设立北京、上海、广州等10个赛区进行初赛报名工作。最终本届大赛共吸引了全国近3000人踊跃报名，参赛人数远超前两届大赛。

第四届“夏新杯”电视节目主持人大赛沿袭第三届“荣士达杯”电视节目主持人大赛的参赛报名方式，依旧在全国设立北京、沈阳、上海等十个赛区，并设立相应的10个报名点，参赛者可到报名点领取报名表报名或登录CCTV. COM下载报名表报名，最终全国共有1000多名选手报名参加本届大赛。

第五届“白象杯”电视节目主持人大赛的报名方式以网络报名为主，报名点报名和邮寄报名为辅，并首次采用网络注册、视频上传、接收“双人组”报名，最终一共有5721人报名，刷新了历届主持人大赛的报名纪录。

第六届“艾诗缇杯”电视节目主持人大赛开通了大赛官方网页，同样采用网络注册、视频上传的报名方式。本届大赛报名人数有6068名，是历届最高的一次。

参赛条件变化，素质越来越高。第一届“如意杯”电视节目主持人大赛中，央视通过和地方电视台的合作，评选出中国电视行业内部的“业余十佳”主持人和“专业十佳”主持人。在这20名优胜者中，有大学学历的只有3人，有记者经历的只有1人，有播音员经历的有6人，前5名选手都有过播音员经历。参赛选手学历大多为专科生，本科生极少。

第二届“金士明杯”电视节目主持人大赛中，218名参赛选手来自全国29个省、55个市的地方电视台，年龄从18~50岁不等，大专以上学历的选手占总报名选手的96%。

第三届“荣士达杯”电视节目主持人大赛的一个显著特点是打破以往比赛的行业界限，全国各地、各行各业均可报名，年龄要求在18岁到45岁之间，真正做到了面向社会、大众参与。学历方面，大部分参赛选手都是大学本科生，学历最低的是大专，学历最高的是硕士。在进入决赛的20人中，本科学历有16个，硕士学历有3个，专科学历只有1个。

第四届“夏新杯”电视节目主持人大赛将选手的学历条件定在大专学历及以上，大赛参赛选手的年龄要求为18~45岁，吸引了很多高学历和专业人士参加比赛。

在第五届“白象杯”电视节目主持人大赛和第六届“艾诗缇杯”电视节目主持人大赛中，选手的参赛范围扩大到世界各地。大赛规定不仅仅在中国大陆和港澳台地区，包括海外华人华侨，只要年龄在18~40岁（“艾诗缇杯”年龄限制在18~50周岁）之间，无论职业，学历在本科以上的都可报名参加。

选拔模式的不断改进和参赛选手的不断增加，反映了央视电视节目主持人大赛的科学性、社会公开性、覆盖范围、群众参与度的日趋增强和扩大。

三、比赛模式多变，赛程愈加合理

“展播+观众评委投票结合+决赛”。第一届“如意杯”电视节目主持人大赛采用的是“展播+观众评委投票结合+决赛”的比赛模式。参赛选手先提交自己录制的六分钟节目，节目评委对这些节目进行初评，选出参加展播的选手，再采用专家和观众投票相结合的方式，选出决赛选手。决赛通过现场直播，以展示选手才艺为主。这届比赛体现了中国电视节目工作者的开拓探索精神，展示了节目主持人多姿多彩、多才多艺的风格。但这次比赛忽视了笔试和面试，没有对节目主持人的口头表达能力、即兴应变能力、学识修养水平等基本功底引起重视。另外这次比赛没有对主持人进行分类，让不同类别的主持人同场竞技，产生了评选标准模糊、评选工作粗陋等问题。

“展播+观众评委投票+笔试面试”。第二届“金士明杯”电视节目主持人大赛吸取了第一届“如意杯”电视节目主持人大赛的教训，这次比赛按新闻、社教、综艺、少儿将参赛选手分成四类，每个类别分别进行评选。划分主持人类别有利于电视节目的细化和深化发展，有利于节目主持人风格的形成。同时本届比赛采用的是“展播+观众评委投票+笔试面试”的模式，先由218名参赛者提交规定时间内的录像带，经过观众和专家评委的投票评判甄选出39位选手，将这39位选手的节目进行展播，并再次筛选出四类各5名选手进入决赛，决赛则分为笔试和面试。笔试要求选手在150分钟内，按各类不同的要求分别构想出一个新栏目；面试要求选手在现场观看10段左右节目素材后，准备两个小时左右的时间，按相关主题重新编排、组织成一档完整的电视主持人节目，并现场回答评委就节目提出的问题，考核了主持人的采编播能力以及对节目的组织驾驭能力和现场反应能力。

“笔试+面试+复试+展播+评委观众两次投票结合”。第三届“荣士达杯”电视节目主持人大赛采用了“笔试+面试+复试+展播+评委观众两次投票结合”的模式。初试分笔试和面试，其中笔试内容中30%为电视专业知识，70%为综合类知识，78分以上者才能进入面试、复试，目的在于测试选手的知识面和综合素质。

复试包括专业素质和综合素质的测试。专业素质测试即给出一个新闻事件，要求选手在规定时间内组织策划一期4分钟的访谈节目，然后选手进行现场评述，接着再对一位和新闻事件有关的嘉宾进行访谈，最后就此做一个讲演。综合素质考核由1分钟艺术阐释和30秒外语问答组成，尤其是“外语问答”部分是本届比赛有别于以往比赛的一大亮点，目的在于考核选手外语知识水平，以适应21世纪多结构采访对象和多层次节目需要。

在决赛中，参赛选手以“实习主持”的身份亮相，即本届大赛主办者采用了“复赛胜出选手到央视”现有栏目实习主持的做法。通过评委建议和选手与各栏目的双向选择，确定实习主持的栏目，然后制作一期25分钟的主持人节目进行展播，展现自己的“主持能力”。最后由专家及观众进行评判，决定他们本次大赛的最终名次。

“初赛+复赛+展播节目评分+现场考核评分”。第四届“夏新杯”电视节目主持人大赛分为初赛、复赛、决赛三个阶段，初赛的内容是文化考试和面试，考核结果由组委会审核后，选出60名选手进入复赛。复赛共6场，内容分为专业素质、艺术阐释和外语问答三部分，其中专业素质考核部分由事件导语、人物访谈和话题评述三个部分组成。复赛胜出的选手将抽取由大赛组委会专家组统一设置的选题，并配合组委会将其制作成展播节目。决赛分6场，采用现场评比的形式，选手既要现场展示之前制作完成的展播节目接受考评，还要接受专家评委的提问。同时对场外观众通过热线发来的问题，选手将随机抽取并回答。决赛选手的最后总分由专家打分和观众投票相结合产生。

“考试环节+附加环节+总决赛（2+2+3）”。第五届“白象杯”电视节目主持人大赛采用“全新的考试环节+附加环节”赛制，其中附加环节为固定不变的“自我介绍”和“为我加油”两部分。“自我介绍”即选手亮相环节，“为我加油”则是成绩靠后、濒临淘汰的选手进行自我展示、拉票的环节。

总决赛则分“特别开场”“同题争鸣”“巅峰考问”三个环节。“特别开场”要求选手根据一篇电视新闻报道，设计一段演播室主持人开场白，由此考核选手的语言组织与概括能力。“同题争鸣”环节中，两名选手就一个题材阐述各自的观点，考察选手的知识积累、文化素养和语言表达能力。最后的“巅峰考问”环节中，选手们将从现场给出的一系列诸如“责任”“个性”“口才”等主持人必备素质的关键词中，挑选出自己认为最重要的3个，并说明理由以考核选手对主持人自身素质的选择和理解。

“淘汰赛+循环赛”。第六届“艾诗缇杯”电视节目主持人大赛采用淘汰赛与循环赛相结合的复合赛制，对选手多方位进行考核，充分展现选手各方面的能力。总决赛采用“循环排名+淘汰制”的赛制，分“直播现场”“步步为营”“沟通无限”三个环节。在“直播现场”环节中，每位选手选择一道题，进入相应的直播情境，在60秒内妥善处理该直播情境中出现的突发情况，让节目直播顺利进行。该环节考核了选手临场应变、把控现场的能力，现场表达、沟通的能力，及具有广博的知识面和深厚的社会阅历情况。在“步步为营”环节中，每位选手选择三个提示信息，根据这三个信息组织语言进行有效的勾连，把这三个信息分别用30秒、45秒、60秒的时间讲述出来，且这三个信息相互间不能割裂。该环节考核了选手的现场应变能力、语言组织能力、逻辑思维能力和文化知识储备。在“沟通无限”环节中，选手现场抽题，根据所抽题目内容在3分钟内完成现场——特定情境内的采访主持，并在此情境下和一位特定身份设定的外国人进行有效沟通和交流。这一环节考核了选手的语言表达和沟通能力、外景采访主持能力和文化知识素养。

比赛模式和赛程环节设置逐渐推进体现了大赛对“公平、公正、公开”这一原则越来越精准的把握，同时也反映了大赛竞争机制的逐步完善，节目的合理性、科学性和可观赏性越来越高，对参赛选手的要求也越来越严格。

四、评审机制规范，观众参与踊跃

第一届和第二届央视主持人大赛的评委都由电视行业内的专家组成，且第二届央视主持人大赛从初评到最后的定评，各轮评委绝大多数都经过重新组织，以保证各轮比赛公正公平。但鉴于当时中国传播理念和条件的限制，这两届比赛在本质上都是电视系统行业内部选拔，评委的个人评价对比赛结果可以说起着决定性作用。虽然两届比赛中有观众投票环节，但是两届比赛的决赛阶段都采用封闭式管理，观众无法参与，因此这两届比赛中的观众参与度非常低。

第三届央视主持人大赛在评审机制上采用专家和观众评判相结合的评选方法。一方面，本次大赛设立由专家学者、资深导演、著名主持人组成的评委会，在初赛阶段参与选拔的专家学者则多达70人，参加最后决赛定评的评委们都具有正高职称。本届大赛还首次设立外语组评委一名，以此考核选手的外语水平。另一方面，本届大赛很重视观众的参与，在复赛现场设置家庭评委，对进入决赛的20名选手的实习节目进行评选，其中观众的意见所占比例为30%。在决赛中大规模引入观众直接投票机制，选手决赛总成绩的30%由观众投票决定，这充分调动了观众的参与积极性。

第四届央视主持人大赛继续采用专家和观众评判相结合的评审机制。大赛复赛邀请了18位评委，沈力和张颂担任本次比赛监审。同时本届比赛设立外语评审小组共三人，由副高以上外语教师、外籍人士、外语好的专业人士组成。除此之外，本届比赛每场还有三位观众评委，观众评委每场更换，包括一位上届主持人大赛的选手和从网上报名观众中抽取的两位观众。本届比赛还首次建立了网络平台，创建了大赛专题网页，场外观众可以通过该网页对选手进行提问，或用短信的形式为选手出考题或者投票，而观众的投票也折合成分数记入选手决赛得分。

第五届央视主持人大赛的专家评委组由沈力、张颂、姚喜双等传媒界专家组成的评委组和赵忠祥、李瑞英、敬一丹、白岩松、王志等50位央视名嘴组成的评审团两部分构成。本届评委不仅在比赛中对选手表现进行点评，同时也作为“连线嘉宾”参与到选手的比赛环节中，与选手进行节目策划、创新等各方面的面对面交流。总决赛评委分为专家评委组、主持人评审团、观众评审团三部分，对选手表现进行全方位的科学公正的评价。另外值得一提的是，从本届大赛起，大赛组委会专门设计了一套具有法律约束力的《大赛评委手册》，为评委考核提供了统一、规范的标准和依据，提高了比赛的科学性和公正性。

第六届央视主持人大赛在评委设置上更全面更科学。本届大赛评委由用人单位代表、各电视栏目著名主持人、资深媒体人、大学教授等组成，且每场比赛评委从专家评委库随机抽取决定，同时大赛每个阶段的评委数量都不一样，这样进一步保证了大赛的公平公正。在观众参与度方面，大赛设立了现场观众方阵，同时场外观众可以发送免费手机短信的方式和大赛取得交流，并有机会获得奖品。

从以上可以看出，央视主持人大赛的评审机制发展越来越公正、科学，观众的参与度也越来越高，观众、参赛选手以及专家评委的良好互动逐渐形成，并得到了一步步的加强。这反映了当今媒体传播者的受众意识的增强，贴近生活、贴近大众成为当今电视节目的主流追求，体现了电视这种大众传播形式的宗旨——“服务大众和电视媒体的专业性、艺术性充分结合”。

注释

[1] 熊征宇：《大众口味　专家品位——从评分投票环节看中央电视台第五届主持人大赛》，《现代传播》，2008（3）。

[2] 于松明，魏海棠，张璧琳：《中央电视台电视节目主持人大赛分析——以第四至第六届为例》，《当代电视》，2012（11）。

[3] 郑磊：《主持人选拔的借鉴——从“荣事达”杯电视节目主持人大赛看主持人选拔理念的变迁》，《声屏世界》，2001（8）。

[4] 邵丹峰：《节目主持人任重而道远——“金士明”杯全国电视节目主持人大赛回眸》，《声屏世界》，1996（4）。

[5] 胡智锋：《电视节目策划学》，上海：复旦大学出版社，2006年版。

[6] 吴郁等：《电视节目主持人的综合素质研究》，北京：中国广播电视出版社，2007年版。

原载《声屏世界》2013年第9期（与周亚凯合作）

中国“荷赛”获奖作品分析及其启示
——以近10届作品为例

一、“荷赛”概述

2017年2月13日，第60届世界新闻摄影比赛（“荷赛”）在荷兰阿姆斯特丹揭晓，中国摄影师王铁军的作品《汗水铸就冠军梦》获得日常生活类单幅二等奖，再次引起人们对“荷赛奖”的关注。

“荷赛”，即世界新闻摄影比赛（WPP），因1955年发起于荷兰，故简称“荷赛”，它是国际专业新闻摄影比赛中最具权威性的赛事。其宗旨是：“促进信息的自由、不受限制的交流，鼓励高水平的专业新闻摄影标准。”“荷赛奖”分为突发新闻、一般新闻、新闻人物、体育动作、体育专题、当代热点、日常生活、肖像、艺术、自然10大类，每一类又分成单幅和组照两项，目前已成为世界上最具代表性、权威性的新闻摄影大赛，获奖作品也成为人类所处时代和历史的见证。

“荷赛”创办之初，获奖者多为西方摄影师。随着发展中国家越来越多的摄影师参与到赛事当中，他们的很多优秀作品也逐渐在“荷赛”中被认可，在不同类别的评比中获得奖项。

“荷赛奖”评选过程中，评委要从数万张照片中选出很少一部分得奖作品，评奖的过程非常残酷。评选时，“一张照片出现在评委眼前的时间最短一秒钟，最长五秒钟。如果摄影师选送的是组照，评委也大概只会花20秒时间去看。很多摄影师历经艰辛选送的照片，分秒间就被决定了命运”。“荷赛”评选过程中，除了参赛作品亮相时间短之外，还有一个与国内摄影比赛不同的地方，那就是“在评选之初，评委无法看到参赛作品的图片说明，这个评选规则，突出强调了‘荷赛’对摄影师拍摄水平以及作品表达能力的高要求”。

二、中国“荷赛”获奖作品分析

（一）获奖代表作品内容分析

从1988年开始，我国共有45位摄影师获得世界新闻摄影大赛的相关奖项，自2007年以来，共有37个作品在“荷赛”中获奖，作品涉及多个类别，展现了我国新闻摄影在时代发展中的进步。

1. 第59届“荷赛”当代热点类单幅一等奖：《中国迷雾》（图1）作者张磊。

图1 《中国迷雾》

这幅获奖作品拍摄于2015年12月20日，一片迷雾笼罩的天津。单从拍摄的角度来看，大部分人会认为这幅作品是用无人机航拍而成。事实上，该作品是由摄影师在117层的高楼上拍摄的。通常情况下，人们看到的关于雾霾的摄影作品，大多是同一高度拍摄的在雾霾中的人或物，而获奖的这幅作品却是“站在高处的雾霾景象”。

从图片上可以看到，最上层的是蓝天，中间灰蒙蒙、厚厚的一层是雾霾，最下面的则是人们居住的楼房。作品采用了三分法来构图，层次分明，直观地呈现了被雾霾笼罩的城市。蓝天与城市之间隔着虚无缥缈的雾霾，表达了人们迫切想要改善生存环境的愿望。整幅图片的“重心”在下半部分的高楼大厦上，给人一种压抑而沉重的感觉。从色彩上来看，碧蓝的天空与灰蒙蒙的雾霾形成鲜明的对比，加重了压抑的氛围，也从侧面反映出环境问题给人们生活带来的影响。

2. 第52届“荷赛”突发新闻类单幅一等奖：《走出北川》（图2）作者陈庆港。

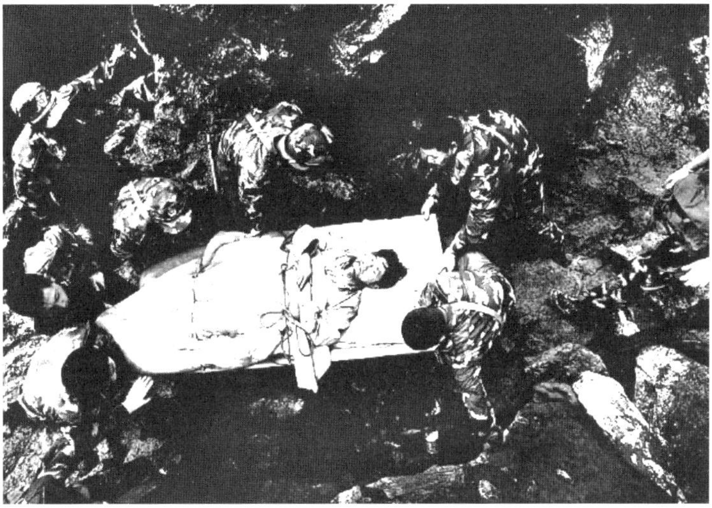

图2 《走出北川》

2008年5月12日14时28分，四川汶川发生了8.0级大地震，陈庆港作为一名新闻摄影记者，在第一时间赶往了灾区。他一边参与救援一边用镜头记录灾区实况，拍下了这张照片。

画面中9名解放军战士正抬着一名伤员从两块大石头中间艰难地通过，陈庆港采用俯拍角度记录下了这一幕。这幅照片从技术层面上来看，是很普通的一幅作品，没有经过仔细地调整各项数据，仅仅是记录下了“最可爱的人”深一脚浅一脚艰难将伤员送往救治点的瞬间。

没有一片废墟的大景别，没有触目惊心的伤口特写，作为突发新闻类摄影作品，在记录救援场面的同时，更展现了一股力量：灾难面前，生命的延续需要大家一起努力。新闻讲究客观真实，不能有过多的主观感情，但爱是人类永恒的主题，新闻摄影作品相比文字的优势就是它真实客观却又无形之中传递着情感与精神。

3. 第55届“荷赛”突发新闻类单幅三等奖：《拯救跳楼的新娘》（图3）作者李杨。

图3 《拯救跳楼的新娘》

2011年5月16日，一个姑娘因被男友抛弃而身穿婚纱在吉林长春一居民楼跳楼轻生，瞬间被群众所救。

这是一幅突发事件类新闻作品，图中穿着婚纱跳楼的新娘牵动着众人的心。从新闻性的角度出发，这幅作品之所以能够成为新闻作品，是因为“跳楼”和“新娘”这两个元素。从画面上可以直观地看出，为了救这位跳楼的新娘，上面有人拉着她，下面楼层中有人想往上托起她，展现了众人协力要将她救起的瞬间，挽救生命这一主题体现了时代主旋律，也是对社会层出不穷的冷漠现象的一次反驳。

这幅获奖作品，与前两幅不同的是，它既不是热点新闻也不是重大题材的新闻，而是一般的民生新闻。在新闻类摄影作品比赛中，单幅类照片能否获奖取决于该照片呈现的内容是否为“决定性瞬间”，也就是说是不是抓拍作品。这幅作品的作者刚好抓住了新娘被救的那一瞬间，画面呈现的有出手救她的人，有围观的人，也有议论的人，信息量很大。突发事件面前，记者不仅记录了事件的发生，还展现了人们对事件的不同反应。

4.第58届“荷赛”表演肖像类单幅二等奖：《被告》（图4）作者刘嵩。

图4　《被告》

2014年5月6日，中国重庆，一名被怀疑从事非法性交易的女子正在公安局接受讯问。

这是一幅肖像类摄影作品。画面中，主人公披头散发、赤脚坐在审讯椅上。图中较为显眼的除了主人公外，两两垂直的三条“线”使得整个平面作品有了立体感，加之灰蓝的墙壁，营造了孤独、悲伤的气氛。

在生活中，人们本能地会对他人的生活状况、职业以及家庭情况等信息产生好奇。人与人之间特有的好奇心理是一幅作品吸引眼球的因素之一。这幅作品无论从题材还是构图似乎都可以勾起人们的好奇心。从作品的标题和画面中可以看到，审讯椅表明了拍摄事发地点，夸张的高跟鞋隐约暗示着某个“职业”，平静的画面实则可以引起多方的联想。这幅作品，除了还原出女子接受审讯的现场，从该女子低头、两手相向的情形中依稀还能读到那一丝悔恨与羞愧。与其他新闻类作品不同的是，这幅作品的故事性以及想象的空间更大。

以上获奖作品，笔者都是从画面内容出发而没有从专业的摄影技巧角度进行分析。所谓新闻摄影作品，意味着这类作品必须有“新闻性”。上文提到的第一幅作品是有时间跨度的热门新闻，第二幅是突发的灾难性新闻，第三幅则是突发类民生新闻。从“新闻性”的角度来看，《走出北川》与《拯救跳楼的新娘》更为符合新闻“时效短、内容奇、引人关注”的特点。《被告》属于肖像类，但从题材来看也具有新闻性，且具有可以想象的空间，能够引起人们急切关注。

（二）获奖作品类别分析

2007~2016年的十届“荷赛”评奖中，中国摄影师共有35个作品获奖，其中9个一等奖、12个二等奖、12个三等奖以及2个优秀奖。但在这35个获奖作品中，仅有11幅是热点新闻类作品（见表1），不到获奖总数的1/3。

表1 热点新闻类作品一览表（第50~59届“荷赛”中热点、新闻类作品）

作品名	作者	届数	获奖类别
《走出北川》	陈庆港	52	突发新闻类单幅一等奖
《四川大地震幸存者》	赵青	52	一般新闻类单幅二等奖
《四川大地震》	景长观	52	突发新闻类组照二等奖
《俯卧撑》	区志航	53	当代热点类组图优秀奖
《大连油污救援》	卢广	54	突发新闻类组照三等奖
《玉树地震遇难者火葬》	牛光	54	一般新闻类单幅二等奖
《工人爬上高压电线杆》	许少峰	55	当代热点类单幅优秀奖
《拯救跳楼的新娘》	李杨	55	突发新闻类单幅三等奖
《圣诞工厂》	陈荣辉	58	当代热点类单幅二等奖
《中国迷雾》	张磊	59	当代热点类单幅一等奖
《天津爆炸》	陈杰	59	一般新闻类单幅三等奖

其余获奖作品分别是：体育类6个，自然类7个，肖像类5个，艺术与娱乐类3个，日常生活类、长期专题项目类以及人物类各1个。近年来，“‘荷赛’从内容到形式上做了很大调整，进行了许多尝试，一度偏离了新闻摄影的本体”。虽然我国摄影师的新闻类获奖作品不多，但其他类别的作品，也没有脱离“新闻性”这个标准，这一点是值得肯定的。

（三）获奖作品题材分析

10年中，从中国摄影师的获奖作品类别分布可以看出，真正意义上的新闻作品、反映国家重大事件的作品所占比例是较低的。在获奖的新闻作品中，除了汶川地震、玉树地震以及天津港爆炸这些灾难性新闻题材的作品，其他新闻类作品反映的热点问题都是其他国家也会有的情况，比如雾霾问题。从目前我国的获奖作品来看，走向世界性摄影比赛的作品，在拍摄器材、技术等方面已经达到发达国家水平，但在题材、内容选择上却比较单一，缺少让世界了解中国、了解中国变化的以小见大、具有深刻内涵的作品。

从其他类别的获奖作品中也可以看出，自然类和体育类的作品获奖比例较高，两个类型的占有量达到了40%。

三、中国获奖作品引发的思考与启示

表面上看，目前中西方的文化交流越来越多，但实际上相互的了解和渗透似乎又比较难。西方人对中国的认识，很大程度上是通过影像资料来获得的。作为一个世界性的国际比赛，“荷赛”的获奖作品在后期会被相关领域的很多专家学者、社会人士等进行点评分析，通过二次传播，对国家良好形象的塑造会起到一定作用。

众所周知，影像作品具有很强的现场再现的功能，它比文字更为具体且不易出现较大的理解偏差，所以新闻摄影的现场感很重要。优秀的新闻摄影作品往往注重图片所记录的内容价值，图像所留住的那一瞬间，要能够直观地展现出新闻事件的表象以及深层次的内容。我国摄影师从前期参加“荷赛”突发类新闻奖比赛，发展到现在的参加一般类、突发类新闻奖比赛，且均有作品获奖，表明我国新闻摄影正处于良性发展的态势，我们的许多优秀作品也已走向世界。通过近10年的“荷赛”获奖作品分析，可以看出，我国摄影师正在朝着“重视突发类新闻”的方向发展。

“荷赛”作为目前世界上最高水平的摄影比赛，虽然是面向各个国家接收参赛作品，但由于中国摄影师参与比赛的时间较晚，且因为主办地、评委等构成因素，该赛事的评比还是对欧美的作品更加有利。对中国摄影师来说，作品要想获奖，不仅需要提高自己的拍摄水平，还要从时效、题材、内容上下一番功夫。

（一）深入重大突发事件现场的作品有优势

在国际重大突发事件拍摄方面，到场率低的现状严重制约了中国摄影师该类题材的拍摄。新闻摄影作品的最大价值在于第一时间传播新闻事件，从第52届（2009年）“荷赛”奖中国摄影师的获奖作品来看，2008年的汶川地震、奥运会这类重大题材是评委们所青睐的，但是纵观10年的获奖作品可以看出，我国摄影师在重大题材拍摄方面的到达率还有所欠缺，除了发生在自己国家的重大事件，其他国际性的突发事件中中国摄影师的到场率更低。

第59届“荷赛”中，非科班出身的沃伦·理查德森选送的作品《渴望新生》（见图5）夺得了年度大奖。这幅作品是作者于凌晨3点拍摄的，在自然光的条件下，镜头记录了一个难民父亲通过匈牙利和塞尔维亚边境的铁丝网后，一边转过身来接自己的孩子，一边还要极为小心地观察周围环境。沃伦·理查德森拍摄这幅作品的前提是，他与难民一起在边境待了5天，每天至少要走5个小时，并且难民整个晚上都在和警察部队玩猫捉老鼠的游戏。可以说，在拍照前，他已经比较疲惫。为了拍出好的作品，他不辞辛苦，深入事件现场。这种精神值得我国摄影师学习。该作品故事性很强，它的表意及引发的思考都在往“父母对孩子的大爱”这个方向指引，使整幅作品主题得到升华。

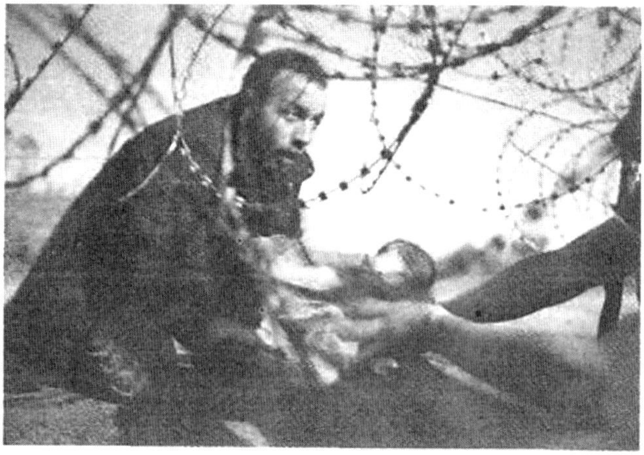

图5 《渴望新生》

人民日报社高级编辑张蔚飞认为，没有拍到第一现场的照片，就不能称为真正的新闻照片，至少是不能体现新闻照片特长的、充其量只能起到一个后续解说的作用。我国新闻摄影师并不是没有认识到深入现场的重要性，除了有工作作风和习惯方面的原因外，还有制度等客观因素，这些都成为很多新闻摄影师奔赴现场的羁绊。

（二）有各国特色元素且内容深刻的作品受欢迎

在数量相对稳定的获奖作品中，中国元素的欠缺是一直以来存在的问题。在2007~2016年这10年的获奖作品中，除了上文提到的地震与奥运会，有真正中国元素的获奖作品只有7幅，占获奖总数的20%。摄影器材和摄影知识的丰富使得艺术化的摄影作品越来越多，很多摄影师在拍摄作品时会经过仔细的思考，设定好构图、光线、色彩等，但评委更想看到的却是新奇、有意义、难能可贵的具有丰富内容的新闻作品。所以，摄影师除了满足一般摄影爱好者和普通受众对新闻摄影作品的要求，要想在“荷赛”这样高水平的国际新闻摄影大赛中取得佳绩，就必须不断提高自己的能力和水平。

（三）较高职业素养、正确价值取向是关键

“荷赛”主办方强调并鼓励摄影记者深入事发现场、不畏风险的采访作风，倡导创造力十足、形象感染力强的表现手法。“荷赛”在评奖上，普遍承认的是西方的新闻摄影价值取向，即：“重视人类、自然、社会发展进程中的苦难与残酷，通过镜头语言去展示人类生存的矛盾处境：在死亡的恐惧中求得生存与发展。”在评选过程中，蕴含西方传统的悲剧精神，能够给人以第一时间的视觉冲击，并带来悲伤情感的作品更能引起人类对自身生存现实的探究与反思。西方对于“悲”的表现是直接有力的，而中国传统的表达方式相较于西方是略为含蓄的。因此，我国的摄影师应在寻求发展的道路上，对西方优秀的元素学会融会贯通，而对我国优秀的元素也要积极地发展并传承。在学习西方优秀的技术以及有趣的文化元素的同时，还应该坚守祖国传统文化不动摇，努力构建我国的摄影文化环境，形成有自己独特风格的表达方式，创作出具有中国特色、影响力广泛的作品，在世界摄影比赛中吸引更多的国际目光、取得话语权。

目前，我国的新闻摄影工作者应认真学习贯彻十八大精神，积极参与到社会主义核心价值体系的建设中，在日常的摄影工作中树立具有中国特色的摄影文化理念，为更好、更快地发展中国新闻摄影事业贡献力量。摄影师是“图像”这一类文化产品的生产者和传播者，应该努力让自己的作品既有创新又能展现这个时代的特色，成为一名心怀社会主义核心价值观，乐于奉献，勇于深入现场的新闻传播者。中国摄影师还应积极拓宽视野，参加各类影响力较大的新闻摄影比赛，为传播中国优秀文化做出贡献。

当然，由于每个国家国情不同，即使中西方的文化交流越来越丰富，仍旧不能很好地让西方大众了解中华民族悠久的历史和传统文化。因此，在我国摄影师选送的参赛作品中，有很多优秀的新闻作品无法获得西方评委的青睐。在此情况下，只有进一步增进西方国家对我国的了解，独具我国特色的摄影作品才能被更多的人认可。

注释

［1］郭建良：《微光下凝固感人瞬间——第59届“荷赛”微光摄影作品简评》.［J］. 新闻记者. 2016 NO. 03（总第397期）. p92。

［2］张蔚飞：《我所理解的新闻摄影》. 复旦大学出版社. ［M］. 2007年12月第一版. p169。

［3］张文波：《“华赛”“荷赛”作品评价的趋同性对比分析及启示》，网络资料：http：//media. People. com. cn/GB/22114/80280/8 0665/5563907. html。

［4］黄晓军、舒建文：《论新闻摄影作品评价的标准及趋势》［J］. p419。

［5］杨建：《新闻的艺术化趋势解读——以近年“荷赛”获奖作品为考察对象》.［J］. p405。

原载《新闻爱好者》2017年第5期（与蒋淼合作）

第八章　新闻传播教育面面观

改革开放以来，我国的新闻教育日新月异突飞猛进：新闻学教育从单一的本科教育向多学科多专业多层次发展；从单纯培养报纸采编人员到全面培养广播电视、媒介管理、网络传播和广告经营等多种专业人才；专业教学点遍布全国高校，招生人数快速攀升，新闻传播教育急剧升温。在这种超常规发展的繁荣表象下，有很多值得引起我们足够重视并应设法加以改进的地方。

对新闻专业学生实习难的一点浅见

随着就业形势的变化，不少用人单位提出了“要求有工作经验”的招聘条件，而大学生缺的恰恰就是工作经验。因此，上学期间的实习就显得十分重要。对大学生来说，实习是他们接触社会的一个极好机会，能缩短与实际工作的距离，感受一下以后可能要从事的工作氛围，同时用人单位也可以发现一些适合自己的人才，可谓是一举两得。但是，现实情况是大学生实习实在是太难。其原因是什么呢？又该如何应对呢？笔者曾在新闻媒体工作了二十多年，耳闻目睹了新闻专业大学生实习的具体情况，这里略加分析，就教于大家。

一、媒体多学生更多　僧多粥少实习成难题

尽管这些年来，广播、电视、报纸、网络空前发展，生机勃勃，但最近几年时间，全国新闻类院、系的扩张更是迅猛异常。有关资料表明，至2006年全国有460多所各类高校已开设新闻传播类专业点661个，在校生达到13万多人，几乎接近目前全国新闻界持有记者证的人数（约15万人）。“现在学生太多了。”某高校新闻系的李老师说，2001年他们学校招收新闻专业学生才40多个，现在一年招收将近200人，是原来的四倍还多。一到实习的时候，当地数得着的几家报社和广播电台、电视台，许多学生都想方设法通过各种渠道争着去，这些单位根本容纳不了。尤其是寒暑假，各个媒体都是人满为患。以笔者原来所在的一家电视台为例，每到寒暑假，新闻采编部门甚至辅助部门，通过各种关系进来的实习生，少则十几人，多则二三十人，有的超过了正式人员，椅子沙发上都坐满了人。文稿中心是开放式的，编辑记者去晚了，连个位置都找不着。电视台

的院子里、中午的饭堂里，到处都流动着青春而又陌生的脸庞。平常，编采人员忙都忙不过来，哪有时间搭理他们？所以很多学生要么无所事事，要么就打打杂，甚至一坐就是大半天，很难真正上手做新闻采编工作。这样，对这部分学生来说实习就完全成为一种“形式”，或者说只是寻求到一种在新闻单位里的感觉，完成了校方布置的任务。还有一些学生来个一两天，让台里出个实习证明就算实习了，笔者也曾应要求为没有来台实习的学生出过实习证明。

大学生实习，是高等教育实践教学的一个重要环节，是一种专业性的教学实践，尤其是新闻专业的学生绝对不能越过实习这一关，因为新闻工作是实践性、操作性很强的工作，强调动手能力，但僧多粥少的现实情况又确实使学生实习成为必然的难题。

二、学生素质差异大新闻单位顾虑多

当今媒体既是新闻单位，也是经营单位，在承担着重大的新闻宣传任务的同时，也承担着繁重的经济创收任务，双重压力已经使许多媒体不堪重负。这种情况下，不要说给实习生提供实习费，就连接待他们都觉着是极大的负担。加上到媒体实习的学生大多数是通过亲戚朋友联系的，碍于面子只好同意让他们来这里，又不收任何费用（新闻单位是不收所谓实习费用的），至于能不能学到东西那就另当别论了。大多数学生来后帮不上什么忙不说，他不添乱都算好了。何况，现在的学生能力良莠不齐，媒体一般不会放手让学生折腾的。还是以电视台为例，一台摄像机的费用少则十几万元，多则二三十万元，甚至更多；一条非编线也要几十万元，轻易怎么能够让不谙操作技能的学生去摸呢？学生所掌握的那点东西确实让媒体的管理者不放心。这些机器设备一旦在实习生手中出现问题，责任由谁来负？如果因此影响了正常播出，那责任更是重大。

众所周知，新闻讲究时效性，尤其是各个台的新闻联播节目，绝对是马虎不得的，一般要求是当天发生的甚至下午发生的重要新闻当晚就要播出。面对如此紧张的播出局面，有时业务比较熟练的编采人员都会手脚忙乱，甚至会出现来不及合成直接播出的现象，何况你一个新手？如此，岂不误了大事？直播那要求更高。所以，电视媒体的编采人员一般不会有时间和精力去考虑实习生的问题，更不会轻易放手让实习生亲自操作设备。另外，现在电视台对编采人员的收入分配大都是严格按照工作量考核的。由于许多实习生的基本功比较差，拍摄的画面歪歪扭扭，基本上没有什么成组镜头，后期编辑十分困难；还有的学生跟着记者出去采访了大半天，回来后让他写个稿子不成样，甚至连几十个字上百个字的口播导语都写不好，如此这般，记者不仅嫌他们碍事，还埋怨他们耽误工作，影响自己的收入，不可能有耐心指导他们。

最近，我与省内一家报社的朋友聊天，随便说了句："现在我转到高校教书，过一段时间介绍几个学生到你那里实习实习。"我话还没有说完，他就忙不迭地说："你拉倒吧，我已经领教过几拨学生的功夫了。不要说让他自己去发现或寻找新闻线索了，就是你联系好了采访单位，他采访时都不知道如何下手。弄来的东西我不知道要修改多少遍，费时费力，还耽误事。不如我自己去采访，既省时又省力。"我说："成长是要付出代价的。你也不是一到报社就像现在这样的。"话虽这么说，但如今的学生确实不如当年的学生愿吃苦、基本功扎实倒是事实。

再有，对于实习生，新闻单位又不能像对正式员工一样严格要求，一些实习生自由散漫，说来就来，说走就走，还经常给单位添麻烦。有一次，我带的两个学生，头一天下班前我和他们约好第二天早晨要到离台100多公里的一家外资企业去采访，要他们七点钟到台里来，一个学生很准时，另一个学生七点半都没有到，电话又打不通，当时那个急呀就别提了，只好开车走人。还有些实习生不太懂事，因为没有什么事可做，就利用办公室里的电脑上网聊天、打游戏等，个别的甚至拿起电话就不放下。

三、学生实习难彰显新闻专业教学中的薄弱环节

应当承认，20世纪八九十年代新闻单位还是很欢迎高校新闻专业的学生的，一是人数少，二是基础扎实，三是能吃苦还懂事。我带过的一些实习生，至今已有二十年了，还保持着良好的关系。这些年我介绍来的甚至我带的学生，有些人走了连个招呼都不打，这样的学生不会受人欢迎的。

现在，学生中的不少人眼高手低，以自我为中心。我在媒体工作时，曾在一所高校兼职代《广播电视新闻学研究》课程，有一个学生上课经常不认真听讲，我就问他："为什么？"他回答说：感觉这门课对他就业帮助不大，以后又不搞研究。其实这门课是典型的对广播电视新闻规律的探究及其国内外有影响新闻栏目（节目）的分析研讨，对走向媒体岗位从事实际工作作用甚大。还有的学生满足于一知半解，自以为是，在新闻单位里如果这样，一定会处处碰壁，让自己丧失信心。因为所有的新闻单位都有一套完整的审稿发稿制度和纪律规定，特别强调团队合作，不可能让你自由发挥、随心所欲。

由此使我想到，面对窘迫的新闻专业学生实习难题，学校乃至相关院系也应做出一定反思，找一找自己方面的原因，客观、理性地分析自己的学生到了媒体能为媒体做点什么，而不应一味地埋怨，仅仅充当"看客"。不然，李希光教授不会提议中国记协要对高校开设新闻传播专业设立门槛即实行准入。同时，学校也要理解新闻单位的苦衷，设身处地地为他们着想，积极采取措施，主动与他们协调，以寻求一条有效途径，切实解决新闻专业学生实习难的问题。比如，针对本文上面所举媒体忧虑的那些问题，学生中客观存在的现象，加强学生的职业理想、职业精神、职业道德、职业纪律教育，使他们知道为什么要选择当记者，怎样才能当好记者；强化他们的专业技能训练，使他们不至于到了媒体一头雾水，无所适从；还要加强媒体基本运行规律相关知识教育，使其能够适应媒体的工作环境等等。

应该看到，眼下媒体竞争十分激烈，他们也在寻找适合自己的人才，也愿意从实习生中发现人才。笔者在电视台工作的时候，有不少的实习生（并非都是新闻专业）因为表现突出，与台里签订了聘用合同。笔者一个朋友的孩子在常州一家高校读播音主持专业，小伙子一米八多的个子，皮肤白皙，暑假期间到台里实习，每天来的都很早，先是在社教类栏目搞专题，后又到新闻类栏目实习采制新闻。盛夏酷暑，一个多月下来，小伙子晒得又红又黑。但他却乐呵呵的，认为学到了很多在学校里学不到的东西，十分愉快。现在他供职于南京一家电视台，收入尚可。

因此，一些人力资源专家指出，实习是把双刃剑，也能敲开就业门。问题是媒体在考察实习生的过程中，除了专业基础、专业技能，会更加关注实习生的综合素质，即责任心、自信心、抗压能力以及团队合作意识等。而这正是目前新闻传播教育教学过程中的薄弱环节，对此，学校有必要引起足够的重视。

四、学校媒体联手破解实习难题

学生实习出现种种问题的原因，笔者以为，除了上述一些因素外，与学校和新闻单位衔接不好也有一定关系。比如，许多高校平时缺乏与新闻单位的沟通、联系，学生需要实习了，才想起来与人家联络联络，效果肯定要打折扣；大多数新闻院系没有在新闻单位建立实习点（基地），缺乏统筹计划性；对学生实习情况的跟踪、反馈、总结不及时不到位，重实习形式轻实习效果等，都需要引起学校的关注。

为此，一些有识之士针对目前的情况，建议学校要积极负起责来，加强与新闻媒体的密切合作，尽快使学生实习规范化、制度化。上海的人大代表、政协委员更是呼吁相关部门能够出台“大学生实习制度”，期望通过完善并规范“大学生实习制度”来改变用人单位接纳大学生实习积极性不高，学生实习效果不理想的状况。应该说这是一个良好的开端。但远水不解近渴。“大学生实习制度”的真正建立恐怕还要假以时日，破解新闻传播院系学生实习的难题还任重道远。

那么，学校和媒体能否共同探讨一条有效的合作途径呢？2006年，笔者原来所在单位就与中国传媒大学签订了合作协议，校方负责电视台编采人员的进修培训，定期派教师来台上课，开设讲座；电视台作为中国传媒大学的教学科研实习基地，负责接纳学生的实习锻炼，并安排经验丰富的编采人员担当他们的指导老师，定期为学校提供相关资料，供其开展科研工作，双方都很满意。但遗憾的是，目前类似这种真正合作的高校还为数不多。期盼更多的学校今后能够与媒体密切沟通，联手共筑平台，破解新闻专业学生实习这一难题。

原载《今传媒》2007年第6期

也谈新闻教育中存在的问题

改革开放以来，我国的新闻教育日新月异突飞猛进：新闻学教育从单一的本科教育向多学科多专业多层次发展；从单纯培养报纸采编人员到全面培养广播电视、媒介管理、网络传播和广告经营等多种专业人才；专业教学点也遍布全国各类高校，除了老牌的人大、复旦，北大、清华也相继成立了新闻传播学院。一时间，无论是经济发达地区的高校，还是经济欠发达地区的高校；无论是综合性大学，还是专业性、师范类学校；无论是文科类学校，还是理工科为主的学校；无论是公办学校，还是民办学校，都纷纷成立或开办新闻传播类的院系或专业。全国设有新闻类院系的高校由1999年前的66所100多个专业点，增加到2006年的460多所661个专业点，在校生达到13万多人，几乎接近目前全国新闻界持有记者证的人数（约15万人）。

快速攀升的数字，接踵出现的专业点，都分明透露出这样一种气息：新闻传播专业是热门专业！新闻传播教育在急剧升温！作为一名在报纸和电视新闻一线工作20余年而新转至教育岗位的新闻人，笔者深深感到：新闻传播院系及新闻学科专业不断增扩、招生规模不断扩大，在这种超常规发展的繁荣表象下，有很多值得引起我们足够重视并应设法加以改进的问题。

一、"隔岸观火"式的教学形式

目前，许多高校的新闻传播教育，在教学体系、科学研究、师资队伍建设等方面都存有许多问题。其中一个较为突出的就是新闻教学内容与新闻实践工作需要的不相适应，也就是教学与实践严重脱节的问题。对此，无论是新闻业界还是学界都已认识到它的严重性。

有一位西方记者曾经讲道：好记者只有忘掉新闻学院教授塞进他们大脑里的理论，忘记教授们的理论，才能找到、写出读者爱看的新闻。这话听起来有些癫狂，但也反映了新闻教育内容与实践严重脱节的问题，反映了我们课堂上讲授的理论与新闻媒体和记者实践要求发生严重冲突。中央电视台著名主持人白岩松在某高校回答学生提问时多次指出，你这个问题属学院派问题，与业界差距太远。原新华社高级记者，现清华大学新闻传播学院副院长、国际传播研究中心主任李希光教授也尖锐地指出："新闻学教育中存在着理论与实践严重脱节的问题，一些新闻与传播学院培养的人不会写有新闻的新闻，只会写无新闻的新闻。"（2005年11月，江苏省第七期高级新闻人才培训班）。许多媒体也普遍感到，新闻院校培养的学生写小而浅的东西还可以，写大而深的报道则不行。江苏广播电视总台城市频道李响总监更是认为，有些学新闻的学生写的东西空而泛，往往不得要领。甚至一条简单的口播导语都需要编辑修改多遍。

新闻教学如果不能教会学生采写新闻，那就是一种失败。近些年，很多媒体招聘记者不再一味考理论知识，而是组织应聘者集中实地进行采访，通过写（拍）新闻一比高下。2006年11月21日广州日报报业集团在北京大学举行招聘会，方式为：应届大学生应聘该报业集团采编类岗位，必须先参加该集团举办的首届大学生报纸DIY大赛，不仅优秀作品将被精选制作成报纸出版，优胜者将赢得广州日报报业集团的工作职位；入围的大学生可赢得进入广州日报实习的机会。要求参赛者围绕大学生关心的话题，模拟编辑、设计制作半版的广州日报版面，也可以选择创作以大学生和大学生活动为中心主题的文章或摄影或插图等美术作品。全国各普通高校在校大学生均可以个人为单位参加比赛。同时，他们并没有对参赛者所学专业做出限制（2006年11月30日中国青年报第12版）。由此可见，新闻教学必须紧紧关注新闻实践的要求和变化，调整自己的教学方式方法。"隔岸观火"式的教学形式显然与新闻实践相差太远。因此，注重实践，强调新闻实践在教学过程中的地位和作用，除了要学生学习系统的多学科知识，更要让学生掌握基本的业务技能，强化动手能力的培养。作为一门实践性、操作性极强的学科，仅仅掌握专业的基本理论知识，不可能成为一名合格的新闻工作者。

二、“自相矛盾”的教学理念

目前新闻界普遍有一种看法，就是新闻理论的研究落后于新闻实践，实践走到了理论的前面。事实的确如此。令人眼花缭乱的节目形态、不拘一格的写作形式、变化无常的媒介市场，都让一些教科书望尘莫及，无法跟上。捧着一本过了时的书给学生念，怎么能跟得上时刻都在发生变化的新闻工作？加上新闻教学理念与新闻实践之间的差异，使毕了业的学生走上新闻工作岗位以后，常常产生困惑。譬如，新闻教学一方面强调新闻工作要讲党性，一方面又教学生要借鉴西方新闻传播理念。但现实是新闻媒体要求讲党性，讲原则，顾大局，以服从党和国家的利益为己任，并经常要被“宣传计划”牵着鼻子走。自我主张、自由讨论，这种符合学术规范的理念在新闻单位绝对行不通。因此，新闻教学如何实事求是，符合我国的国情确实值得新闻教育工作者认真思考。

此外，一个资深记者和一个新闻学教授或新闻学博士相比，新闻单位对资深记者更加青睐。他们认为专家学者大都是纸上谈兵，解决不了什么实际问题，有的文章既不中听更不中用。记者需要解剖事实，不能在幻觉中讨论。因而业界普遍认为，新闻是个实践性很强的活儿，学生不去动手，整天高谈一些理论，可能永远做不了好记者。

三、薄弱的师资、不合理的课程与刻板的教学

师资力量不充足，课程设置不合理和教学方法的陈旧刻板也是当前新闻教育所面临的问题。新闻传播是一门应用性非常强的学科，它要求教师有专业知识的同时，还要有从事新闻实践的经验。江苏广播电视总台城市频道李响总监作为江苏省宣传文化系统“五个一批”培养对象赴美考察回来，在谈到美国的新闻人才培养及师资要求情况时说，美国的大学几乎不培养新闻学的博士，硕士也不多，新闻从业者不一定要有新闻专业经历；但对教授新闻的老师则强调一定要有职业背景，教授不需要博士、硕士学

位，但一定要有20年以上的新闻工作经历（李响在江苏省新闻界庆祝第7个记者节大会上的发言，2006年11月）。也就是说它的职业背景门槛远高于学历门槛（其实，在我国的新闻界真正拥有高学历的人是少之又少，包括那些名家）。反观我们的不少院校，对学历的要求几乎到了苛刻的地步，而对职业背景却常常忽略或重视不够。特别是一些普通院校的新闻传播专业点，竟然没有一个老师从事过新闻工作，甚至连一个新闻专业出身的教师也没有，原来教文学史的改教新闻史，原来教文学概论的改教新闻学概论。有些院校更是先“搭台子”再找“唱戏的”。

在课程设置方面，也是问题多多。某些新闻院系，《新闻采访与写作》沦落为一门选修课，有的广播电视新闻学专业也不开设《电视新闻写作》或《电视解说词写作》。有的广播电视新闻学专业毕业的学生到了电视台以后，部门负责人让他写个节目策划书，他竟然一筹莫展：“老师没有教过我们呀！”满脸茫然。这些都表现出课程设置的严重不合理。也有些新闻传播专业点只重视新闻传播专业课程的设置，而忽略或者无视相关课程设置的重要性。由于大多数教师没有新闻从业经历，上课时只好念教材，一味地进行概念灌输，缺少鲜活的案例。中国海洋大学新闻与传播学院的欧阳霞老师在《新闻战线》上撰文说“连导语都不会写的新闻学博士，有相当一部分会走上新闻教育的讲台、从事新闻学术研究，从某种意义上说是新闻教育的悲哀”（《新闻战线》2006年第7期）。

由于新闻教学内容、理念和方法与新闻实际工作需要的严重脱节，加之近年来受诸多因素影响，不少媒体已开始虚火上升，地市以下新闻单位大多人满为患，而导致了大量新闻专业毕业生游走于传媒专业的边缘，出现了一边是高校开办新闻传播院系专业热热闹闹，一边是新闻业界甚至学界对这种现象的不断批评（李希光就曾呼吁“记协要对新闻院系的准入进行资格认定”）；一边是新闻专业毕业生对新闻理想的单纯追求，一边是新闻单位不愿接受纯新闻专业毕业生的残酷现实。新闻专业毕业生普遍存在的先天不足的问题，在就业时显露得极为突出。一位媒体的招聘人员表示，现在媒体招聘人员大部分都要求应聘者有工作经验，本科毕业生虽然有一部分人很优秀，但是大部分媒体还是更欢迎“来了就能用的”。

从以上可以看出，我们的新闻教育教学事业确实需要进一步改进和完善，还有很长的一段路要走。值得欣慰的是，对上述存在的一些问题，已经引起了教育主管部门和各高校的高度重视，不但北大、清华、人大、复旦这些顶尖高校十分注重从大的媒体聘请引进新闻教育管理者和教师，就是一般的地方高校也开始重视从媒体引进或聘任有实际工作经验的编采人员担任新闻教育管理和教学人员。同时，许多高校也开始注重实践教学，推行有效的教学不仅仅是为了让学生获取更多的信息、概念或理论，而是让学生能够对国情、社情、民情有新的观察、思考，使学生的认知、思想、行动有真正的转变。这是一个良好的开端。我们有理由相信，随着时间的推移，我国新闻传播教育教学目前存在的许多问题都会得到较大改观，与新闻传播界的距离也会越来越小。

原载《青年记者》2007年第7期

浅议高校新闻教育中的职业道德培养

改革开放以来，我国的新闻事业突飞猛进，生机盎然，以其独特的魅力吸引了大批青年才俊，“新闻记者”成为许多青年学生向往的理想职业。伴随着新闻行业的迅猛发展，全国各类大学开办新闻传播专业的热情也是一浪高过一浪。据不完全统计，截至2007年年底，我国高等院校中新闻与传播学类专业点已经接近700个，在校生13万多人，每年毕业的学生则高达3万余人。我国新闻教育事业的飞速发展直接导致了新闻从业人员结构的较大改变。有关资料表明，截至1983年年底，全国设有新闻专业的高等院校只有14所，在校本科生1482人，研究生103人，共培养新闻专业毕业生5200多人。其中分配到新闻单位的约3000人，仅占当时新闻从业人员的1.2%[1]。从这一数据可以看出当时高等院校新闻专业毕业生对新闻业的影响是很小的。从20世纪80年代中期以后，尤其是进入新世纪后，我国新闻教育事业开始飞速发展。1997年上海广播电视媒体从业者的调查结果显示，其学科背景为新闻传播学的占到30.6%，而25岁以下的年龄组中，比例更是占到了45%。另据对2002年上海新闻从业者的调查，有新闻传播学教育背景的从业者已经占总人数的49%[2]。可见，具有新闻传播学背景的大学毕业生已经成为新闻队伍的重要组成部分，这也充分说明这些学生在大学阶段的教育背景会直接影响新闻事业的发展。

在这样的背景之下，高校新闻人才的培养必然会带有强烈的时代色彩。为了使自己的毕业生在就业市场上更有竞争力，以市场为导向，培养“上手快、高效率、多技能、新科技”的应用型专门人才就成为各新闻院系的共同选择。于是，各院系在强化学生的专业技能上煞费苦心，而在人文教育方面却不自觉地停下了脚步。高等教育紧跟社会经济及科技发展的步伐，及时与经济社会接轨与生产企业沟通完全必要，但如果完全由过去的“象牙塔”转变为社会的“服务站”，过分偏倚社会价值而忽视个人素养，这种模式很显然背离了高等教育的精神，其潜在危机将很快暴露出来。纵观目前新闻教育，由于多年来对学生人文精神培养的缺失及完整人格塑造的忽视，已经给媒介自身和整个社会带来了一定的危害。最突出的表现就是，新闻从业人员角色意识差，职业道德严重缺失，这在很大程度上影响了新闻品质和传媒形象，成为我国新闻传播事业发展道路上的障碍。

针对这些问题，高等院校不仅要向学生传授已有的伦理道德规范，还要充分研究由于社会发展而引发的伦理道德规范的变化，适时提出符合社会发展方向的新的伦理道德规范，为社会发展提供强大的智力支持。高等院校要在新闻职业道德教育中扮演主角，发挥更大的作用。笔者认为，可以从以下几个方面加以考虑：

一、充分认识社会现实对新闻教育在伦理学方面的挑战

随着传媒市场竞争的日益加剧，传媒的形态无时不在发生着变化，同时，新的传播媒介的发展也带来了新的挑战。例如，对于网络传播这样一种发展尚未定型，尚有诸多不确定性存在的传播形态而言，与之相连的新的教学内容的开拓更是富有挑战性的工作。美国俄克拉荷马州立大学开设了《“网络社会”中的责任：今天和明天的新闻伦理学》作为研究生选修课，他们认为，因特网正成为日益重要的传播媒介，然而大量有关资料表明，对于网络空间不负责任地滥用的现象相当严重。而今日的新闻传播专业学生将是未来的新闻传播学界与新闻传媒管理的骨干力量，他们必须认清网络使用中的社会责任问题，学会对有关问题做出正确的道德选择和评判，学习制订相应的决策、规范，以解决这些问题。因此，新闻传播专业的学生必须学会接受因特网带给新闻职业道德的挑战并研究制定相关的传播政策[3]。

二、加大新闻伦理和道德课程的分量

我国的新闻伦理和道德课程开设较晚，从20世纪80年代，一些大学的

新闻理论课或新闻业务课才开始以专题或者专章的形式讲授新闻职业道德。到20世纪90年代，这种教育有了进一步发展，一些大学的新闻院系开设了新闻伦理道德课程，系统讲授新闻伦理道德，从而结束了我国大学新闻院系未开设新闻伦理道德课程的历史。虽然有了相应课程，但是新闻伦理和职业道德并没有作为一门重要课程而被纳入专业教学课程体系，许多院校把这一课程列为选修课，有的院校甚至根本就未开设。反观一些新闻业比较发达的国家，他们大都十分重视大学阶段的新闻伦理和职业道德教育。美国大学的新闻院系在20世纪20年代就开设了新闻伦理和职业道德课程，例如1924年出版的纳尔逊·安特宁·克劳福德著的《新闻伦理学》就是大学一个学期的新闻道德课的基本课本[4]。

我国高校的新闻院系应该充分认识到新闻伦理和职业道德教育的重要性、必要性和紧迫性，把新闻伦理和新闻职业道德课纳入专业课程体系，并且列为学生的主干课程，使学生清醒地意识到，学好新闻伦理和职业道德是从事新闻事业的必要条件，只有打好了道德基础，才有可能做一个合格的新闻人。前几年，新闻界广泛开展的马克思主义新闻观、“三个代表”重要思想、职业道德和职业精神教育活动，目的就是为了提高新闻队伍的整体素质和思想道德水平。而高校新闻院系承担着培养未来新闻从业者的重要责任，应使在校新闻学子打好政治理论根底和职业道德基础，为新闻单位输送合格的新闻人才。

三、注意教学内容的通用性与前瞻性

在新闻职业道德教育中，应能覆盖一些带有前瞻性的问题。如在网络传播中有很多伦理道德问题都还没有定论，像“网络空间中的隐私权问题”“对取自网上并用于新闻报道中的信息的核实”等问题，在日常的工作中都会遇到。如果在教学中，把这些问题融入对新闻传媒业具有通用性的新闻道德基本原则之中，如遵守有关法律、不侵犯公民隐私权的原则，坚持新闻真实性，防止新闻失实，反对以讹传讹的原则等等，则会对学生有莫大的帮助。

新闻伦理学教育内容中通用性与前瞻性的平衡，有助于培养具有高度社会责任感和道德意识、深刻认识新闻职业道德规范，并懂得如何在不同的传媒环境中奉行新闻道德原则的高素质的新闻人才。虽然新媒介的发展及其介入新闻传播活动，在新闻行业的伦理道德中引入了新的问题，但是新闻伦理道德的基本内容，仍然是阐述新闻传播工作的社会责任、社会义务与道德要求，提供调节新闻传播活动中的道德关系，规范新闻从业者职业行为的道德准则，其基本原则是具有稳定性的，并且是探讨与网络空间有关的新闻伦理道德问题及其对策的基础。

四、强化新闻职业教育

新闻职业道德教育要从传授基本理论知识入手，从讲清道理入手，给受教育者打下良好的新闻职业道德理论基础。实践证明，新闻从业人员只有掌握了新闻学的系统知识与理论，才能对新闻职业道德的诸多问题有较为深刻的认识与理解，才能在职业生活中自觉地履行道德义务与责任。我国的传统新闻教育囿于能力教育模式，偏重新闻操作技能的训练，对新闻学的基本内涵、基本理念的教育没有给予充分的重视。美国哥伦比亚大学新闻学院卡莱教授的文章《新闻教育错在哪里》提出了新闻教育的三条原则。他强调，新闻学是一门独立的社会科学；新闻教育应当重在培养学生的专业理念和职业素养；不能把新闻简单地等同于传播和媒体；不能把新闻学同广告学、传播学、公共关系学等相关学科相混淆。新闻教育的基本任务就是要让学生掌握这些基本理念，真正弄清什么是新闻，什么不是新闻；弄清新闻事业的宗旨、任务和职责是什么，什么是新闻事业应当做的，什么是新闻事业不能做的；弄清新闻工作者的职业特征和职业素养是什么，怎样才能做一个合格的新闻工作者，等等。

五、言传身教，率先垂范

新闻教育是实践性很强的教育，强调动手能力。但由于种种原因，目前新闻专业学生动手能力有待增强，其思想道德素养也需进一步提高。笔者认为，这与目前新闻教学出现的某些偏差不无关系。由于新闻专业发展迅速，师资明显不能满足需要，一些从学校毕业后直接任教的青年教师不熟知甚至不了解基本的新闻规律，往往被某些表面的东西所迷惑，对新闻媒体行业的评价不够客观，无形中对学生产生了一定的影响；也有一些老师在课堂上对传播小道消息、花边新闻津津乐道，表现出对新闻界采访活动中某些记者收受所谓的“车马费”和“红包”现象的羡慕之意，也有放大媒体所谓“无冕之王”意识的情况。作为培养“准新闻人”的高校新闻专业教师，除了要求自身具有良好的思想道德素养，还应具备起码的新闻职业理念和基本的职业精神，决然不能忽略在课堂上的一言一行和日常生活中的言传身教。

总之，新闻教育说到底应当是一种新闻素养和专业理念的教育。教育的本质是育人，而决不仅仅是一种传播技能、方法和应用知识的传播，培养出来的人才不能“只见才，不见人”，只有专业没有素养。正确的、科学的新闻教育应当注意培养学生的社会责任感和人文关怀精神，使他们懂得如何关注社会，关注人生，关注国家和民族事业的发展。

注释

[1] 李建新：《中国新闻教育史论》[M]. 北京：新华出版社，2003年版。

[2] 陆晔，俞卫东：《2002年上海新闻从业者调查报告（1）——社会转型过程中传媒人职业状况》[J].《新闻记者》，2003（1）。

[3] Smetheers，J. Stever. *Responsibility in Cybersociety*：*A Model For the Ethics Class of the Next Millennium* [M]. Unpublished article. 1998。

[4] 蓝鸿文，郑保卫：《新闻伦理学简明教程》[M]. 北京：中国人民大学出版社，2001年版。

原载《徐州师范大学学报》2008年第4期（与朱剑虹合作）

再谈新闻教育教学中存在的问题及对策

改革开放以来，尤其是进入21世纪以来，我国的传媒事业得到了快速发展，与之相适应，以培养人才为己任的各高校也纷纷开办了与新闻事业相关联的专业，如新闻学、传播学、广播电视新闻学、广播电视编导、播音与主持艺术学，以及相关专业的其他方向。目前，全国已有400多所高校开设了近600个类似专业，且招生情况一直良好，以至于有的省教育主管部门下发文件限制这类专业的继续申办。

何以如此？除了不少专家学者分析的一些原因，笔者以为，还有以下几个方面问题值得引起我们的思考。

一、对媒体一知半解的新闻教学

眼下，除了新闻专业开办的过多过滥，毕业生人数远远超过了媒体的需要。再一个原因就是专业不专、质量不高，以至于新闻专业的学生（包括研究生）在招生很火的同时，就业却很艰难。笔者曾先后在报纸、电视新闻媒体工作了20多年，近两年转至高校搞新闻教学，切身体会是，目前许多高校新闻院系无论是办学思路、课程设置、教材选用，还是教帅选聘上都或多或少的存在一些问题。比如，媒体到底为何物？它有哪些基本运作规律？到底需要什么样的人才？等等问题知之甚少，不少新闻院系的管理者和老师对媒体的业务运作流程都不了解，甚至有的人连新闻单位的大门都没有进去过，仅凭从书本上学到的一些新闻知识就来给学生上课，难免一知半解、挂一漏万，其效果和说服力可想而知。使用的某些教材也存在着数据陈旧、观点落后、与媒体现实脱节的问题，有的甚至把媒体的内设机构、职称名称都搞错了，以对媒体似懂非懂的了解来培养新闻专业人才是不可能的。

新闻媒体作为我国意识形态极为重要的组成部分，有其基本的管理体系和运作流程，内部也有一套相对完整的机构设置，日常新闻稿件处理有着基本的程序，队伍建设、产业发展、广告经营、设备管理等等方面有其自身的方法和规律。而反观目前高校从事新闻教学或管理的人员中又有多少人对它有较深的理解和体会呢？

二、专业经历不足的教师队伍

毛泽东同志曾经说过，如果要想知道梨子的滋味，你就必须亲口尝一尝。新闻工作何尝不是这样？新闻工作无论是采编还是管理、经营，都是实践性很强的工作，它要求有很强的实际动手能力和应用能力，就像一名外科医生，光靠读书，没有临床经验，他无论如何是不敢也不可能为病人动手术的。

近些年来，新闻专业教师的学历门槛越来越高，甚至有点学历崇拜的味道，很多学校非博士不要。其实，这已步入了一个误区，因为新闻工作是要做具体工作的。简言之，报社采编人员一定要会写稿子组版面，电视台的记者一定要会摄像、写稿和会上机器编片子，授课的老师从来没有接触过这些工作，他的课无论如何也不会生动到哪里。笔者一些在高校任教的新闻学或传播学博士朋友，经常聊起自己在教学中的苦恼，说自己最大的不幸就是没有新闻从业经历。有的人读书期间尽管到媒体实习过，但那往往是蜻蜓点水，所以上起课来总是不得要领，时常招致学生的非议。一次，省电视台的一个朋友告诉笔者，某高校的一位新闻学博士生导师在私下里问他电视摄像的“推、拉、摇、移”是怎么回事，并苦笑着说：没有摸过摄像机啊！新闻学不同于其他基础学科，业务经历十分重要，仅靠坐而论道恐怕是不行的。试想，你是新闻专业的教师，甚至是硕士生、博士生导师，不会起码的实际采访，连一个短小的消息都不会写，你的教学质量和效果又能怎么样呢？

三、万金油式的人才培养方案

以其昏昏难以使人昭昭。一些高校培养的学生与媒体的需求不相适应或者说不符合媒体要求，其中一个原因就是培养方案不够科学合理。

查阅开设新闻专业相关学校新闻专业人才培养方案，基本都有这样的表述，即培养具备新闻传播（或广播电视新闻传播）、播音以及艺术、影视等多学科知识与能力，能在报社、电视台、广播电台、音像出版、文艺团体、企业宣传部门及其他单位从事新闻（广播电视）采编、播音、节目主持工作与宣传工作的复合型高级专门人才。就业去向是各级报社、电视台、广播电台、音像出版、文艺团体及其他单位。笔者所在学校把广播电视新闻学专业人才培养目标定位为：培养具备广播电视新闻学基本理论和宽广的文化科学知识，能从事广播电视新闻采编、节目制作与管理的人员；培养从事播音主持工作的人员；培养网络和新媒体需要的栏目策划与编辑人员。培养规格细化为：掌握新闻学、广播电视学、传播学的基本理论与基本知识，了解广播电视新闻工作的方针政策与法规，了解人文社会科学知识与科技常识，了解国内外广播电视事业现状与发展趋势，具有较好的文化修养和文学功底，比较精通专业知识与专业技能；具有广播电视节目策划、摄录、编辑、采访、管理等方面的能力；具有编导、播音、主持节目的基本能力；具有网络传播媒介栏目设计与制作的技能，并能结合专业实际进行应用等。诸如此类，十分详尽。应该说，这些年，教育教学单位为了培养新闻合格人才确实是动了脑筋费了心事的，但万金油式的人才培养方案显然是不可能打造出所谓的“一专多能”的复合型新闻人才的，何况一些高校的教师队伍和教材本身就存有诸多问题和不足。

四、形同虚设的专业实习

相对而言，由于学生多媒体少，新闻专业的学生实习目前比较困难（对此，笔者曾经专门撰文做过分析，见《今传媒》2007年第6期）。加之，新闻传播教学实践环节严重缺失，一些新闻传播院系没有或很少有媒体实习基地，学生实习也是八仙过海各显神通、各找门路。好多学校在大四以前几乎没有安排专门的实习时间，而在最后一个学期的实习时间里，不少学生因找工作、考研、考公务员和写毕业论文等，导致实习无法真正进行，使本来时间就不多的实习变成了“放羊”，也使新闻教学中十分重要的实习环节变得徒有虚名。

五、缺乏专业知识的院系管理者

近20年来，各类高校纷纷开设新闻传播类专业，20世纪八九十年代多为综合性高校或文科类高校开办，进入21世纪以后，理工类高校也纷纷设立新闻类专业，并成立相关院系。以江苏省目前开办的播音与主持专业为例，从中可以窥一斑而知全豹（见表1）。广播电视新闻学或编导专业比这还要多。

表1　江苏省高校开办播音主持专业一览表

开办学校	所在院系	专业（方向）	培养目标	学制	性质
南京师范大学	文学院	戏剧影视文学专业（播音与主持艺术方向）	培养具备广播电视新闻传播、播音学以及艺术、影视等多学科知识与能力，能在电视台、广播电台、影像出版、文艺团体、企业宣传部门及其他单位从事广播电视播音、节目主持工作与宣传工作的复合型高级专门人才	本科	公办
常州工学院	人文社科学院	汉语言文学专业（播音与主持艺术方向）	培养具有广播电视新闻、播音、节目主持等多学科知识能力，能在广播电台、电视台及其他单位从事广播、电视、播音与节目主持工作的语言学方面的应用型高级专门人才	本科	公办
河海大学	公共管理学院	播音与主持艺术专业	培养能在各级广播电台、电视台、高等院校、新闻宣传部门以及企事业单位从事播音与主持工作，并能进行采访、编辑工作的专门人才	本科	公办
南京艺术学院	影视学院	播音与主持艺术专业	培养能在各级广播电台、电视台、院校、文艺团体及新闻传媒部门从事播音与主持以及采编工作的专门人才	本科	公办
中国传媒大学南广学院	语言传播系	播音与主持艺术专业	本专业面向广播、影视媒体及相关部门，培养从事普通话新闻节目播音主持、综艺节目主持、社教节目主持、体育评论解说、口语传播等工作的复合型应用型专门人才	本科	民办

续表

开办学校	所在院系	专业（方向）	培养目标	学制	性质
徐州工程学院	艺术学院	播音与主持艺术专业		专科	公办
江南影视艺术学院		主持与播音艺术专业		专科	民办
南京视觉艺术职业学院		主持与播音艺术专业	为广播电视机构、影视文化公司、婚庆礼仪公司、地方旅游部门、网站等单位培养具备较高的广播、电视主持与播音的专业素质和专业技能，具有独立的节目主持能力，从事节目主持、礼仪与导游、公关等工作的专门人才	专科	民办

起初，全国仅有几所高校设有新闻传播院系，传统的文科类高校开设新闻专业大多依托的是中文院系的班底。随着新闻事业的蓬勃发展，许多高校纷纷开设新闻传播专业，有少数学校连一个新闻专业毕业或新闻从业背景的老师都没有就开始招生了（这与前几年新升本院校申报新专业比较容易也有一定关系），除了师资队伍严重不足，也造成了院系外行领导的现实。尽管这些年高校也意识到这些问题，吸纳了一些业内专业人士尤其是新闻传播专业的硕士和博士，但由于这些人进入高校的时间相对较短，难以进入到管理层面，甚至受到一些非专业管理者和老师的抵制、排斥，挫伤了这部分人员的工作热情和积极性，影响了专业的建设和发展，有的学校甚至贻误了最佳的发展时期。

诸如此类，不一而足。那么，如何调整、改变这种现象呢？笔者认为应从以下几个方面着手：

首先，要切实加强师资队伍建设

师资队伍建设无疑是新闻传播教育最重要的环节。新闻传播教育的现实，要求教师必须全面深入地了解和掌握新闻媒介现状、运行规律和发展趋势，对新闻传播教育的特殊性有充分地认识，努力改变目前新闻传播院系教师学历逐渐趋高但实践经验明显不足的现实。“从世界范围来看，卓有成效的新闻传播教育需要有丰富新闻传播从业经验的教师。在新闻传播教育比较成功的美国，大学新闻学院里只有17%的教授没有当过记者。据调查表明，在美国大学从事新闻采写和编辑教学的教授中，具有丰富实践经验者是最受学生欢迎、最成功的老师。”[1]

近年来，我国许多著名高校的新闻传播院系如中国人民大学、复旦大学、北京大学、清华大学、暨南大学、汕头大学、重庆大学等也开始学习借鉴这一做法，主要负责人全为曾经在媒体担任过领导职务的资深媒体人担纲，并注重从媒体引进大批编采、经营人员从事新闻传播教学工作，有效地改变了这些学院的办学理念和教学模式，取得了丰硕的教学科研成果。譬如，清华大学新闻传播学院2002年成立以后，先后开展的马克思主义新闻观教育活动、新闻采访大篷车教学方法、实践教学成果李强的《乡村八记》都在全国引起了强烈反响，并且被教育部发文在全国高校新闻传播院系加以推广，这完全受益于他们拥有像范敬宜、李希光等业界精英和一批较高新闻素养的师资队伍。原国务院新闻办主任赵启正担任中国人民大学新闻学院院长以后，对他们的办学思路、师资队伍、专业建设、课程设置等也提出了建设性意见。但由于种种原因，目前多数高校新闻院系难以做到像上述学校那样，从媒体来的教师仍然偏少，这或许是当前新闻传播教育脱离媒体实践的一个重要因素。因此，新闻传播院系除了要吸纳部分高学历教师，更应从新闻媒体引进一些具有丰富实践经验而且具备一定理论素养的教师。对于那些没有从事过新闻传播实践的教师，应该设法让他们到新闻媒体挂职工作一个时期，以便从实践层面更深入地理解新闻传播的现状、发展和规律，适应教学的客观需要。

其次，制定科学合理的人才培养计划和方案

新闻院系在制定人才培养计划或方案之前，应该到新闻媒体进行调查研究，听取业界的意见和建议，根据他们的实际需要制定培养计划，开设相关课程，而不是像现在这样，待在学校里面靠上网拷贝相关高校的人才培养方案，删删改改或凭自己的想象制定培养计划、搞课程设置，既没有针对性又缺乏合理性，使培养出来的学生专业不专、眼界不宽、技能不强，无法适应媒体的需要。因此，新闻院系一定要根据媒体的需要，结合自己的实际制定科学合理、切实可行的人才培养计划和方案。

第三，开设灵活而又操作性强的课程

现在，许多新闻院系开设的课程比较传统且教材选用陈旧，不能适应日新月异的媒体变化，缺乏创新意识；教学方法也比较保守，不能与时俱进。可喜的是，这些问题已引起许多高校新闻传播院系的重视，有的已经进行了大胆的尝试。如中国传媒大学电视与新闻学院在课程设置上就围绕学生的写作、观摩、英语、说话、理论、创作六条线展开，以培养学生的写作能力、借鉴能力、外语能力、表达能力、思考能力和动手能力，强化实践实验课程设置。清华大学新闻与传播学院尽管2002年才成立，但由于拥有一批曾在各大媒体任职的资深媒体工作者担任教授和全职授课老师，课程开设经常翻新，教学手段不断变化，在开设常规课程以外，近年又把业界讲座“新闻与传播学前沿讲座”定期化、课程化，使学生受益匪浅。这些有益做法值得我们学习借鉴。

第四，加强学习，苦练内功，提高教师素质

在有的高校新闻传播院系，笔者看到一个奇怪的现象，就是一些教新闻的老师不爱看报纸、电视和新闻类杂志，也不太搞业务研究、撰写论文，上网关注新闻或新闻界信息也不多。从事新闻传播教学的教师，不关注时事，不了解媒体最新变化，不知道社会发展动态，怎么能行呢？所以，新闻传播院系一定要强化教师的新闻职业素养，加强新闻理论和新闻实务学习，努力提高自身业务水平。同时还要经常邀请业界的专家、学者、编辑记者到学校为师生开办讲座，帮助师生开阔眼界，了解传媒，提高素质，促进教学。

注释

［1］徐晓波：《高校新闻传播教育应以新闻传媒发展变化为导向》，《今传媒》，2007年第8期。

原载《今传媒》2010年第2期

高校新闻教育研讨会议刍议

一、高校开展新闻教育研讨会议的必要性

高校新闻传播院系通过举办研讨会，总结经验，交流做法，探讨问题，共享信息不啻为一种有效形式。因此，一直以来，各高校新闻传播院系大都比较重视参加新闻研讨活动，以推动各高校新闻传播学科的联系与合作、促进新闻传播教学、科研水平的提高。

随着新闻传播事业的发展壮大，媒体形态的日新月异，新闻传播教育内容和教学方法出现了许多新的变化，新闻教育研讨会的内容、形式也随之不断延伸和调整，内容更加丰富、广泛，形式更加活泼、多样，新闻业界取得的成就、发生的变化、面临的问题、改进的办法及对策都成为高校新闻传播研讨会探讨的话题。内容的进一步扩展，不仅使新闻教育教学科研工作受益匪浅，也对媒体建设和经营管理起到了一定作用，受到媒体的欢迎。

二、新闻研讨会议存在的不足

综观近年来学界开展的新闻传播学术研讨会议，尤其是针对业界现实表现组织的研讨会议，笔者感到不少是热闹有余而针对性不足，或者说是隔靴搔痒，浮光掠影，不得要领，效果不够理想。即使是有关新闻教育教学方面的研讨会议也表现为话题陈旧，难以出新，不能与时俱进。具体来说，存有以下几个方面的问题。

1. 脱离了新闻业界的教学研讨。学界或者说新闻教育界是为新闻单位培养新闻人才的，围绕新闻教学活动而开展的学科建设、课程设置、人

才培养方案、实践教学等内容的研讨活动，应该说要有一定的针对性和现实意义。笔者参加了多次类似的会议，尽管与会者在会上慷慨陈词，说的似乎很有道理，但很多是脱离了媒体实际的，因为许多发言者不了解媒体现实情况，媒体真正需要什么样的人才，需要具备什么样的理论基础，掌握什么样的基本技能等知之甚少，多为从书本上了解的间接知识。一次，笔者参加全省高校新闻院系如何开展马克思主义新闻观教育教学的研讨会议，不少发言者都是谈如何如何上这门课的，这本身没有错。但新闻界为什么要开展以此为内容之一的“三项教育活动”的原因、背景和现实意义就没人提及了。可以说，这样的研讨活动很容易让人觉得研讨者只知其一不知其二，流于表面而难于深入，无助于教学水平的进一步提高。

2. 媒体人缺席的新闻业务研讨。笔者近年参加了业界和学界组织的有关新闻报道、经营管理、事业发展等方面的大大小小的研讨会议不下十次，发现学界和业界的研讨会议有较大的不同。业界开的会议，大都主题明确，主要根据媒体现实情况，围绕业务改进、事业发展、经营管理等方面进行，一般会邀请两方面人士作主题发言，一类是媒体知名人士，如名记者、名编辑、名主持人、名策划人或高层管理人员，重在谈具体做法、感受体会和建议对策，内容具体而实在；另一类人则为高校新闻院系知名教授，请他们从宏观层面上介绍媒体状况，做一些对比分析，或提供一些典型案例，分析其前景走势，提供决策咨询和对策建议，应该说针对性也比较强。而近几年笔者参加过的一些高校组织的新闻研讨会，内容除了围绕新闻教育教学活动，较多的也是围绕媒体业务和经营管理等比较具体的内容进行的。如果说仅仅是围绕新闻传播教育教学开展的研讨会，可以没有业界的人员参加尚属正常现象的话，那么关乎媒体具体业务和事业发展的研讨会，极少甚至没有一个媒体人与会的现象，就让人有点不可思议了。

“春江水暖鸭先知”，媒体变化、产业发展、队伍建设、节目更新、问题困惑，业界最有发言权，你隔岸观火、雾里看花般的在会上慷慨陈词，指点迷津，甚至于因为对一些看法的不同而争得面红耳赤，真的不知道有多大意义。笔者以为，不仅关于业界的研讨会议，应该请媒体人参加，就连一些新闻教育教学方面的研讨会也应该请他们参与，听听他们的意见和建议，媒体需要什么样的人，高校开什么样的课程比较有用，新闻界应该最有发言权，因为你培养的人是为他们服务的。所以，通过媒体人参会，向老师介绍业界的情况、做法，可以使学界的研讨活动更加贴近实际，针对性更强，效果也会更明显。不然，研讨会的效果一定会大打折扣。

3. 选题缺乏新意的新闻业务研讨。学界召开的很多研讨会不能与媒体实际结合，时常脱离新闻界实际，颇有些自娱自乐或者说自以为是的倾向。有些选题比较陈旧或者说老生常谈。如民生新闻和方言新闻的研讨，起码已有十年，有的研讨会还以此为题进行。再如，目前广播电视界为了深化体制改革，正在实施制播分离，学界反而没有及时组织这方面的研讨活动。有的时候，学界组织开展的关于业界的一些理论研讨会让业界感到云里雾里的。还有一些围绕同一选题连续多年举办的研讨会，研讨内容少有新意，规模越来越小，影响力不断变弱，甚至难以继续深入下去。有的研讨会上，某些观点的表达又比较偏激，在一次有关传媒与农村社会发展为内容的研讨会上，一名发言者的题目是“论媒体把社会的价值观搞乱”，观点明显不够客观、公正。

此外，不少研讨会议实行的是封闭式的交流。学界圈内交流，或者说圈子中的人交流，熟面孔很多，生面孔较少，缺少新人新观点，不够生动活泼。没有圈外人或者业界人员的参与，不能开展有效良性互动的研讨会，很容易导致眼界受限，甚至造成自恋；而有时对脱离了媒体实际一些问题的无谓争论，又会使效率低下。

空对空的研讨会只会浪费时间，不少的会议结束了，话题也就结束了，达不到服务媒体的目的，也不能很好的提升自己。

三、对提高研讨会质量的几点建议

一般来说，高校承载着三大任务，教学、科研、服务社会，而科研不仅三分天下有其一，还是促进其他两大任务落实的助推器和不可或缺的纽带，诚如本文上面所述的，开展学术交流和研讨活动不仅必要而且需要进一步加强。因此，学界关于新闻教育教学和新闻业务方面的研讨会议必须调整思路，提高质量。

1. 结合实际确定研讨话题，提高研讨会水平。为保证新闻研讨会议的质量，提高针对性和效率，研讨话题一定要符合学界和业界的实际。比如，北京工商大学传播与艺术学院发起并主办的第一届全国经济新闻改革与发展研讨会，邀请了国内六十余家新闻媒体和高校研究机构的专家学者，先后围绕“经济报道的范畴、地位与功能”“经济媒体的发展现状和面临问题”“面向实践的经济新闻人才培养”“经济报道与社会和谐发展”“经济媒体、经济报道的改革与发展趋势”等议题展开。第二届研讨会又邀请了《人民日报》《经济日报》《经济观察报》《中国证券报》《中国贸易报》《财经》《财富》以及中央电视台财经频道等知名媒体的领导、资深媒体人和中国传媒大学、上海财经大学等高校的新闻传播研究专家、学者，共同探讨中国经济新闻改革与发展的对策，内容涉及到经济新闻报道的现状与新的发展趋势；新形势下媒体面临的机遇与挑战；媒体经营管理面临的问题、改革与创新；经济新闻人才培养；媒体与社会发展等内容，对于经济新闻和经济媒体如何适应变化了的新形势，更好地完成自己的功能定位，这些业界和学界共同关注的焦点问题加以研讨，针对性很强，效果非常明显。

2. 邀请业界人士参与研讨，提高会议针对性。随着信息时代的来临，媒介对社会的影响和渗透愈来愈明显，新闻高等教育也呈蓬勃发展之势。但和实际形势不相协调的是，每年从各高校毕业的新闻专业毕业生面临着工作难找的困境，一方面媒体对高素质的新闻人才求贤若渴，另一方面高校却出不了真正的“有用”人才。为改变这种尴尬状况，切实贯彻“学以致用”的教育理念，培养合格的“应用型”新闻人才，学界必须高度重视并加强研讨。

2009年年底，江苏省第一所民办高校三江学院举办了高等新闻教育教学改革研讨会，邀请了《新华日报》、江苏省广电总台、江苏教育电视台以及全省各地十多家媒体的社长、台长、总编辑等新闻业界的资深人士齐聚一堂，共商新时期高校新闻教育改革大计。会上，成立了由媒体专家组成的三江学院新闻人才培养工作指导委员会，三江学院向与会的各位专家颁发了客座教授聘书。这些在新闻界耕耘多年且声誉卓著的领导、专家纷纷发言，畅谈他们对于新闻工作和新闻教育的体会和感悟，以自己丰富的新闻工作经历和经验为当前高校新闻教育献计献策，并就当前新闻专业教学中存在的问题与不足、新闻教育如何与实践相结合、新闻人才的培养模式等重要议题提出了许多意见和建议，成功地在业界和学界之间搭建了一个对话、交流的平台，有利于新闻教育教学提高针对性，增强有效性。

3. 与会之前先搞调研，增强研讨说服力。为提高新闻研讨会议的针对性，避免盲目发言，做到有的放矢，在参加会议之前，最好了解一下兄弟院校新闻专业开办的具体情况，包括课程设置、师资力量、专业特色、人才培养方案等内容；关于新闻业界的研讨会议，起码要对你要探讨的话题加以关注，了解媒体的基本状况，以及你所涉及话题的前前后后，而不能仅仅看几本书，凭自己的想象写篇论文发表意见。

笔者在媒体工作的时候，曾邀请过国内某著名大学新闻传播学院的几位老师到单位给编辑记者举办讲座，开展研讨。请他们来的初衷是为了配合台里的改革，请他们把新闻界的最新动态及学界的看法讲给大家听听，为台里下一步的改革提供一些参考意见和对策建议。他们来之前，笔者已经将想法告诉了他们；来后，又给他们做了交流。但始料不及的是，他们的讲授、交流很让大家失望。原因是，他们平时对新闻教学和课本理论知识关注较多，对业界的发展变化了解得太少，学理性有余，针对性不足，且一些观点滞后于媒体的发展变化，效果当然不够理想。还有一次，北京另一所大学的一名博导受邀到台里作有关媒体发展战略方面的学术讲座和交流，台里要求制片人以上的编采人员都要参加，一开始300多人的会议室坐得满满的，讲座开始不到半个小时就有人离场，一个小时的时候已经走了一多半，台里只得要求各部门负责人通知相关人员返回会场。实际上，这绝不是媒体人缺乏礼貌，他讲的东西确实陈旧而又让人乏味。

理论与实际的结合，不断变化的业界趋势，应该成为学界新闻传播研讨活动的常态；深入调查研究，关注媒体最新动态，毫无疑问是参加这类研讨会议的基本准备。

原载《学理论》2010年第11期

理性认知　知行合一

——访南京大学新闻传播学院院长方延明教授

编者按：2003年10月10日，南京大学新闻传播学院正式成立，方延明教授为首任院长。在方院长的带领下，新闻传播学院的各项事业取得了显著的发展。这篇专访中，方院长对该院的办院经验予以介绍，同时还探讨了新形势下新闻记者的使命、角色与特点、新闻自由和新媒体等值得学界、业界人士关注的问题，希望能给广大读者有所启迪！

采访约在上午十点，由于我们早来了半个小时，便随处走走看看。南大鼓楼校区一直是南大人文精神最好的诠释地，这里既有百年老校的古迹，又有锐意进取的现代建筑，许多留学生的到来又使这里不时激荡着中外文明的涟漪。我们要找的新闻传播学院大楼就是现在的费彝民楼。费彝民是一位杰出的报人和社会活动家，他去世后，家人把社会贤达和亲朋好友送的礼金设立了费彝民新闻基金会，这座大楼得到费彝民新闻基金会500万元港币资助。

九点五十分，我们来到方延明院长的办公室，恰好他在打电话，我们便到里屋等他。金鱼、牡丹图、竹子盆景、君子兰、澳洲杉等立刻映入眼帘，顿时给人一种心旷神怡之感。电话结束之后，方院长笑呵呵的走了进来，一边招呼我们坐一边为我们倒水，“想聊什么就聊什么”，一下子使气氛轻松了很多。

记者：方院长，我们在网上看过一篇文章挺有意思，是将全国十所高校的新闻专业进行对比，然后用武侠小说的人名或其他打一个比方，其中南大新闻传播学院被比作《天龙八部》里的段誉，说南大新传是格局虽

小，但灵气十足。并对南大新闻传播学院的发展寄予厚望，不知道方院长觉得这个比方怎么样？对南大新传的办学特色怎么看？

方院长：我觉得这个评价不太准确。南京大学是中国高校中开办新闻学教育较早的学校之一。自1958年起就开办了“新闻专修科”，后因遇国家暂时经济困难于20世纪60年代初停办。1986年，开始恢复新闻专业。1992年底正式建系，2003年10月10日，撤系建院，刚好八年了。

建院以来，我们的各项事业有了较大发展，规模也不断扩大，现有三个系，还有几个所和研究中心。尽管我们老师数量在全国同行中是较少的，但我们近年来获得的国家社科基金项目数和发表CSSCI论文数在全国名列前茅。老师和学生的工作学习环境得到了很大的改善，我们现在每个老师都有自己的办公室，学生的学习和生活环境也都很好。变化尤其明显的是随着新闻媒体和社会的快速发展，应用性的增强，以及网络等传播技术的日新月异，学院开设了许多新课程。同时我们还给学生提供真刀真枪的社会实践机会。2009年，我就带了二十来个学生去青藏高原实地采访，我们去了玉树，在海拔4000多米以上的地方睡觉，到黄河源头进行采访，行程达四千公里。通过这些实践活动来培养学生的综合能力。至于特色，我们学院的院训是“通才兼备，知行合一”。前者要求学生的专业知识要厚实；后者则强调了新闻是一个操作性强的专业，学生不能学了新闻不会采访，不会写稿。你们学校的创始人陶行知先生不就特别强调知行合一吗？他也是南大的校友，曾在金陵大学工作过。所以，我认为，新闻传播学应该算是“文科中的理工科”，它需要很多试验和硬件设备。比如，我们学院近年来添置了上千万元的设备，目前有9个实验室，拥有全省文科第一个国家级教学示范中心，为全院的教学科研提供了坚实的基础。

再有，近年来，南大的新闻教育已逐步走向国际，我们在马来西亚开设了一个研究生班，派老师去马来西亚上课，目前已经招了三届学生，有30多人。我们还在积极与法国、美国、加拿大等国家和我国的香港、台湾等地区的高校探讨进行合作办学。有一位青年教师在港交流期间获得美国富布莱特奖学金，是今年全香港新闻传播类唯一获此殊荣的年轻学者。

记者：方院长，从您的简历中，我们注意到您是从校报主编岗位调到新闻传播学院任院长的，您对办校园刊物有着丰富的经验，对记者工作也有着深入的思考，您能否谈谈在当下新闻记者作为一种职业其角色具有哪些特点？

方院长：我觉得校报真的是“麻雀虽小，五脏俱全”。通过校报可以培养一些人。江苏的高校校报在全国来说质量属上乘。校报参加江苏省好新闻评选，省记协的一个朋友告诉我，每年的获奖比率都很高。我一毕业就在学校搞对外报道，后来到校报，校报的操作性很强，很能锻炼人。我记得那个时候《人民日报》的头版头条都登过我写的新闻，包括光明日报、文汇报、中国青年报、中国教育报，给我登过54个头版头条。

至于说到在纷繁复杂的新形势下，记者承担着什么样的角色，又有什么样的特点，我以为，在当前这样一个信息时代、全媒体时代，有些事可以说是成也媒体，败也媒体，作为媒体的新闻记者就不能不倍受社会的关注。而今天的记者与过去的“无冕之王”相比，在一些地方亦落得个老百姓的“防火、防盗、防记者”的地步。所以说，新闻记者的使命、角色问题，不仅关系媒体生存发展本身，更关乎我们这个社会。

新闻记者作为一种专门职业，具有异于其他职业的特殊性：其一，是他的身份意义。记者不像作家、画家、工人、农民……尤其是作为主流媒体的党报、党刊、央视、卫视的记者，具有一种典型的“替代”性，这种“替代”性反映在人们大多数时候是把记者当作党和政府的代言人。其二，是他的行业意义。一般讲，人们的劳动可以分为个体性劳动和社会性劳动两种。个体性劳动大多是兴趣使然，社会性劳动则是责任铸就。新闻工作是社会性劳动，是能够成为完美的、真正伟大的事业。记者这个称号，大多时候是属于这个行业的，个人只是这个队伍中的一个符号，是这个队伍、行业中的一分子。比如，一个记者酒后驾车撞人了，人们不会在意他姓什么叫什么，大家都会说他是一个“记者”，会说有一个记者撞人了。因此，记者的行业意义特别鲜明，你不是属于你自己的。你要有一种担当意识和一种对这种职业的敬畏。其三，其社会活动意义。记者的采访是一种特殊的社会活动，这种社会活动体现在他的采访、调查中，记者的采访、调查都是为了社会传播、报道新闻。

记者这个职业，看起来入门的条件要求不高，一般有一定的文字功夫，一定的采访能力就可以了。但是，要想成为一个名记者、大记者就很难，他需要比其他学科的专门人才更多的非专业知识与生存能力。成功的记者，通常要具备六个方面的素养与品德，如丰富的文化底蕴、执着的新闻职业理想、着迷的新闻敏感、快速的写作速度、开阔的政治胸襟，以及宽厚的仁爱之心等。

记者：前不久在上海举办的世博会，使我们看到了中国作为发展中国家的崛起。但我们也同时注意到，港台以及很多境外媒体对世博的报道很多与我们并不相同。比如场馆的拥挤所带来的问题，比如说世博游客中很多公民文明意识不强等等。其实大陆的记者并不是没有看到这些，是不是只是没有报道或不能报道？那么，当学生面对这些与课本所讲不相符的现象时，应该怎么看待？或者说在中国想要成为一名优秀的新闻人，该怎么面对真正的真实？

方院长：这个问题非常好，我想这也是每个想当记者的人都会遇到的问题。当然从媒体方面来说，还是要以正面报道为主的，毕竟要考虑到国家的形象与凝聚力。尽管每个记者都有自己的意识与价值观，但真正的好记者首先是要有国家意识，他要爱他的祖国。比如，外媒报道说保安与游客起冲突这样的事件等等，无非是想说我们国家没有人权。但这个问题你看要从哪个角度去想。保安如果不制止，在混乱的情况下，如果不适当地利用肢体将游客挡回去，让他们排队，那游客都不排队，场面失控，外媒是不是会更高兴呢？所以，类似这样的事件，管理人员表现得还是比较理智的。对外媒的报道我们也要理智地对待，不能说外媒就一定客观。从这方面来讲，记者首先是社会人，报道时要有社会担当。比如说前一段时间泰兴幼儿园发生的小孩被砍的事件，关于人员死亡的报道是否真实，我们不完全知道，但我还是比较认同媒体的报道。因为加上此前广州、福建发生的学生被砍事件，要是媒体完全把场景报道出来，把它搞得血淋淋的，将对社会造成不好的影响。如果一味地报道诸如杀人、放火之类的社会新闻，那就很有可能成为教唆犯，使更多的人如法炮制，给社会带来更恶劣的影响。

我曾经讲过一些关于记者与政治、新闻自由、新闻客观之间关系的看法。在当今社会，一个优秀的记者一定要处理好记者这个职业的工作性质与政治，与新闻自由，与新闻客观性的关系。这三个问题都是敏感问题，但又都是不能不面对的问题。一般讲，记者和政治家都是一种职业，而且有很大差别。新闻记者这个职业从其供职单位来说，他首先是媒介人，或者说这种媒介人同时具有类似于国家公职人员的某些角色，这样一种角色自然会受到一些制约。李长春曾经说过："任何时候，任何情况下，新闻媒体作为党和人民喉舌的性质不能变，党管媒体不能变，党管干部不能变，党管舆论导向不能变"。这"四个不能变"，作为媒体一员的新闻记者必须遵守这个原则。而新闻自由，就其本来意义是人们通过出版或其他传媒获得彰显人权的一种言论自由，新闻自由的践行者是新闻媒体和记者。我一直认为，新闻自由是一个好东西。不过我也强调它的另一面，我在一篇文章里明确提出："新闻自由和国家意识"，新闻自由作为一种制度，必须有法可依，有章可循。不管是在什么样的社会制度下，新闻自由只能是法律条文下的自由，制度下的自由，有条件的自由。所以，不管在什么样的社会制度下，新闻自由都无法摆脱强大国家机器对他的严格制约，任何超越国家利益，超越意识形态的"新闻自由"都是没有的。新闻客观性是新闻理论与新闻实践的核心要旨之一，是一个记者必须经常面对的现实问题。可以这样说，把坚持新闻客观性作为新闻记者的一种理念，体现了记者的价值追求和职业境界。与西方新闻专业学者主张的新闻客观性相比，我们讲的新闻客观性既有与他们共同的地方，也有不同的地方。共同的地方是我们都主张用事实说话，防止个人偏见。不同的是，我们反对片面强调新闻客观性，反对超阶级的客观性。我认为，把客观性作为一个规范是可以的，但这个规范的内容肯定是有差异的。不管把新闻客观性作为一种信仰、理念、价值追求，还是一种规范，最后都要落实在作品上。

记者：没错，方院长。您刚才讲的国家意识和社会担当真的给了我们很大启发。我们曾在微博上看到这样一句话：网络上的信息爆料，经过传

统媒体报道，可信度便增加；传统媒体的信息如果经网络传播，那么关注度便提高。我们觉得这是媒体融合很好的一个例子。不知道方院长怎么看待媒体融合？

方院长：新媒体有速度，宽度，内容海量等特点，但传统媒体有深度和信度的优势。我以为网络的信度还是比不上传统媒体。虽然以后媒介融合是一个大方向，但我认为平面媒体是死不掉的，你看现在有了电脑，毛笔不还是照样存在嘛，而拿毛笔的都是一些有文化修养的人。说不定再过10年、50年，甚至100年以后，那些阅读报纸的人都是一些有绅士风度的文化人了。（笑）

记者：方院长，我们最后还想请您谈谈报考南大新闻研究生该怎么备考，有哪些要求？

方院长：我们学院从1994年开始招收硕士研究生，过去在培养模式上比较重视学生的研究能力。现在随着社会变化，高校培养研究生也要根据社会需要做些调整，在提高应用性方面作了很大改革和努力。比如，增加了不少关于新媒体、新闻策划以及与社会密切联系的选修课程。现在的研究生培养，要在理论扎实的基础上，还要加强媒介理念、调查研究方法、实践操作能力等方面的训练。我们会请电台电视台的台长、报社总编、政府机关、资深新闻人等业界人士到学校来，参与到研究生的培养之中。南大新闻传播学院原先每年研究生招生数不到50人，今年我们新增了专业硕士，招生计划为30人，加起来不到80人。

考南大的研究生，文史知识等基础必须要厚实，同时新闻采写等实务方面的能力也要很强。我反对死记硬背，我还是喜欢有智慧、才华横溢的学生。总的来说，文史知识要厚实，有实习经历，会写稿，编稿，会写评论，尤其对当下的一些热点问题有自己的看法。其实我们这个社会既宽容也不宽容。一方面什么人都可以生存，这是它宽容的一面，但另一方面你必须要有本事、有能力，有竞争力。所以说现在的社会，人人都可以吃上饭，但是要想吃好饭，还是很难的。

方延明教授简介：1976年毕业于南京大学数学系，留校工作，1988年任南京大学校报主编，1990年任副编审，1995年任编审、教授。现任南京大学新闻传播学院院长，中国新闻教育学会常务理事、中华全国新闻工作者协会特邀理事、中国新闻奖、长江韬奋奖评委。连续两届获江苏省优秀新闻工作者称号，江苏省新闻最高奖——戈公振新闻奖获得者。先后发表论文140余篇，其中有9篇被“新华文摘”全文转载。出版《新闻文化导论》《新闻文化外延论》《新闻写作教程》《新闻实务方法论》《数学文化导论》《数学文化》等著作。

原载《今传媒》2011年第3期（与张璧琳合作）

关于资深媒体人任职新闻传播学院的思考

从某种意义上说，在全球化时代，谁掌握了下一代传媒人，谁就掌握了下一代传媒；谁掌握了传媒，谁就掌握了未来。

基于新闻教育如此重要，改革开放以来尤其是进入21世纪，伴随着中国传媒事业跨越式的发展，新闻传播教育也得到迅猛的扩张。不少学校甚至一些非综合性院校，在院系和专业设置中普遍看好新闻传播类专业。目前，全国已有近700所高校开设了1000多个与新闻传播类相关的专业，且招生普遍较好。但随之而来的诸多问题也逐步显现出来，比如办学理念、师资队伍、专业实习、器材设备等等方面无法满足教学需要，许多高校从多方面入手，加大了改进力度，取得了一定效果，但总体收效甚微，无法得到新闻传播界的普遍认可。2002年，清华大学新闻与传播学院成立，《人民日报》原总编辑范敬宜出任首任院长。同年，《人民日报》社原社长邵华泽出任北京大学新闻传播学院院长。2006年，国务院新闻原办公室主任赵启正出任中国人民大学新闻学院院长。三所著名高校先后延聘新闻业界领军人物担任新闻传播学院院长。之后，国内其他一些重点高校纷纷效仿，这一现象背后的原因是什么？有什么利和弊？值得我们关注和探讨。

一、新闻专业快速扩张带来的问题

（一）师资力量薄弱

由于新闻专业快速扩张，师资力量无法跟上它的增长速度。为了保证正常上课，学校大量招聘相关人员，很多应届毕业生甚至只是稍微涉及新闻专业的人员便被聘请过来担任教师，但由于没有工作经验，大多只会照本宣科，缺乏基本的专业技能，使得各高校办学质量参差不齐。还有一些院校学历门槛很高，非博士不要，这种选择看似无可厚非，但对于实践性强，强调动手能力的新闻专业来说则明显不够全面。

（二）硬件设施不足

一些院校的办学硬件远远达不到新闻专业实习实践的现实需要。众所周知，广播电视新闻专业的硬件需求很高：高性能的计算机、视频制作软件、摄影摄像器材、录音配音室、演播室等等一应设备，都是新闻专业学生学习必备的。学校为数不多的设备，难以满足大多数学生接触和使用采访编辑硬件要求。

（三）课程设置滞后

随着新闻专业的迅猛发展，目前全国高校此类专业已达1008个。然而资料显示，早在1998年教育部高校专业发展评估报告中就指出了传统新闻专业已经相对饱和。这就带来一个严重问题，如此庞大的新闻学子队伍将面临无处实习，无处就业的窘状。尤其严重的是，由于人才培养方案和课程设置缺乏针对性，与媒体严重脱节，媒体需要的采编管人员应该掌握的许多知识，由于多种原因，学校要么没有开设，要么就是蜻蜓点水，与媒体的实际要求相差甚远，时常受到媒体诟病。

（四）人才培育理念有待转变

如今以互联网为代表的新媒体技术革命，已经改变了全球的媒介生态。各种新型媒体相继出现，如：网络、手机、iPad、微信、微博等，都对传媒人才培养提出了更新更高的要求。因此，传统的新闻教育理念必须转变。当前，国内高校的传媒教育普遍面临着这样一个挑战——即如何适应国际形势，提高办学档次，拓宽办学思路，培养出满足社会需求的新型综合性新闻人才。严峻的现实，呼唤着新闻传播教育从办学理念到办学方式必须适应新的形势。

二、资深媒体人任职高校新闻传播学院

尽管新闻传播专业面临如此多的问题，亟须调整和改变，但国内重点高校的新闻传播学院依旧发展良好。据搜集资料发现，近年来，我国许多著名高校如中国人民大学、复旦大学、北京大学、清华大学、暨南大学、兰州大学等高校的新闻传播学院10多年前就开始延请一些具有丰富实践经验的资深媒体人担当主要负责人，并且从相关媒体引进大批编采、策划、管理等人员从事新闻传播教学工作，如下表所示：

表1　资深媒体人任职部分高校新闻传播学院情况一览表

高校名称	新闻传播学院院长	曾任职务
清华大学	范敬宜	《人民日报》社原总编辑（首任）
清华大学	柳斌杰	国家新闻出版总署原署长
北京大学	邵华泽	《人民日报》社原社长（2013年10月卸任）
中国人大	赵启正	国务院新闻原办公室主任
复旦大学	宋超	曾任《解放日报》总编辑、高级记者，上海市委宣传部副部长
郑州大学	南振中	新华社原总编辑、副社长
厦门大学	张铭清	《人民日报》高级记者、曾担任福建记者站站长，国务院台办主任助理兼新闻局长
兰州大学	张民华 林治波	先后担任过新华社驻大连、内蒙古、吉林、山东等地的首席记者《人民日报》甘肃分社社长（现任）
暨南大学	范以锦	南方报业传媒集团原董事长
中山大学	胡舒立	《财经》杂志创始人（2014年7月卸任）
南京大学	卜宇	江苏广播电视总台台长
西南政法大学	李珮	新华社重庆分社原副总编辑、新华社高级记者
中国政法大学	陆小华	新华社高级编辑，新闻研究所所长

1. 范敬宜

范敬宜，历任《辽宁日报》副总编辑、《经济日报》总编辑、《人民日报》总编辑。他最早提出经济报道“三贴近”（贴近实际、贴近生活、贴近群众）的新闻报道改进方法并予以实践；他重视对国情的研究，鼓励

青年学生多了解历史、社会和国情，以高度的责任感记录历史，反映现实，为后世留下了一笔宝贵的新闻思想财富。

2. 邵华泽

邵华泽，曾先后担任《解放军报》副社长、《人民日报》社长兼总编辑，中华全国新闻工作者协会主席。其理论文章及书法作品相当出名。邵华泽重视开放的教育思想，重视对学生关于党的新闻工作优良传统的教育和党的新闻工作理论教育。“综罗百代，融铸中西”是其给北大新传院的题词。

3. 赵启正

赵启正，曾担任国务院新闻办公室主任，在任期间致力于向世界说明中国，努力为中国树立良好的国际形象，被外国媒体称为“中国政府的公关总领”“中国的形象大使”。他力推国务院新闻发布会制度化，推动政府信息公开，是中国新闻发言人制度的创立人。他认为，高校不仅要培养新闻记者和编辑，也要培养政府的新闻官。

4. 柳斌杰

柳斌杰，担任新闻出版总署原党组书记、署长，国家版权局局长。他是我国经济体制改革的实践者，也是我国文化体制改革的倡导者、组织者和推动者，在业内外享有思想解放、实事求是、敢于开拓、改革创新的盛誉。不论做新闻、管媒体还是当院长，他都将改革作为其努力完成的使命。

除了诸如上表列出的国内著名高校的新闻与传播学院主要负责人由媒体高官担任以外，还有大批媒介精英到新闻传播学院任教。比如新华社前高级记者、政治文化编辑室主任李希光任清华大学新闻与传播学院副院长期间，主持的国家精品课程“新闻大篷车课堂”，教育部发文予以推广，原中新社北京分社社长徐泓（北大新闻学院副院长）、中国互联网新闻传播的第一代从业者高钢（人大新闻学院前院长），以及北京电视台记者、中国新闻学第一位博士后陆地，央视名嘴崔永元、王志、李咏等都先后离开媒体到著名高校从事新闻传播教学或管理工作，为新闻传播教育带来了一股清新之风。

三、资深媒体人担任新闻学院院长的正面效应

（一）有利于拓宽学生视野

所谓资深就是指在某一领域具有丰富的社会经验并且在这一领域取得了不小的社会成果，而聘请著名资深媒体人也就意味着带来了这些资深媒体人的专业知识和从业经验。他们了解新闻界的最新动向，教育眼界开阔，可以让学生在以后的学习工作中更加具备竞争力；而且由于他们是学者型媒体人，他们的眼界、视野、分析问题的角度与纯粹在大学讲学的教授不一样，二者相互交融碰撞，有助于产生新的思想火花。对于学生来说，他们不仅可以通过日常的教学来获取专业知识技能，了解就业前景，还可以通过资深媒体人开展的讲座等形式来提高自身的专业素养。

（二）有利于培养学生职业技能

每个资深媒体人所拥有的从业经验不一样，因此其所培养人才的侧重点也就不一样。比如兰州大学新闻传播学院刚卸任的院长张民华，先后担任过新华社驻大连、内蒙古、吉林、山东等地的首席记者。他有着丰富的一线经验，能够教给学生很多书本上学不到的东西，一定程度上弥补了学生的知识缺陷，他的学生能够更多地从他那得到实战性的一线采访经验。而赵启正作为“中国政府的公关总领”，经常面对国际媒体，在处理重大事件的公关问题上，有着很丰富的经验。因此他培养出来的学生，更侧重于新闻官、政府发言人等方面的能力，他的学生也能更好地应对国内外不同的媒体。同样的，柳斌杰作为国家新闻出版总署原署长，严谨规范是其特点，而其本身所一直追求与倡导的改革精神，也将是学生学习的典范。

（三）有利于拓展实习平台

随着新闻专业的不断扩张，招收的学生越来越多，不仅学生的就业压力不断增大，甚至许多学生连实习单位都很难找到。对于学校来说，聘请著名资深媒体人担任新闻院系负责人，不仅仅是因为看中这些资深媒体人

丰富的从业经验，还希望通过这些资深媒体人的牵线搭桥，为在校大学生提供更多专业对口的实习基地和工作机会。

在记者问及范敬宜将怎样以其学术地位和人格魅力为清华新闻与传播学院营造独特的教学环境时，范敬宜表示："我至少有两个方面的工作可以做。一个是我可以更多地带领教师学生去实践。我有这个优势，因为我和各大新闻媒体比较熟。第二，我可以带他们到基层去，一起去采访。"[1]

范敬宜在担任院长期间，学生们的新闻评论课都是请《人民日报》评论部主任米博华挨个点评习作，写得好的还拿到《人民日报》上去发表。清华新闻学院的一位叫李强的学生写的《乡村八记》，正是他推荐给温家宝总理后受到总理批示的。

而胡舒立在出任中山大学新闻学院院长时也表示，她将依靠其在业界的资源，使学生有更多和业界接触、学习的机会。其中之一就是要在北京建立实习基地，以奖学金的形式输送学生到北京媒体实习。

（四）有利于更新办学理念

资深媒体人做新闻院系负责人，是对全国大学新闻院系专业教育的一次新的尝试和改革，可以促进新闻教育走上一个新的台阶。

首先，有利于办学理念的更新。赵启正上任人大新闻学院院长伊始，就提出了培养国际化新闻人才的新思路。刚刚担任南大新闻传播学院院长的江苏省广播电视总台台长卜宇提出，学院将着重在学科建设、师资引进、国际传播能力建设等8个方面实现突破，力争尽快建成一级学科博士学位授予点；申请在江苏广电总台、新华报业传媒集团、凤凰出版传媒集团等传媒机构设立博士后科研工作站；计划在两年内以全职方式引进2—5名有一定国际影响或国内公认的学科带头人；以《传媒文化机构发展战略蓝皮书》等方式，定期推出国家传媒文化政策研究报告、传媒文化行业研究报告、行业发展趋势分析报告等。还将适时推出每年一次的"紫金传媒论坛"（暂定名），并同时发布舆论研究、新闻调查、受众研究、媒体战略研究及媒体融合研究等方面的最新成果，力争将之办成具有影响力的国际性品牌论坛。

其次，有利于人才培养模式的改革。传统的人才培养模式往往会把新闻专业的教学分为理论型和实用型，课程设置人为的把两者割裂开来，开设的课程要么老套陈旧，要么与媒体需求相差甚远，许多知识难以和媒体对接，无法满足媒体的需要。资深媒体人知道媒体需要什么样的人，他们担任学院负责人，参与甚至主导人才培养方案的制定、课程的开发，有利于使方案更加科学合理，实现与媒体的真正对接，有利于对学生的培养。尤其是这些资深媒体人本身就从事过这方面的工作，他们丰富的实际操作经验，对学生在实践动手方面的指导作用十分明显。

再次，有利于教学资源的改善。学校新闻教育空间、设备有限。资深媒体人资源丰厚，他们可以充分利用自己的资源帮助学校改善办学条件。有不少学院实践教学从原来的一两间拥挤的采编演播室转换到集多媒体数字化等先进设备于一体的电视台演播大厅，使学生有更多的机会去操作和实践，真正做到学以致用，锻炼了动手能力，从而成为更加符合社会所需要的新闻人才。

（五）有利于提升师资水平

资深媒体人担任新闻院系负责人，不仅给学生的专业学习和实践带来了益处，也会给学校教师结构的调整、水平的提升提供帮助，有利于新闻传播专业教师走向新闻一线，熟悉媒体、体验生活、帮助教学。学校也会注意在师资队伍建设中吸纳一些有业界经验的优秀传媒人充实到教师队伍中，打造双师型新闻专业教师。

现实中，我们会发现越来越多的新闻传播学院年轻教师开始在电视台、报纸杂志、网络等媒体挂职，并发表自己的观点和意见，有的还在广播、电视的某些栏目中担任评论员或嘉宾。亲身的体验，无疑会提升教师们的专业素质和水平，进而提升授课能力和水平。

总之，高校邀请资深媒体人担任新闻传播学院负责人或任教，学校除了因为有了这些知名新闻人的加盟可以提升学校知名度、办学条件和改善教学能力外，还有一个好处就是能够获得更多的社会资源。比如北大新闻传播学院利用北大的品牌和邵华泽的资源，成立了发展委员会，其委员会大多为人民日报、新华社、广电总局、教育部、新闻出版总署和北京市委等单位的主要领导。可以预见，对北大的新闻传播教育有着怎样的利好。

四、资深媒体人担任新闻学院院长的负面效应

（一）时间精力投入不足

本文列举的新闻学院负责人大部分都是新闻媒体的高管，他们肩负着很多的工作和社会活动，许多人由于是兼职，不能完全把身心投入到学校的教学和管理中。据新华网报道，邵华泽任北大新闻学院院长以来，由于公务繁忙，社会活动太多，因此来学院的次数不得不压缩，主要出现在开学典礼等场合，每学期给学生做一两次讲座；而柳斌杰在接受记者采访时也表示，他主要会利用休息日给学生授课；虽然范敬宜在任院长期间除了每周给学生上课外，也会到学院两三次，但与普通的教师相比，他们也是一群特殊群体。由于他们并不随时都在学校，因此如果学生遇到解不开的难题或者是对本专业就业的疑惑，不能随时向他们请教。院务日常管理工作也难以正常开展。

但对于此种现象，清华大学新闻传播学院蒋方舟教授表示，官员身份并不重要，关键是他的思路和对新闻教育的看法，观点比身份更重要。同时也有学生表示理解，院长不需要到学院坐班，只要不影响履行院长职责就好。

（二）引发的负面议论

资深媒体人到高校担任新闻传播院系负责人，引起了人们的不少争议。有人说这是“能上能下”的表现，也有的认为这是为退休高官开辟了“绿色通道”，不仅加剧了权利与学术的“联姻”，同时也会加剧高校间不平等的竞争。但更多人会选择支持，毕竟大学不缺少专家，缺的是有管理才能且能带来资源的领导，并且他们进入大学，可以促进大学专业方向的调整，找到人才培养的未来方向，为大学人才带来出路。正如中山大学传播与设计学院教授张志安在其微博上说的，官员担任新闻院校负责人，不仅可以体现新闻教育实践导向，弥补脱节实践的普遍缺陷，而且可以利

用行政资源，更高效地为学生实习就业和教师科研争取资源。

2014年6月30日，兰州大学任命《人民日报》甘肃分社社长林治波担任新闻学院院长，再次引发了人们对于什么样的人适合做新闻传播学院院长的议论。

有人说，新闻学院院长必须是新闻专业主义的传播者，并举例说，1904年，美国著名新闻人普利策在他一篇登于《北美评论》的文章中认为：创办新闻学院的目的就是为了培养更好的记者，让他们办出更好的报纸，以更好地服务于公众……我希望开展一项运动，把新闻提高到一个学术性专业的层次。在他买下《圣路易斯快邮报》以后，在报纸头版刊出了新的宗旨——本报除了人民之外，不为任何政党服务；本报不是共和党的发言人，只报道真实的一切；本报不会支持总统或国会，只公平慎重地给予批评；本报将攻击一切罪行及腐败行为……并由此得出结论，新闻学院的院长必须是新闻专业主义的传播者。

而《中国青年报》评论员曹林则认为：新闻传播学院的院长首先得在政界、业界和学界有一定的影响力和感召力，一来可以给学院的发展争取到资源，二来可以为学生的学习、就业和发展提供资源；再就是宽容精神，以独立之思想、宽容之精神感染师生；最为重要的是，院长还必须有新闻理想，是新闻专业主义的传播者，用对新闻的激情和信仰去感染学生，点燃学生的求真求新热情，帮助学生树立专业自信，不偏不私不盲，在别人停止思考的地方进一步思考，做一个公正的旁观者。

五、引出的思考

虽然说目前重点高校新闻传播学院的主要负责人大部分是高官，这在一定程度上会引发“高官执教”的争议，但毕竟总体利大于弊。因为他们的眼界、视野以及分析问题的角度等方面都是一般院系负责人无法企及的。

资深媒体人的加盟，不仅会给学生带来新一轮的思想火花，拓宽他们的视野，提升他们的眼界，而且还会根据自身的社会实践经验，来引领学校培养符合社会需求的专业性人才，以此进一步促进新闻教育的改革，使其适应社会的不同需求。

同时，由于这些资深媒体人其自身新闻专业的侧重点不一样，因此培养出来的学生所具备的新闻素养也不一样。而且由于他们具有最前沿的新闻思想，那么由他们培养出来的学生也多是优秀的。广州记者多出自暨南大学，就是一个很好的例证。

再有，资深媒体人会利用自己的人脉和优势，为学生创造更多的实习与就业机会，这在一定程度上缓解了新闻专业学生实习难、就业难的压力。

由于资深媒体人进高校执教，一定程度上也会激发教师的学习热情，促进他们不断地完善自我，促使他们专业水平的提升，最终让学生学到更多的东西。

至于社会上对业界精英出任新闻传播学院负责人或执教的争议，其实仁者见仁智者见智，他们通过发挥自己的影响力为新东家争取利益对双方都有好处，这是好事，应该鼓励和提倡。何况这是为大学人才培养在寻找未来的方向，给大学人才带来了更多的出路。正如赵启正所说："这个变化表明了一种社会意识的变化，表明社会对知识、对教育更尊重。这个现象才刚刚开始，在今后必将成为趋势。"[2]

事实证明，资深媒体人担任新闻传播学院掌门人是大势所趋，无论是从新闻传播专业的发展现状，其高速扩张所带来的一系列问题，还是从资深媒体人担任新闻传播学院院长所带来的有形的无形的益处来看，在全球化发展的今天，链接一个具有国际视野和领导能力的院长就显得很有必要。国内重点高校尚能如此，其他高校也更应借鉴之。

注释

[1] 宋晓梦：《清华大学新闻与传播学院院长范敬宜访谈》，2004年3月5日，人民网。

[2] 榛树：《赵启正"学者型高官"的教育回归》，2013年5月13日，中国共产党新闻网。

原载《南京晓庄学院学报》2015年第1期（与殷婷合作）

第九章　人才乃立台之本

有人说，谁拥有了新世纪的人才，谁就拥有了新世纪。没有人才，一切都是空的。从“人”入手，彻底革除当前市县电视台进人用人机制的弊端，建立一种新的科学体制来挖掘、集中、发挥人才的优势；以“入口严密，出口流畅”，人尽其才，人尽其用的机制来直面艰巨而又无法回避的挑战是唯一出路。在目前的体制下，一个人才能否适得其所，发挥作用，除了个人的能动性之外，决策者能不能为他的潜能打一眼井将显得至关重要。“打一眼井就会有水渗出来”，你定会在地脉间发现不竭的泉源。

试谈地方电视新闻工作者的修养和素质

随着各种传媒的激烈竞争，以及省以上电视台节目的上天（卫星）入地（光缆），地方电视台在地方的优势不断减少，以至于不少同志发出再也找不到以前的感觉了。这是一个现实问题。80年代中后期，地方电视台如雨后春笋，90年代初期，地方有线电视台遍地开花。这些电视台在地方党政机关的领导下，坚持正确的舆论导向，为宣传党的路线、方针、政策和当地改革开放以及“两个文明”建设所取得的成就做出了积极贡献。但是，我们也不能不清醒地看到地方电视台当前所存在的一些问题和面临的一些困难，尤其是采编人员的素质问题更应引起我们高度重视。

一、目前城市电视台新闻从业人员的基本情况

由于地方电视事业的迅猛发展，其从业人员也不断增加，经过多年的锻炼和提高，一支具有一定潜力的地方电视采编队伍正在逐渐形成。但由于历史的原因，这支队伍还存有许多不足，其思想、业务素质还亟待提高。主要表现在：

1. 人员构成较杂，整体素质不理想。80年代中后期，地方电视台纷纷上马，由于人员缺乏，不少采编人员都是由工勤人员改行而来的，真正受过系统新闻专业教育的人数甚少。这些“半路出家”者，当时大多是初、高中文化程度，尽管其中一些人后来经过脱产、上夜大或函授学习，取得了大专文凭，但所学专业基本与新闻相去较远，对工作直接帮助不大。这部分人目前年龄大都在40岁左右，基本上还在采编一线，且有不少人担任部门负责人。由于环境使然，总体上讲，他们只是凭借过去的实践经验来进行采编工作，已难以适应迅速发展的电视事业的需要。

进入90年代以后，地方电视台采编人员正在向年轻化方向发展，这是一个可喜的现象。但从学历上看，尽管高中及高中以下新进人数的比例呈现下降趋势，大专学历（不少是非正规学历）的新进人员比例却逐年上升，本科及本科以上学历者的新进人数不升反降，新闻专业毕业生人数更少，其中的原因值得人们深思。上述两部分人员基本上构成了现在地方电视台采编队伍的主体。

2. 思想、业务素质参差不齐，与其他传媒相比有一定差距。一是由于前几年的电视热，电视台的记者在采访中受到一些单位的热情接待，致使某些同志有种高人一等的感觉，有些得意忘形，误将媒体的优势当成自己的优势，让其他同行觉得轻飘飘的。二是由于电视节目制作的特殊性，不少采编人员对学习理论、钻研业务的兴趣不浓，采访时常常是浮光掠影，走马观花，拍几个镜头，要一份材料，或让被采访单位的工作人员写几句话带回来，剪剪带子便可交差。比起其他传媒记者刨根问底式的采访作风明显欠缺。三是新闻敏感性相对较差，记者往往是等米下锅，让人家找上门来拍片子，主动出击的较少。至今还有一些记者离不开当地的报纸，或从上面找新闻线索，或留作节目解说词用。四是理论修养、业务素质不尽如人意，制作出来的节目一般较浅，往往是就事论事，缺乏理论性、思想性和一定深度。五是不太注意文学修养和文字锤炼，总认为电视是声画语言，写白字、错字无所谓，标点符号更不讲究，即使是语句不通顺也不当回事。更有人认为，电视是大众传媒，只要大众明白就行，不需要太讲究文化。六是政治思想素质不过硬，这也是最基本的素质。不少采编人员政治理论根底不深，学习风气不浓，采访作风不深入，有的还缺乏社会责任感和敬业精神。

目前，由于地方电视台属于少数经济效益比较好的单位，成为就业的热门，每年都要招进或调进一些“不得不要”的人员，造成“想要的人进不来、留不住；不想要的人挡不住、赶不走”的局面。这些人员往往背景越硬，层次越低，管理最难，提高最难；这些人占用了电视台有限的编制，以至一些急需的人才反而挤不进来。而那些有真才实学、业务能力较强的人才，在这种环境下工作又感到压抑和痛苦，久而久之，一旦瞅到了更有利于自己发展的地方便千方百计地“跳槽”出去，由此造成了地方电视台人员整体素质提高较慢。不用讳言，目前地方电视台采编人员素质与时代的进步、与党和人民的要求、与改革开放事业蓬勃发展相比，都还存在一定差距。因此，在我国处于转型期的关键时期，地方电视新闻工作者加强理论和知识修养，提高自身素质刻不容缓。

二、新时期地方电视台新闻工作者应具备哪些基本素质和修养

随着时间的推移和实践的发展，电视在“两个文明”建设中的作用越来越大，党和人民对电视的期望也越来越高。因此，电视工作者责任重大。地方电视台编采人员怎样才能担负起如此重任？笔者认为，关键是加强和提高电视采编人员的修养和素质。

什么是素质？素质是一种无形的力量，记者素质的高低是一个记者能否成功的重要因素；素质又是一个全面的概念，包括多方面的内容和要求。丁关根同志曾经把合格的宣传思想干部的标准归纳为12条，即：有强烈的事业心和高度的责任感；牢牢记住一个根本指针；坚持党的基本路线不动摇，在思想上、政治上、行动上与党中央保持一致；树立群众观点，全心全意为人民服务；政治要敏锐、头脑要清醒、旗帜要鲜明；坚持唯物辩证法，防止片面性；议大事、抓大事，增强全局观念；心胸宽广、增强团结；深入调查研究，善于总结经验；工作务求实效；严于律己，清正廉洁；刻苦学习，勤于思考。具体来说，地方电视台的新闻采编人员就要做到加强五个方面的修养，提高两大素质。

首先，要加强政治理论修养。斯大林说过：“没有革命的理论就没有革命的实践。”理论上的成熟是政治上成熟的基础。在世纪之交，在我国从计划经济向市场经济过渡的历史转折时期，各种新矛盾、新问题都会不断出现，如果新闻工作者的思想准备、理论准备不足，知识水平有限，是不可能采制出高质量的新闻作品的。因此，地方电视台的采编人员必须认真学习马列主义、毛泽东思想，特别是邓小平建设由中国特色的社会主义理论，并用以指导自己的思想和工作。理论基础打好了，不管情况多么复杂，形势怎样变化，记者都将能保持清醒的政治头脑，坚定正确的政治立

场和方向。同时，也只有用科学的理论武装自己的头脑，才能树立正确的世界观、人生观、价值观，才能经受住改革开放和发展市场经济的考验，才能担负起“以科学的理论武装人”的历史重任。实际工作中，我们也有这样的体会，采编人员如果理论水平、理论修养再高一些，有些节目可能会办得更好一些，有些话可能会说得更切中要害，更有力度，也更加深刻。所以，加强理论修养是培养电视采编队伍素质的根本一环。

其次，要加强职业道德修养。江泽民同志多次强调新闻工作者要加强职业道德，保持清正廉洁，自觉抵制拜金主义、享乐主义、个人主义思想的侵蚀，坚决反对有偿新闻，倡导新闻工作者通过加强道德修养，培养自己敬业爱岗、艰苦奋斗、乐于奉献的精神。地方电视台的采编人员更要注意加强道德修养，提高自己的道德水准，认真履行《中国新闻工作者职业道德准则》，改变少数人“那种自以为是、自我迷恋的牛气、霸气、傲气”，深入基层、深入实际，密切联系群众，做好采编工作。同时还要有“不怕危险穷困劳苦”，甘于清贫的精神。近代新闻学者张季鸾曾经说过，想发财就不要做记者，因为“记者发财，除非是堕落”，“所以从平凡而正当的途径上讲，大概要一世穷。”此观点对我们地方电视台的广大采编人员加强职业道德、修身养性来说不无启迪。

第三，要加强文化知识修养。有人说，没有文化就没有档次。电视是一种具有丰富内涵和广泛影响的文化，提高采编人员的文化修养，是办好电视节目的重要基本条件之一。但由于种种原因，地方电视台采编播队伍中相当一部分人的文化素养确实难以让人认同。毛泽东同志曾经说过，“没有文化的军队是愚蠢的军队。”同样，没有文化的采编队伍也是愚蠢的采编队伍。为什么人们常常批评我们的节目没文化，也有人指责电视人是“弱智的电视人”，这与电视队伍的整体文化水平和素养密切相关。电视人加强文化知识学习，尽快“充电”提高自己，确实已经到了十分紧迫的地步。

第四，要加强政策法律修养。新闻工作是政治性、政策性极强的工作，新闻工作者如果对党的方针政策和国家法律法规不熟悉，那就搞不好宣传，甚至出现误导，给党和人民的事业带来不应有的损失。因此，地方电视新闻采编人员要牢牢掌握中央的方针政策，牢牢掌握国家的法律法规，严守新闻纪律，在法律法规允许的范围内采制节目，自觉加强政策法律法规修养，增强法律意识，消除法律盲点。

第五，要加强科技知识修养。江泽民同志指出，新闻工作者要打好知识根底，“科技知识也应尽可能多学一些”。21世纪是知识经济的时代，新闻工作者如果没有现代的科技知识，就不能适应新的时代，适应现代化的新闻工作。因此，地方电视台的采编人员必须努力学习现代科技知识，用现代化的科技知识和技能武装自己，包括外语、电脑、开汽车等技能，力争成为多面手。

地方电视台采编人员在加强上述五个方面修养的同时，应着力提高两大素质。

一是政治素质。江泽民同志说，党的新闻事业与党休戚与共，是党的生命的一部分。他还多次提出，要讲政治，要坚持政治家办报。[1]所以政治素质是新闻工作者（当然包括地方电视新闻工作者）首要的根本素质。具体来说，就是要坚持做到：第一，要有远大的共产主义理想，坚持正确的政治方向，坚定地走建设有中国特色的社会主义道路，坚决贯彻执行党的基本理论、基本路线和各项方针政策；第二，努力实践党的全心全意为人民服务的宗旨，密切联系群众，特别是工农群众，坚决维护人民群众的利益；第三，解放思想，实事求是，一切从实际出发，善于开拓前进，具有唯物辩证的思想方法和工作方法；第四，模范遵纪守法，保持清正廉洁，发扬艰苦奋斗精神，自觉拒腐防变，坚决反对消极腐败现象；第五，刻苦学习，勤奋敬业，不断加强知识积累，努力提高自己的政治思想素质；第六，要坚持把坚定正确的政治方向放在一切工作的首位，坚持正确的舆论导向，紧紧围绕经济建设中心，服从服务于全党全国工作的大局，做到任何时候都不模糊，不动摇。

二是业务素质。江泽民同志在视察人民日报社时语重心长地说，新闻战线的同志，特别是中青年同志，既要志存高远，又要脚踏实地，在打好思想政治和业务根底上，老老实实地下一番真功夫、苦功夫。要努力掌握与自己业务工作直接有关的知识。同时，还要博览群书，哲学、政治、经济、法律、历史、文学等方面的书籍都应读一些。又说，新闻工作，无论编辑、采访，都需要有业务能力，特别是要有很好的文学修养。要大力提倡新闻工作者苦练基本功。[2]江泽民同志的讲话，同样适用于地方电视台的从业人员，尤其适用于编导、编辑、记者、主持人等电视主创人员。因为随着时代的进步，形势的发展，地方电视台对自己从业人员的素质要求只会越来越高，没有一定的专业知识积累，是很难搞好这项工作的。所以，具备必要的业务知识，从总体上提高采编人员的业务素质，是地方电视台跨入21世纪的必备条件之一。

三、怎样提高和加强地方电视新闻工作者的素质和修养

新闻事业能不能办好，关键在于有没有一支高素质的新闻队伍。地方电视事业能不能赢得更大的发展，迎接新世纪的挑战，关键在于有没有一批高素质的编采人员。大力提高电视从业人员的素质，建立一支政治强、业务精、纪律严、作风正的电视新闻工作队伍，是时代对我们的要求，也是一项长期的战略任务。

那么，怎样才能尽快培养和建立一支具有较高素质的电视新闻采编队伍呢？笔者认为，应该注意抓好以下几个方面的工作：

首先，要建立一套科学、严格的选拔人才的制度，严把进人关。这是保障采编队伍素质过硬的前提。在进人的时候，要全面考察其思想政治素质、业务工作能力。对于引进的人才，一方面要人尽其才，把他们放到最能发挥其长处的岗位，使每个人都有最合适的用武之地；另一方面要克服急躁心理，对他们不能急于求成。因为任何人到一个新的单位，都有一个和环境、同事的磨合期。管理者应该为他们协调好周围的环境，为他们发挥才智创造一定条件，这样，既能达到引进人才的预期目标，又能使人才的价值得到应有的体现。同时，对那些思想、文化素质比较差的人员要坚决堵住入口。这虽有一定的难度，但只要领导严格按照一定的标准，一视同仁，不开口子，也是会收到成效的。

第二，加强内部管理，实行聘任制。对现有人员要逐步实行双向选择、竞争上岗、优胜劣汰的办法，做到人员“能进能出，能上能下”，并

实行全员聘任制，对工作成效好的继续聘用，不好的让其下岗，多余的进行分流。同时，也可以从社会上或其他新闻单位聘请有关人员兼职，既依靠社会力量办节目，又对内部人员造成一定的压力，以激发他们的工作积极性。

第三，完善考核制度，营造竞争机制。提高电视采编人员的素质，离不开一套科学合理的考核制度。现在的情况往往是干多干少一个样，干孬干好一个样，不利于调动采编人员钻研业务的积极性。因此，地方电视台必须建立一套规范的有利于提高采编人员素质，有利于调动采编人员主动性和创造性的竞争机制、激励机制和监督机制。

第四，结合自身实际，抓好在职人员的培养、提高。现在，社会变动加剧，知识更新迅速。要使在职人员从政治思想、业务技能和知识结构上跟上时代的发展，地方电视台必须重视在职人员的培训、提高。对那些基础差、学历低的人员，更应该对他们加强思想、业务培训，使他们尽快适应工作需要。而一些基础较好的同志也要加强知识更新，不断提高自己的素质，跟上时代发展的步伐。

注释

［1］［2］江泽民：《在视察人民日报社时的讲话》，1996年9月27日《人民日报》第1版。

原载《对外宣传参考》2000年第1期

人才乃立台之本

——兼论市县广播电视台亟须加强用人制度改革

有人说，谁拥有了新世纪的人才，谁就拥有了新世纪。电视业中人才济济的中央电视台、各省级电视台在占据先天之利的情况下，也各显神通．招贤纳士，加大人事制度改革力度，努力适应更为激烈的频道竞争。这种竞争将导致电视业强者壮大，弱者萎缩甚至消失。这绝不是危言耸听。对于本来处于弱势地位的市县广播电视台来说不可谓情势不危急。

那么，怎么办？根本问题，是人才问题。没有人才，一切都是空的。从“人”入手，彻底革除当前市县电视台进人用人机制的弊端，建立一种新的科学体制来挖掘、集中、发挥人才的优势；以“入口严密，出口流畅”，人尽其才，人尽其用的机制来直面艰巨而又无法回避的挑战是唯一出路。这里，笔者不揣浅陋，试就市县广播电视台人事体制方面的现实情况及一些应对措施谈点意见。

一、令人担忧的先天不足、后天失调的市县广播电视台用人机制

80年代中后期，市县广播电视台纷纷上马，由于人员缺乏，不少采编人员都是由业外人员改行而来的，受过系统新闻专业教育的人数甚少。这些“半路出家”者，当时大多数是初高中文化程度，尽管其中一些人后来上夜大或函授学习，取得了大专文凭，但所学专业多数与新闻相去较远，对工作直接帮助不大。这部分人目前年龄大都在40岁左右，基本上还在采编一线，且有不少人担任部门负责人。由于环境使然，总体上讲，他们只是凭借过去的实践经验来进行采编工作，已难以适应日益激烈的电视事

业竞争需要。

进入90年代以后，市县广播电视台的采编人员正在向年轻化方向发展，但从学历上看，尽管高中及高中以下新进人数的比例呈现下降趋势，大专学历（不少是非正规学历）的新进人员比例逐年上升，但本科及本科以上学历的新进人数却不升反降，新闻专业毕业生人数更少。

从干部使用的情况来看，目前大多数市县广播电视台的中层干部都是由上级任命的，没有实行竞争上岗；专业技术人员也是一聘定终身。一些电视台所谓的竞争上岗也是流于形式，徒有虚名，没有像中央电视台一些部门和湖南电视界那样动真格的。

由于市县广播电视台属于少数经济效益比较好的单位，各种有门路的人都千方百计想进来，迫于种种关系或压力，这些单位每年都要进入一些“不得不要”的人员，甚至造成“想要的人进不来，留不住；不想要的人挡不住，赶不走”的局面。这些人占用了电视台有限的编制，以致一些急需的人才反而挤不进来。于是出现了一方面人满为患，一方面又给人一种人手紧张、忙忙碌碌的感觉；一方面“不能干的使劲干，并且自我感觉特别好”，一方面“想干能干的却无用武之地，只能在旁边瞧着干”的局面。这种用人机制的后果是人员能进不能出，干部能上不能下，干好干孬一个样，最终导致干部不思进取，群众也不服气，工作越干越泄气。

奖金及福利分配上也是不分一线二线，不分后勤采编，不分职称高低。吃的仍是“大锅饭”，但对中层以上干部却有一定倾斜。这种分配办法没有体现出“按劳分配”“按能力分配”的原则，挫伤了一批业务骨干的积极性，使一些能干的人感到心寒。正如湖南电视业改革的带头人魏文彬所说的：“假如说一边是个大学生，一边是个小学生，你对他们一视同仁，小学生感到的是宠爱，大学生感到的是耻辱。”如果大学生还不如小学生吃香，他怎么能够有劲有心情干活？

二、应积极借鉴体现竞争的用人机制

一个单位最重要的是机制，机制的核心就是人才问题。旧体制打磨掉的是人的自尊、人的才华、人的积极性。所以，用人制度不合理这个死结不解开，人的积极性就难以调动起来，人才就不能发挥应有的作用，节目质量的提高也就无从谈起。以人为本，以人才为本，这是事业的需要. 也是市县广播电视台亟须要做的工作。这里试以中央电视台《焦点访谈》栏目和湖南电视界用人方面的做法为例，以期能给市县广播电视台的同行们带来一些有益的启示。

多年前，中央电视台的《焦点访谈》栏目就已实行了采编人员动态管理的机制。1995年前后，《焦点访谈》和《时空报道》两个栏目总共才有35人，其中正式人员只有5人，招聘来的有十二三人，其余都是借调来的。当时，他们每个月就拿出30期《时空报道》和8至10期《焦点访谈》节目，还要兼做若干期《新闻调查》节目，其人员的业务水平和能力可想而知。现在的《焦点访谈》栏目已发展为100多人，大多数的人仍是从社会上招聘的有干劲、有新闻经验、知识面广而敏锐机智的大学本科以上的青年人才，连大名鼎鼎的方宏进也是不久前才成为中央电视台的正式工作人员。其内部采用的是制片人制，相当于项目经理制，经费承包，制片人有独立的人权、财权、物权。就是说，台里除了保留审查节目的决定权，别的权都给了制片人。赵化勇台长最近又提出全台处级以上中层干部全部竞争上岗，实行全员聘用制，以激活用人机制。

这几年在国内电视界杀出的一匹“黑马”——湖南经济电视台，在创办伊始首先解决的也是用人机制的问题。台长是招聘的，而且是由一名副主任直接聘任为台长的。广播电视厅只管一个人，就是台长。其他干部的任免权、人事权都在台里；分配权也在台里，除国家规定的基本工资外，福利、奖金一切都跟着效益走，且拉开一定档次。在新的机制下，经济台大量招聘人才，潜心研究电视规律，制定出切实可行的办节目、办台方针。他们的眼睛只盯住收视率，研究的第一对象是观众。他们以全新的观念、全新的信息、全新的面貌而火爆湖南。

相比之下，目前市县级广播电视台的用人机制就显得差距太大了。进了电视台的门就是电视台的人，没有竞争，远离风险，舒舒服服过着太平日子。这样的体制，只能造就一批懒人、闲人、无所追求的人。这样的队伍参与激烈的市场竞争也只能败下阵来。

三、要建立动真碰硬、赛场选马的用人机制

人们常说，只有不断地打倒自己才能永远不被别人打倒。市县电视人，该是清醒的时候了。敢于承认自己的不足，意识到所处的危险就是良好的开端。只要市县广播电视台能够按照市场经济“游戏规则”，切实加大人事制度改革力度，选贤任能，增强自己的实力，我想，“被别人打倒”而淘汰出局的日子不可能来得太快。可是，当前仍有为数不少的市县广播电视台对此缺乏足够的认识，缺少危机感与紧迫感，对如何培养造就人才，如何吸引凝聚人才，如何优化人才结构等工作尚未提到重要日程上来，仍在左顾右盼，观望等待。电视行业是知识密集型、创新型的行业，因此，人才对电视台来说是最大的财富。人才乃兴业之本。优秀人才能否引得进，留得住，用得好，是关系到电视事业发展的大问题。

“问渠哪得清如许，为有源头活水来”。市县广播电视台快快行动起来，从战略的高度，从生存的角度，抓紧引入竞争机制，加快人事制度改革步伐，聚集一批能人，放手使用一批能人，积极抢占新世纪电视传媒竞争的制高点。

首先，要牢固树立人才资源是第一资源的观念。要努力营造有利于留住人才、用好人才、吸引人才的环境，既要用事业、用感情留住和吸引人才，又要重视用适当的待遇、用市场法则留住和吸引人才。对拔尖人才、特殊人才，要敢于打破常规，不惜代价，给予特殊的优惠政策，形成尊重知识、爱惜人才的良好氛围。

其次，要转变用人观念。一是领导要有正确的人才观，不以个人的好恶论人才。这与领导者本身的政治修养、道德水平、文化知识、生活经历有关。实践证明，领导善于选才用才，则这个单位求真知、办实事正事者多；反之，则投机钻营、溜须拍马、做表面文章者众。用什么人的问题，不仅仅是一个领导者的素养能力问题，还关系到这个单位的风气和事业发展。因此，领导者要胸襟宽阔，从讲政治的高度，从事业发展的角度考虑选人用人。二是要由先前注重人员的数量变化转向注重人员的质量变化。为什么这些年市县广播电视台的人员急剧膨胀，而大家又都感到好多事缺

少人干？这就是人员的素质问题。兵在精而不在多。三是在人才的政策取向中，要把“给待遇”转变为“给机会”。这对于真正的人才来说可能更重要、更迫切。对许多人才来说，他最需要的未必是职位、职称、房子、车子、票子，他们最需要的是尊重，是有一个能施展才华的机会和环境。许多杰出的人才舍弃原先优厚的待遇而远走他乡发展自己事业的事例给我们提供了有益的启示。四是要树立开放的人才观，拓宽选才用才的视野。要打破封闭的台内选人用人观念，从其他传媒、高等院校、社会各界聘请能人为我所用，参与节目的规划、策划、选题、撰稿，为节目质量的提高献计献策。

第三，要真正实行由“伯乐相马”变为“赛场选马”的优胜劣汰的用人机制。现在这种机制还没有真正在多数市县级电视台实行。由于用人特别是用干部目前还缺乏公开公正公平的竞争机制和透明度，挫伤了不少人的积极性。俗话说，兵熊熊一个，将熊熊一窝。工作干好与干坏，关键看干部。因此，竞争上岗首先应该从干部开始，而不是拿群众“开刀”。“能者上、平者让、庸者下”的机制，一旦在市县电视台形成气候，一个“无功便是过”，勤奋学习，努力工作，不甘落后的风气也将逐渐形成。在此基础上，推行全员聘任制，实行定岗、定编、定责、定权、定利，待遇与绩效挂钩，市县电视台的用人机制便会步入良性循环的轨道。

第四，还要注意克服人才使用上急功近利、重用轻养、重外聘人才轻内部人才的倾向。不少单位对人才只注重使用，不注重培养，很少为他们提供学习补充的机会。这些人由于负担过重，忙于工作，往往无暇顾及自身“充电”，久之，“江郎才尽”，人才也不复为人才了。对引进的一些人才，一开始还是比较重视的，安排一些重要工作。等过了一段时间，他们成为内部人才以后，便又被渐渐冷落了。同时，对人才的使用还要因人制宜，用其长而避其短，充分利用他的强项，组成一个人才荟萃的团队。

原载《电视研究》2000年第6期

地市电视台人才管理现状及对策

一、地市电视台人才基本状况

与传媒事业迅速发展的迫切需要相比，地市电视台在人才队伍建设和使用上都有相当大的差距。主要表现在：一是高层次人才数量少。如某市广播电视台现有职工近千人，只有3名研究生，30余名副高职称人员（含内退人员），目前尚无一位编采正高职称人员，知名度较高的名编辑、名记者、名主持人更是寥寥无几。二是年龄偏大没有形成老中青的优化配置，具有副高职称的人员年龄大部分在40岁以上，缺少年轻的优秀人才。三是专业结构不合理。懂经营善采编、会管理的人才十分缺乏，注重研究、长于思考、精于策划的思考型人才比较匮乏，熟悉市场规则、掌握传媒政策，了解传媒规律的传媒经营人才更是稀缺。四是素质不是很高。具有副高职称人员中学历层次偏低所占比重过大，具有深厚理论知识和长远战略眼光的人员少之又少。尤其令人担忧的是，队伍中相当一部分人员没有生存的危机感和忧患意识，缺乏自觉学习新知识的压力和动力，缺乏对业务的钻研精神，自我感觉良好，安于现状，不思进取等。上述现象的存在，在激烈的传媒竞争面前，在其逐步走向自主经营、自我发展的过程中，在应对市场能力、与强势媒体的竞争能力和创新能力方面明显处于弱势。

二、导致上述状况的主要原因

1. 以行政为中心的官本位体制

在许多新闻单位，尤其是经济欠发达地区的地市级以下新闻单位，衡量一个人的成功与否、贡献大小、待遇高低，和社会上其他行业没什么两样——看你当没当上官。目前许多地市电视台实行的仍是以官本位为核心的用人机制、分配机制、评价机制，行政化倾向严重。在一些地市电视台，奖金分配、福利待遇、公务用车、办公条件，甚至体检等一切待遇完全向“官”倾斜，没有行政职务，哪怕你是高级人才也无缘上面的“好处”。新闻记者也是人，无法脱俗。这种做法，不仅挫伤了不少员工和专业人才的积极性，并导致业务水平的弱化和一些专业人才的流失。

2. 思想保守，观念陈旧

现实中，有一些新闻媒体一方面在人才使用宣传上大张旗鼓，一方面自己在用人上又思想保守，墨守成规，讲资历、抠台阶，甚至搞平衡认关系，把不少有真才实学的人才挡在了能够发挥更大作用的岗位上，使得不少人才心灰意冷，无所事事，“累并痛苦着”。[1]

3. 机制落后，管理滞后

目前，在许多地市电视台的人才资源配置中，有利于调动人才积极性的管理体制和运行机制没有得到有效建立。从人才选拔上，计划经济色彩浓厚，长官意志现象仍然存在，一些有发展潜质的人才在黄金年龄段没有被选拔出来，优秀人才脱颖而出的机制尚未建立；从人才培养上，偏重于行政和部分专业人才培养，较少对思辨型、创新型人才的培养；从人才引进上，传统引进方式占主导地位，智力、能力引进比重偏小；人才管理滞后，用事业留人、用感情留人、用适当待遇留人工作做得不够；从人才使用上，平均主义，吃大锅饭现象依然存在，竞争机制、激励机制不健全，人不得其位、事不得其人，制约了人才发展创新的积极性。

4. 政策不活，落实不力

政策是解放人才的有力杠杆。尽管从上到下出台了许多有关人才解放及使用的政策规定，但具体落实起来配套政策少，对人才的优待政策不够完善、细致，没有有效地体现其特殊和一定地位，不像对行政职务那样明确、具体，有的地市电视台奖金分配，有行政职务者级差分明，无行政职务者，无职称，有初、中、高职称者一视同仁。管理上也是缺乏生机和活力，人才成长和发挥作用的体制性障碍没有消除。

三、解放人才、用好人才的紧迫性

人是生产力的重要因素，大到一个国家，小到一个单位，要发展要兴旺，人才是关键。同样，一家电视台要想有大的发展，取得非常之功，必须有人才、用人才。综观国内外成功的电视媒体无一例外不是以人制胜，让人的才华得以最大限度发挥的。

CCTV面对激烈的国内外传媒竞争，多年前就开始打破新闻媒体特殊行业的“铁交椅”“铁饭碗”，建立了较为完善的激励机制、奖励机制和人才培训机制，使一批了解媒体运营，具有新思维、新知识的媒体人才脱颖而出，并涌现出一批名记者、名编辑、名主持人。近年更是重金奖励十佳主持人和做出突出贡献的编辑记者，并委以重任。现在，中央电视台的频道不断增加，节目愈加好看，深受群众欢迎。

凤凰卫视总裁刘长乐认为，人才是决定一切的根本，决策者一定要让他的潜能得到充分发挥，因为一般人的能量只发挥了7%，剩余的93%的能力被埋没了。[2]

但在现实中，一些地市电视台并没有把解放人才、用好人才落到实处，一方面喊缺少人才，一方面一些人才又无法发挥作用。正是因为这一不正常现象的存在，导致了不少地市电视台的管理水平低下，栏目特色不明，节目质量不高，收视率上不去，经营创收徘徊不前甚至滑落，人气低迷，缺乏生机和活力。因此，地市电视台面对激烈的媒体竞争，面对从未有过的生存压力，应从电视事业可持续发展的高度，认识人才工作的重要性，把解放人才，用好人才当作一项重大而紧迫的任务。

四、解放人才，用好人才的对策建议

在地市电视台里，每个员工的特点不同、特色有别、特长各异，关键在于任人之长，不强其短；任人之工，不强其拙。在目前的体制下，一个人才能否适得其所，发挥作用，除了个人的能动性之外，决策者能不能为他的潜能打一眼井将显得至关重要。“打一眼井就会有水渗出来”，你定会在地脉间发现不竭的泉源。[3]

1. 切实尊重人才

以人为本是科学发展观的重要内容。解放人才说到底就是尊重劳动、尊重知识、尊重人才、尊重创造。应该看到。目前，地市电视台一方面人才匮乏，需要的人找不到或进不来的同时，另一方面人满为患而人才流失又比较严重：一方面一些不太想干或不太能干的人整日忙忙碌碌，另一方面一些想干又能干的人却无用武之地；一方面一些业务平平的人占据着管理岗位，享受着各种利益，在那里指手画脚，另一方面一些专业人才在那里又不情愿地敷衍应付着工作……如此局面，“打磨掉的是人的自尊、人的才华、人的积极性”。[4]因此，解放人才，用好人才，首先就要尊重人才，切实做好使用、关心、激励人才的各项工作，充分尊重人才的特殊禀赋和个性，让他们心情愉快的工作，以调动他们的积极性、主动性和创造性。

2. 放手使用人才

人世间没有上进心的人是极少数，尤其是能力出众的人，都希望自身得到发展，价值得到体现，而体现价值的载体就是事业。地市电视台要想留住人才，就要靠事业拴住人心，给人才搭舞台、竖梯子。你给他一个目标（包括他的工作目标和个人目标），为他创造一种环境，建立一种制度，制定一个规则，剩下的事儿，就瞧他了——是骡子是马拉出来遛遛。

有人打了个形象的比喻，说庄稼成熟后不及时收割就会烂在地里。人才也有同样的情况，也有最佳的使用期。所以，用人除了要用其所长，还要用当其时。电视事业是充满生机和活力的事业，年轻人占多数，在他们才华横溢、年富力强的时候应该把他们放在最合适的位置上，让他们一展身手

3. 机制造就人才

目前许多地市电视台的用人机制、管理机制、分配机制已经无法适应

日新月异的媒体变化，也很难为优秀的人才提供一个施展才华的平台。因此，解放思想，解放人才，就成为这些媒体的当务之急。在建立科学的选人用人机制、人才评价机制、有效的淘汰机制和分配激励机制的同时，更需要以科学有效的机制“厚待人才，善待人才”。

在现有的体制下，有了好的机制，人才能不能得到解放，能不能各得其所，很大程度上又取决于领导的素质。中国有一句老话“千里马常有，而伯乐不常有”。“相马有余，赛马不够”“好人易用，强人难容”“官本位”思想严重是当前地市电视台束缚人才才能发挥的关键因素。

因此，开辟新思路，创造新机制，把人才创新创业的能力极大地释放出来，使人才创业有机会、干事有舞台，发展有空间，地市电视台将大有可为。

4. 环境有利人才

有人说，用好一个人才，可以引来一批人才；挫伤一个人才，可能引起一批人才的不稳定。人才工作的活力很大一部分取决于用人环境。由于种种原因，长期以来，一些地市电视台没有树立一个科学的用人观，有的将学历、职称作为衡量的尺度，有的把是否“听话”“顺手”当成判别的标准，有的论资排辈，干部能上不能下，对人才求全责备，有个别的甚至把个人好恶和恩怨作为准绳。所有这些，都极大地压制了人才的成长和使用，使他们的聪明才智得不到积极发挥。

温家宝总理2004年2月20日在国家科学技术奖励大会上讲话时指出：要合理使用人才，为人才的脱颖而出、人尽其才创造更加良好的体制和机制，要打破论资排辈的传统观念，大胆启用中青年人才，让他们在关键岗位发挥关键作用。[5]因此，地市电视台一定要营造一种“想干事的给机会，能干事的给岗位，干成事的给地位”的环境氛围，从根本上解除束缚人才成长的各种落后的思想观念，解除困扰人才发展的各种现实的烦恼负担，解除压抑人才作用发挥的各种僵化的机制障碍，使地市电视台成为人才成就事业的一方乐土。事业发展，人才为本。但愿地市电视台人才的春天能够快快到来。

注释

［1］［3］罗建华：《为记者的潜能打一眼井》［J］.《中国记者》. 2004（5）：32。

［2］李树喜：《以人制胜》［M］. 光明日报出版社，304。

［4］于松明：《人才乃立台之本》［J］.《电视研究》. 2000（6）：26。

［5］温家宝：《在国家科学技术奖励大会上的讲话》，新华网，2004年2月20日。

原载《徐州工程学院学报》2005年第2期

也谈新闻媒体业务不敌“官本位”

读朱百尧先生《业务不敌“官本位”》一文，不禁唏嘘，如鲠在喉。作为一名在媒体工作了20余年的新闻工作者，对此颇有同感。现实中，在一些新闻单位里，确实存在编采人员业务能力再强，工作做得再棒，也不如有一顶小小的“官帽子”的现象。官位之重，以至于有的领导私下里在与其手下的“官”交谈时直言不讳地说“沾官强似民”。可见，“官本位”在某些媒体的领导心中是多么的根深蒂固。

诚如朱先生所说的，近年来，一些新闻单位借所谓的人事制度、分配制度改革，使当官的好处越来越多，诸如新闻评奖、评选先进这等好处绝对会向他们倾斜。“官本位”现象也愈演愈烈，甚至达到了令人难以容忍的地步。以某电视台为例，近两年通过“改革”（“官”这里仅指中层干部）与编采人员各个方面的差距越拉越大，“官”与“民”泾渭分明。譬如，你一旦当上了“官”，先是享受单人办公室，然后换上新桌椅（绝对不会和普通编采人员的一样），配液晶显示电脑，专车侍候，同时还拥有业务经费、编采人员奖金支配权。个人奖金也开始大幅度上升，正职是普通人员的一倍以上，副职是0.8倍（改革前分别是0.4倍和0.2倍），更诱人的还有8万元至10万元的“风险”抵押金。到年底，保证“官”们人人弄得个皆大欢喜。而编采人员（不论职称高低）的境况就要差得多了，多人甚至10多人挤在一个办公室里，也没有专门的电脑使用，打稿件需要到文稿中心，理由之一是防止编采人员上班时间上网聊天或打游戏。让业务人员更加苦恼的是，“官”们不管以前业务水平或能力如何，一旦当上了官，立马便成了业务权威，不仅可以对编采人员指手画脚，动辄训斥，还可以随时把编采人员开掉。在这家媒体，中层干部说让你下岗，你就得闲着；说让你离开，你就得另寻出路。弄得搞业务的个个郁闷无比、痛苦万分。饭碗随时可能被端，想一想是个什么滋味。年轻人压力大，中年人更是人人自危。最近，这家电视台的个别部门竟然规定45岁以上的编采人员一律回家，其中不乏具有高级职称的人员。45岁是一个什么样的年龄啊！

应该说，新闻单位是典型的业务单位，但在有的新闻单位搞业务的非但不能得到应有的尊敬，反而被搞得灰溜溜的，简直不可思议。尽管这些年许多有识之士对业务单位的“官本位”现象进行了严厉抨击，但现实依然无法改变。

凡此种种，不仅挫伤了员工和业务人才的积极性，更容易导致本单位业务水平的弱化，造成一些优秀人才的流失。据了解，某市电视台短短的几个月里就有多名高级人才离开。由于用人上的偏差，进而导致电视台的管理水平低下，栏目特色不明，节目质量不高，收视率上不去，经营创收不断滑落，缺乏生机和活力。同时，这也导致部分业务人员无心钻研业务，千方百计“挤”官场，放弃了做一名优秀记者的追求。

笔者认为，这种状况产生的主要原因就是一些新闻媒体在人才资源配置中，长官意志浓厚，以“官本位”为中心，业务人才不算人才观念严重；甚至在用人上搞平衡关系，把不少有真才实学的业务人才挡在了能够发挥更大作用的岗位上，造成不少业务人才心灰意冷、无所事事，“累并痛苦着”。

在目前的体制下，一个人才能否适得其所、发挥作用，除了个人的能动性之外，决策者能不能为他的潜能“打一眼井”将显得至关重要。“官本位”已经伤透了一批业务人才的心。因此，新闻媒体不能在宣传上大张旗鼓地宣传尊重知识，尊重人才，而自己却干着不尊重人才的事。一旦新闻媒体能够出现“想干事的给机会，能干事的给岗位，干成事的给地位”的良好氛围，那么，新闻单位就必定会成为业务人才成就事业的一方乐土。

原载《今传媒》2007年第10期

媒体新闻人从政现象浅析

随着社会的发展，近几年新闻人从政的越来越多，从央视“名嘴”王志担任云南省丽江市副市长（现为中国红十字基金会党支部书记），到张政出任新疆阿勒泰地委副书记，从新华社云南分社记者伍皓出任云南省委宣传部副部长（现任云南省红河州委常委兼宣传部长）到中国青年报社驻云南记者站站长殷红升任云南财经大学副校长，这些现象不仅受到诸多受众的热议，也引得不少媒体的关注，尤其是当在人们视野中出现频率较高的央视名嘴王志、张政等人到地方任职，从事政府或党务工作，更是成为媒体争相报道的焦点，也让人们对“记者从政”“媒体人从政”现象产生了浓厚的兴趣。

从一个高度专业化的新闻人，转身成为职业相近或根本不同领域里的官员，对于他们个人的职业生涯来说，可能是一种有铺垫的转换；而对于媒体和政府来说，也可能是一个契机，一个在政府与媒体沟通方面、官员与舆论交流方面铺开新天地的契机。我们以往的研究大多将视点放在新闻人作为新闻实践活动的主体，考察的是新闻人作为新闻事实把关人角色所需要的专业技能，而新闻人从政这种现象的出现，确实值得我们加以关注，除了对其职业转换后素养能力的探讨分析，也有必要对其职业转换后的表现和所带来的影响加以考量，并进而探讨新闻人从政现象中存在的一些不足，对其前景做出一些基本思考。

一、新闻人从政简况

纵观新闻发展史，中外记者从政早已有之，被誉为“元老记者”的于右任，曾创办了《神州日报》《民呼日报》《民吁日报》和《民立报》，后担任国民政府监察院院长34年之久。

而欧美各国诸多政要也具有新闻媒体从业背景。英国历史上著名的首相丘吉尔，从政前为战地记者，因大胆批评军方而成名。美国前副总统戈尔，23岁时曾任《田纳西人报》记者。历史上一些记者后来甚至担当国家元首。近年来，更有美国不少知名记者加入美国政府部门，掀起了一股“弃文从政”的风潮。道格拉斯在2009年辞去美国广播公司（ABC）国会新闻记者的职位，协助奥巴马竞选美国总统。奥巴马上任后，道格拉斯被任命为美国卫生与人类服务部助理部长。

不难看出，新闻人从政是一个普遍存在的世界性现象。而新中国成立60多年来，特别是近几年中国新闻人从政现象比较普遍。

表1 部分“新闻人”从政一览表

姓名	职务	新闻从业（受教育）单位
刘云山	中共中央政治局委员、中央书记处书记	新华社内蒙古分社
王晨	中央对外宣传办公室、国务院新闻办主任	光明日报、人民日报
梁保华	前江苏省委书记、全国人大财政经济委员会副主任委员	复旦大学新闻系新闻专业
徐光春	前河南省委书记、全国人大财政经济委员会副主任委员	新华社、光明日报
刘奇葆	四川省委书记	人民日报
张宝顺	山西省委书记	新华社
朱维群	中央统战部常务副部长	中国社科院研究生院新闻系
杨振武	上海市委常委、宣传部长	人民日报
王殊	原外交部副部长	新华社
蔡赴朝	北京市副市长，现国家广电总局局长	北京日报
李慎明	中国社会科学院副院长	解放军报
龙新民	中共中央党史研究室副主任	北京电台、北京电视台
魏传忠	国家质检总局副局长	中国商检报
潘岳	国家环保部副部长	经济日报、中国环境报、中国青年报
乌云木其格	全国人大常委会副委员长	包头日报

20世纪50年代以来，中国记者告别自由职业时代，成了体制内的“干部”。其中，由新闻人转变为官员的屡见不鲜（见表1）。没有一个准确的数据能够说明从政这条道路在新闻人的纷繁出路中，究竟有多么宽广。但近年来，媒体新闻人进入宣传部门，调任地方官员的不在少数。此外，有一些高官虽然没当过记者，或从事新闻工作时间不长，但受过新闻科班教育，如前江苏省委书记梁保华毕业于复旦大学新闻系。2009年11月，杨振武从人民日报社副总编辑一职调任上海市委常委、宣传部长，与新闻打了30多年交道后步入政坛，也让“新闻人从政”这一现象再一次跃入公众视野，引发热议。

由表1可以看出，新闻人从政不是一个新鲜事，而是一个普遍存在的现象。这一现象的产生与新闻人的职业性质关系密切。作为一种特殊职业，新闻人需要广泛接触社会各个层面，与政府、群众之间的关系较为紧密，容易搭建起政府与群众之间沟通的桥梁。改革开放以来，尤其是随着政治体制的不断深化、民主制度的逐步推进，官员制度的改革也越发明显，更多高学历高素质的人员开始进入党政部门。新闻人作为一个具有较高政治素质和文化素养的职业群体，不乏从政人才，转换为政府官员应属情理之中，只是近几年相对集中，并因他们的高调任职引发了大众尤其是媒体过多的关注。

二、新闻人从政过程中体现的素养特点

世界上许多有成就的政治家，都曾经是新闻战线的行家里手，而他们中的任何一位又都曾经是新闻传媒业界的佼佼者，取得了相当的成就，并在新闻传媒业界享有较高的声誉。如徐光春从事新闻工作以来，写有大量各类体裁的新闻作品和上百篇论文，拍摄并发表了上千幅新闻摄影图片，著有《业余摄影实用手册》《哲学与新闻》《摄影特技》，其中《业余摄影实用手册》被评为全国优秀图书“金钥匙”奖。伍皓参与推出了孔繁森、陈金水等全国重大先进典型，荣获西藏自治区首届“十佳新闻工作者”称号，两次受到新华社总社社长通令嘉奖。云南省委组织部对殷红的评价是“长期从事新闻报道工作，坚持正确舆论导向，采写了‘孟连事

件'系列报道和《外逃高官胡星归案记》等稿件，社会各界反响较好"。

从媒体转入政府以后，他们以独特视角、大胆创新、阳光化的工作方式为政府输入了新鲜的血液。正是长期从事新闻工作，使他们得以和社会广泛接触，极大地提高了他们的社会活动能力和对各种社会现象敏锐的洞察力，培养了他们自觉的社会责任感，良好的政治素养和理论水平。因此，当他们步入政坛，由一个新闻人的角色转换为党政机关工作人员时，这些素质都有利于他们对社会各个层面民情民意的考量和体现。在处理具体的政务过程中，他们能够较深刻地分析社会现象，并透过现象抓住本质，准确地判断社会矛盾症结所在，对于化解社会矛盾，促进社会进步，创建和谐社会有着很强的现实意义。

（一）从政形象更亲民

新闻从政人员在职业转换之前长期在媒体工作，广泛接触社会大众，大都关心群众疾苦，作风深入踏实，不仅报道群众迫切需要解决的问题，还善于调查研究，这种工作方法在群众中留有较好口碑和亲和形象。在进入政府部门之后，其形象还是原来那种让人熟悉的感觉，习惯了他们以前的记者身份，公众感觉他们更加亲切，没有陌生感，也少了公众与政府官员之间普遍存在的隔阂感。诚如暨南大学副校长、新闻传播学院教授林如鹏认为的，记者的知识结构、沟通能力以及社会经验为从政打下了良好的基础。这种基础，使新闻人从政更加务实，更加亲民。

王志于2008年到丽江挂职，一年期满后他仍旧选择留下来。在这一段时间内，他在丽江的做事风格也更多地被打上"亲民、低调、务实"的记号。据报道，当时王志到丽江后第一个拜访的纳西古乐"活化石"宣科表示，在王志担任丽江副市长期间，他不时和王志在各种会议上碰面，王志后来还专门到他家里拜访过他两三次。宣科感觉"他没什么官架子，任劳任怨，平易近人，行事低调，完全不像主持《面对面》时那样盛气凌人，居高临下，没有一点官架子，是一个务实的好官。"王志本身也主张媒体不要过多关注自己。曾有网友在网上发图，称在丽江塔城乡洛固村委会洛南村，遇到正在那里考察工作的王志，看到王志和县乡政府相关人员十余人，结束会议后来到洛南鸡养殖基地，和当地干部一起走进低矮的没有窗户的饭堂，坐在小板凳上和大家一起说话用餐，吃的是地道的家乡土菜，充满了纳西过年的气息。网友还描述他身着蓝色羽绒衣牛仔裤，脚蹬一双土黄色的皮鞋，表现随和，而当地的老百姓，也表现平静，或站或蹲在路边，没有丝毫骚动和狂热，甚至签名举动。这也说明大家已经不把王志当政治明星看了，而是真正把他看成了自己家门口的政府工作人员。

2008年12月走马上任的云南省委宣传部副部长伍皓，以“云南伍皓”的实名，在新浪微博上注册了一个“围脖”，成为国内第一个实名开微博的厅级官员。伍皓在网上与公众公开交流，短短几天粉丝达一万多人，顿显亲民形象。如今伍皓的微博，越来越多地记录家庭生活、人生感悟。多谈风月，不谈国事。他将与女儿的合影及夫妻婚纱照设置为自己的微博头像，将与妻子的互动手机短信转发到微博上，让人感到他就像是身边的一位朋友，甚至让人忘记了他就是省委宣传部的“伍副部长”。伍皓的这种交流方式，与其曾经的记者身份不无关系。人在官场，虽然这种方式饱受争议，甚至被冠以“作秀”的恶名，但是大胆地展示自己有血有肉的精神世界，的确让伍皓更具有不一般的亲和力。

（二）危机处理显素质

新闻人了解新闻规律，熟悉新闻报道的基本规则，尊重客观事实的存在，在处理相关工作的时候能够按照新闻规律，迅速反映问题和解决问题。优秀的新闻人大多有较高的职业道德要求和极强的自我约束力，对于信息透明化和调查深入化有着更高的追求。当这些优秀新闻人转入政府，成为官员的时候，他们的这些素养更有利于帮助政府处理问题，尤其是面临危机事件的时候，能够更为理想地化解危机。

2008年由新华社云南分社调任云南省委宣传部副部长的伍皓，以宣传部官员的身份，通过“新闻新政”，突破传统的官方尺度，尝试推动党和政府的信息公开与透明，在中国的边陲地区刮起影响全国的新闻改革风，也让外界看到了他们在面临危机事件时的行动。

2009年2月，云南“躲猫猫”事件中，新到任不久的伍皓在自己的

QQ群里发出公开招募调查员的消息，邀请网民组团调查“躲猫猫”的真相。2009年7月8日，云南曝出“小学生卖淫案”，伍皓在网上回帖“应该给予我答辩和说明事实的权利”，亲自披挂上阵，在凯迪社区连续发帖数篇，分别就记者和警方的做法提出批评。这也使他获得“尊重网民知情权，致力于政府信息公开”的评价。2009年8月，陆良群体性事件中，伍皓积极改变一些“传统习惯”，紧急要求新闻媒体在报道突发公共事件时，禁用“刁民”“恶势力”等称谓，慎用“不明真相”“别有用心”和“一小撮”等词。伍皓在云南首设网络新闻发言人和媒体义务监督员。在伍皓的主导下，云南省委宣传部建立了假新闻追踪制度，并就“媒体义务监督员”问题召开网络新闻发布会，面向社会征集100名媒体义务监督员，向媒体提出意见和建议，把帮助公众知情作为新的历史职责。

公众应该享有知情权是一个不争的事实。所谓知情权，是指社会公众（即公民和法人等）知悉、获取社会资讯、公共信息的权利和自由。公民不知情就不可能参与管理，不可能参与监督，不可能对国家机关和国家工作人员提出批评和建议，一切都是以“知情”为前提。而信息公开和公民知情权是一对孪生兄弟，知情是公民的权利，公开就是政府的义务。宣传部门是党委政府的“形象塑造师”，应该具有透明、阳光、法制、责任的特征。当面临问题时，尤其是在民间力量与官方发生一些矛盾时，如果彻底掩盖信息，就是最不明智的一个选择，政府就会成为名副其实的屏蔽信息的“消防队”。伍皓力求尝试带动信息公开与透明，使得政府在处理危机事件的过程中，更快地缓解民怨，化解危机。

随着互联网、手机短信、视频通讯、微博等新传播方式的诞生，公众无论在获取信息，还是参与信息传递方面都越来越简单，大大促进了公众的知情权，面对这样的时代发展趋势，宣传部门更不能再墨守成规。尤其是在对危机事件的处理上，应多方面考虑包括网络民意在内的各种因素。随着互联网力量的不断壮大，伍皓顺势而为，建立网络新闻发言人制度，即每个部门都应该有人负责在网络上主动发布信息，及时解答问题。由于网络虚拟的特殊性，这方面更需要权威性解释，比如政府部门应该公开身份直接回应、直接解决问题，而不是暗中派一批人，用些虚拟网名在网络上发言“引导舆论导向”。伍皓成功迈过一年的试用期后，在云南省委宣传部的分工调整中，被委以重任，在原来分管的新闻工作之外，又被加上了网络和外宣。这个率先在网上开微博的年轻副厅级宣传官员，对网络舆论场的兴起和执政环境的变化，有着深刻的感知，他以实名QQ上网，建立工作QQ群“伍皓的网络意见箱”。的确，在网络时代，一个官员如果对网民的质疑不理睬、不回应，是对网络民意的轻慢和漠视。

当伍皓还是新华社记者的时候，在孟连群体性事件中，他采用公开、透明的报道办法，最后孟连事件得到妥善解决，伍皓也由此出现在公众视野，也因此接到一纸调令，上任云南省委宣传部副部长一职。具有优秀新闻素养的新闻人转战政府，在处理事务的过程中，深谙如何在政府、媒体、公众中取得平衡，让政府得到最大的公信力，更能为合理妥善地化解危机事件，并以此为契机，推进政府工作。“话语权决定主动权，透明度决定公信度，传播力决定影响力。信息越公开，政府越可爱。”

（三）沟通能力促工作

暨南大学副校长、新闻学院教授林如鹏认为，记者的知识结构、沟通能力以及社会经验为从政打下了良好基础。的确，优秀新闻人的社会活动能力在他们处理政务时发挥着很大的作用，在和其他工作人员的合作努力下，更利于做好所负责的工作。

2008年10月24日，王志赴云南丽江挂职锻炼，担任丽江市副市长，负责招商引资、审计、政策研究和法制工作；协助分管文化、广播、电视工作。在一年多的时间内，王志在相关工作人员协助下，通过牵线搭桥和中国国电龙源集团签署风力发电合作开发协议，总投资额高达人民币40亿元；通过大力推介，将丽江雪桃推销上了国庆60周年的国宴，还在极少公开露面中的一次，展示丽江雪桃。除了自己的分管工作外，在教育方面，王志及其团队通过穿针引线找来投资，在玉龙、宁蒗修了好几所希望小学。王志利用自己一个学校理事的民间身份联系百年职校到丽江办学，并且两次到该校，鼓励学生努力学习，立志成才。

曾经的央视记者，如今的官员，对于丽江来说，王志的“两栖”优势是一个宝贵的资源。王志在长期的记者生涯中积累起来的人脉网络，有利于他在丽江的招商引资工作。王志来自中央电视台，这也是很多地方及其领导人希望露脸的宣传窗口和展示窗口，通过这个捷径，可以将丽江推向更广阔的平台。

王志作为一个严肃的优秀记者，有着良好的沟通能力、社会经验，这些因素非常有利于他做好本职工作。而王志的两重身份，形成了一种坚韧的张力，引起社会的关注，而这种关注又可以引到对丽江的关注上，有利于丽江的发展。同时丽江的旅游品牌也为他提供了体现其能力的平台。在多种因素共同作用下，曾经的新闻人王志踏实地完成着本职工作。

（四）新闻人从政的启示

近年来，党的干部政策与时俱进，多年前就提出的打通党政官员、企业经营管理人员、专业技术人员三个通道的政策正在不断得到落实，不断有企业管理者、专家学者等其他人员华丽转身成为一名官员。当前，官、产、学三者的流动机制正在形成，并将逐渐成为一种新的趋势。新闻人从政现象在这个机制中处于显位，为这个机制的完善和其他职业转入政坛提供了一些有益的经验和启发。

三、新闻人从政的一些疑惑

新闻人从政作为一个现象，在实践中凸显出其优越性的同时也带来一些担忧。张政、王志、伍皓、殷红等名嘴名记走上政坛以后，也引起不少非议：有人认为，媒体人从政与当下不少地方政府乐意乃至刻意寻求名人资源有关，也有人认为是当下中国官本位现象的突出表现，更有网民称之为如同“雾里看花”，甚至是“搞笑”。事实上，在肯定新闻人从政这一现象的同时，有些问题确实值得引发我们思考。

（一）从政领域相对狭窄

从新闻人从政的领域来看，大多集中在宣传舆论战线。虽然相近或相同的工作对他们来说驾轻就熟，但对于这个群体总体而言略显狭窄。长期处在这个位置，在处理政务的过程中可能会产生厌倦情绪。新闻人从政，不应只拘束在和老本行相似的岗位，可以尝试到其他政府部门，在更多领域做出成绩，取得突破，获得认可，王志挂职丽江副市长应属比较成功的案例。

（二）执政能力是否胜任

新闻工作是一种统筹的行业，虽然记者有专业条口，专门负责某一领域事件的报道，但他们对于某一领域工作的掌握程度一般来说不如那些行业的从业人员熟练，对专业的理解也不如他们深入、详细。对于行业的细枝末节，他们不如从某行业基层上来的干部熟悉了解。新闻人了解的东西，除了自己的学习以外，基本都是从采访中得知的，对于某个领域的专业经历相对要少，所知博，但专精的少。这也成为记者转行的一个弱点，成为一些人对他们执政能力怀疑的理由，毕竟隔行如隔山，如何真正做到胜任，是一个长期的过程。

（三）复杂政坛能否驾驭

新闻人作为一个新的角色步入政坛以后，往往表现出官场经验不足，在政坛整个大环境下一时恐难熟知官场规律，打开工作局面要付出更多的智慧和精力，会影响到正常工作的开展，甚至产生为难情绪。

（四）名人效应过于明显

王志、张政等新闻人的从政，不少人认为这是政治作秀。而媒体对他们从政的过于关注是非理性之举，过多的报道甚至成为一些负面因子，对于这个处在成长期的群体而言是很不利的。特别是在对他们政绩的考量上，王志的名人效应带动的地方招商投资更为明显。所以，当王志结束丽江市副市长任职的时候，丽江一政府官员在接受采访时表示，媒体过分关注王志不是一个理性的态度，因为丽江和王志两个品牌是共同起作用的。

因此，在关注新闻人从政现象时，我们所需要的是客观的角度和平和的心态，而不是把各种“明星效应”套到这些人身上，过分夸大其工作能力。从新闻人到政府官员，他们也许可以成为政府与舆论更好展开沟通的一个契机。但同时，决定一个地方新闻宣传和舆论生态的，并不是哪一个人，而是新闻体制和整体政治生态。他们所起到的作用、所体现的能力更要在时间的长河中得到验证。

新闻人，包括记者、编辑、主持人、评论员、媒体负责人，等等，泛指在新闻媒体从事专业新闻工作的人。优秀的新闻人是独立的人、超然的人、法治的人、质疑的人。我们过去的研究大都是将视点放在新闻人作为新闻实践活动的主体，考察的是新闻人作为事实把关人角色所需要的技能，即新闻人的专业素养和道德素养以及其他有利于新闻人完成本职任务所需要的才能。本文以新闻人从政作为研究对象，阐述新闻人从政现象及其实践活动的意义。

当优秀的新闻人的职业发生转换，到宣传系统或是地方政府任职，他们所拥有的社会责任感，良好的政治素养和理论水平、社会活动能力和对各种社会现象敏锐的洞察力，让他们在处理政府事务时体现出各种优势。如他们的形象更加亲民，在危机事件中他们能更好地化解危机，他们良好的沟通能力为政府工作带来一种新的推动力。而一个优秀的新闻人能否成功地转换角色成为合格的政府官员，由多种因素决定，更需要经过时间的考验。媒体对于新闻人，尤其是新闻名人从政的过度关注，可能会带来某些负面影响，他们需要的是大家更多平和的关照。

同时，新闻人从政现象，所体现的是一种用人制度的新动向，也是一种思想意识的更新，从一个侧面反映了党和政府在构建和谐社会，坚持科学发展观思想的指导下用人制度的改革与转变。其研究意义不仅在于能够使新闻从政人了解自己所肩负的责任和使命，也能够为其他类似从政人员带来一些经验和借鉴，并且作为新闻学研究的一个延伸，丰富新闻学的内容。

原载《今传媒》2011年第6期

后　记

工作之余，用了三个多月的时间，从公开发表的拙文中选择了70余篇（有些文章在送审后被撤了下来）汇成这本集子，虽属过往，定有不足，但自觉还是有些意义的。

在人们的印象里，新闻记者比较忙，除了搞好新闻报道一般不会写所谓论文的。对多数记者来说，确实如此。平时采访报道任务压力山大，需倚马可待；加上职称评审主要也是考量获奖作品，对论文的要求并不是很高，致使不少编辑记者放松了论文写作，我也不例外。因此，从事新闻工作的前十多年里我没有在任何学术期刊上发表一篇文章哪怕是豆腐块文章。随着时间的推移，我的职称不断提高（两次年限破格），工作上却感到有些“本领恐慌”力不从心，就开始一方面回望这十多年采编业务中的得失，一方面把自己的观察和思考整理成文，并尝试给一些期刊投稿，于是就有了这个集子。

这本书时间跨度较长，围绕报纸、电视、新媒体等新闻业界和学界等新闻实践展开，内容涉及采访、写作、编辑、评论、栏目、节目、经营、外宣、队伍建设、新闻教育等，每篇文章长短不等，风格不尽统一，有的理论色彩浓一点，有的可能还比较粗糙，也有的实践探索的痕迹比较明显，学理不足，当是体悟。

成书的时候，为了使每篇文章的形式尽量一致，就把一些期刊文章登载时的摘要、关键词加以删除；少数文章中个别字句有明显差错的地方作了修正；注释等也做了统一调整。另外，按照文章不同内容做了一些分类，使其相对集中，根据发表时间先后排序，并从中选取一两篇文章的题目作为分类的标题；为使目录简洁、相对齐整，对一些文章既有主题又有副题，字数较多的标题选取其一作为目录标题，个别文章题目也做了微调（书中仍保留发表时的标题）。这里，尤其要对部分文章的合作者，本书的责任编辑任逸超先生、刘洋老师和书稿整理中给予帮助的同事表示由衷的谢忱！

我从20多岁开始当记者编辑，一直到中年的40多岁转到高校教书。我人生最美好的年华都奉献给了我所挚爱的新闻事业。当记者的时候，常常是日出而作，日落不息，忙忙碌碌；当老师的时候，教学科研行政，一肩多责，不得清闲。30多年来，实践是我的岗位，思考是我的追求。在朋友的鼓励下结的这个集子，里面疏漏一定多多，现捧献出来，就教方家。

于松明

2019年6月